2016

安庆统计年鉴

ANQING STATISTICAL YEARBOOK

安　庆　市　统　计　局
国家统计局安庆调查队

中国统计出版社
China Statistics Press

图书在版编目（CIP）数据

安庆统计年鉴. 2016 / 安庆市统计局，国家统计局安庆调查队编.
-- 北京：中国统计出版社，2016.12
ISBN 978-7-5037-7921-3
Ⅰ. ①安…
Ⅱ. ①安… ②国…
Ⅲ. ①统计资料－安庆－2016－年鉴
Ⅳ. ①C832.543-54
中国版本图书馆 CIP 数据核字(2016)第 198516 号

安庆统计年鉴-2016

作　　者/ 安庆市统计局・国家统计局安庆调查队
责任编辑/ 陈越月　高媛媛　陶仕发　韩　平　严炳森　潘　静　潘　平
装帧设计/ 安庆中天印务有限责任公司
出版发行/ 中国统计出版社
地　　址/ 北京市丰台区西三环南路甲 6 号
邮　　编/ 100073
电　　话/ 邮购（010）63376909　书店（010）68783171
网　　址/ http://csp.stats.gov.cn
印　　刷/ 安庆中天印务有限责任公司
经　　销/ 新华书店
开　　本/ 890mm×1240mm　1/16
字　　数/ 900 千字
印　　张/ 42
版　　别/ 2016 年 12 月第 1 版
版　　次/ 2016 年 12 月第 1 次印刷
定　　价/ 380 元

如有印装差错，由本社发行部调换。

《安庆统计年鉴—2016》编辑委员会
AnQing Statistical Yearbook-2016 Editorial Board

编 辑 说 明

一、《安庆统计年鉴—2016》是一部全面反映安庆市国民经济和社会发展情况的资料性年鉴。本书收录了全市 2015 年经济和社会各方面大量的统计数据、各县（市、区）主要指标数据、“十一五”时期以及改革开放以来主要年份统计数据。

二、本年鉴内容分 22 个篇章，即：综合；国民经济核算；人口；从业人员和职工工资；固定资产投资；能源生产和消费；财政、金融和保险；物价指数；城乡人民生活；城市概况；自然资源和环境保护；农业；工业；建筑业；运输和邮电；国内贸易；对外经济贸易；旅游；教育、科技；文化、体育、卫生、社会福利和其他；开发区（工业园区）；市级主要经济指标及位次。各篇章附有简要说明和主要指标解释。

三、本年鉴统计范围按国土原则统计，皖河农场资料包括在大观区，华阳河农场、九城劳改监狱管理局资料包括在宿松县内。市区包括迎江区、大观区、宜秀区、经济开发区以及市直部门的统计资料。

四、本年鉴大部分资料来自年度统计报表，物价和城乡居民收支情况根据国家统计局安庆调查队城区住户抽样调查资料整理汇编。

五、本年鉴统计资料的统计标准，按当时国家统计制度执行，有关指标的涵义、口径、范围、计算方法等，在不同时期均有不同，使用时请注意。其中：工业“规模以上”和主要经济统计指标范围为国有及年销售收入 2000 万元及以上非国有工业企业；贸易业统计中“限额以上”统计范围均为批发贸易业年销售额 2000 万元以上企业，零售贸易业年销售额 500 万元以上企业，餐饮业年营业额 200 万元以上企业；固定资产投资项目统计范围为计划总投资 500 万元及以上。

六、本年鉴统计资料的价值量指标，如县区生产总值（从 2004 年起由国内生产总值改称县区生产总值）、工农业总产值等，除特别注明外，均按当年现行价格计算，发展（增长）指数按可比价格计算。

七、本年鉴个别数据与以前年鉴不一致时，则以本年鉴公布的数据为准。本年鉴几种符号的表示方法：“#”表示其中数；空格表示此数为零或数据不详，或为免报的数据。

八、因区划调整，枞阳县从安庆市划出，本年年鉴中，在表格标题中以“含枞阳”、或在指标、年份中以“*”标明的为含枞阳口径，未标明的为不含枞阳口径。

九、本年鉴在成文过程中得到了中共安庆市委、市人民政府和省统计局的精心指导，得到了各县、市（区）及市直有关部门、单位的大力支持，在此表示衷心感谢。

目　　录

CONTENTS

特　载

一、综　合

二、国民经济核算

三、人　　口

四、从业人员和职工工资

五、固定资产投资

六、能源生产和消费

七、财政、金融和保险

八、物价指数

九、城乡人民生活

十、城市概况

十一、自然资源和环境保护

十二、农　　业

十三、工　　业

十四、建 筑 业

十五、运输和邮电

十六、国内贸易

十七、对外经济贸易

十八、旅　游

十九、教育、科技

二十、文化、体育、卫生、社会福利和其他

二十一、开发区（工业园区）

二十二、市级主要经济指标及位次

特　　载

安庆市政府工作报告

———2016年1月23日在安庆市第十六届人民代表大会第五次会议上

市长 魏晓明

各位代表：

现在，我代表市人民政府，向大会报告政府工作，请予审议，并请市政协委员和其他列席人员提出意见。

一、“十二五”时期工作回顾

“十二五”特别是党的十八大以来，全市上下在中共安庆市委的坚强领导下，深入贯彻落实党的十八大、十八届三中、四中、五中全会和习近平总书记系列重要讲话精神，积极适应经济发展新常态，坚持稳中求进工作总基调，大力推进“三个强市”建设，“十二五”规划主要任务基本完成，经济社会发展取得令人鼓舞的崭新成就。

——过去五年，经济平稳较快发展。预计2015年地区生产总值超过1600亿元，是“十一五”末的1.6倍。固定资产投资超过1500亿元，社会消费品零售总额超过650亿元，进出口总额超过20亿美元，分别是“十一五”末的1.9倍、1.9倍和2.9倍。财政收入258.8亿元，是“十一五”末的2.1倍；税收收入占比88.1%，比“十一五”末提高2.6个百分点。三次产业结构为13.4∶51.1∶35.5，三产比重比“十一五”末提高3.8个百分点。**工业化进程明显加快。**完成工业投资3350亿元，是“十一五”的2.7倍。石化800万吨炼化一体化、泰发新能源、申洲纺织等一批重大项目建成投产。规模以上工业企业1784家，增加值超过700亿元，是“十一五”末的2倍。战略性新兴产业产值433亿元，是“十一五”末的2倍。新增中国驰名商标26件，总量居全省第二。**服务业不断提升。**新增银行业金融机构8家，贷款余额1432亿元，是“十一五”末的2.6倍。欧尚、家乐福、大润发投入运营，合肥“安庆之窗”重新开张。获批创建“宽带中国”示范城市。入选全国物流园区发展规划布局城市。天柱山成为国家5A景区和世界地质公园，新增国家文化产业示范基地2个、4A景区14个。**农业产业化稳步推进。**“5211”工程付诸实施，优质粮油等5个“百万基地”建设加快，海亮集团、浙商集团现代农业项目建成，农产品加工业产值超过1100亿元，居全省第二。桐城国家现代农业示范区获批，望江经济开发区成为国家农业产业化示范基地。国家级农业产业化龙头企业6家、省级107家，总量全省第一。耕地流转率49.7%，全省领先。农民专业合作社5099家、家庭农场2400家，均居全省前列。去年粮食总产268.3万吨。新增国家地理标志保护产品6个，总量居全省第三。**创新发展能力增强。**大力实施科技创新“一招鲜”工程，与中科院、清华大学等30家名校名所合作，建成实体研究院24家、院士工作站5家、博士后工作站5家，国家石化（安庆）、高分子材料（桐城）质检中心投运。国家农业科技园区获批。中国科协“海智计划”安庆工作基地挂牌。华茂集团获得中国质量奖提名。专利申请量增幅全省领先。高新技术产业增加值超过 120 亿元，是“十一五”末的 3.1 倍。

——过去五年，城乡面貌明显改观。城镇建设管理力度加大。新建、改扩建机场大道、中山大道等 50 条骨干道路，人民路步行街建成开放，城区整治改造背街后巷 160 条、积水点 48 处、菜市场 31 个、临时停车场 27 个、公厕 58 座，新建雨水管网 335 公里、污水管网 220 公里。市及八县（市）体育场馆、市客运中心站投入运营。积极创建全国国土资源节约集约模范市，6.6 万亩批而未供、闲置和低效利用土地处置到位，建成标准化厂房 500 万平方米。实施市容市貌、违法建设、道路交通等专项整治，蝉联省级文明城市，全面启动全国文明城市创建。加强县城和中心镇建设，夯实产业基础，推进产城一体，增强人口城镇化承载能力。城镇化率 43.5%，比“十一五”末提高 6.7 个百分点。**美好乡村建设成效明显。**建成省级中心村 216 个，新建村级公路 1400 公里，改造农村危房 11.2 万户，潜山成为全国美好乡村综合标准化示范县，岳西、潜山、桐城评为全省美好乡村建设先进县。完成 346 个小型病险水库除险加固，解决 137.3 万农村人口饮水安全问题。建成高标准基本农田 177 万亩。加强扶贫开发，减少贫困人口 78 万。**综合交通体系不断完善。**宁安高铁开通运营，安庆火车站改造完成。岳武高速、望东长江大桥北岸接线建成通车，实现“县县通高速”。改造国省道 360 公里，完成县乡公路升级 1126 公里，加固危桥 720 座。推进城区码头外迁，长风港一期、石门湖航道整治工程完工。天柱山机场民航设施改造完成，年旅客吞吐量首次突破 20 万人次。

——过去五年，市场活力显著增强。重点领域改革全面深化。完成新一轮政府机构改革任务，市政府部门由 39 个精简为 31 个。实施商事制度改革，登记企业超过 4.6 万家，是“十一五”末的 2.2 倍。创建全省“审批项目最少、办事效率最高、行政成本最低”城市，权力清单、责任清单、涉企收费清单制度全面实行，市级行政审批项目精简 50%，减免行政事业性和经营服务性收费 4 亿元。深化城区财政体制改革，实行全口径预决算，“营改增”顺利推进。投融资改革力度加大，市级政府平台融资 519.9 亿元，是“十一五”的 5.4 倍。农村合作金融机构全部改制为商业银行，村镇银行实现县域全覆盖。6 个县（市）整县开展土地承包经营权确权登记颁证试点工作。国家级桐城经济开发区获批。**开放型经济加快发展。**实现与长江经济带区域通关一体化，开通直达上海集装箱精品航线。组织企业赴“一带一路”沿线拓展合作，国际友好城市发展到 8 个。建成皖西南公共型保税仓库，获批建设 B 型保税物流中心。安庆港成为国家进境粮食指定口岸，港口货物吞吐量 4002 万吨、集装箱 5.1 万标箱，分别是“十一五”末的 1.4 倍和 3.5 倍。**招商引资成效明显。**加大承接产业转移力度，出台招商引资导则，每年举办北京、上海、广州经贸招商活动，千名干部驻外招商，中船马克柴油机、中建材新能源材料、瑞沃科技产业园等项目建成投产。引进亿元以上项目 953 个，其中 10 亿元以上项目 116 个，利用市外资金是“十一五”的 2 倍。

——过去五年，人民生活持续改善。民生工程深入实施。民生支出占财政支出比重 84.9%，比“十一五”末提高 8.4 个百分点。城镇、农村常住居民人均可支配收入分别达到 24100 元、9930 元，是“十一五”末的 1.8 倍和 1.9 倍。新建保障性安居工程住房 11.3 万套、基本建成 4.7 万套。2143 户以船为家渔民上岸安居。城区创新实施以“房票”为主的货币化安置政策，真正实现“先安置、后征迁”，棚户区改造工作得到广大群众支持。新增城区至海口镇等 15 条公交线路，城区乡镇公交基本实现全覆盖。物价保持稳定。**社会保障提标扩面。**城镇新增就业 24.2 万人，农村劳动力转移就业32.9万人，城镇登记失业率控制在4.2%以内。城乡居民养老、城镇基本医疗、大病补充保险制度全面实施。城市低保、农村低保和五保供养标准提高，分别是“十一五”末的1.8倍、2.7倍和2.5倍。健全“救急难”机制，在全省率先建立农民工工资专用账户管理机制。**生态环保切实加强。**成功创建国家森林城市，全国绿化模范城市创建通过验收，全市森林覆盖率37.1%，城区绿化覆盖率43.5%。大力创建国家环境保护模范城市，花亭大沟治理、康熙河水系整治、石化脱硫脱硝改造等重点工程完工。大气污染防治扎实有效，淘汰黄标车和老旧车25743辆，关停超标排放企业38家，空气质量居全省前列。岳西成为国家级生态县，潜山、宜秀成为省级生态县（区）。花亭湖、菜子湖、嬉子湖国家湿地公园获批。节能减排任务完成。**社会事业全面进步。**出台“1+4”公共服务政策，加大政府购买服务力度，实施70岁以上生活困难老人居家养老服务等项目。国家中小学教育质量综合评价改革实验区建设扎实推进，义务教育“零择校”、教师和校长跨校交流付诸实施，新建、改扩建幼儿园289所，基本完成义务教育学校标准化建设。岳西、大观、迎江、宜秀、桐城成为全国义务教育发展基本均衡县（市、区）。安庆师范学院更名通过评审，黄梅戏艺术职业学院、桐城师范高等专科学校创建成功。国家公共文化服务体系示范区建设深入推进，成功举办第六届、第七届中国（安庆）黄梅戏艺术节，市文化馆、美术馆新馆投入使用，公共图书馆总分馆体系运行，建成社区文化舞台265个、农民文化乐园90个，乡镇综合文化站实现全覆盖。圆满承办省第十三届运动会、第六届残运会和第七届民族运动会，全民健身运动广泛开展。医药卫生体制改革扎实推进。开展全国养老服务业综合改革试点，新建居家养老服务站150个、农村幸福院491个。**社会治理不断强化。**领导干部开门接访、带案下访、主动约访，信访形势稳定好转。实施“九大安全工程”，安全生产事故起数、死亡人数持续下降。安庆石化油气输送管线迁建工程开工。深化“平安安庆”建设，加强社会治安综合治理，应急管理工作全省先进，群众安全感指数居全省前列。完成“六五”普法任务。国防动员、人民防空工作扎实推进，武警水电、森林部队驻防。森林防火、秸秆禁烧工作取得明显成效，殡葬改革平稳运行。民族宗教、外事侨务、涉台、妇女儿童、老龄、残疾人、红十字等事业进一步加强，气象、地震、防灾减灾等工作取得新进展。

——过去五年，政府自身建设不断加强。践行群众路线，落实八项规定，坚持“三严三实”，坚决反对“四风”。法治政府建设扎实推进，政府法律顾问制度全面实施。自觉接受市人大及其常委会法律监督和市政协民主监督，建立市政府与市人大常委会、市政协联席会议制度，市人大代表议案建议、市政协提案办复率100%。健全重大事项决策机制，土地、规划、国资、投融资等机制逐步完善，招投标和公共资源交易进一步规范，建设管理“六分开”、公益性公用工程“四到位”全面实行。组织群众公议行政处罚案件338件。深化政务公开，强化行政监察、审计监督，加强权力运行监管。加大廉政建设和效能建设力度，政府执行力和公信力进一步提升。

刚刚过去的2015年，面对前所未有的经济下行压力，我们围绕稳增长、调结构、促改革、惠民生、防风险，重点做了五个方面工作：**一是扶持实体经济。**强化“四大政策”，实施支持中小微企业健康发展20条措施，设立转贷应急资金池。广泛开展“千名干部驻企帮扶”活动。推动困难企业兼并重组，舒美特化纤、通显新材料、稼仙米业等一批企业重获生机。**二是发展新兴产业。**市高新区成为全省首批战略性新兴产业集聚发展基地。发展新能源汽车产业，江汽轿车项目主体完工，安达尔特种汽车即将下线。提升装备制造产业，富士康自动化设备制造扩能项目投产、智能制造研发量产项目落地。培育电子信息产业，酷米填补全省自主品牌手机空白。

发展电子商务产业，智慧产业园成为国家电子商务示范基地，桐城、岳西获批国家电子商务进农村综合示范县，纳入统计的电商企业交易额 27.2 亿元、增长 57.3%。**三是加强投融资工作。**争取债券资金 80.5 亿元，获批国家专项建设基金 68 亿元。市城投公司 16 亿元企业债券获准发行、40 亿元中票成功注册。市经开区“两区共建”项目融资授信 100 亿元，首期放贷 30 亿元。新增上市辅导备案企业 8 家、“新三板”挂牌企业 6 家。深化政银担合作，国有政策性融资担保机构实现县（市）域全覆盖。与徽商银行合作建立城镇化一号基金，规模达到 123.8 亿元。全国首例公益类设施 PPP 项目外环北路开工，城区污水收集处理厂网一体化项目签约，宿松沿江一级公路、怀宁“三馆一中心”等项目开工。**四是加快基础设施建设。**合安高铁开工。合安高速安庆互通迁建实施。下浒山水库工程开工并实现河道截流。安庆电厂 2 台百万千瓦超超临界机组并网发电。安庆新机场规划选址完成。市一水厂迁建、大寨沟清淤、潜江路一期等工程顺利完工，外环西路、市博物馆开工。城区至周边县城 3 条一级公路建设进展顺利。红光、狮子山公交枢纽站动工兴建，首条纯电动公交线 33 路开通。城区开发园区“五化”建设全面推开。**五是开展精准扶贫试点。**大别山革命老区振兴规划启动实施，出台“百人供养、千家脱贫、万户增收”扶贫计划，干部驻村帮扶工作得到国务院扶贫办肯定，岳西入选国家首批光伏扶贫试点，完成 150 个村“整村推进”工程。

各位代表、各位委员、各位同志！五年的成绩来之不易，这是省委、省政府和市委坚强领导的结果，是市人大、市政协和社会各界监督支持的结果，是全市人民共同奋斗的结果。在此，我代表市人民政府，向全市广大工人、农民、知识分子、干部、离退休老同志，向驻宜解放军指战员、武警官兵和政法干警，向各民主党派、各人民团体和各界人士，向关心、支持安庆发展的中央和省驻宜单位、海内外友好人士，向在我市创业的投资者、建设者，表示衷心的感谢！

在肯定成绩的同时，我们清醒地认识到：我市经济在全省总量靠前、人均居后，发展质量、产业层次、创新能力有待进一步提高；基础设施建设仍有不少欠账；县域经济整体实力不强，贫困面大、贫困程度深，脱贫攻坚任务繁重；基本公共服务供给不足，与人民群众期待和愿望还有差距；环境保护、安全生产、征地拆迁等方面还存在一些矛盾和问题；少数干部开拓意识不强，担当负责精神不足，能力水平有待提升。我们将直面问题，逐步解决。

二、“十三五”时期目标任务

未来五年，我市仍然处于工业化、城镇化加速发展阶段，正是大有作为的战略机遇期。我们必须进一步坚定发展信心，强化机遇意识，树立底线思维，主动适应、把握和引领经济发展新常态，奋力把安庆发展推向新的更高水平。

“十三五”发展指导思想是：深入贯彻党的十八大、十八届三中、四中、五中全会和习近平总书记系列重要讲话精神，按照“五位一体”总体布局和“四个全面”战略布局，坚持发展是第一要务，强化创新、协调、绿色、开放、共享五大发展理念，打好产业转型升级、棚户区改造、精准脱贫、重大基础设施建设、增强县域经济实力五大攻坚战，不断提高发展质量和效益，加快建设“四个强市”，确保 2020 年全面建成小康社会。

发展目标是：

——**建设经济强市。**经济总量稳居全省前列，生产总值突破 2400 亿元，财政收入突破 400

亿元，固定资产投资累计突破1万亿元，常住居民人均可支配收入突破25000元。

——建设创新强市。全面推进体制、科技、管理和文化创新，切实增强企业自主创新能力、科技成果转化能力。高新技术产业增加值占规模以上工业比重力争达到30%，研究与试验发展经费占生产总值比重力争达到2%。

——建设文化强市。争创全国文明城市。全面建成国家公共文化服务体系示范区，大力推进黄梅戏“一唱两走”，提升黄梅戏艺术影响力。文化产业增加值占生产总值比重力争达到5%以上。

——建设生态强市。生态文明体系基本建立，节能减排任务全面完成，大气、水和土壤环境质量总体改善，生态产业发展水平不断提高，力争成功创建国家环境保护模范城市。

主要任务是：

一是打好产业转型升级攻坚战，提升经济发展质量和效益。培育壮大新能源汽车、新材料、智能制造、新一代信息技术等战略性新兴产业，实施“互联网+”行动计划。运用新技术、新模式改造传统产业，形成炼油与化工、纺织服装、食品加工三大千亿产业。大力发展现代物流、金融保险、电子商务等产业，全面提升健康养老、文化旅游等产业，推动房地产业持续健康发展。着眼增强企业核心竞争力，实施工业强基工程，开展质量品牌提升行动，加强科技创新，推进企业上市，培育一批百亿企业。不断加强企业家队伍建设，大力引进创新创业人才团队。

二是打好棚户区改造攻坚战，提高城市规划建设管理水平。坚持统筹规划、连片改造、系统开发，加快棚户区、老旧小区、城中村改造步伐。用五年时间，改造完成城区700万平方米棚户区、255万平方米老旧小区，县（市）改造完成250万平方米棚户区。加强中心城市水、电、路、气、热和地下管廊等公用设施建设，完善商业、教育、文化、体育、公交等公共服务配套，保护历史文化街区，健全污水、垃圾全收集全处理体系，完成河湖连通、水环境治理工程，着力建设宜居、宜业、宜游城市。

三是打好精准脱贫攻坚战，着力保障改善民生。按照“三年脱贫、两年巩固”要求，统筹推进发展生产、易地搬迁、生态补偿、发展教育、社会保障兜底，精准施策、提升实效，确保现行标准下农村贫困人口全部脱贫、贫困村全部出列、贫困县全部摘帽。推进基本公共服务均等化，完善创业扶持政策，促进充分就业。普及十五年基础教育，完善现代职业教育体系，支持高等教育发展。落实全民参保登记计划，加强困难群体基本生活保障。深化医药卫生体制改革，提升群众健康保障水平。落实国家生育政策，促进人口均衡发展。拓宽居民收入增长渠道，确保居民收入增幅不低于生产总值增幅。

四是打好重大基础设施建设攻坚战，增强区域发展支撑力。建成“十字型”高铁骨架，推进“米字型”铁路网络建设，打造成为全省重要的铁路交通枢纽。提升长江和内河航道等级，推进安庆新港规划建设，把安庆港打造成江海联运枢纽、上海国际航运中心重要喂给港。加密高速公路网络，改造提升国省道，畅通农村道路，打造承东启西、连南接北的交通节点城市。力争建成安庆新机场。着眼基本解决洪涝灾害问题，建成下浒山水库，推进华阳河蓄滞洪区安全建设等重大水利工程。

五是打好增强县域经济实力攻坚战，形成加快发展新格局。坚持彰显特色，提升质量效益，奋力在全省县域发展中争先进位。做大做强支柱产业，培育特色优势，提高产业层次和水平。加强县城和中心镇规划，完善公共设施，健全公共服务体系，促进产城一体。推进一二三产融合发展，建成 5 个“百万基地”，打造种养加销全产业链，提升农业现代化水平。全面推进美丽乡村建设，优化农村人居环境。

三、2016 年重点工作

今年是全面建成小康社会决胜阶段的开局之年，也是推进结构性改革的攻坚之年。我们要坚持改革开放，坚持稳中求进工作总基调，坚持稳增长、调结构、惠民生、防风险，在适度扩大总需求的同时，着力加强供给侧结构性改革，统筹抓好去产能、去库存、去杠杆、降成本、补短板，增强持续增长动力，保持经济社会平稳较快发展，努力实现“十三五”发展良好开局。

基于发展动力正在转换，面对经济下行压力，今年经济社会发展的主要预期目标是：生产总值增长 8%，财政收入同步增长，固定资产投资增长 12%，社会消费品零售总额增长 11%，进出口总额增长不低于全省平均水平，城镇、农村常住居民人均可支配收入分别增长 8%和 8.5%，居民消费价格涨幅 3%左右，城镇登记失业率控制在 4.2%以内，确保完成节能减排任务。

重点做好九个方面工作：

（一）实施“调转促”行动

加快工业转型升级。集中力量推动新能源汽车、新材料、智能制造、新一代信息技术等产业发展。完成投资 800 亿元以上，新增规模以上工业企业 150 家以上。加强化工新材料产业集聚发展基地建设。加快新能源汽车、赛富环新汽车零部件产业园建设，形成年产 5 万辆轿车、2 万辆特种用车整车生产能力。建成富士康安庆研发中心，加快智能制造基地、中船海工装备项目建设，建成晨兴机器人项目。加快南方、宝捷讯、卡为智能电子科技产业园建设，促进电子信息产业集群发展。推进桐城、岳西抽水蓄能电站项目前期工作，开工建设潜山 500 千伏变电站。实施 100 项亿元以上重点技术改造项目，增强企业核心竞争力。积极引进战略投资者，推动企业兼并重组，培育一批骨干企业。支持民营经济发展，促进“专精特新”中小微企业成长。开展降低企业成本专项行动，简政放权，减税降费，更好服务市场主体。

提升现代服务业。发展研发设计、科技服务、人力资源服务等产业。吸引股份制银行来宜设立分支机构，规范发展担保、小贷、典当等类金融机构，严厉打击非法集资和恶意逃废债行为。推动光彩大市场升级改造，建成新城吾悦、八佰伴、百联等城市综合体，推动林安物流等项目落地。开工建设市会展中心。城区体育场馆实行市场化运营。争创国家电子商务试点城市，推动电商进农村、进企业、进社区，培育年销售收入超千万元电商企业 30 家以上。支持房地产业健康发展，优化投资和供给结构，深化与养老、物流、文化、旅游等产业融合发展，培育房地产租赁市场。推进新市民公积金归集扩面，提升住房消费能力。

推进农业产业化。稳定粮食生产。深入实施“5211”工程，新增绿色有机农产品基地 10 万亩。培育新型市场主体，新增农民专业合作社 200 家以上、省级农业产业化联合体 10 家以上、省级示范家庭农场 30 家以上。办好上海、合肥农展，启动市农产品综合批发大市场建设。争创怀宁国家现代农业示范区，加快安庆海峡两岸农业合作试验区创建。

加强科技创新。建设产业共性技术研发平台和实体研发机构 10 家，实现众创空间等新型孵化器县域全覆盖，促进大众创业、万众创新。加强知识产权保护，支持企业自主创新，确保专利申请、专利授权总量全省前列。发展科技金融，吸引天使、风投、创投基金入驻。深入实施“人才强市”战略，大力引进创新创业人才团队，新认定国家高新技术企业50家。加强“质量安庆”建设，争创中国驰名商标2件、安徽著名商标40件、安徽名牌10个。

（二）加强中心城市规划建设管理

推进老城改造、新城配套。建成外环北路、潜江路，改造湖心中路、迎宾西路。推广“房票”安置办法，改造棚户区150万平方米以上，整治老旧小区8个，基本完成背街后巷改造。实施老城区“五化”工程，建设一批游园、绿地，提升市民生活舒适度。建成合安高速安庆互通迁建工程，开工建设城区污水收集处理厂网一体化、静脉产业园项目，推动河湖连通、水环境治理PPP项目签约。新建停车场10个、充电桩1000根，新建、改建一批公厕。巩固全国国土资源节约集约模范市创建成果。启动城市轨道交通建设规划编制。加强历史文化街区保护。

推动产城一体。加快市经开区“两区共建”项目建设，完成8.4平方公里征地拆迁工作，基本形成路网框架。建成市高新区凤凰片公共管廊、110千伏供电线路，改造城西污水处理厂，启动山口片基础设施建设，创建国家循环经济工业园。继续推进城区老工业区搬迁改造。

深化全国文明城市创建。推进“六城同创”。全面整治占道经营、夜市烧烤点、流动摊群点。规范交通秩序，严查交通违法行为，整治车辆乱停乱放。强化广告设置管理。加强社会主义核心价值观宣传教育，深化窗口行业文明创建，提升市民素质，广泛开展群众性创建活动。

（三）推动县域加快发展

加强县城、中心镇和开发园区建设。按照城市标准规划、建设、管理县城，统筹各类空间规划，推行“多规合一”。做优做特城镇产业，打造一批工业重镇、农业强镇、商贸大镇和旅游名镇。全面加强开发园区承载能力和主导产业建设，不断加快工业化、城镇化步伐。

强化交通、水利等基础设施建设。提升县县连通公路等级，实施农村道路畅通工程，完成3000公里改造提升任务。加快下浒山水库建设步伐。全面推进“5588”小型水利工程建设，除险加固小水库47座，建成高标准基本农田16万亩，巩固提升农村饮水安全工程成果。

推进美丽乡村建设。全面启动美丽乡镇建设，大力治脏、治乱，加强基础设施建设和公共服务配套，完成64个乡镇政府驻地建成区环境整治。实施86个省级中心村、一批市县级中心村建设，开展自然村环境整治，实现由点到面、全面推开。支持潜山整县推进美丽乡村建设。

开展脱贫攻坚。积极争取国家和省扶贫开发政策支持，实现375个贫困村“整村推进”工程全覆盖。每个贫困村重点发展1个特色产业，有生产能力的贫困户落实脱贫项目。实施96个贫困村、1万户贫困户光伏电站建设。推进易地扶贫搬迁工程，覆盖7800户、2.4万人。支持岳西在全省率先脱贫。力争127个贫困村脱贫出列，减少贫困人口15万以上。

（四）加快骨干交通工程建设

开工安九高铁项目，推进六安景、随麻安、武安杭等铁路项目前期工作。深化与中远集团合作，改造提升五里庙集装箱码头，启动长风港二期建设，建成石门湖工业品码头，加快安庆新港规划建设。推动长江深水航道向上延伸。建成望东长江大桥，推动岳武高速东延段等项目，继续推进城区至桐城、望江等一级公路建设。加快安庆新机场、天然气绕城环线等项目前期工作。

（五）促进文化繁荣发展

完善公共文化服务。建成市博物馆，推进基层综合文化服务中心全覆盖。加强黄梅戏等文化精品生产，办好“黄金周·黄梅戏”展演活动，推进文化下基层，实现文化惠民乐民。确保国家公共文化服务体系示范区创建通过验收。

不断壮大文化旅游产业。挖掘传统文化底蕴，嫁接现代科技元素，大力发展新业态、新模式，建设市文化创意产业孵化基地。开展省级健康旅游基地创建工作，加强休闲度假、自驾游营地等基础设施建设，推动天柱山旅游公司战略重组，支持五千年文博园创建 5A 景区，深化"宜游宜秀"建设。推进大别山（安庆）国家旅游应急救援中心规划建设。

（六）强化生态环保建设

深入实施环保创模工程。深化大气污染防治专项行动，做好淘汰黄标车、秸秆禁烧等工作，确保空气质量全省前列。加强水污染防治，建成城东污水处理厂二期，完成谷桥大沟治理，加快建设桐城、太湖、岳西等污水处理厂。基本完成石塘湖备用水源建设。支持潜山、太湖、宜秀创建国家级生态县（区）。完成森林增长提质工程任务，探索划定区域生态红线。

完成节能减排任务。加强对涉重、医药、造纸、化工等企业监督管理，严惩环境违法行为。完成安庆电厂减排改造。发展风能、太阳能、生物质能等新能源和可再生能源，推进建筑、交通运输、商业和公共机构等领域节能工作。

（七）全面扩大开放

拓展开放型经济。启动实施"2115"工程，重点培育 20 家加工贸易、商贸服务龙头企业，借鉴台湾等地经验发展养老、文化、旅游等产业，运用上海等地模式提升城市商业业态，加快建设加工贸易基地、港口物流基地、绿色有机农产品集散地、中部小商品集散地和出口商品重要输出地。建成 B 型保税物流园区，申报建设进境肉类指定口岸，推动进口商品直销店落地。鼓励环新、华茂等企业跨国并购、产能合作，继续支持中小企业拓展国际市场。

狠抓招商引资。积极参与国际徽商大会，办好北京、上海、广州经贸招商活动，深化"千名干部驻外招商"行动。加强与台湾电电公会等交流合作，举办"台北—安庆"经贸活动。加大对德、日、美等发达国家招商力度，探索建立境外招商平台。发挥市经开区、高新区、桐城开发区主平台作用，在新能源汽车、化工新材料、机器人产业等方面，着力引进一批 10 亿元以上重大项目。全市引进亿元以上项目 200 个以上。

（八）不断深化改革

深化国资国企改革。健全国资监管制度体系，完成市级政府平台公司市场化改造。推动华茂集团整体上市。完善国有集体企业改革改制政策。**深化财税体制改革。**科学界定市、县（市、区）事权和支出责任。完善政府性债务管理制度。全面完成"营改增"，落实税制改革和税收征管体制改革任务。优化财政支出结构，强化经济促进政策，进一步加大对实体经济支持力度。**深化投融资机制改革。**创新"4321"政银担合作、"税融通"落实机制，市级政府性融资担保公司注资到 10 亿元，县、区级分别不低于 2 亿元和 1.5 亿元，支持民营担保机构规范发展。推广运用 PPP 模式，吸引社会资本参与公共服务和基础设施建设。加快企业上市步伐，力争 1 家企业成功上市，新增上市辅导备案企业 6 家、"新三板"挂牌企业 10 家。加快国家专项基金项目建设，积极谋划争取后续项目。建立产业发展基金和股权投资基金。**深化农村综合改革。**完成农村土地承包经营权确权登记颁证任务，推动农村产权交易市场建设，稳妥推进土地承包经营权、农民住房财产权抵押贷款试点。做好第三次全国农业普查工作。**深化"放管服"改革。**推广"互联网+政务服务"，推行网上行政审批。全面落实"三证合一、一照一码"登记制度。**深化户籍制度改革。**全面实施居住证制度，推动进城落户农民"三权落实、五有并轨"，加快农民工市民化进程。**支持配合司法体制改革。**

（九）着力加强社会建设

切实做好民生工作。实施33项民生工程。新增城镇就业4万人以上。全面开展“工学一体”试点，推进产教结合，加强职业技能培训。积极争创国家“公交都市”试点，加强新能源公交线路建设。推进城乡居民基本医疗保险制度整合，开展重特大疾病医疗救助工作。提高城乡低保标准，加强“救急难”工作。建立贫困精神残疾人救治救助专项工作机制，努力做到相对集中收治，尽力给予生活保障支持。加大政府购买服务力度，支持社会组织、市场主体参与公共服务。

加快发展社会事业。完成国家中小学教育质量综合评价改革实验区建设任务。推进城区教育管理体制改革，充分发挥安庆一中、二中、四中、高琦小学、人民路小学、墨子巷幼儿园等示范带动作用，推动名校（园）集团化办学，扩大优质教育资源。全面推行教师、校长交流轮岗。完成第二期学前教育三年行动计划，推进农村教学点在线课堂全覆盖，确保怀宁、潜山、宿松、望江通过全国义务教育发展基本均衡县验收。提升高中教育质量，推进面向市域自主招生，开工建设安庆一中龙山校区。构建现代职业教育体系，以安庆职业技术学院为龙头，整合职教资源，实行联合办学。提升高等教育发展水平，支持安庆师范学院创建高水平应用型大学，推动安庆医专与安徽医科大学合作办学，建设桐城师专新校区。促进民办教育规范健康发展。举办市第十三届运动会和第二届市民运动会。深化医药卫生体制改革，发展医疗服务联合体，推行分级诊疗，鼓励社会办医。建成市立医院新院区，建设市一院龙山院区。落实全面二孩政策，加强优生优育服务。深化养老服务业综合改革，发展养老产业，推进医养结合，新建、改扩建居家养老服务站170个。

不断创新社会治理。开展安全生产执法能力建设年活动，强化队伍建设，充实专业力量，夯实基层基础。推进安庆石化油气输送管线迁建，全面完成铁路道口“平改立”，加强交通、消防、危爆物品、公共卫生、建筑施工等安全管理。积极创建省级食品药品安全城市。做好森林防火、防汛减灾工作。完善社会治安防控体系，健全矛盾纠纷多元化解机制，切实提升应急处置能力。加快社会服务管理信息化建设，完善社区网格化管理。实行“阳光信访”，及时就地依法解决信访问题。深入推进“守护平安”系列行动，全面实施“天网工程”。做好法律援助、人民调解和社区矫正工作。充分发挥工会、共青团、妇联等人民团体作用。做好科普、统计、地震、气象、档案、地方志、外事、侨务、民族、宗教、涉台、老龄、残疾人、红十字、关心下一代、无线电管理等工作。推进军民融合深度发展，支持驻宜部队建设，加强国防教育、国防动员、人民防空和民兵预备役工作，深入开展“双拥”共建活动。

四、加强政府自身建设

决战“十三五”，全面建成小康社会，需要全市上下共同努力，更需要政府自身积极作为。我们将严格遵守政治纪律和政治规矩，切实增强“看齐”意识，坚持做到“四个自觉”，努力建设人民满意的政府。

一要坚持依法行政。自觉接受市人大、市政协监督，广泛听取民主党派、工商联、无党派人士意见，主动接受社会舆论监督。加强政府立法工作，依法合规决策施政，强化综合执法改革，完善行政执法群众公议制度，做好行政复议、应诉工作。深化政务公开，完善权力清单、责任清单、涉企收费清单，探索实施负面清单，努力做到阳光透明。

二要大力改革创新。坚持问题导向，把握结构性改革机遇，积极变中求进，努力弯道超越。全面扩大开放，运用竞争机制，统筹社会资源，实现公共利益最大化。创新工作机制，突破现行体制制约，打破条块分割惯性，推行“专班突击、集中攻坚”等有效模式，整合力量解难题、办大事。鼓励县（市）区、部门互相借鉴、取长补短，推动形成比学赶超、争先进位的工作格局。加强对基层工作指导，支持一线创新创造，为埋头苦干者助力，为担当负责者解难，为改革创新者鼓劲，不断激发干事创业的热情和活力。

三要提高行政效能。开展行政审批改革“回头看”，进一步简化流程，减少收费，提高效率，不断巩固“三最”城市建设成果。倡导专业的人干专业的事，加强干部实践历练和实战锤炼，鼓励急用先学、干中求知，增强推动中高端发展、大规模建设、创新投融资等方面能力。实行闭环管理，加强督查督办，完善绩效考核，严格兑现奖惩。办好“1584”政风行风热线，加强政民互动交流，不回避问题，不掩饰矛盾，做到民有所愿、施政所向。注重工作协调沟通，加强宣传动员，广泛凝聚力量，营造众人拾柴、团结成事的良好氛围。

四要保持清正廉洁。严守八项规定，践行“三严三实”，持之以恒纠正“四风”。严格履行“一岗双责”，立“明规矩”、破“潜规则”，不断压缩腐败现象生存空间和滋生土壤。加强行政监察、财政监督和审计结果运用，坚决查办重点领域、关键环节的腐败案件，认真纠正和严肃查处基层贪腐以及执法不公等问题，推动党风廉政建设落实到基层，维护群众切身利益。

各位代表、各位委员、各位同志，蓝图已经绘就，任务非常明确，实干才有实效，善做更要善成。让我们紧密团结在以习近平同志为总书记的党中央周围，在中共安庆市委的坚强领导下，与全市人民一道，锐意改革，开拓创新，为打造“四个强市”、全面建成小康社会而努力奋斗！

2015年安庆市国民经济和社会发展情况统计公报

安庆市统计局　国家统计局安庆调查队

2015年，面对复杂严峻的国内外经济形势，全市上下深入学习贯彻党的十八大和十八届三中、四中、五中全会精神，认真落实中央、省及市委、市政府各项决策部署，主动适应经济发展新常态，抓住五大战略机遇，创新思路办法，集中攻坚克难，经济运行总体平稳，经济结构持续优化，内驱动力不断增强，社会事业全面进步，民生保障水平全面提升，圆满完成“十二五”规划目标任务。

一、综　　合

国民经济保持平稳较快发展。初步核算，全年地区生产总值（GDP）1613.2亿元（含枞阳县，下同），按可比价格计算，比上年增长7.1%。其中，第一产业增加值220亿元，增长4.0%；第二产业增加值821.6亿元，增长6.1%；第三产业增加值571.6亿元，增长10.2%。第二、第三产业对地区生产总值增长的贡献率为49.6%和44.1%。地区生产总值中三次产业比例为13.6:50.9:35.5，人均生产总值29840元。

各类价格指数

类　　别	指数（上年=100）
居民消费价格指数	101.5
食　品	102.4
粮　食	102.7
烟　酒	102.5
衣　着	103.3
家庭设备用品及服务	102.2
医疗保健及个人用品	105.2
交通和通讯	98.5
娱乐教育文化用品及服务	99.8
居　住	99.4
工业生产者出厂价格指数	92.9
#生产资料	90.4
生活资料	101.0

消费品市场价格涨幅平稳。全年居民消费价格比上年上涨 1.5%，比上年涨幅上升 0.2 个百分点。其中，食品类价格上涨 2.4%，与上年涨幅持平；居住类价格下降 0.6%；交通和通讯类价格回落 1.5%；烟酒类价格上涨 2.5%；医疗保健及个人用品类价格上涨 5.2%；家庭设备用品及服务类价格上涨 2.2%；娱乐教育文化用品及服务类价格下降 0.2%；全年商品零售价格下降 0.1%。

生产领域价格出现下跌。工业生产者出厂价格比上年下跌 7.1%。其中，生产资料价格下跌 9.6%；生活资料价格同比上涨 1.0%。

全年城镇新增就业 7.45 万人,比预期目标多 2.6 万人。全年有 1.64 万人实现了再就业。年末城镇人口登记失业率为 3.04%。

二、农　　业

2015 年，全市各地认真贯彻中央和省委有关文件精神，进一步加大支农力度，努力克服多种因素所带来的不利影响，农业生产形势总体稳定。全年粮食种植面积 46.1 万公顷,其中稻谷面积 37.2 万公顷，小麦种植面积 4.2 万公顷。经济作物中，棉花种植面积 6.5 万公顷，油料种植面积 13.9 万公顷，蔬菜种植面积 7.7 万公顷。

主要农产品产量

产品名称	单　位	绝对值	比上年增长%
粮　食	万吨	268.3	3.8
豆　类	万吨	4.8	27.7
棉　花	万吨	8.9	-11.9
油　料	万吨	29.9	1.8
蔬　菜	万吨	162.6	5.1
瓜果类	万吨	11.7	1.5
茶　叶	吨	12801	4.1
中草药材	吨	12365	0.5

主要农产品产量有所增长。全年粮食总产量 268.3 万吨，产量增长 3.8%。其中，夏粮 12.6 万吨，下降 10.4%，早稻 42.3 万吨，下降 19.0%，秋粮 201.2 万吨，增长 10.4%。全年油料产量 29.9 万吨，增长 1.8%，棉花产量 8.9 万吨，下降 11.9%，蔬菜产量 162.6 万吨，增长 5.1%。

畜牧业、渔业稳步发展。全年肉类总产量 34.4 万吨，比上年增长 3.7%，其中猪牛羊肉产量 24.4 万吨，增长 2.1%。禽蛋产量 19.7 万吨，增长 1.2%。水产品产量 39.0 万吨，增长 2.7%。

农业生产条件继续改善。全市农业机械总动力 345.1 万千瓦，比上年增长 5.1%，农用拖拉机 110973 辆。全年化肥施用量(折纯)26.2 万吨，增长 2.7%。农村用电量 191953.9 万千瓦时，增长 5.7%。

三、工业和建筑业

工业生产平稳增长。年末全市规模以上工业企业数 1784 户，比上年净增 114 户。全年全部工业增加值 727.2 亿元，比上年增长 6.1%。其中，规模以上工业实现增加值 713.9 亿元，增长 5.9%。在规模以上工业中，国有企业增加值 5.1 亿元，增长 0.4%；集体企业 3.6 亿元，增长 1.2%；股份制企业 643.1 亿元，增长 5.7%；外商及港澳台投资企业 36.0 亿元，增长 12.4%。重工业增加值 392.1 亿元，增长 6.5%；轻工业增加值 321.8 亿元，增长 5.2%。

全市规模以上工业经济效益综合指数达到 318.5%，比上年下降 2.2 个百分点。实现主营业务收入 2958.4 亿元，增长 0.7%；实现利税 363.3 亿元，增长 6.4%，其中利润 184.5 亿元，下降 1.7%。

2015 年全市规模以上工业企业主要产品产量

产品名称	单 位	绝对值	比上年增长（%）
纱	万吨	28.6	1.33
布	万米	27905.4	1.76
白　酒	千升	11925.7	6.18
发电量	万千瓦小时	1169710	80.34
原油加工量	万吨	689.3	-7.85
汽　油	万吨	216.6	-6.19
柴　油	万吨	280.0	-7.41
水　泥	万吨	766.7	-1.31
化　肥	万吨	2.8	-8.87
合成洗涤剂	万吨	4.1	-46.4

全年全社会建筑业完成增加值 95.4 亿元，比上年增长 2.6%。三级及以上建筑企业实现利税总额 14.56 亿元，下降 3.1%。房屋建筑施工面积 1801.64 万平方米，比上年减少 201.24 万平方米；房屋竣工面积 1120.32 万平方米，比上年增加 22.54 万平方米。

四、固定资产投资

投资快速增长。全年全社会固定资产投资1577.5亿元，比上年增长13.1%。

投资结构进一步优化。全年第一产业投资69.1亿元，比上年增长59.3%；第二产业投资920.2亿元，增长13.4%；第三产业投资588.2亿元，增长9.0%。在投资中，工业完成投资912.4亿元，增长15.1%；制造业投资788.6亿元，增长10.7%；电力等能源工业投资100.6亿元，增长60.8%；交通运输、水利和环境等基础设施投资90.2亿元，增长29.8%。

全年房地产开发投资146.6亿元，下降0.2%；商品房销售额162.0亿元，下降6.0%。

2015年全市亿元以上重点项目建设扎实推进。全年安排亿元以上续建和新开工项目490个，总投资规模3941.9亿元，当年完成投资859.6亿元，占年度计划的105%。一批重大项目加速推进，宁安高铁、岳武高速、望东长江公路大桥北岸接线、安庆火车站及站前广场、天柱山机场改造、安庆电厂二期及500千伏送出输变电、富士康自动化设备制造扩能、安庆一水厂迁建、石门湖航道整治等项目建成，安达尔汽车、安庆智慧产业园等项目基本完成。

五、国内贸易

全年社会消费品零售总额671.9亿元，增长12.0%。分城乡看，全年城镇消费品零售额449.4亿元，增长11.8%；乡村消费品零售额222.5亿元，增长12.2%。分行业看，批发零售业零售额618.1亿元，增长12.6%；餐饮业零售额45.4亿元，增长3.5%；住宿业零售额8.4亿元，增长16.5%。

全年全市限额以上大类商品普遍旺销，居民消费结构的升级速度明显加快。从限额以上单位商品零售类值看，粮油、食品、饮料、烟酒类增长15.4%；服装、鞋帽、针纺织品类增长4.1%；日用品类增长3.8%；家用电器和音像器材类增长5.1%；文化办公用品类增长11.4%；家具类增长13.5%。反映居民消费结构升级的建筑及装潢材料类、化妆品、金银珠宝、汽车等商品继续热销，分别增长8.9%、10.4%、5.9%和14.2%。

六、对外经济和旅游业

外贸高出低进。全年进出口总额24.45亿美元，比上年增长8.6%。其中，出口21.77亿美元，增长12.0%；进口2.67亿美元，下降13.3%。在出口中，机电产品出口快速增长，两者占全部出口的比重由上年的24.3%

提高到25.7%。

2015年全市出口主要地区分布（亿美元）

指　　标	绝对值	比上年增长%
出口总额	24.45	8.6
#机电产品	5.76	16.8
#高新技术产品	0.51	-4.9
#一般贸易	20.08	11.7
加工贸易	2.00	-8.3
#对亚洲	12.75	3.4
对欧洲	13.99	-3.9
北美洲	2.96	27.6
对非洲	2.06	18.4
对拉丁美洲	1.09	27.59
对大洋洲	1.06	30.7

外商直接投资出现下滑。全年新批外商投资企业11 家，比上年下降15.4%；合同利用外商直接投资17155万美元，增长33%；实际利用外商直接投资18253万美元，下降31.5%。

对外承包工程和劳务合作稳步扩大。全年中方实际对外投资额153万美元，同比增加118.6%；劳务人员合同工资总额1477万美元，同比下降1.53%；当年外派劳务人员185人，同比下降0.54%。

旅游业快速发展。全年接待海外游客212326人次，增长10.13%；接待国内游客4470.43万人次，增长17.85%。旅游总收入418.26亿元，增长20.13%。其中，旅游外汇收入14286.64万美元，下降15.11%；国内旅游收入409.44亿元，增长21.2%。

七、交通和邮电

全年邮电业务总量33.6亿元，增长2.5%。其中，邮政业务总量8.2亿元，增长24.2%；电信业务总量25.3亿元，下降3.0%。年末本地固定电话用户71.6万户；移动电话用户336.4万户；年末计算机互联网用户67.2万户。

年末民用汽车33.29万辆，增长23.1%，其中，民用轿车28.40万辆。

八、财政、金融和保险业

财政结构优化，质量提高。全年全市财政一般预算收入为 258.8 亿元，比上年增收 28.0 亿元，增长 12.1%。地方财政一般预算收入 106.6 亿元，增长 0.9%。全年地方财政一般预算支出 336.9 亿元，增长 12.5%。其中，一般公共服务支出下降 22.1%，文教科卫事业费支出增长 13.5%，交通运输支出增长 12.2%，城乡社区事务支出增长 76.2%，社会保障补助和就业支出增长 14.7%。

金融机构存贷款稳定增加。全市金融机构存款年末余额为 2532.8 亿元，比上年末增加 299.9 亿元，增长 13.4%。其中，住户存款余额 1667.6 亿元，增长 15.5%。全市金融机构贷款年末余额为 1428.4 亿元，比上年末增加 172.2 亿元,增长 13.7%。

全年全市保险系统保费收入 57.02 亿元，同比增长 20.09%。其中，财产险业务保费收入 19.39 亿元，同比增长 14.46%；人身险业务保费收入 37.63 亿元，同比增长 23.22%。赔款和给付 20.41 亿元，同比增长 14.92%。其中，财产险业务赔款支出 9.35 亿元，同比增长 5.41%；人身意外险累计赔款 11.06 亿元，同比增长 24.41%。

九、教育和科学技术

教育事业持续健康发展。2015 年末，全市有普通高校 5 所，当年招生 12246 人，在校学生 41737 人，毕业生 12207 人。其中，硕士研究生当年招生 140 人，在校生 317 人，毕业生 67 人。各类中等职业教育学校（含技工学校）当年招生 2.4 万人，在校生 6.8 万人，毕业生 4.2 万人。普通高中招生 3.42 万人，在校生 11.66 万人，毕业生 5.10 万人。初中招生 5.20 万人，在校生 16.22 万人，毕业生 5.95 万人。普通小学招生 5.13 万人，在校生 30.57 万人，毕业生 5.15 万人。初中阶段适龄人口入学率为 100%，小学学龄儿童入学率为 100%。

2015 年各类教育招生和毕业生情况

指　　标	单位	招生数	毕业生数
普通高等学校	人	12246	12207
#硕士研究生	人	140	67
各类中等职业学校	万人	2.4	4.2
普通中学	万人	8.62	11.05
高　中	万人	3.42	5.10
初　中	万人	5.20	5.95

科技事业取得新进展。获国家级科技项目 10 项，省级科技项目 42 项，市级科技项目 55 项。全年认定

高新技术企业 57 家，认定高新技术产品 129 项。全年受理专利申请量 12645 件，获得专利授权量 3500 件，已实施的专利授权量 2281 件。全年签订各类技术合同 67 项，技术合同成交金额 7802 万元。

质量检验工作得到加强。全市共有县以上产品质量检验机构 89 个，其中系统内 12 个。国家检测中心 2 个。法定计量技术机构 9 个，全年强制检定计量器具 15.03 万台件，报省级修订地方标准数 2 项。

十、文化、卫生和体育

文化事业继续发展。2015 年末，全市共有艺术表演团体 102 个，文化馆 12 个，乡镇文化站 169 个，公共图书馆 11 个，博物馆 15 个。全市广播电台 9 座，中短波转播发射台 1 座，调频转播发射台 17 座。全市有线电视用户 90.79 万户，其中：数字电视用户 45.55 万户，全市广播电视农村直播卫星用户 9.44 万户。年末广播综合人口覆盖率为 98.29%，电视综合人口覆盖率为 98.57%。全年出版报纸 4 种，总印数 2183.19 万份；期刊(杂志)4 种，总印数 3.38 万册；年末全市共有各级档案馆 12 个，馆藏档案资料 16.19 万册，库馆总建筑面积 41558 平方米。

卫生事业不断进步。年末全市共有卫生机构（含诊所、卫生室）2497 个。其中医院、卫生院 224 个，卫生防疫机构 10 个，妇幼保健院（所、站）10 个。医院、卫生院床位 19571 张。全市卫生人员总数 30428 人，其中卫生技术人员 22438 人，执业医师和执业助理医师 8753 人，注册护士 9043 人。乡村卫生院 152 个，乡村医生和卫生员 4267 人，全市农村有医疗点的村占总村数的比重达 100%。全市参加农村新型合作医疗的农民 490.68 万人。

体育事业取得新成绩。全年我市运动健儿在国际和国内的重大比赛中，共获得银牌 1 枚，铜牌 2 枚。全年发展社会体育指导员 743 人，一级运动员 7 人，二级运动员 48 人。全民健身运动蓬勃发展，全年共举办百人以上的体育健身活动 62 次，参加体育健身活动人数 4.19 万人。

十一、人口、人民生活和社会保障

人口自然增长率保持较低水平。据计生部门统计，2015 年，全市人口出生率为 10.36‰，比上年上升 0.16 个千分点；死亡率为 4.92‰，比上年下降 0.21 个千分点；自然增长率 5.44‰，比上年上升 0.37 个千分点。2015 年末全市户籍人口 622.1 万人。

城乡居民生活水平继续提高。全年城镇常住居民人均可支配收入 23966.2 元，比上年增长 8.4%，扣除价格因素，实际增长 6.9%；城镇常住居民人均消费支出 14091.0 元，增长 8.0%，其中，食品支出增长 5.3%，交通与通讯支出增长 7.2%，衣着支出增长 7.8%，娱乐教育文化支出增长 9.6%；城镇居民恩格尔系数为 35.9%，比上年下降 0.9 个百分点。

全年农村常住居民人均可支配收入9854.2元，比上年增长9.2%。农村常住居民人均消费支出8051.1元，增长8.3%，其中，食品支出增长5.6%，交通和通讯支出增长7.9%。

社会保障工作进一步加强。年末全市参加城镇职工基本养老保险人数为57.21万人，比上年增加2.25万人，其中，参保职工40.16万人,比去年增加1.26万人；参保的离退休人员17.05万人；参加城乡居民社会养老保险人数为338.54万人，其中，领取养老金人数86.36万人；参加失业保险的人数为25.42万人，领取失业保险金人数为0.54万人，比上年减少0.06万人；参加城镇职工基本医疗保险人数为46.49万人, 比上年增加0.44万人，其中，参保职工32.77万人，参保的离退休人员13.73万人；参加城镇居民基本医疗保险人数79.44万人，领取待遇8.51万人次；参加工伤保险人数38.53万人，领取待遇0.34万人次；参加生育保险人数30.67万人，领取待遇0.42万人次。全市年末享受城市居民最低生活保障的人数为5.19万人，享受农村最低生活保障的人数为19.4万人。

社会福利事业稳步发展。年末全市有各类收养性单位219个，拥有床位数40050张，收养各类人员16736人。其中：农村五保供养服务机构171个，拥有床位数31823张，收养13830人。全市建立各类社区服务设施319个，其中：社区服务中心48个，社区服务站271个。全年销售社会福利彩票5.24亿元，筹集社会福利资金1.36亿元。

十二、资源与环境保护

2015年，我市加大了对资源与环境保护的投入力度，资源的有效利用与环境保护工作取得一定进展。

环境保护工作继续加强。2015年末，全市省、市、县环境监测站9个。全市当年审批的建设项目环保投资总额662.64亿元，累计建成和在建环保项目315个，自年初累计建成和在建环保项目完成投资19.6亿元。全年环境检测站检测到的县（市）、区中，空气质量达二级以上的天数为308天。

生态建设积极推进。全市已建成自然保护区4个，其中国家级1个、省级3个。

全市发生火灾事故233起，造成直接经济损失1109.7万元；交通事故1432起，死亡274人，造成直接经济损失734万元。

说明：

1. 公报中数字均为初步统计数。
2. 地区生产总值和各产业增加值按当年价格计算，增长幅度按可比价格计算。

第一篇

综　合

简要说明

一、本篇包括国民经济综合资料等内容。

二、国民经济总量、速度、结构、比例和效益指标均取自本年鉴各篇；国民经济综合资料由市统计局综合科整理。

1—1　安庆市行政区划

县（市）、区名称	所辖乡（镇）、办事处 居委会（村委会）个数	所辖乡（镇）、办事处名称
全　市	**97个镇** **56个乡** **18个街道办事处** **284个居委会** **1541个村委会**	
迎 江 区	1个镇 3个乡 6个街道办事处 41个居委会 31个村委会	镇：老峰镇（老峰头）（现由市经济技术工发区托管） 乡：长风乡（长风村）　新洲乡（青龙）　龙狮桥乡（红旗） 人民路街道办事处　孝肃路街道办事处 建设路街道办事处　宜城路街道办事处 华中路街道办事处　新河路街道办事处
大 观 区	1个镇 2个乡 7个街道办事处 41个居委会 18个村委会	镇：海口镇（海口） 乡：山口乡（山口）　十里铺乡（十里） 玉琳路街道办事处　龙山路街道办事处 德宽路街道办事处　菱湖路街道办事处 集贤路街道办事处　石化路街道办事处 花亭街道办事处
宜 秀 区	3个镇 2个乡 2个街道办事处 46个居委会 24个村委会	镇：大龙山镇（永林）　杨桥镇（杨溪桥）　罗岭镇（罗家岭） 乡：白泽湖乡（许家祠堂）　五横乡（五横） 大桥街道办事处 菱湖街道办事处（现由市经济技术开发区托管）

1—1 续表1

县（市）、区名称	所辖乡（镇）、办事处 居委会（村委会）个数	所辖乡（镇）、办事处名称
桐 城 市	12个镇 3个街道办事处 22个居委会 199个村委会	镇：孔城镇（孔城） 范岗镇（范家岗） 青草镇（青草塥） 鲟鱼镇（鲟鱼嘴） 金神镇（金神墩） 唐湾镇（唐家湾） 新渡镇（新安渡） 双港镇（双洪铺） 黄甲镇（黄家镇） 大关镇（三十里铺） 吕亭镇（吕亭驿） 嬉子湖镇（肖店） 文昌街道办事处 龙眠街道办事处 龙腾街道办事处
怀 宁 县	15个镇 5个乡 37个居委会 204个村委会	镇：石牌镇（石牌） 高河镇（高河埠） 月山镇（月山） 洪铺镇（洪镇） 三桥镇（三桥） 黄龙镇（黄龙） 公岭镇（公岭） 腊树镇（腊树） 黄墩镇（黄墩） 小市镇（小市） 茶岭镇（茶岭） 金拱镇（金拱） 马庙镇（马庙） 江镇镇（江镇） 平山镇（平山） 乡：雷埠乡（李店） 清河乡（清河） 秀山乡（栏坝） 石境乡（石境） 凉亭乡（凉亭）
枞 阳 县	14个镇 8个乡 27个居委会 235个村委会	镇：枞阳镇（正大街） 汤沟镇（汤家沟） 义津镇（老牛集） 钱桥镇（老人塝） 项铺镇（项铺镇） 横埠镇（左岗） 周潭镇（周家潭） 麒麟镇（麒麟桥） 浮山镇（桂花园） 老洲镇（沙地） 欧山镇（红树） 陈瑶湖镇（凌家花园） 官埠桥镇（官埠桥） 会宫镇（会宫） 乡：风仪乡（民胜） 长沙乡（建设） 雨坛乡（十坛岗） 金社乡（高基岭） 白湖乡（公堰塥） 钱铺乡（铺家铺） 白梅乡（黄粟树嘴） 铁铜乡（柘树墩）
潜 山 县	11个镇 5个乡 21个居委会 164个村委会	镇：梅城镇（梅城） 源潭镇（源潭铺） 黄泥镇（黄泥港） 王河镇（王家河） 黄柏镇（茅湾） 余井镇（余家井） 水吼镇（水吼岭） 天柱山镇（茶庄） 黄铺镇（黄铺） 官庄镇（刘家新屋） 槎水镇（油坊街） 乡：龙潭乡（龙潭河） 油坝乡（银珠山） 五庙乡（五庙） 痘姆乡（马道头） 塔畈乡（江家祠堂）

1—1　续表2

县（市）、区名称	所辖乡（镇）、办事处 居委会（村委会）个数	所辖乡（镇）、办事处名称
太 湖 县	10个镇 5个乡 10个居委会 174个村委会	镇：晋熙镇（城关）　徐桥镇（下街）　弥陀镇（弥镇村） 新仓镇（新仓村）　小池镇（小池村）　寺前镇（麒麟村） 牛镇镇（安平村）　北中镇（沙河村）　黄镇镇（岐山村） 百里镇（叶塝村） 乡：大石乡（中心村）　江塘乡（江塘村）　城西乡（胜昔村） 汤泉乡（赵河村）　刘畈乡（枫树村）
宿 松 县	9个镇 13个乡 17个居委会 191个村委会	镇：孚玉镇（城关）　复兴镇（复兴）　许岭镇（许家岭） 下仓镇（下仓埠）　二郎镇（二郎河）　凉亭镇（凉亭河） 破凉镇（破凉亭）　汇口镇（汇口）　长铺镇（长岭铺） 乡：北浴乡（马厂）　柳坪乡（柳坪）　陈汉乡（陈院） 隘口乡（隘品）　河塌乡（毛岭）　趾凤乡（趾凤河） 佐坝乡（王岭）　五里乡（五里墩）　千岭乡（向阳岭） 九姑乡（九姑岭）　高岭乡（朗岭）　程岭乡（程家岭） 洲头乡（洲头）
望 江 县	8个镇 2个乡 16个居委会 119个村委会	镇：华阳镇（华阳）　赛口镇（赛口街）　鸦滩镇（鸦滩街） 长岭镇（长岭街）　太慈镇（太慈街）　杨湾镇（曾墩） 漳湖镇（漳湖闸）　高士镇（高士岭） 乡：雷池乡（雷港）　凉泉乡（凉泉）
岳 西 县	13个镇 11个乡 6个居委会 182个村委会	镇：天堂镇（城关）　店前镇（杨胜嘴）　来榜镇（来榜河） 菖蒲镇（菖蒲潭）　头陀镇（燕窝）　白帽镇（蔡坳） 温泉镇（汤池畈）　响肠镇（响肠河）　河图镇（九龙） 五河镇（五河）　主簿镇（白果）　冶溪镇（大包嘴） 黄尾镇（上街） 乡：莲云乡（腾云庙）　毛尖山乡（黄婆坳）　和平乡（石门） 青天乡（青天）　包家乡（包家）　古坊乡（下坊） 田头乡（田头）　中关乡（斗水）　石关乡（石关） 姚河乡（姚河）　巍岭乡（杨河）

1—2 国民经济和社会发展总量与速度指标（含枞阳）

指　　标		总　量　指　标				
		2000	2005	2010	2014	2015
人口与就业						
人　　口						
年末总人口	（万人）	601.3	605.5	615.6	620.9	622.1
#农业人口		512.1	503.1	504.4	509.1	468.7
非农业人口		89.2	102.4	111.2	111.8	153.4
#男性人口		311.3	313.1	318.2	321.3	322.0
女性人口		290.0	292.4	297.4	299.6	300.1
出生人口	（万人）	6.60	6.30	6.20	7.40	8.00
死亡人口	（万人）	3.70	2.70	6.70	5.90	3.30
人口密度	（人/平方公里）	391	393	400	405	404
年末总户数	（万户）	151.2	166.4	180.6	183.3	183.8
#乡村户数		127.1	131.1	139.8	141.9	145.5
就　　业	**（万人）**					
经济活动人口		383.4				
从业人员		380.5	403.9	426.7	436.7	
#国有经济		27.9	20.5	16.5	18.8	
城镇集体经济		7.0	3.4	1.7	1.6	
港澳台投资经济						
外商投资经济						
城镇私营经济						
城镇个体						
职工人数		39.3	29.3	22.7	35.3	
国有经济		27.9	20.5	16.5	18.8	
城镇集体经济		7.0	3.4	1.7	1.6	
其他经济合计		4.4	5.4	4.5	14.9	
城镇登记失业人数		2.9	1.5	3.0	2.5	
宏观经济						
国民经济核算						
安庆生产总值	（亿元）	243.0	421.3	989.0	1544.3	1613.2
第一产业		58.3	89.3	156.3	212.4	220.0
第二产业		94.0	170.1	519.0	814.7	821.6
#工　　业		77.5	136.9	451.0	722.7	727.2
第三产业		90.7	161.9	313.8	517.2	571.6
固定资产投资						
全社会固定资产投资总额	（万元）	643835	1555313	8093930	13947517	15774642
#国有单位		324361	615519	1647661	2811467	2713218
集体单位		66169	40737	253926	594580	921621
个体经济		197197	6577	238980	105210	146077
固定资产投资按产业分	（万元）					
#第一产业			35885	313323	433657	690609
第二产业			507637	4084288	8117325	9202321
第三产业			818283	3696319	5396535	5881712
商品房屋销售额	（万元）	30494	188891	854799	1722485	1598694
商品房屋销售面积	（平方米）	323536	1406032	2851819	3615687	3394025

速度指标　(%)						
指　数　(2015年为以下各年)				平均增长速度		
2000	2005	2010	2014	2001—2005	2006—2010	2011—2015
103.5	102.7	101.1	100.2	0.1	0.3	0.2
91.5	93.2	92.9	92.1	-0.4	0.1	-1.5
172.0	149.8	137.9	137.2	2.8	1.7	6.6
103.4	102.8	101.2	100.2	0.1	0.3	0.2
103.5	102.6	100.9	100.2	0.2	0.3	0.2
121.2	127.0	129.0	108.1	-0.9	-0.3	5.2
89.2	122.2	49.3	55.9	-6.1	19.9	-13.2
103.5	102.7	101.1	100.2	0.1	0.3	0.2
121.6	110.5	101.8	100.3	1.9	1.7	0.4
114.5	111.0	104.1	102.5	0.6	1.3	0.8
				1.2	1.1	
				-6.0	-4.2	
				-13.4	-12.9	
				-5.7	-5.0	
				-6.0	-4.2	
				-13.4	-12.9	
				4.2	-3.6	
				-12.4	14.9	
395.9	287.6	163.3	107.1	8.0	11.7	10.3
189.3	155.9	123.6	104.0	5.1	4.8	4.3
537.4	383.0	180.0	106.1	6.9	15.6	12.5
586.0	428.2	186.6	106.1	9.3	17.3	13.3
381.5	256.1	155.1	110.2	11.3	10.5	9.2
2450.1	1014.2	194.9	113.1	19.3	39.1	14.3
836.5	440.8	164.7	96.5	13.7	21.8	10.5
1392.8	2262.4	362.9	155.0	-9.2	44.2	29.4
74.1	2221.0	61.1	138.8	-49.3	105.1	-9.4
	1924.5	220.4	159.3		54.2	17.1
	1812.8	225.3	113.4		51.7	17.6
	718.8	159.1	109.0		35.2	9.7
5242.7	846.4	187.0	92.8	44.0	35.2	13.3
1049.0	241.4	119.0	93.9	34.2	15.2	3.5

1—2 续表1

指　　标		总　量　指　标				
		2000	2005	2010	2014	2015
财　政	**(万元)**					
财政收入		255020	381737	1210926	2307829	2588000
中　央		110085	186278	705184	1251247	1522292
地　方		144935	195459	505742	1056537	1065708
#增值税		21819	30666	59264	106760	122515
营业税		23361	44813	133351	292169	270320
企业所得税		12802	7252	21629	62289	54356
地方财政支出		225532	468546	1618318	2994597	3371729
教育事业费支出		57393	117402	359928	580668	628321
社会保障补助支出		11132	31325	171606	352018	407720
科学技术支出		446	679	24815	61902	71738
物价总指数	**(上年=100)**					
商品零售价格指数		98.3	100.7	103.2	100.4	99.9
居民消费价格指数		101.1	101.6	103.6	101.3	101.5
工业生产者出厂价格指数			108.0	112.4	100.3	92.9
利用外资	**(万美元)**					
签订利用外资协议额		2038				
实际利用外资额		4392	4494	23576	26666	18253
#外商直接投资		796		22255	26666	18253
能源生产与消费	**(万吨标准煤)**					
能源生产总量						
能源消费总量		751.7	388.4	486.6	608.1	678.4
产　　业						
农　业						
乡村劳动力	(万人)	277	281	291	330	333
#农林牧渔劳动力						
耕地面积	(千公顷)	269	257	298		
总播种面积	(公顷)	606485	712609	783255	794798	792726
#粮食播种面积		356742	439259	454156	460819	461164
农林牧渔业总产值	(万元)	978110	1509117	2709162	3945115	4086386
农林牧渔业总产值指数	(上年=100)	110.5	104.8	104.3	104.7	103.9
主要农产品产量						
粮　食	(万吨)	185.0	222.0	262.0	258.6	268.3
棉　花	(吨)	42750	78793	92131	101595	89484
油　料	(吨)	186115	197435	252598	293468	298668
茶　叶	(吨)	2743	4514	7374	12302	12801
水　果	(吨)	6489	16751	32772	32528	33629
猪　肉	(吨)	149139	174467	202627	228135	233595
牛　肉	(吨)	6112	9156	9680	9568	9524
羊　肉	(吨)	298	871	939	1256	1385
肉猪出栏	(头)	1993296	2273564	2550133	2849652	2881374
水产品	(吨)	236577	292150	336870	379258	389651
农业机械总动力	(万千瓦)	164.1	194.9	265.1	328.4	345.1
化肥使用量	(吨)	152337	196973	218826	254688	261562
有效灌溉面积	(千公顷)	246.30	190.60	257.10		
农村用电量	(万千瓦时)	49903	75331	128702	181666	184461

速度指标　(%)						
指　数　(2015年为以下各年)				平均增长速度		
2000	2005	2010	2014	2001—2005	2006—2010	2011—2015
1014.8	678.0	213.7	112.1	43.8	26.0	16.4
1382.8	817.2	215.9	121.7	11.1	30.5	16.6
735.3	545.2	210.7	100.9	6.2	20.9	16.1
561.5	399.5	206.7	114.8	7.0	14.1	15.6
1157.1	603.2	202.7	92.5	13.9	24.4	15.2
424.6	749.5	251.3	87.3	-10.7	24.4	20.2
1495.0	719.6	208.3	112.6	15.7	28.1	15.8
1094.8	535.2	174.6	108.2	15.4	25.1	11.8
3662.6	1301.6	237.6	115.8	23.0	40.5	18.9
16084.8	10565.2	289.1	115.9	8.8	105.4	23.7
		108.9	99.9	0.1	2.9	1.7
		113.6	101.5	1.2	3.5	2.6
		103.3	92.9		4.1	0.8
415.6	406.2	77.4	68.5	0.5	39.3	-5.0
2293.1		82.0	68.5			-3.9
90.2	174.7	139.4	111.6	-12.4	6.0	6.9
120.0	118.4	114.5	100.8	0.3	0.7	2.7
				-0.9	3.0	
130.7	111.2	101.2	99.7	3.3	1.9	0.2
129.3	105.0	101.5	100.1	4.2	0.7	0.3
		123.8	103.9	9.1	12.4	4.4
94.1	99.2	99.7	99.3	5.3	5.2	-0.1
145.1	120.9	102.4	103.8	3.7	3.4	0.5
209.3	113.6	97.1	88.1	13.0	3.2	-0.6
160.5	151.3	118.2	101.8	1.2	5.1	3.4
466.7	283.6	173.6	104.1	10.5	10.3	11.7
518.2	200.8	102.6	103.4	20.9	14.4	0.5
156.6	133.9	115.3	102.4	3.2	3.0	2.9
155.8	104.0	98.4	99.5	8.4	1.1	-0.3
464.8	159.0	147.5	110.3	23.9	1.5	8.1
144.6	126.7	113.0	101.1	2.7	2.3	2.5
164.7	133.4	115.7	102.7	4.3	2.9	3.0
210.3	177.1	130.2	105.1	3.5	6.3	5.4
171.7	132.8	119.5	102.7	5.3	2.1	3.6
				-5.0	6.2	
369.6	244.9	143.3	101.5	8.6	11.3	7.5

1—2 续表2

指标		总量指标				
		2000	2005	2010	2014	2015
工业（规模以上）						
工业企业单位数	(个)	448	492	1527	1791	
#大型企业		9	4	6	19	
中型企业		32	46	83	140	
小型企业		407	442	1438	1580	
工业增加值	(万元)	392989	1055420	3445974	6868229	
工业企业资产总计	(万元)	1938067	2978742	7613259	15698660	
工业企业负债合计	(万元)	1423642	1879349	3589771	7482727	
工业企业主营业务收入	(万元)	1836453	3585223	13145483	29603188	
工业利润总额	(万元)	21583	53030	1116474	1993510	
主要工业产品产量						
合成氨	(万吨)	33.2	13.1	15.8	25.5	20.8
水　泥	(万吨)	185.8	257.1	450.2	776.9	766.7
合成洗涤剂	(吨)	174365	160694	165849	77257	41406
布	(万米)	11256	8629	45071	27097	27905
纱	(吨)	50539	82402	194489	281647	285586
原　煤	(万吨)	11.0	10.2	11.4		
发电量	(万千瓦时)	97000.0	434017.0	446796.7	584055.2	1169710.0
原油加工量	(万吨)	343.9	414.5	476.6	749.1	689.3
汽　油	(万吨)	79.40	86.00	96.97	230.60	216.60
柴　油	(万吨)	151.80	177.40	195.97	302.40	280.00
农用化肥（折纯）	(万吨)	24.00	12.20	16.26	3.10	2.80
建筑业						
建筑企业单位数	(个)	173	215	237	244	268
建筑企业从业人员	(人)	66052	108948	117454	111650	107447
建筑业总产值	(万元)	221116	588645	1112787	1831692	1846539
房屋建筑施工面积	(万平方米)	474.4	1004.6	1630.0	2002.9	1801.6
房屋建筑竣工面积	(万平方米)	307.8	671.3	960.9	1097.8	1120.3
#住宅面积		154.8	352.3	495.0	694.2	712.7
交通运输						
货物运输量	(万吨)					
铁　路		153	494	335		
公　路		2192	2806	18259	18690	11498
水　运		1259	1195	976	6240	5310
民　航		0.02	0.02	0.04	0.01	0.08
旅客运输量	(万人)					
铁　路		94	130	127		
公　路		5235	5907	6411	15922	5854
水　运		107	88	5	28	41
民　航		2.24	0.59	7.60	10.31	23.26
公路里程	(公里)	3462	14791	14926	19189	20025
等级路里程	(公里)	3125	10860	14699	19149	20019

速度指标　(%)						
指　数　(2015年为以下各年)				平均增长速度		
2000	2005	2010	2014	2001—2005	2006—2010	2011—2015
				1.9	25.4	
				-15.0	8.4	
				7.5	12.5	
				1.7	26.6	
				21.8	26.7	
				9.0	20.6	
				5.7	13.8	
				14.3	29.7	
				19.7	83.9	
62.7	158.8	131.6	81.6	-17.0	3.8	5.7
412.6	298.2	170.3	98.7	6.7	11.9	11.2
23.7	25.8	25.0	53.6	-1.6	0.6	-24.2
247.9	323.4	61.9	103.0	-5.2	39.2	-9.1
565.1	346.6	146.8	101.4	10.3	18.7	8.0
				-1.5	2.2	
1205.9	269.5	261.8	200.3	34.9	0.6	21.2
200.4	166.3	144.6	92.0	3.8	2.8	7.7
272.8	251.9	223.4	93.9	1.6	2.4	17.4
184.5	157.8	142.9	92.6	3.2	2.0	7.4
11.7	23.0	17.2	90.3	-12.7	5.9	-29.7
154.9	124.7	113.1	109.8	4.4	2.0	2.5
162.7	98.6	91.5	96.2	10.5	1.5	-1.8
835.1	313.7	165.9	100.8	21.6	13.6	10.7
379.8	179.3	110.5	90.0	16.2	10.2	2.0
364.0	166.9	116.6	102.1	16.9	7.4	3.1
460.4	202.3	144.0	102.7	17.9	7.0	7.6
				4.5	34.2	
				26.4	-7.5	
524.6	409.8	63.0	61.5	5.1	45.4	-8.8
421.8	444.4	544.1	85.1	-1.0	-4.0	40.3
423.2	423.2	211.6	943.0		14.9	16.2
				2.4	1.5	
				6.7	-0.5	
111.8	99.1	91.3	36.8	2.4	1.7	-1.8
38.3	46.6	911.1	146.4	-3.8	-44.8	55.6
1038.3	3942.2	306.0	225.5	-23.4	66.7	25.1
578.4	135.4	134.2	104.4	33.7	0.2	6.1
640.6	184.3	136.2	104.5	28.3	6.2	6.4

1—2 续表3

指标		总量指标				
		2000	2005	2010	2014	2015
邮电通信业						
邮电业务总量（90年不变价）	（万元）	95465.0	122434.0	225141.0	307711.5	363159.0
国内贸易						
批发贸易业法人企业	（个）	46	25	43	95	
零售贸易业法人企业	（个）	16	28	140	383	
社会消费零售总额	（万元）	886455	1475287	3411000	6001600	
＃批发零售贸易业		605623	1159638	2925400	5511300	
住宿和餐饮业		83366	275611	485600	490300	
其　他		197466	20349			
批发零售贸易业购进总额	（万元）	307959	47434	1226800	3022500	
批发零售贸易业销售总额	（万元）	336629	53881	1428752	3315400	
批发零售贸易业库存总额	（万元）	81752	6460	97255	365500	
对外经济贸易						
进出口总额	（万美元）	10231	22721	68093	225699	244463
进口额		8161	5457	17528	30835	26732
出口额		2070	17264	50565	194864	217731
国际旅游						
国内旅游人数	（万人次）	417	965	1932	3793	4470
外国人入境旅游人数	（人次）	3016	7112	30457	133908	
旅游外汇收入	（万美元）	1741.00	560.00	2800.00	16829.82	14286.64
旅游星级宾馆个数	（个）	24	39	44	47	
金融保险						
金融机构各项存款余额	（万元）	1805537	4270470	11559970	22376259	25406299
＃单位存款		497741	815789	2464626	7377442	5306756
居民储蓄存款年末余额		1222391	2990279	7160789	14271549	16712735
定　期		959169	2194773	4983731		
活　期		263222	795506	2177058		
金融机构各项贷款余额	（万元）	1711043	2849405	5559420	12596902	14322219
＃工业贷款		324403	231095			
商业贷款		577656	575596			
农业贷款		201609	441584			
保险公司保费收入	（万元）	28625	101120	389327	475800	570200
保险公司赔款及给付	（万元）	17394	39810	75562	177600	204100
教育、科技、文化						
教　育						
幼儿园数	（个）	213	100	140	402	428
入园儿童数	（万人）	8.20	4.90	5.91	10.67	11.01
学龄儿童入学率	(%)	109.6	117.2	107.1	100.0	100.0
专任教师数						
普通高等学校	（人）	348	1038	1653	2100	2176
中等专业学校	（人）	740	952	898	1460	1257
普通中学	（万人）	1.79	2.17	2.45	2.46	2.42
＃高　中		0.39	0.68	0.90	0.95	0.94
职业中学	（万人）	0.13	0.12	0.17	0.30	0.27
小　学	（万人）	2.70	2.49	2.25	2.08	2.02

速度指标　(%)						
指　数　(2015年为以下各年)				平均增长速度		
2000	2005	2010	2014	2001—2005	2006—2010	2011—2015
380.4	296.6	161.3	118.0	5.1	13.0	10.0
				-11.5	11.5	
				11.8	38.0	
				10.7	18.2	
				13.9	20.3	
				27.0	12.0	
				-36.5		
				-31.2	91.7	
				-30.7	92.6	
				-39.8	72.0	
2389.4	1075.9	359.0	108.3	17.3	24.5	29.1
327.6	489.9	152.5	86.7	-7.7	26.3	8.8
10518.4	1261.2	430.6	111.7	52.8	24.0	33.9
1070.9	463.3	231.4	117.9	18.2	14.9	18.3
				18.7	33.8	
820.6	2551.2	510.2	84.9	-20.3	38.0	38.5
				10.2	2.4	
1407.1	594.9	219.8	113.5	18.8	22.0	17.1
1066.2	650.5	215.3	71.9	10.4	24.7	16.6
1367.2	558.9	233.4	117.1	19.6	19.1	18.5
				18.0	17.8	
				24.8	22.3	
837.0	502.6	257.6	113.7	10.7	14.3	20.8
				-6.6		
				-0.1		
				17.0		
1992.0	563.9	146.5	119.8	28.7	30.9	7.9
1173.4	512.7	270.1	114.9	18.0	13.7	22.0
200.9	428.0	305.7	106.5	-14.0	7.0	25.0
134.3	224.7	186.5	103.2	-9.8	3.8	13.3
91.2	85.3	93.4	100.0	1.3	-1.8	-1.4
625.3	209.6	131.6	103.6	24.4	9.8	5.7
169.9	132.0	140.0	86.1	5.2	-1.2	7.0
135.2	111.5	98.9	98.4	3.9	2.4	-0.2
240.5	137.3	103.8	98.9	11.9	5.8	0.8
203.7	219.5	156.7	90.4	-1.5	7.0	9.4
74.9	81.2	89.9	97.3	-1.6	-2.0	-2.1

1—2 续表4

指标		总量指标				
		2000	2005	2010	2014	2015
招生数						
普通高等学校	(人)	2720	4965	11454	12719	12071
中等专业学校	(人)	3571	10547	4657	9136	7022
普通中学	(万人)	13.96	15.61	13.38	8.80	8.62
#高　中		2.66	4.58	5.65	3.50	3.42
职业中学	(万人)	0.84	1.65	3.03	2.30	1.61
小　学	(万人)	11.54	6.07	6.50	5.13	5.13
在校学生数						
普通高等学校	(人)	4419	15306	36401	41623	41811
中等专业学校	(人)	12007	27264	35322	25841	18816
普通中学	(万人)	38.70	45.40	46.30	29.87	27.88
#高　中		6.80	14.30	17.50	12.93	11.66
职业中学	(万人)	2.40	3.63	5.81	6.90	4.63
小　学	(万人)	60.50	52.96	38.67	30.86	30.57
在校学生毕业生数						
普通高等学校	(人)	693	2531	7872	12044	12082
中等专业学校	(人)	3972	8284	11686	13449	12403
普通中学	(万人)	10.57	13.99	17.35	11.96	11.05
#高　中		1.79	4.10	5.98	5.64	5.10
职业中学	(万人)	0.84	0.86	1.60	2.57	2.75
小　学	(万人)	11.02	10.49	7.46	5.29	5.15
文　化						
公共图书馆	(个)	9	9	9	11	11
公共图书藏书量	(万册)	41.40	50.80	100.40	462.56	560.63
广播人口综合覆盖率	(%)	85.50	93.80	95.65	97.88	98.29
电视人口综合覆盖率	(%)	88.70	93.60	96.38	98.33	98.57
家庭、生活、环境						
家　庭	**(人)**					
城镇居民平均每户人口						
农村居民平均每户人口						
婚　姻	**(对)**					
结婚数		48279	41118	50021	54184	47071
离婚数		863	1679	4981	8352	7773
居　住	**(平方米)**					
城市居民人均居住面积			23.7	28.8	38.4	39.3
农村居民人均居住面积		26.5	33.0	36.1	41.4	41.9
生　活	**(元)**					
城镇居民人均可支配收入		5604	8396	15147	22109	23966
城镇居民人均消费性支出		4458	5670	11026	13048	14091
#食品支出		2057	2781	4378	4807	5062
农民居民人均纯收入		1804	2611	4985	9024	9854
农民居民人均生活费支出			2260	3392	7434	7092
#食品支出			1075	1722	2974	3104

速度指标　(%)						
指　数　(2015年为以下各年)				平均增长速度		
2000	2005	2010	2014	2001—2005	2006—2010	2011—2015
443.8	243.1	105.4	94.9	12.8	18.2	1.1
196.6	66.6	150.8	76.9	24.2	-15.1	8.6
61.8	55.2	64.5	98.0	2.3	-3.0	-8.4
128.7	74.7	60.6	97.8	11.5	4.3	-9.5
190.6	97.3	53.0	69.5	14.4	12.9	-11.9
44.5	84.5	78.9	100.0	-12.0	1.4	-4.6
946.2	273.2	114.9	100.5	28.2	18.9	2.8
156.7	69.0	53.3	72.8	17.8	5.3	-11.8
72.1	61.4	60.2	93.4	3.2	0.4	-9.6
171.4	81.5	66.6	90.2	16.0	4.1	-7.8
193.1	127.6	79.8	67.2	8.6	9.8	-4.4
50.5	57.7	79.1	99.1	-2.6	-6.1	-4.6
1743.4	477.4	153.5	100.3	29.6	25.5	8.9
312.3	149.7	106.1	92.2	15.8	7.1	1.2
104.5	79.0	63.7	92.4	5.8	4.4	-8.6
285.0	124.4	85.4	90.5	18.0	7.8	-3.1
326.8	318.1	171.9	106.9	0.5	13.1	11.4
46.7	49.1	69.1	97.4	-1.0	-6.6	-7.1
122.2	122.2	122.2	100.0			4.1
1354.2	1103.6	558.4	121.2	4.2	14.6	41.1
115.0	104.8	102.8	100.4	1.9	0.4	0.5
111.1	105.3	102.3	100.2	1.1	0.6	0.5
97.5	114.5	94.1	86.9	-3.2	4.0	-1.2
900.7	463.0	156.1	93.1	14.2	24.3	9.3
	165.7	136.4	102.3		4.0	6.4
158.0	126.8	116.0	101.1	4.5	1.8	3.0
427.7	285.4	158.2	108.4	8.4	12.5	9.6
316.1	248.5	127.8	108.0	4.9	14.2	5.0
246.1	182.0	115.6	105.3	6.2	9.5	2.9
546.2	377.4	197.7	109.2	7.7	13.8	14.6
	313.8	209.1	95.4		8.5	15.9
	288.7	180.2	104.4		9.9	12.5

1—2 续表5

指标		总量指标				
		2000	2005	2010	2014	2015
工资、福利和保障						
工资总额	(万元)	220603	319488	611411	1345096	
国有单位		175520	239610	480371	738342	
城镇集体单位		25708	22449	39535	61867	
其他单位		19376	57430	91505	544887	
职工平均工资	(元)	5622	10812	27051	42618	
城镇居民最低生活保障	(人)					51868
农村居民最低生活保障	(人)					194031
卫　生						
卫生机构数	(个)	757	352	779	2371	2497
#医院、卫生院		403	305	205	217	224
疾病防治中心		8	10	10	10	10
妇幼保健站		11	10	10	10	10
卫生机构床位数	(张)	11390	10797	14961	18814	19571
#医院、卫生院		9741	10117	13731	17873	18753
专业卫生技术人员	(人)	12819	12093	17342	20887	22438
#执业（助理）医师		5797	5138	6736	8186	8753
市政建设						
供水管道长度	(公里)	398	771	733	957	972
供水总量	(万吨)	25088	21770	8721	9604	9850
#生活用水		3358	2526	2423	2554	2380
用水人口	(万人)	40.3	52.7	54.7	65.6	70.7
天然气供气总量	(万立方米)			918	6045	6058
#家庭用量				185	1300	1310
液化石油气供气总量	(万吨)	0.5	31.7	36.2	60.6	59.8
#家庭用量		0.5	1.8	1.6	0.9	0.1
生活垃圾清运量	(吨)	190000	221000	305300	274800	274800
生活垃圾无害化处理量	(吨)	69000			271800	271800
排水管道长度	(公里)	223	397	624	1080	1035
公共汽车总数	(辆)	191	309	321	514	465
出租汽车数	(辆)	1720	1720	1119	1782	1782
铺装道路长度	(公里)	318	470	470	612	620
绿地面积	(公顷)	5888	6550	2743	3536	3664
公园面积	(公顷)	133	137	235	247	247
建成区绿化覆盖面积	(公顷)	979	1991	2975	3587	3599
环境、灾害						
污染治理项目本年完成投资额	(万元)					
工业废水排放量	(万吨)	3519	3973	5644	4678	4470
工业二氧化硫排放量	(吨)	11117	31424	17409	16014	14738
火灾事故发生数	(起)	191	469	472	326	234
火灾事故死亡人数	(人)	16	12	1	3	2
火灾损失	(万元)	293	306	1161	1402	1130
交通事故发生数	(起)	1763	1694	1268	1558	1435
交通受伤人数	(人)	1717	2033	1746	2056	1814
交通死亡人数	(人)	429	431	297	271	275
交通事故损失金额	(万元)	552	331	250	857	734

速度指标　(%)						
指　数　(2015年为以下各年)				平均增长速度		
2000	2005	2010	2014	2001—2005	2006—2010	2011—2015
				7.7	13.9	
				6.4	14.9	
				-2.7	12.0	
				24.3	9.8	
				14.0	20.1	
329.9	709.4	320.5	105.3	-14.2	17.2	26.2
55.6	73.4	109.3	103.2	-5.4	-7.6	1.8
125.0	100.0	100.0	100.0	4.6		
90.9	100.0	100.0	100.0	-1.9		
171.8	181.3	130.8	104.0	-1.1	6.7	5.5
192.5	185.4	136.6	104.9	0.8	6.3	6.4
175.0	185.5	129.4	107.4	-1.2	7.5	5.3
151.0	170.4	129.9	106.9	-2.4	5.6	5.4
244.2	126.1	132.6	101.6	14.1	-1.0	5.8
39.3	45.2	112.9	102.6	-2.8	-16.7	2.5
70.9	94.2	98.2	93.2	-5.5	-0.8	-0.4
175.5	134.2	129.3	107.9	5.5	0.7	5.3
		659.9	100.2			45.8
		708.1	100.8			47.9
11956.9	188.6	165.2	165.2	129.3	2.7	10.6
27.3	7.6	8.5	8.5	29.2	-2.3	-38.9
144.6	124.3	90.0	90.0	3.1	6.7	-2.1
393.9			100.0			
464.1	260.7	165.9	95.8	12.2	9.5	10.6
243.5	150.5	144.9	90.5	10.1	0.8	7.7
103.6	103.6	159.2	100.0		-8.2	9.8
195.0	131.9	131.9	101.4	8.1	0.0	5.7
62.2	55.9	133.6	103.6	2.2	-16.0	6.0
185.7	180.7	105.1	100.0	0.6	11.4	1.0
367.6	180.8	121.0	100.3	15.3	8.4	3.9
127.0	112.5	79.2	95.5	2.5	7.3	-4.6
132.6	46.9	84.7	92.0	23.1	-11.1	-3.3
122.5	49.9	49.6	71.8	19.7	0.1	-13.1
12.5	16.7	200.0	66.7	-5.6	-39.2	14.9
385.7	369.3	97.3	80.6	0.9	30.6	-0.5
81.4	84.7	113.2	92.1	-0.8	-5.6	2.5
105.6	89.2	103.9	88.2	3.4	-3.0	0.8
64.1	63.8	92.6	101.5	0.1	-7.2	-1.5
133.0	221.9	293.8	85.7	-9.7	-5.5	24.1

1—2 国民经济和社会发展总量与速度指标

指 标		总 量 指 标					
		2010	2011	2012	2013	2014	2015
人口与就业							
人 口							
年末总人口	(万人)	518.7	521.6	523.1	524.3	524.0	525.5
#农业人口		418.5	420.1	421.3	422.5	423.3	389.9
非农业人口		100.2	101.5	101.8	101.8	100.7	135.6
#男性人口		268.1	269.5	270.1	270.9	270.9	271.8
女性人口		250.6	252.1	253.0	253.4	253.1	253.7
出生人口	(万人)	5.18	5.38	5.45	5.90	6.40	6.88
死亡人口	(万人)	5.29	2.31	3.13	3.60	5.04	2.73
人口密度	(人/平方公里)	383	385	386	387	387	388
年末总户数	(万户)	152.6	155.2	156.6	156.9	154.8	155.3
#乡村户数		116.2				118.3	121.0
就 业	**(万人)**						
经济活动人口							
从业人员							346.0
#国有经济							16.9
城镇集体经济							1.3
港澳台投资经济							15.3
外商投资经济							
城镇私营经济							
城镇个体							
职工人数							33.4
国有经济							16.9
城镇集体经济							1.3
其他经济合计							15.3
城镇登记失业人数							
宏观经济							
国民经济核算							
安庆生产总值	(亿元)	868.5	1066.3	1190.6	1244.9	1352.9	1417.4
第一产业		132.1	153.8	167.4	171.7	179.5	185.9
第二产业		453.1	585.4	658.3	644.6	705.4	685.8
#工 业		394.9	516.9	584.2	570.3	626.3	604.3
第三产业		283.3	327.1	364.8	428.6	468.0	545.7
固定资产投资							
全社会固定资产投资总额	(万元)						13855788
#国有单位							2299633
集体单位							909738
个体经济							95130
固定资产投资按产业分	(万元)						
#第一产业							626206
第二产业							8226800
第三产业							5002782
商品房屋销售额	(万元)						1559015
商品房屋销售面积	(平方米)						3278606

速度指标　(%)					
指　数　(2015年为以下各年)					平均增长速度
2010	2011	2012	2013	2014	2011—2015
101.3	100.7	100.4	100.2	100.3	0.3
93.2	92.8	92.5	92.3	92.1	-1.4
135.4	133.6	133.2	133.2	134.7	6.2
101.4	100.9	100.6	100.3	100.3	0.3
101.2	100.6	100.3	100.1	100.2	0.2
132.9	127.9	126.2	116.7	107.5	5.9
51.5	117.9	87.0	75.6	54.0	-12.4
101.3	100.7	100.4	100.2	100.3	0.3
101.7	100.0	99.2	99.0	100.3	0.3
104.1				102.3	0.8
163.2	144.3	129.8	117.5	107.4	10.3
122.7	117.7	111.7	108.7	104.0	4.2
175.9	149.5	131.4	118.6	106.3	12.0
183.2	153.5	133.8	119.1	106.2	12.9
161.0	146.6	134.1	118.9	110.7	10.0

1—2 续表1

指标		总量指标					
		2010	2011	2012	2013	2014	2015
财　政	**(万元)**						
财政收入		1134197	1457036	1572714	1827333	2164929	2473998
中　央		679391	797123	795559	939936	1203896	1485099
地　方		454806	659913	777155	887397	961033	988899
#增值税		54573	67245	58535	83353	97359	115743
营业税		123288	158520	200077	261195	274662	253526
企业所得税		19365	28249	40245	53841	56220	50642
地方财政支出		1448099	1911601	2183423	2505277	2691545	3054154
教育事业费支出		307322	432115	476601	505967	515247	562445
社会保障补助支出		152241	211179	236480	264605	298865	347092
科学技术支出		21666	31212	40427	50579	55964	66798
物价总指数	**(上年=100)**						
商品零售价格指数		103.2	105.1	101.8	101.5	100.4	99.9
居民消费价格指数		103.6	105.5	102.1	102.6	101.3	101.5
工业生产者出厂价格指数		112.4	110.6	99.8	100.4	100.3	92.9
利用外资	**(万美元)**						
签订利用外资协议额							
实际利用外资额							18099
#外商直接投资							18099
能源生产与消费	**(万吨标准煤)**						
能源生产总量							
能源消费总量		344.5	392.8	408.0	464.4	498.8	562.4
产　　业							
农　业							
乡村劳动力	(万人)						275
#农林牧渔劳动力							
耕地面积	(千公顷)						
总播种面积	(公顷)	649719				662475	660336
#粮食播种面积		359194				363864	364071
农林牧渔业总产值	(万元)	2312234				3387539	3506249
农林牧渔业总产值指数	(上年=100)	104.3				104.7	103.9
主要农产品产量							
粮　食	(吨)						2179059
棉　花	(吨)						79374
油　料	(吨)						256220
茶　叶	(吨)						12546
水　果	(吨)						33001
猪　肉	(吨)						211135
牛　肉	(吨)						9107
羊　肉	(吨)						1317
肉猪出栏	(头)						2623049
水产品	(吨)						303451
农业机械总动力	(万千瓦)	223.7				280.2	295.2
化肥使用量	(吨)	189379				217230	223594
有效灌溉面积	(千公顷)						
农村用电量	(万千瓦时)	110083				156766	151500

速度指标 (%)					
指 数 (2015年为以下各年)					平均增长速度
2010	2011	2012	2013	2014	2011—2015
218.1	169.8	157.3	135.4	114.3	16.9
218.6	186.3	186.7	158.0	123.4	16.9
217.4	149.9	127.2	111.4	102.9	16.8
212.1	172.1	197.7	138.9	118.9	16.2
205.6	159.9	126.7	97.1	92.3	15.5
261.5	179.3	125.8	94.1	90.1	21.2
210.9	159.8	139.9	121.9	113.5	16.1
183.0	130.2	118.0	111.2	109.2	12.8
228.0	164.4	146.8	131.2	116.1	17.9
308.3	214.0	165.2	132.1	119.4	25.3
108.9	103.6	101.8	100.3	99.9	1.7
113.6	107.7	105.5	102.8	101.5	2.6
103.3	93.4	93.6	93.2	92.9	0.8
163.2	143.2	137.9	121.1	112.7	10.3
101.6				99.7	
101.4				100.1	
151.6				103.5	
99.6				99.3	
132.0				105.4	
118.1				102.9	
137.6				96.6	

1—2 续表2

指 标		总 量 指 标					
		2010	2011	2012	2013	2014	2015
工业（规模以上）							
工业企业单位数	（个）						1667
#大型企业							18
中型企业							138
小型企业							1454
工业增加值	（万元）						6405331
工业企业资产总计	（万元）						16792342
工业企业负债合计	（万元）						7946234
工业企业主营业务收入	（万元）						26857736
工业利润总额	（万元）						1802935
主要工业产品产量							
合成氨	（万吨）						
水　泥	（万吨）						
合成洗涤剂	（吨）						
布	（万米）						
纱	（吨）						
原　煤	（万吨）						
发电量	（万千瓦时）						
原油加工量	（万吨）						
汽　油	（万吨）						
柴　油	（万吨）						
农用化肥（折纯）	（万吨）						
建 筑 业							
建筑企业单位数	（个）						240
建筑企业从业人员	（人）						98179
建筑业总产值	（万元）						1749377
房屋建筑施工面积	（万平方米）						1704.5
房屋建筑竣工面积	（万平方米）						1054.8
#住宅面积							676.6
交通运输							
货物运输量	（万吨）						
铁　路							
公　路		8866	9310	9961	10559	11087	11330
水　运		976	1301	1264	1516	6240	5310
民　航						0.01	0.08
旅客运输量	（万人）						
铁　路							
公　路		3893	4087	4373	4679	4960	4724
水　运		5	8	14	16	28	41
民　航		7.60	7.60	9.06	11.76	10.31	23.26
公路里程	（公里）	11108	11110	11110	11110	14945	17105
等级路里程	（公里）	9858	9860	9860	9860	14938	17099

速度指标 (%)					
指　数 (2015年为以下各年)					平均增长速度
2010	2011	2012	2013	2014	2011—2015
				102.2	
				85.1	
				800.0	
				95.2	
				146.4	
				225.6	
154.0	154.0	154.0	154.0	114.5	
173.4	173.4	173.4	173.4	114.5	

1—2 续表3

指 标		总 量 指 标					
		2010	2011	2012	2013	2014	2015
邮电通信业							
邮电业务总量（90年不变价）	(万元)				277775.0	274434.0	325036.6
国内贸易							
批发贸易业法人企业	(个)	43	51	59	81	93	116
零售贸易业法人企业	(个)	136	189	226	295	343	354
社会消费零售总额	(亿元)	308.89	365.04	422.31	480.33	543.18	608.38
#批发零售贸易业		264.91	311.73	358.94	441.52	498.80	558.48
住宿和餐饮业		43.98	53.31	63.37	38.81	44.38	49.90
其 他							
批发零售贸易业购进总额	(亿元)	121.90	172.87	204.77	262.46	290.45	291.91
批发零售贸易业销售总额	(亿元)	142.06	203.66	228.86	282.31	318.24	342.35
批发零售贸易业库存总额	(亿元)	9.68	14.40	18.30	23.03	35.67	26.32
对外经济贸易							
进出口总额	(万美元)					220038	242054
进口额						30212	26096
出口额						189826	215959
国际旅游							
国内旅游人数	(万人次)						4470
外国人入境旅游人数	(人次)						129761
旅游外汇收入	(万美元)						14286.64
旅游星级宾馆个数	(个)						39
金融保险							
金融机构各项存款余额	(万元)	10310185	12568329	15195412	17705389	19896374	22534752
#单位存款		2307340	4641368	5517692	6297399	6936915	5093142
居民储蓄存款年末余额		6209870	7554900	9247100	10830996	12254225	14331392
定 期							
活 期							
金融机构各项贷款余额	(万元)	5159031	6447120	8008519	10019128	11828272	13482911
#工业贷款							
商业贷款							
农业贷款							
保险公司保费收入	(万元)						
保险公司赔款及给付	(万元)						
教育、科技、文化							
教 育							
幼儿园数	(个)						376
入园儿童数	(万人)						9.65
学龄儿童入学率	(%)						100.0
专任教师数							45608
普通高等学校	(人)						2176
中等专业学校	(人)						1068
普通中学	(万人)						21514
#高 中							2670
职业中学	(万人)						8152
小 学	(万人)						17564

速度指标 (%)					
指　数 (2015年为以下各年)					平均增长速度
2010	2011	2012	2013	2014	2011—2015
			117.0	118.4	
269.8	227.5	196.6	143.2	124.7	22.0
260.3	187.3	156.6	120.0	103.2	21.1
197.0	166.7	144.1	126.7	112.0	14.5
210.8	179.2	155.6	126.5	112.0	16.1
113.5	93.6	78.7	128.6	112.4	2.6
239.5	168.9	142.6	111.2	100.5	19.1
241.0	168.1	149.6	121.3	107.6	19.2
271.9	182.8	143.8	114.3	73.8	22.1
				110.0	
				86.4	
				113.8	
218.6	179.3	148.3	127.3	113.3	16.9
220.7	109.7	92.3	80.9	73.4	17.2
230.8	189.7	155.0	132.3	117.0	18.2
261.3	209.1	168.4	134.6	114.0	21.2

1—2 续表4

指 标		总 量 指 标					
		2010	2011	2012	2013	2014	2015
招 生 数	(人)						154724
普通高等学校							12071
中等专业学校							6420
普通中学							73547
#高 中							15747
职业中学							29411
小 学							45336
在校学生数	(人)						612944
普通高等学校							41811
中等专业学校							16652
普通中学							238320
#高 中							45515
职业中学							100701
小 学							266250
在校学生毕业生数	(人)						184827
普通高等学校							12082
中等专业学校							10121
普通中学							93604
#高 中							23692
职业中学							43666
小 学							43299
文 化							
公共图书馆	(个)						10
公共图书藏书量	(万册)						507.78
广播人口综合覆盖率	(%)	95.20	95.76	95.80	97.00	96.60	97.80
电视人口综合覆盖率	(%)	95.80	97.00	97.40	98.00	98.16	98.21
家庭、生活、环境							
家 庭	**(人)**						
城镇居民平均每户人口							
农村居民平均每户人口							
婚 姻	**(对)**						
结婚数							47071
离婚数							7773
居 住	**(平方米)**						
城市居民人均居住面积							
农村居民人均居住面积							
生 活	**(元)**						
城镇居民人均可支配收入							
城镇居民人均消费性支出							
#食品支出							
农民居民人均纯收入							
农民居民人均生活费支出							
#食品支出							

速度指标　(%)					
指　数　(2015年为以下各年)					平均增长速度
2010	2011	2012	2013	2014	2011—2015
102.7	102.1	102.1	100.8	101.2	0.5
102.5	101.2	100.8	100.2	100.1	0.5

1—2 续表5

指　　标		总　量　指　标					
		2010	2011	2012	2013	2014	2015
工资、福利和保障							
工资总额	(万元)						1413999
国有单位							761996
城镇集体单位							52627
其他单位							599375
职工平均工资	(元)						47412
城镇居民最低生活保障	(人)						45931
农村居民最低生活保障	(人)						180604
卫　生							
卫生机构数	(个)						2189
#医院、卫生院							196
疾病防治中心							9
妇幼保健站							7
卫生机构床位数	(张)						17469
#医院、卫生院							16851
专业卫生技术人员	(人)						20002
#执业（助理）医师							7777
市政建设							
供水管道长度	(公里)	733	800	850	905	957	972
供水总量	(万吨)	8721	8658	9436	8797	9604	9850
#生活用水		2423	2591	2746	8278	2554	2380
用水人口	(万人)	54.7	58.5	63.1	65.4	65.6	70.7
天然气供气总量	(万立方米)	918.0	3678.0	4356	5292	6045	6058
#家庭用量		185.0	543.0	734	847	1300	1310
液化石油气供气总量	(万吨)	36.2	36.0	32.7	44.9	60.6	59.8
#家庭用量		1.6	1.3	1.3	1.2	0.9	0.1
生活垃圾清运量	(吨)	305300	317300	383000	353000	274800	274800
生活垃圾无害化处理量	(吨)		88200	256600	346500	271800	271800
排水管道长度	(公里)	624	962	957	1014	1080	1035
公共汽车总数	(辆)	321	355	398	500	514	465
出租汽车数	(辆)	1119	1782	4086	1782	1782	1782
铺装道路长度	(公里)	470	502	529	580	612	620
绿地面积	(公顷)	2743	2830	2950	3265	3536	3664
公园面积	(公顷)	235	241	241	242	247	247
建成区绿化覆盖面积	(公顷)	2975	3056	3150	3313	3587	3599
环境、灾害							
污染治理项目本年完成投资额	(万元)						
工业废水排放量	(万吨)						4203
工业二氧化硫排放量	(吨)						13684
火灾事故发生数	(起)	406	342	289	513	309	213
火灾事故死亡人数	(人)	1	2	2	8	3	1
火灾损失	(万元)	1098	5596	9626	4090	1327	1097
交通事故发生数	(起)	1288	1362	1514	1643	1504	1383
交通受伤人数	(人)						1780
交通死亡人数	(人)						239
交通事故损失金额	(万元)						723

速度指标 (%)					
指 数 (2015年为以下各年)					平均增长速度
2010	2011	2012	2013	2014	2011—2015
132.6	121.4	114.3	107.4	101.6	5.8
112.9	113.8	104.4	112.0	102.6	2.5
98.2	91.9	86.7	28.8	93.2	-0.4
129.3	120.9	112.2	108.2	107.9	5.3
659.9	164.7	139.1	114.5	100.2	45.8
708.1	241.3	178.5	154.7	100.8	47.9
165.2	166.0	182.8	133.1	98.7	10.6
8.5	10.6	10.5	11.0	15.2	-38.9
90.0	86.6	71.7	77.8	100.0	-2.1
	308.2	105.9	78.4	100.0	
165.9	107.6	108.2	102.1	95.8	10.6
144.9	131.0	116.8	93.0	90.5	7.7
159.2	100.0	43.6	100.0	100.0	9.8
131.9	123.5	117.2	107.0	101.4	5.7
133.6	129.5	124.2	112.2	103.6	6.0
105.1	102.5	102.5	102.1	100.0	1.0
121.0	117.8	114.3	108.6	100.3	3.9
52.5	62.3	73.7	41.5	68.9	-12.1
100.0	50.0	50.0	12.5	33.3	
99.9	19.6	11.4	26.8	82.7	
107.4	101.5	91.3	84.2	92.0	1.4

1—3 主要年份国民经济和社会发展结构指标（含枞阳）

单位：%

指标	2000	2005	2010	2012	2013	2014	2015
人口与就业							
人口							
城乡结构							
城镇	14.8	16.9	18.1	18.2	18.2	18.0	24.7
乡村	85.2	83.1	81.9	81.8	81.8	82.0	75.3
性别结构							
男	51.8	51.7	51.7	51.7	51.7	51.7	51.8
女	48.2	48.3	48.3	48.3	48.3	48.3	48.2
就业							
三次产业从业者结构							
第一产业	53.5	48.6	48.7	48.3	48.0	47.8	
第二产业	19.2	22.9	22.9	22.8	22.9	22.8	
第三产业	27.3	28.5	28.4	28.9	29.1	29.4	
宏观经济							
国民核算							
生产总值产业结构							
第一产业	24.0	21.2	15.8	14.4	14.3	13.8	13.6
第二产业	38.7	40.4	52.5	55.9	53.1	52.8	50.9
第三产业	37.3	38.4	31.7	29.7	32.6	33.4	35.4
投资							
全社会固定资产投资结构							
第一产业		1.9	3.9	3.5	2.5	3.1	4.4
第二产业		39.3	50.5	55.2	55.3	58.2	58.3
第三产业		58.8	45.6	41.3	42.2	38.7	37.3
资金来源结构							
国家预算内资金	19.1	2.3	3.6	4.3	3.3	5.0	4.1
国内贷款	26.1	21.3	11.5	8.3	6.6	8.2	3.3
利用外资	1.9	1.8	1.0	0.3	0.2	0.1	0.1
自筹和其他投资	52.9	74.6	83.9	87.1	88.9	86.7	92.6
财政							
财政收入结构							
中央	43.2	48.8	58.2	49.7	50.0	54.2	58.8
地方	56.8	51.2	41.8	50.3	50.0	45.8	41.2
产业							
农业							
农林牧渔业产值结构							
农业	46.6	42.1	43.2	42.9	41.5	41.4	41.6
林业	8.6	6.2	5.9	6.6	7.2	7.8	7.8
牧业	28.7	28.3	27.5	27.8	27.4	26.9	26.6
渔业	16.1	16.7	16.8	16.5	17.4	17.1	17.3
工业							
工业总产值规模结构							
大型企业	55.3	47.1	25.2	23.4	24.1	24.7	
中型企业	9.4	23.2	22.5	19.7	19.8	18.3	
小型企业	35.3	29.7	52.3	56.1	55.5	55.3	
建筑业							
建筑业总产值结构							
建筑工程	86.7	91.2	92.6	90.6	92.1	92.3	89.8
安装工程	7.7	3.7	3.9	3.1	2.3	1.7	2.3
其他	5.6	5.1	3.5	6.3	5.6	6.0	7.9
运输业							
货运量结构							
铁路	4.2	11.0	1.7	1.7	0.8		
公路	60.8	62.3	93.3	93.5	94.1	64.0	68.4
水运	34.9	26.6	4.9	4.8	5.1	36.0	31.6
民航	0.1	0.1	0.1				

1—3　续表1

单位：%

指　　标	2000	2005	2010	2012	2013	2014	2015
国内贸易							
社会消费品零售总额结构							
市	36.2	46.4	44.1	43.5	44.9	42.3	
县	27.4	20.6	23.8	24.6	23.1	24.6	
县以下	36.4	33.0	32.1	31.9	32.0	33.1	
金融保险业							
金融机构资金来源结构							
#各项存款	96.9		206.4	100.5	101.1	103.5	106.9
其　他	7.1		-111.1	-7.4	-9.5	-13.3	-15.1
金融机构资金运用结构							
#各项贷款	91.9		99.2	50.7	54.8	58.3	60.3
有价证券及投资	6.0		0.8	0.3	0.1	0.6	1.6
教育与科技							
教　育							
在校学生结构							
大学生	0.1	1.5	3.3	4.6	4.7	5.1	6.0
中学生	41.8	49.1	57.0	57.6	58.7	56.8	50.1
小学生	58.1	49.4	39.7	37.7	36.6	38.1	43.9
专任教师结构							
大　学	2.1	2.1	3.8	3.3	3.6	4.0	4.2
中　学	40.9	48.5	52.0	57.6	57.6	56.4	56.2
小　学	57.0	49.4	44.2	38.9	38.8	39.6	39.5
生活、环境							
生　活							
城市居民消费结构							
食品类	46.1	49.0	39.7	45.4	44.2	36.8	35.9
衣着类	7.4	9.2	9.2	10.2	9.8	7.4	7.4
居　住	12.0	10.8	12.5	7.3	7.0	22.4	22.7
家庭设备用品及服务	7.7	4.3	4.5	5.2	5.1	6.7	6.8
医疗保健	3.6	5.8	4.6	4.7	5.2	10.1	10.3
交通通信	7.2	10.5	13.0	11.9	12.4	9.7	9.6
教育文化娱乐服务	11.8	8.4	13.4	11.2	12.5	6.0	6.1
杂项商品与服务	4.2	2.0	3.1	4.0	3.8	0.8	1.2
农村居民消费结构							
食品类	53.8	47.6	50.8	48.9	44.0	40.0	44.3
衣着类	4.0	4.9	5.5	6.1	5.9	4.5	5.1
居　住	12.8	10.7	9.4	12.2	18.5	18.4	28.2
家庭设备用品及服务	5.5	7.5	8.5	6.9	7.6	4.9	6.8
交通通讯	5.0	7.4	8.6	9.5	8.9	9.6	12.6
文教娱乐服务器及服务	13.1	12.5	8.6	8.3	7.0	12.9	12.5
医疗保健	3.0	4.5	4.3	4.4	3.7	6.9	7.9
其他商品与服务	2.8	4.9	4.3	3.9	4.5	2.9	3.0
卫　生							
卫生技术人员结构							
#执业（助理）医师	45.2	42.5	38.8	39.8	39.5	39.2	39.0
注册护士	9.0	31.4	35.1	36.0	37.9	39.0	40.3
医院床位结构							
市医院	27.1	29.3	31.7	30.7	32.2	32.6	
县医院	72.9	70.7	68.3	69.3	67.8	67.4	
环境、灾害							
火灾事故损失额结构							
特　大							
重　大							
较　大					50.9		
一　般		100.0	100.0	100.0	49.1	100.0	100.0
交通事故损失额结构							
特　大				0.1	0.2	0.1	0.3
重　大		22.7	21.2	16.7	15.0	16.2	38.7
一　般		77.3	78.8	83.2	84.8	83.7	61.0

1—3 主要年份国民经济和社会发展结构指标

单位：%

指　　标	2010	2011	2012	2013	2014	2015
人口与就业						
人　口						
城乡结构						
城　镇	19.3	19.5	19.5	19.4	19.2	25.8
乡　村	80.7	80.5	80.5	80.6	80.8	74.2
性别结构						
男	51.7	51.7	51.6	51.7	51.7	51.7
女	48.3	48.3	48.4	48.3	48.3	48.3
就　业						
三次产业从业者结构						
第一产业						33.7
第二产业						31.3
第三产业						35.0
宏观经济						
国民核算						
生产总值产业结构						
第一产业	15.2	14.4	14.1	13.8	13.3	13.1
第二产业	52.2	54.9	55.3	51.8	52.1	48.4
第三产业	32.6	30.7	30.6	34.4	34.6	38.5
投　资						
全社会固定资产投资结构						
第一产业						4.5
第二产业						59.4
第三产业						36.1
资金来源结构						
国家预算内资金						4.1
国内贷款						3.3
利用外资						0.1
自筹和其他投资						92.6
财　政						
财政收入结构						
中　央	59.9	54.7	50.6	51.4	55.6	60.0
地　方	40.1	45.3	49.4	48.6	44.4	40.0
产　　业						
农　业						
农林牧渔业产值结构						
农　业	43.1				42.2	42.0
林　业	7.4				8.5	8.5
牧　业	27.9				26.5	26.6
渔　业	16.1				16.2	16.5
工　业						
工业总产值规模结构						
大型企业						22.6
中型企业						21.0
小型企业						56.5
建筑业						
建筑业总产值结构						
建筑工程						89.8
安装工程						2.1
其　他						8.1
运输业						
货运量结构						
铁　路						
公　路					64.0	68.1
水　运					36.0	31.9
民　航						

1—3　续表

单位：%

指　　标	2010	2011	2012	2013	2014	2015
国内贸易						
社会消费品零售总额结构						
市	48.7	43.7	43.5	44.9	42.3	46.7
县	21.6	24.4	24.6	23.1	24.6	20.1
县以下	29.7	31.9	31.9	32.0	33.1	33.2
金融保险业						
金融机构资金来源结构						
#各项存款	198.3	97.4	99.6	99.8	102.0	105.6
其　他	-103.0	-4.5	-6.6	-8.4	-11.9	-13.7
金融机构资金运用结构						
#各项贷款	99.2	49.9	52.5	56.5	60.6	63.2
有价证券及投资	0.8	1.5	0.7	0.2	1.0	2.8
教育与科技						
教　育						
在校学生结构						
大学生						6.8
中学生						49.7
小学生						43.4
专任教师结构						
大　学						4.8
中　学						56.7
小　学						38.5
生活、环境						
生　活						
城市居民消费结构						
食品类						
衣着类						
居　住						
家庭设备用品及服务						
医疗保健						
交通通信						
教育文化娱乐服务						
杂项商品与服务						
农村居民消费结构						
食品类						
衣着类						
居　住						
家庭设备用品及服务						
交通通讯						
文教娱乐服务器及服务						
医疗保健						
其他商品与服务						
卫　生						
卫生技术人员结构						
#执业（助理）医师						38.9
注册护士						41.0
医院床位结构						
市医院						20.7
县医院						79.3
环境、灾害						
火灾事故损失额结构						
特　大						
重　大						
较　大				0.2		
一　般	100.0	100.0	100.0	99.8	100.0	100.0
交通事故损失额结构						
特　大		0.4	0.1	0.2	0.1	0.1
重　大		16.3	15.3	13.5	14.5	16.1
一　般		83.3	84.7	86.3	85.4	83.8

1—4　主要年份国民经济和社会发展比例和效益指标（含枞阳）

指　　标		2000	2005	2010	2012	2013	2014	2015
人　口								
出生率	(‰)	11.0	10.4	10.1	10.0	10.9	11.9	13.0
死亡率	(‰)	6.1	4.5	10.8	6.0	6.6	9.5	5.0
自然增长率	(‰)	4.9	5.9	-0.7	4.0	4.3	2.4	7.6
就　业								
三次产业从业者比例（以第一产业为100）								
第一产业		100.0	100.0	100.0	100.0	100.0	100.0	
第二产业		47.1	47.2	46.9	47.1	47.6	47.8	
第三产业		58.7	58.7	58.3	59.8	60.5	61.3	
城镇登记失业率	(%)							
国民核算								
三次产业增加值比例（以第一产业为100）								
第一产业		100.0	100.0	100.0	100.0	100.0	100.0	100.0
第二产业		161.2	190.4	332.0	387.1	372.9	383.6	373.5
第三产业		155.3	181.2	200.7	206.0	228.8	243.5	259.8
人均生产总值	(元)	4052	7338	18647	25592	26595	28809	29840
固定资产投资								
固定资产投资相当于生产总值比例	(%)	25.5	36.2	81.8	71.5	83.6	90.3	97.8
房屋建筑面积竣工率	(%)	68.1	45.7	36.4	29.7	22.1	25.8	19.5
财　政								
财政收入相当于生产总值比例	(%)	10.1	8.9	12.2	12.5	13.9	14.9	16.04
财政支出相当于生产总值比例	(%)	8.4	10.9	16.4	18.1	19.7	19.4	20.90
地方收入相当于中央财政收入比例	(%)	131.7	104.9	71.7	101.1	99.9	84.4	70.01
能源生产与消费								
每万元生产总值消耗的能源	(吨标准煤)						0.4	0.4
农　业								
每公顷耕地农业机械总动力	(千瓦)	6.1	7.6	8.9	10.0	11.2		
每公顷耕地用电量	(千瓦时)	1852.4	2933.0	4318.9	4975.8	5733.6		
每公顷耕地化肥施用量	(公斤)	565.5	766.4	734.3	798.8	872.4		
农业从业者人均农产品产量	(公斤)							
粮　食		991.7	1439.3	1898.4	1838.0	1851.0	1938.2	
棉　花		22.9	51.0	66.8	77.7	70.6	76.1	
油　料		99.8	127.9	183.1	208.7	220.7	219.9	
肉　类		101.9	158.5	214.6	231.2	241.9	248.4	
水产品		126.9	189.3	244.1	259.5	274.5	284.2	
每公顷播种面积农产品产量	(公斤)							
粮　食		5058	5562	5769	5543	5423	5613	5819
棉　花		1403	1611	1268	1412	1290	1442	1368
油　料		1839	1979	1837	2101	2128	2094	2145

1—4 续表

指　标		2000	2005	2010	2012	2013	2014	2015
工　业								
总资产贡献率	(%)	9.24	8.40	20.81	22.64	23.45	24.29	
资产负债率	(%)	72.50	63.81	49.28	50.81	48.18	47.66	
成本费用利润率	(%)	0.97	3.73	5.34	8.10	7.98	7.37	
流动资产周围次数	(次/年)	2.48	3.73	4.34	4.22	4.13	4.34	
产品销售率	(%)	98.89	98.01	98.47	98.22	97.02	98.41	
建筑业								
技术装备率	(元/人)	7256	7517	9638	9782	10847	14247	14515
产值利税率	(%)	3.44	2.97	3.74	7.50	7.66	9.91	
全员劳动生产率	(元/人)	54384	61618	94705	157307	157939	163598	171855
国内贸易								
批零和住宿餐饮业人均消费品零售额	(元)	1478	2406	5541	7519	8535	9666	
对外经济贸易								
进出口总额相当于生产总值比例	(%)	4.4	4.4	4.5	5.7	7.9	9.1	9.8
金融保险								
金融机构存款相当于生产总值比例	(%)	71.5	98.4	116.9	125.3	139.7	144.9	157.49
金融机构贷款相当于生产总值比例	(%)	67.8	64.3	56.2	63.3	75.7	81.6	88.78
金融机构现金支出相当于收入比例	(%)	99.6	95.7					
教　育								
学龄儿童净入学率	(%)	109.6	117.2	107.1	99.9	100.0	100.0	100.00
小学升学率	(%)	100.5	99.3	103.8	97.6	99.9	99.3	100.95
初中升学率	(%)	43.7	77.8	89.1	112.7	90.8	94.1	95.88
学校教师负担系数								
高等学校		12.7	14.7	22.0	22.3	21.0	19.8	19.80
中等学校		21.4	23.0	39.3	15.8	19.8	14.8	12.20
小学学校		23.3	21.2	16.8	15.4	15.1	14.9	14.90
科　技								
研究与开发经费支出相当于生产总值比例	(%)		0.28	0.22		0.50		
卫　生								
每万人执业（助理）医师数	(人)	8.50	7.90	8.60	12.50	12.70	13.18	14.07
每万人医院床位数	(张)	16.20	16.71	22.30	19.61	21.10	30.30	31.46
文　化								
每百万人有艺术表演团体	(个)	2.33	2.31	2.11	1.93	1.93	1.93	1.93
每百万人有公共图书馆	(个)	1.50	1.49	1.46	1.61	1.61	1.77	1.77
生　活								
城市与农村居民收入增长率比例（1990=100）		1.01	1.04	0.98	0.97	0.94		
市政建设								
城市自来水普及率	(%)	100.00	96.59	91.86	91.19	100.00	100.00	100.00
城市用气普及率	(%)	87.44	92.05	91.19	86.17	94.10	97.60	98.25
人均公园绿地面积	(平方米)	7.09	8.20	9.70	7.50	11.93	13.20	13.25

1—4 主要年份国民经济和社会发展比例和效益指标

指　　标		2010	2011	2012	2013	2014	2015
人　口							
出生率	(‰)	1.0	1.0	1.0	1.1	1.2	1.3
死亡率	(‰)	1.0	0.4	0.6	0.7	1.0	0.5
自然增长率	(‰)	-0.02	0.6	0.4	0.4	0.3	0.8
就　业							
三次产业从业者比例（以第一产业为100）							
第一产业							100.0
第二产业							92.9
第三产业							103.9
城镇登记失业率	(%)						
国民核算							
三次产业增加值比例（以第一产业为100）							
第一产业		100.0	100.0	100.0	100.0	100.0	100.0
第二产业		343.0	380.6	393.3	375.5	393.1	368.8
第三产业		214.5	212.7	218.0	249.7	260.8	293.5
人均生产总值	(元)	19404	23852	26628	27735	29968	31101
固定资产投资							
固定资产投资相当于生产总值比例	(%)						97.8
房屋建筑面积竣工率	(%)						20.3
财　政							
财政收入相当于生产总值比例	(%)	13.06	13.66	13.21	14.68	16.00	17.45
财政支出相当于生产总值比例	(%)	16.67	17.93	18.34	20.12	19.89	21.55
地方收入相当于中央财政收入比例	(%)	66.94	82.79	97.69	94.41	79.83	66.59
能源生产与消费							
每万元生产总值消耗的能源	(吨标准煤)	0.4	0.4	0.3	0.4	0.4	0.4
农　业							
每公顷耕地农业机械总动力	(千瓦)	8.9	9.4	10.0	11.2		
每公顷耕地用电量	(千瓦时)	4318.9	4723.3	4975.8	5733.6		
每公顷耕地化肥施用量	(公斤)	734.3	771.9	798.8	872.4		
农业从业者人均农产品产量	(公斤)						
粮　食							2037.3
棉　花							74.2
油　料							239.5
肉　类							280.8
水产品							283.7
每公顷播种面积农产品产量	(公斤)						
粮　食							5985
棉　花							1322
油　料							2171

1—4 续表

指　　标		2010	2011	2012	2013	2014	2015
工　业							
总资产贡献率	(%)						22.53
资产负债率	(%)						47.32
成本费用利润率	(%)						7.41
流动资产周围次数	(次/年)						3.65
产品销售率	(%)						98.59
建筑业							
技术装备率	(元/人)						6844
产值利税率	(%)						3.60
全员劳动生产率	(元/人)						178182
国内贸易							
批零和住宿餐饮业人均消费品零售额	(元)	5107	5977	6861	8421	9520	10628
对外经济贸易							
进出口总额相当于生产总值比例	(%)						11.1
金融保险							
金融机构存款相当于生产总值比例	(%)	118.71	117.87	127.63	142.22	147.06	158.98
金融机构贷款相当于生产总值比例	(%)	59.40	60.46	67.27	80.48	87.43	95.12
金融机构现金支出相当于收入比例	(%)						
教　育							
学龄儿童净入学率	(%)						100.00
小学升学率	(%)						101.93
初中升学率	(%)						102.78
学校教师负担系数							
高等学校							19.21
中等学校							11.60
小学学校							15.16
科　技							
研究与开发经费支出相当于生产总值比例	(%)						0.80
卫　生							
每万人执业（助理）医师数	(人)						14.80
每万人医院床位数	(张)						33.20
文　化							
每百万人有艺术表演团体	(个)						2.28
每百万人有公共图书馆	(个)						1.90
生　活							
城市与农村居民收入增长率比例（1990＝100）							
市政建设							
城市自来水普及率	(%)	91.86	90.34	91.19	100.00	100.00	100.00
城市用气普及率	(%)	91.19	90.34	86.17	94.10	97.60	98.25
人均公园绿地面积	(平方米)	9.70	9.02	7.50	11.93	13.20	13.25

1—5 主要年份平均每天主要社会经济活动（含枞阳）

指　　标		2000	2005	2010	2014	2015
每天创造的财富						
地区生产总值	（万元）	6656.5	11542.2	27097.0	42310.1	44196.0
第一产业		1598.4	2447.7	4282.7	5818.8	6027.1
第二产业		2576.1	4659.5	14218.0	22321.4	22509.9
工　业		2122.0	3751.2	12355.0	19801.1	19923.3
建筑业		454.1	908.2	1863.0	2547.1	2613.7
第三产业		2482.0	4435.1	8596.4	14169.9	15659.0
#运输邮电		424.6	683.6	789.3	1115.0	1136.4
财政收入	（万元）	698.7	1045.9	3317.6	6322.8	7090.4
#地　方		397.1	535.5	1385.6	2894.6	2919.7
粮　食	（吨）	506.8	6087.7	7178.1	7084.9	14618.7
棉　花	（吨）	117.1	215.9	252.4	278.3	245.2
油　料	（吨）	509.9	540.9	692.0	804.0	818.3
布	（万米）	30.8	23.6	123.5	74.2	76.4
原　煤	（吨）	301.4	279.5	300.0		
发电量	（万千瓦时）	265.8	1189.1	1224.1	1600.2	3204.7
水　泥	（万吨）	0.5	0.7	1.2	2.1	2.1
每天其他经济活动						
货物运输量	（万元）	9.9	12.3	53.6	68.3	46.1
旅客运输量	（万人）	14.9	16.8	18.0	43.7	16.2
邮电业务总量	（万元）	261.5	335.4	616.8	843.0	995.0
固定资产投资	（万元）	1763.9	4261.1	22175.2	38212.4	43218.2
社会消费品零售总额	（万元）	2428.6	4041.9	9279.0	16442.7	
货物进出口总额	（万美元）	28.0	62.2	186.6	618.4	669.8
出口额		5.7	47.3	138.5	533.9	596.5
进口额		22.4	15.0	48.0	84.5	73.2
实际利用外资额	（万美元）	12.0	12.3	64.6	73.1	50.0
国际旅游外汇收入	（万美元）	4.8	1.5	7.7	46.1	39.1
每天人口变动和婚姻						
出　生	（人）	181.0	172.4	170.7	202.7	219.2
死　亡	（人）	101.0	74.3	182.6	161.6	90.4
结　婚	（对）	132.3	112.7	137.0	148.4	129.0
离　婚	（对）	2.4	4.6	13.6	22.9	21.3

1—5　主要年份平均每天主要社会经济活动

指　　标		2010	2011	2012	2013	2014	2015
每天创造的财富							
地区生产总值	（万元）	23795.7	29213.8	32618.0	34107.0	37065.9	38833.7
第一产业		3619.3	4213.6	4586.0	4703.5	4916.6	5093.8
第二产业		12414.3	16037.9	18036.2	17661.0	19327.3	18788.5
工　业		10819.9	14161.7	16004.8	15624.9	17157.9	16555.1
建筑业							
第三产业		7762.1	8962.2	9995.8	11742.6	12822.0	14951.3
#运输邮电							
财政收入	（万元）	3107.4	3991.9	4308.8	5006.4	5931.3	6778.1
#地　方		1246.0	1808.0	2129.2	2431.2	2633.0	2709.3
粮　食	（吨）						5970.0
棉　花	（吨）						217.5
油　料	（吨）						702.0
布	（万米）						
原　煤	（吨）						
发电量	（万千瓦时）						
水　泥	（万吨）						
每天其他经济活动							
货物运输量	（万元）					47.5	45.6
旅客运输量	（万人）					13.7	13.1
邮电业务总量	（万元）			752.1	761.0	751.9	890.5
固定资产投资	（万元）						37961.1
社会消费品零售总额	（万元）	8462.8	10001.2	11570.3	13159.7	14881.6	16667.9
货物进出口总额	（万美元）					602.8	663.2
出口额						520.1	591.7
进口额						82.8	71.5
实际利用外资额	（万美元）	64.6	74.8	89.5	123.8	73.1	49.5
国际旅游外汇收入	（万美元）	7.7	15.6	18.9	23.9	46.1	39.1
每天人口变动和婚姻							
出　生	（人）	141.9	147.3	149.4	161.5	175.4	188.5
死　亡	（人）	145.0	63.3	85.9	98.7	138.2	74.7
结　婚	（对）	137.0	140.9	140.0	145.5	148.4	129.0
离　婚	（对）	13.6	15.0	17.7	22.2	22.9	21.3

1—6 皖江示范区主要指标（含枞阳）（2015年）

指标		绝对数	比上年增长 (%)	绝对数占全省比重 (%)	增幅比全省高低 (±百分点)
生产总值（不含一县一区）	（亿元）	14639.3	9.6	66.5	0.9
规模以上工业增加值	（亿元）	6676.6	10.1	68.0	1.5
战略性新兴产业产值	（亿元）	6825.4	17.8	76.5	0.2
社会消费品零售总额	（亿元）	5487.7	12.0	61.6	持平
全部财政收入	（亿元）	2616.3	10.4	65.2	0.9
地方财政收入	（亿元）	1505.5	11.0	61.3	0.4
财政支出	（亿元）	2581.8	11.1	49.4	-1.0
进出口总额	（亿美元）	415.5	-0.8	85.1	持平
出口		271.1	7.8	81.9	2.6
进口		144.4	-13.6	92.0	-2.3
实际利用外商直接投资	（亿美元）	93.6	11.3	68.7	0.9
固定资产投资	（亿元）	16504.7	12.2	68.9	-0.5
工业		7305.5	12.4	69.1	-1.7
房地产		2844.2	1.0	64.3	-1.0

1—7　皖江城市带各市主要经济指标及位次（含枞阳）（2015年）

地　区	生产总值				规模以上工业增加值				社会消费品零售总额			
	绝对数(亿元)	位　次	增　长(%)	位　次	绝对数(亿元)	位　次	增　长(%)	位　次	绝对数(亿元)	位　次	增　长(%)	位　次
合　肥	5660.3	1	10.5	1	2255.7	1	11.3	1	2183.7	1	12.0	6
滁　州	1305.7	5	9.9	4	613.7	4	11.1	2	457.0	5	12.5	2
六　安	1143.4	6	7.0	9	429.0	7	4.8	9	562.6	4	10.9	8
马鞍山	1365.3	4	9.2	5	604.0	5	9.5	6	418.6	7	12.1	5
芜　湖	2457.3	2	10.3	2	1441.9	2	10.4	4	733.0	2	12.2	4
宣　城	971.5	7	8.2	7	416.7	8	7.7	7	422.5	6	12.6	1
铜　陵	721.3	8	10.1	3	432.4	6	10.4	4	208.8	8	10.5	9
池　州	544.7	9	8.5	6	176.4	9	10.6	3	198.0	9	12.3	3
安　庆	**1613.2**	**3**	**7.1**	**8**	**713.9**	**3**	**5.9**	**8**	**671.9**	**3**	**12.0**	**7**

地　区	全部财政收入				地方财政收入				固定资产投资			
	绝对数(亿元)	位　次	增　长(%)	位　次	绝对数(亿元)	位　次	增　长(%)	位　次	绝对数(亿元)	位　次	增　长(%)	位　次
合　肥	1000.5	1	13.5	1	571.5	1	14.2	2	5851.9	1	10.4	9
滁　州	230.3	4	13.1	2	143.7	3	16.3	1	1457.6	5	16.8	1
六　安	150.0	7	5.6	6	103.3	7	8.9	5	1131.3	7	12.7	5
马鞍山	210.0	5	3.6	8	130.8	5	8.1	6	1859.8	3	11.1	8
芜　湖	470.0	2	10.3	4	263.5	2	12.8	3	2709.2	2	13.2	3
宣　城	188.9	6	8.0	5	131.6	4	9.4	4	1283.4	6	12.6	6
铜　陵	135.0	8	2.1	9	66.8	9	0.8	9	871.0	8	13.5	2
池　州	95.8	9	4.0	7	71.3	8	4.2	7	600.5	9	11.6	7
安　庆	**258.8**	**3**	**12.1**	**3**	**106.6**	**6**	**0.9**	**8**	**1577.5**	**4**	**13.1**	**4**

地　区	房地产开发投资				城镇常住居民人均可支配收入				农村常住居民人均可支配收入			
	绝对数(亿元)	位　次	增　长(%)	位　次	绝对数(元)	位　次	增　长(%)	位　次	绝对数(元)	位　次	增　长(%)	位　次
合　肥	1259.1	1	11.7	1	31989	2	9.0	2	15733	4	9.2	5
滁　州	334.4	3	9.5	3	24168	7	9.4	1	10070	7	9.8	1
六　安	200.0	5	9.7	2	22238	9	7.9	9	9074	9	9.5	2
马鞍山	201.3	4	-18.0	7	35262	1	8.3	8	16331	2	9.1	7
芜　湖	452.8	2	-5.5	5	29766	4	8.7	5	15964	3	9.3	4
宣　城	184.8	6	-8.4	6	28602	5	8.8	4	12309	5	9.4	3
铜　陵	97.3	8	-26.7	9	31748	3	8.6	6	17898	1	9.1	7
池　州	82.8	9	-20.5	8	24279	6	8.9	3	11511	6	8.3	9
安　庆	**146.6**	**7**	**-0.2**	**4**	**23966**	**8**	**8.4**	**7**	**9854**	**8**	**9.2**	**5**

注：安庆、铜陵、淮南、六安均为区划调整前口径。

主要统计指标解释

可比价格

指计算各种总量指标所采用的扣除了价格变动因素的价格，可进行不同时期总量指标的对比。按可比价格计算总量指标有两种方法：一种是直接用产品产量乘某一年的不变价格计算；另一种是用价格指数进行缩减。

平均增长速度

我国计算平均增长速度有两种方法：一种是习惯上经常使用的“水平法”，又称几何平均法，是以间隔期最后一年的水平同基期水平对比来计算平均每年增长（或下降）速度；另一种是“累计法”，又称代数平均法或方程法，是以间隔期内各年水平的总和同基期水平对比来计算平均每年增长（或下降）速度。在一般正常情况下，两种方法计算的平均每年增长速度比较接近；但在经济发展不平衡、出现大起大落时，两种方法计算的结果差别较大。

本《年鉴》内所列的平均增长速度，均用“水平法”计算。从某年到某年平均增长速度的年份，均不包括基期年在内。如建国四十三年的平均增长速度是以 1949 年为基期计算的，则写为 1950-1992 年平均增长速度，其余类推。

企业（单位）登记注册类型

是以在工商行政管理机关登记注册的各类企业为划分对象，以工商行政管理部门对企业登记注册的类型为依据，将企业登记注册类型分为内资企业、港澳台商投资企业和外商投资企业三大类。内资企业包括国有企业、集体企业、股份合作企业、联营企业、有限责任公司、股份有限公司、私营公司和其他企业；港澳台商投资企业和外商投资企业分别包括合资经营企业、合作经营企业、独资经营企业和股份有限公司。对不在工商行政管理部门进行登记注册的行政机关、事业单位和社会团体，主要按其经费来源和管理方式进行划分。

法人单位

指具备以下条件的单位：（一）依法成立，有自己的名称、组织机构和场所，能够独立承担民事责任；（二）独立拥有（或授权使用）资产或者经费，承担负债，有权与其他单位签订合同；（三）具有包括资产负债表在内的帐户，或者能够根据需要编制帐户。法人单位包括五种类型：企业法人、事业单位法人、机关法人、社会团体和其他成员组织法人、其他法人。

产业活动单位

法人单位所属的产业活动单位，指具备以下条件的单位：（一）在一个场所从事一种或主要从事一种社会经济活动；（二）相对独立组织生产经营或业务活动；（三）能够掌握收入和支出等业务核算资料。

单位数

表中的单位数为单产业法人数和多产业法人所属的产业活动单位数之和。

国有企业

指企业全部资产归国家所有，并按《中华人民共和国企业法人登记管理条例》规定登记注册的非公司制的经济组织。不包括有限责任公司中的国有独资公司。

集体企业

指企业资产归集体所有，并按《中华人民共和国企业法人登记管理条例》规定登记注册的经济组织。

股份合作企业

指以合作制为基础，由企业职工共同出资入股，吸收一定比例的社会资产投资组建，实行自主经营，自负盈亏，共同劳动，民主管理，按劳分配与按股分红相结合的一种集体经济组织。

联营企业

指两个及两个以上相同或不同所有制性质的企业法人或事业单位法人，按自愿、平等、互利的原则，共同投资组成的经济组织。联营企业包括国有联营企业、集体联营企业、国有与集体联营企业和其他联营企业。

有限责任公司

指根据《中华人民共和国公司登记管理条例》规定登记注册，由两个以上、五十个以下的股东共同出资，每个股东以其所认缴的出资额对公司承担有限责任，公司以其全部资产对其债务承担责任的经济组织。有限责任公司包括国有独资公司以及其他有限责任公司。

股份有限公司

指根据《中华人民共和国公司登记管理条例》规定登记注册，其全部注册资本由等额股份构成并通过发行股票筹集资本，股东以其认购的股份对公司承担有限责任，公司以其全部资产对其债务承担责任的经济组织。

私营企业

指由自然人投资设立或由自然人控股，以雇佣劳动为基础的营利性经济组织。包括按照《公司法》、《合伙企业法》、《私营企业暂行条例》规定登记注册的私营有限责任公司、私营股份有限公司、私营合伙企业和私营独资企业。

其他内资企业

指上述企业之外的其他内资经济组织。

与港澳台商合资经营企业

指港澳台地区投资者与内地企业依照《中华人民共和国中外合资经营企业法》及有关法律的规定，按合同规定的比例投资设立、分享利润和分担风险的企业。

与港澳台商合作经营企业

指港澳台地区投资者与内地企业依照《中华人民共和国中外合作经营企业法》及有关法律的规定，依照合作合同的约定进行投资或提供条件设立、分配利润和分担风险的企业。

港澳台商独资经营企业

指依照《中华人民共和国外资企业法》及有关法律的规定，在内地由港澳台地区投资者全额投资设立的企业。

港澳台商投资股份有限公司

指根据国家有关规定，经外经贸部依法批准设立，其中港、澳、台商的股本占公司注册资本的比例达 25% 以上的股份有限公司。凡其中港、澳、台商的股本占公司注册资本的比例小于 25%的，属于内资企业中的股份有限公司。

中外合资经营企业

指外国企业或外国人与中国内地企业依照《中华人民共和国中外合资经营企业法》及有关法律的规定，按合同规定的比例投资设立、分享利润和分担风险的企业。

中外合作经营企业

指外国企业或外国人与中国内地企业依照《中华人民共和国中外合作经营企业法》及有关法律的规定，依照合作合同的约定进行投资或提供条件设立、分配利润和分担风险的企业。

外资企业

指依照《中华人民共和国外资企业法》及有关法律的规定，在中国内地由外国投资者全额投资设立的企业。

外商投资股份有限公司

指根据国家有关规定，经外经贸部依法批准设立，其中外资的股本占公司注册资本的比例达 25% 以上的股份有限公司。凡其中外资股本占公司注册资本的比例小于 25%的，属于内资企业中的股份有限公司。

行政机关、事业单位和社会团体

参照企业登记注册类型，主要按其经费来源和管理方式划分。具体规定如下：

(1)行政机关：包括国家机关和政党机关，原则上均列为“国有”。但有特殊规定的，如供销社等，则列为“集体”。

⑵事业单位：包括经国家机构编制部门和有关业务主管部门批准成立的各类事业单位，不包括实行企业化管理的事业单位。事业单位的划分办法如下：

①由国家财政预算拨款或列入财政预算外资金管理以及经费主要来源于国有主管部门或国有上级单位的事业单位，列为“国有”。

②经费主要来源于集体单位的事业单位，列为“集体”。

③公民个人（或个人合伙）开办的事业单位，列为“私营”。

④上述以外的其他事业单位，如果其经费来源不明确，按管理方式进行归类。

⑶社会团体：包括经民政部门批准成立以及未纳入社会团体管理条例范围的工会、妇联等各类社会团体。社会团体的划分办法如下：

①未纳入民政部社会团体管理条例范围的工会、妇联、共青团、青联、工商联、科协、侨联等社会团体，国家拨款设立的基金会或基金管理组织以及经费主要来源于国有业务主管部门或国有上级单位的社会团体，列为“国有”。

②经费主要来源于集体单位的社会团体，列为“集体”。

③公民个人（或个人合伙）开办的社会团体，划为“私营”。

④上述以外的其他社会团体，如果其经费来源不明确，改按管理方式进行归类。

第 二 篇

国民经济核算

简要说明

一、本篇包括国民经济核算资料等内容。

二、本篇资料按照第二次全国经济普查修订，凡以前资料与本资料不一致的，以本资料为准。

三、本篇资料由市统计局核算科按照国家统计局《中国国民经济核算综合报表制度》对全市社会经济活动进行核算后提供。

2—1 主要年份安庆生产总值（含枞阳）

本表按当年价格计算。

年份	生产总值（万元）	第一产业	第二产业	工业	建筑业	第三产业	交通运输仓储邮政通信业	批发和零售贸易餐饮业	人均生产总值（按常住人口计算）（元）
2000	2429630	583424	940263	774517	165746	905942	154971	250183	4052
2005	4212900	893400	1700700	1369200	331500	1618800	249500	292000	7189
2006	4787800	974800	1998000	1629000	369000	1815000	253100	321700	8437
2007	5593500	1123500	2353800	1936500	417300	2116200	267300	365600	9979
2008	6664200	1342200	2863200	2368600	494600	2458800	274700	427200	11911
2009	7961274	1420532	3876252	3296252	580000	2664491	267700	494607	14242
2010	9890416	1563170	5189577	4509577	680000	3137669	288100	611001	18647
2011	12157355	1807141	6727052	5927052	800000	3623162	316900	710408	22893
2012	13597027	1961692	7594430	6729430	865000	4040905	347000	809333	25592
2013	14181970	2021197	7409783	6545219	873000	4750990	370400	896700	26595
2014	15443170	2123850	8147318	7227404	929709	5172002	406984	977149	28809
2015	16131533	2199900	8216099	7271989	954000	5715533	414800	1044000	29840

注：1. 2000年的数据按2004年经济普查数据进行历史调整。
2. 2005年以后的数据，交通运输仓储邮电通信业不包括电信业，批发零售贸易餐饮业不包括餐饮业（后同）。
3. 2005—2008年的数据按2008年经济普查结果进行修订（后同）。
4. 2013年行业分类执行《国民经济行业分类2011》，产业分类执行《三次产业划分规定2012》。产业分类和行业分类的关系：第一产业是指农林牧渔业（不含农林牧渔服务业）；第二产业是指采矿业（不含开采辅助活动）制造业（不含金属制品、机械和设备修理业），电力、热力、燃气及水的生产和供应业。建筑业；第三产业是指除第一产业、第二产业以外的其他行业。

2—1 主要年份安庆生产总值

本表按当年价格计算。

年份	生产总值（万元）	第一产业	第二产业	工业	建筑业	第三产业	交通运输仓储邮政通信业	批发和零售贸易餐饮业	人均生产总值（按常住人口计算）（元）
1980	149538	52883	68453	62905	5548	28202	8660	12463	366
1990	480980	174676	187930	167949	19981	118374	16302	36349	1033
1995	1549168	433261	618372	547642	70730	497535	68344	150279	3149
2000	2180517	485612	867962	731717	136245	826942	139071	170498	4315
2005	3752753	756131	1535520	1238373	297147	1461202	205543	276814	7573
2010	8685430	1321046	4531229	3949276	581953	2833154	249582	578588	19404
2011	10663019	1537970	5853846	5169025	684821	3271203	274539	673034	23852
2012	11905588	1673888	6583229	5841760	741469	3648471	300597	767731	26628
2013	12449070	1716769	6446256	5703089	751603	4286045	309249	840966	27735
2014	13529062	1794573	7054471	6262645	801620	4680018	351515	927573	29968
2015	14174291	1859254	6857813	6042612	823800	5457223	377772	1046130	31101

注：1. 2000年的数据按2004年经济普查数据进行历史调整。
2. 2005年以后的数据，交通运输仓储邮电通信业不包括电信业，批发零售贸易餐饮业不包括餐饮业（后同）。
3. 2005—2008年的数据按2008年经济普查结果进行修订（后同）。
4. 2013年行业分类执行《国民经济行业分类2011》，产业分类执行《三次产业划分规定2012》。产业分类和行业分类的关系：第一产业是指农林牧渔业（不含农林牧渔服务业）；第二产业是指采矿业（不含开采辅助活动）制造业（不含金属制品、机械和设备修理业），电力、热力、燃气及水的生产和供应业。建筑业；第三产业是指除第一产业、第二产业以外的其他行业。

2—2 主要年份安庆生产总值构成（含枞阳）

本表按当年价格计算。　　单位：%

年份	生产总值	第一产业	第二产业	工业	建筑业	第三产业	交通运输仓储邮政通信业	批发和零售贸易餐饮业
2000	100.00	24.01	38.70	31.88	6.82	37.29	6.38	10.30
2005	100.00	21.21	40.37	32.50	7.87	38.42	5.92	6.93
2006	100.00	20.36	41.73	34.02	7.71	37.91	5.29	6.72
2007	100.00	20.09	42.08	34.62	7.46	37.83	4.78	6.54
2008	100.00	20.14	42.96	35.54	7.42	36.90	4.12	6.41
2009	100.00	17.84	48.69	41.40	7.29	33.47	3.36	6.21
2010	100.00	15.80	52.47	45.60	6.88	31.72	2.91	6.18
2011	100.00	14.86	55.33	48.75	6.58	29.80	2.61	5.84
2012	100.00	14.43	55.85	49.49	6.36	29.72	2.55	5.95
2013	100.00	14.25	52.25	46.15	6.16	33.50	2.61	6.32
2014	100.00	13.75	52.76	46.80	6.02	33.49	2.64	6.33

2—2 主要年份安庆生产总值构成

本表按当年价格计算。　　单位：%

年份	生产总值	第一产业	第二产业	工业	建筑业	第三产业	交通运输仓储邮政通信业	批发和零售贸易餐饮业
1980	100.00	35.36	45.78	42.07	3.71	18.86	5.79	8.33
1990	100.00	36.32	39.07	34.92	4.15	24.61	3.39	7.56
1995	100.00	27.97	39.92	35.35	4.57	32.12	4.41	9.70
2000	100.00	22.27	39.81	33.56	6.25	37.92	6.38	7.82
2005	100.00	20.15	40.92	33.00	7.92	38.94	5.48	7.38
2010	100.00	15.21	52.17	45.47	6.70	32.62	2.87	6.66
2011	100.00	14.42	54.90	48.48	6.42	30.68	2.57	6.31
2012	100.00	14.06	55.30	49.07	6.23	30.65	2.52	6.45
2013	100.00	13.79	51.78	45.81	6.04	34.43	2.48	6.76
2014	100.00	13.26	52.14	46.29	5.93	34.59	2.60	6.86
2015	100.00	13.12	48.38	42.63	5.81	38.50	2.67	7.38

2—3　主要年份安庆生产总值指数（含枞阳）

本表按不变价格计算（上年为100）。

年　份	生产总值	第一产业	第二产业	工　业	建筑业	第三产业	交通运输仓储邮政通信业	批发和零售贸易餐饮业	人均生产总值
2000	106.81	109.58	106.29	106.78	101.92	105.25	105.41	105.82	106.40
2005	109.11	103.53	118.88	121.36	109.41	103.29	88.60	110.27	111.48
2006	109.77	106.77	112.28	112.79	110.17	108.78	93.47	109.32	113.35
2007	110.71	100.53	115.12	117.42	105.42	111.43	97.04	108.74	112.09
2008	113.60	106.10	117.29	120.06	104.26	113.14	109.75	109.92	112.38
2009	112.31	106.00	117.64	118.94	110.59	109.00	97.37	114.83	112.41
2010	113.57	104.49	119.26	121.35	107.09	110.47	104.43	112.11	119.69
2011	113.24	104.20	118.02	119.81	106.18	109.83	108.50	110.34	113.10
2012	111.46	105.50	114.26	115.26	106.74	109.29	107.51	111.59	111.40
2013	110.54	103.00	111.34	112.72	100.62	112.28	105.65	109.33	110.14
2014	109.27	104.55	111.37	111.98	106.07	107.34	108.14	108.55	108.70
2015	107.14	103.99	106.14	106.08	106.67	110.20	101.94	107.17	103.58

2—3　主要年份安庆生产总值指数

本表按不变价格计算（上年为100）。

年　份	生产总值	第一产业	第二产业	工　业	建筑业	第三产业	交通运输仓储邮政通信业	批发和零售贸易餐饮业	人均生产总值
1980	100.01	96.51	103.36	100.10	148.67	105.12	105.33	108.45	100.45
1990	105.09	101.40	97.53	96.65	105.70	128.17	119.62	130.79	103.29
1995	113.10	108.47	115.10	113.80	132.17	114.91	108.63	113.00	112.35
2000	106.90	109.00	107.00	107.80	96.20	105.10	105.60	104.90	106.79
2005	108.20	103.70	117.40	119.10	110.70	102.20	92.50	110.20	109.26
2010	113.44	104.49	118.88	120.98	106.30	110.50	104.38	112.31	115.34
2011	113.05	104.22	117.65	119.34	106.20	109.82	108.51	110.47	116.65
2012	111.21	105.41	113.82	114.73	106.90	109.30	107.48	111.63	112.94
2013	110.44	102.72	110.83	112.33	99.70	112.78	104.71	109.23	110.20
2014	109.38	104.56	111.53	112.14	106.20	107.42	108.82	108.74	108.75
2015	107.45	103.99	106.30	106.22	106.83	110.69	102.19	107.52	103.15

2—4 主要年份安庆生产总值指数（含枞阳）

本表按不变价格计算（1978年为100）。

年份	生产总值	第一产业	第二产业	工业	建筑业	第三产业	交通运输仓储邮政通信业	批发和零售贸易餐饮业	人均生产总值
2000	535.34	268.36	624.56	618.24	717.58	1516.59	780.59	1120.95	442.41
2005	816.87	341.49	989.71	962.11	1232.58	2468.38	951.53	1791.34	690.82
2006	896.65	364.61	1111.23	1085.15	1357.88	2685.21	889.37	1958.20	783.01
2007	992.65	366.56	1279.29	1274.17	1431.50	2992.00	863.06	2129.36	877.67
2008	1113.57	388.94	1458.09	1478.53	1492.55	3385.21	947.23	2340.54	986.34
2009	1250.63	412.29	1715.31	1758.57	1650.63	3690.04	922.36	2687.58	1108.74
2010	1420.31	430.80	2045.72	2134.02	1767.64	4076.53	963.24	3013.13	1327.02
2011	1608.35	448.91	2414.46	2556.78	1876.87	4477.18	1045.15	3324.70	1500.91
2012	1792.60	473.59	2758.69	2947.00	2003.32	4893.19	1123.64	3709.93	1672.06
2013	1981.61	487.82	3071.43	3321.96	2015.80	5494.00	1187.13	4056.14	1841.61
2014	2165.39	510.02	3420.57	3719.94	2138.24	5897.16	1283.73	4402.83	2001.89
2015	2320.06	530.35	3630.44	3946.11	2280.77	6498.91	1308.62	4718.42	2126.83

2—4 主要年份安庆生产总值指数

本表按不变价格计算（1978年为100）。

年份	生产总值	第一产业	第二产业	工业	建筑业	第三产业	交通运输仓储邮政通信业	批发和零售贸易餐饮业	人均生产总值
1980	101.36	92.35	112.44	108.82	163.45	111.76	111.87	121.86	102.03
1990	214.01	145.49	239.89	229.94	379.94	481.63	202.84	377.53	189.21
1995	376.28	193.35	463.63	456.09	569.71	1031.82	438.31	892.69	314.87
2000	527.57	249.73	667.97	668.32	662.94	1498.30	671.81	1195.82	431.30
2005	797.76	320.72	1033.14	992.84	1243.02	2411.76	731.57	1876.97	690.43
2010	1380.50	397.07	2120.50	2201.57	1696.68	3971.63	776.32	3141.73	1301.49
2011	1560.64	413.82	2494.40	2626.82	1801.98	4362.25	842.35	3471.21	1518.24
2012	1735.53	436.22	2629.37	2989.77	2067.32	4662.88	920.67	3730.81	1714.61
2013	1916.70	450.81	2980.16	3358.54	2067.32	5249.88	917.77	4075.01	1889.56
2014	2096.47	471.92	3170.74	3766.13	2067.32	7175.28	975.10	4431.10	2054.96
2015	2252.63	490.75	3370.40	4000.37	2208.56	7942.56	996.49	4764.33	2119.73

2—5 主要年份三次产业贡献率（含枞阳）

本表按不变价格计算。　　单位：%

年份	生产总值	第一产业	第二产业	工业	第三产业
2000	100.00	37.21	37.23	36.07	25.56
2005	100.00	10.96	74.31	66.61	14.73
2006	100.00	14.70	50.74	42.55	34.56
2007	100.00	1.03	58.33	54.33	40.64
2008	100.00	8.40	54.59	52.23	37.01
2009	100.00	8.53	63.54	57.60	27.92
2010	100.00	5.47	65.93	62.38	28.60
2011	100.00	5.02	71.43	68.22	23.55
2012	100.00	6.98	68.06	64.27	24.96
2013	100.00	3.71	60.25	60.20	36.05
2014	100.00	5.95	69.17	65.72	24.88
2015	100.00	6.47	49.41	44.37	44.12

注：产业贡献率指各产业增加值增量与GDP增量之比，按可比价格计算。

2—5 主要年份三次产业贡献率

本表按不变价格计算。　　单位：%

年份	生产总值	第一产业	第二产业	工业	第三产业
1980	100.00	-19368.14	13316.88	372.89	6151.29
1990	100.00	10.19	-20.52	-25.14	110.24
1995	100.00	18.98	48.16	40.88	32.85
2000	100.00	33.53	41.10	42.74	25.37
2005	100.00	8.93	79.53	69.65	11.54
2010	100.00	5.23	65.05	61.91	29.72
2011	100.00	13.25	65.53	59.13	21.22
2012	100.00	6.77	66.94	63.07	26.29
2013	100.00	8.38	64.20	59.80	27.41
2014	100.00	5.66	68.56	65.17	25.78
2015	100.00	5.96	48.07	43.12	45.97

注：产业贡献率指各产业增加值增量与GDP增量之比，按可比价格计算。

2—6 主要年份三次产业拉动率（含枞阳）

本表按不变价格计算。 单位：百分点

年 份	生产总值	第一产业	第二产业	工 业	第三产业
2000	6.81	2.54	2.54	2.46	1.74
2005	9.11	1.00	6.77	6.07	1.34
2006	9.77	1.44	4.96	4.16	3.38
2007	10.71	0.11	6.24	5.82	4.35
2008	13.60	1.14	7.42	7.10	5.03
2009	12.31	1.05	7.82	7.09	3.44
2010	13.57	0.74	8.95	8.46	3.88
2011	13.24	0.66	9.46	9.03	3.12
2012	11.46	0.80	7.80	7.36	2.86
2013	10.54	0.39	6.35	6.35	3.80
2014	9.27	0.55	6.42	6.09	2.31
2015	7.14	0.46	3.53	3.17	3.15

注：产业拉动率指GDP增长速度与产业贡献率之乘积，按可比价格计算。

2—6 主要年份三次产业拉动率

本表按不变价格计算。 单位：百分点

年 份	生产总值	第一产业	第二产业	工 业	第三产业
1980	0.01	-1.94	1.33	0.04	0.62
1990	5.09	0.52	-1.04	-1.28	5.61
1995	13.10	2.49	6.31	5.36	4.30
2000	6.90	2.31	2.84	2.95	1.75
2005	8.22	0.73	6.54	5.73	0.95
2010	13.44	0.70	8.74	8.32	3.99
2011	13.05	1.73	8.55	7.72	2.77
2012	11.21	0.76	7.50	7.07	2.95
2013	10.44	0.88	6.70	6.24	2.86
2014	9.38	0.53	6.43	6.11	2.42
2015	7.45	0.44	3.58	3.21	3.42

注：产业拉动率指GDP增长速度与产业贡献率之乘积，按可比价格计算。

2—7 安庆生产总值收入法构成项目（含枞阳）（2015年）

本表按当年价格计算。 单位：万元

	增加值	劳动者报酬	生产税净	固定资产折旧	营业盈余
地区生产总值	**16131533**	**7591250**	**2725844**	**1774597**	**4039843**
第一产业	2199900	2137816		62084	
第二产业	8216100	2383536	2153435	759002	2920127
工　业	7271989	1727020	1998633	730420	2815916
建筑业	954000	644700	158289	34000	117011
第三产业	5715534	3009975	625969	914631	1164958
批发和零售业	1044000	327802	240024	66614	409559
交通运输、仓储和邮政业	414800	380846	31241	104277	-101564
住宿和餐饮业	470100	259173	87373	74854	48701
信息传输、软件和信息技术服务业	160898	38740	11423	65104	45632
金融业	628100	212018	92042	13561	310479
房地产业	502100	30750	55023	342950	73377
租赁和商务服务业	241304	29367	4422	21435	186081
科学研究和技术服务业	112900	67604	7527	4782	32987
水利、环境和公共设施管理业	64178	17814	3806	39925	2633
居民服务、修理和其他服务业	273301	232007	38816	31734	-29256
教　育	638593	458622	34905	58225	86841
卫生和社会工作	248682	212046	478	19637	16520
文化、体育和娱乐业	162241	79103	6927	30462	45748
公共管理、社会保障和社会组织	609947	549310	1969	46679	11989
农、林、牧、渔服务业	134500	130704		3796	
金属制品、机械和设备修理业	9890	2620		3199	4071

2—7 安庆生产总值收入法构成项目（2015年）

本表按当年价格计算。 单位：万元

	增加值	劳动者报酬	生产税净	固定资产折旧	营业盈余
地区生产总值	**14174291**	**6670180**	**2395109**	**1559280**	**3549676**
第一产业	1859254	1806783		52471	
第二产业	6857813	1989501	1797439	633528	2437386
工　业	6042612	1435058	1660754	606939	2339870
建筑业	823800	556713	136686	29360	101042
第三产业	5457223	2873895	597669	873281	1112290
批发和零售业	1046130	328471	240514	66750	410395
交通运输、仓储和邮政业	377772	346849	28452	94968	-92497
住宿和餐饮业	454087	250304	84383	72292	47035
信息传输、计算机服务和软件业	149048	35887	10582	60309	42271
金融业	610938	206224	89527	13190	301996
房地产业	470764	28829	51586	321526	68793
租赁和商务服务业	223533	27206	4096	19857	172386
科学研究、技术服务和地质勘查业	107034	64074	7134	4533	31265
水利、环境和公共设施管理业	60844	16891	3609	37856	2496
居民服务和其他服务业	253174	214923	35958	29398	-27102
教　育	605409	434816	33093	55202	82334
卫生、社会保障和社会福利业	235759	201036	453	18618	15662
文化、体育和娱乐业	150293	73253	6415	28209	42364
公共管理和社会组织	578252	520820	1867	44258	11367

2—8 安庆生产总值收入法构成项目比例（含枞阳）（2015年）

本表按当年价格计算。　　单位：%

	增加值	劳动者报酬	生产税净	固定资产折旧	营业盈余
地区生产总值	**100.0**	**47.1**	**16.9**	**11.0**	**25.0**
第一产业	100.0	97.2		2.8	
第二产业	100.0	29.0	26.2	9.2	35.5
工　业	100.0	23.7	27.5	10.0	38.7
建筑业	100.0	67.6	16.6	3.6	12.3
第三产业	100.0	52.7	11.0	16.0	20.4
批发和零售业	100.0	31.4	23.0	6.4	39.2
交通运输、仓储和邮政业	100.0	91.8	7.5	25.1	-24.5
住宿和餐饮业	100.0	55.1	18.6	15.9	10.4
信息传输、软件和信息技术服务业	100.0	24.1	7.1	40.5	28.4
金融业	100.0	33.8	14.7	2.2	49.4
房地产业	100.0	6.1	11.0	68.3	14.6
租赁和商务服务业	100.0	12.2	1.8	8.9	77.1
科学研究和技术服务业	100.0	59.9	6.7	4.2	29.2
水利、环境和公共设施管理业	100.0	27.8	5.9	62.2	4.1
居民服务、修理和其他服务业	100.0	84.9	14.2	11.6	-10.7
教　育	100.0	71.8	5.5	9.1	13.6
卫生和社会工作	100.0	85.3	0.2	7.9	6.6
文化、体育和娱乐业	100.0	48.8	4.3	18.8	28.2
公共管理、社会保障和社会组织	100.0	90.1	0.3	7.7	2.0
农、林、牧、渔服务业	100.0	97.2		2.8	
金属制品、机械和设备修理业	100.0	26.5		32.3	41.2

2—8 安庆生产总值收入法构成项目比例（2015年）

本表按当年价格计算。　　单位：%

	增加值	劳动者报酬	生产税净	固定资产折旧	营业盈余
地区生产总值	**100.0**	**47.1**	**16.9**	**11.0**	**25.0**
第一产业	100.0	97.2	0.0	2.8	0.0
第二产业	100.0	29.0	26.2	9.2	35.5
工　业	100.0	23.7	27.5	10.0	38.7
建筑业	100.0	67.6	16.6	3.6	12.3
第三产业	100.0	52.7	11.0	16.0	20.4
批发和零售业	100.0	31.4	23.0	6.4	39.2
交通运输、仓储和邮政业	100.0	91.8	7.5	25.1	-24.5
住宿和餐饮业	100.0	55.1	18.6	15.9	10.4
信息传输、计算机服务和软件业	100.0	24.1	7.1	40.5	28.4
金融业	100.0	33.8	14.7	2.2	49.4
房地产业	100.0	6.1	11.0	68.3	14.6
租赁和商务服务业	100.0	12.2	1.8	8.9	77.1
科学研究、技术服务和地质勘查业	100.0	59.9	6.7	4.2	29.2
水利、环境和公共设施管理业	100.0	27.8	5.9	62.2	4.1
居民服务和其他服务业	100.0	84.9	14.2	11.6	-10.7
教　育	100.0	71.8	5.5	9.1	13.6
卫生、社会保障和社会福利业	100.0	85.3	0.2	7.9	6.6
文化、体育和娱乐业	100.0	48.7	4.3	18.8	28.2
公共管理和社会组织	100.0	90.1	0.3	7.7	2.0

2—9 第三产业增加值（含枞阳）（2015年）

本表按当年价格计算，增速按可比价格计算。

行　　业	增加值（万元）	构成（%）	增速（%）
总　计	**5715534**	**100.00**	**10.20**
农林牧渔服务业	134500	2.35	5.90
金属制品、机械和设备修理业	9890	0.17	5.93
批发和零售业	1044000	18.27	7.17
交通运输、仓储和邮政业	414800	7.26	1.94
住宿和餐饮业	470100	8.22	7.75
信息传输、计算机服务和软件业	160898	2.82	15.81
金融业	628100	10.99	17.21
房地产业	502100	8.78	2.99
租赁和商务服务业	241304	4.22	18.55
科学研究、技术服务和地质勘查业	112900	1.98	48.53
水利、环境和公共设施管理业	64178	1.12	32.16
居民服务和其他服务业	273301	4.78	16.91
教　育	638593	11.17	31.60
卫生、社会保障和社会福利业	248682	4.35	28.21
文化、体育和娱乐业	162241	2.84	21.19
公共管理和社会组织	609947	10.67	33.60

2—9 第三产业增加值（2015年）

本表按当年价格计算，增速按可比价格计算。

行　　业	增加值（万元）	构成（%）	增速（%）
总　计	**5457223**	**100.00**	**10.69**
农林牧渔服务业	125589	2.30	5.64
金属制品、机械和设备修理业	8599	0.16	-7.91
批发和零售业	1046130	19.17	7.52
交通运输、仓储和邮政业	377772	6.92	2.19
住宿和餐饮业	454087	8.32	8.11
信息传输、计算机服务和软件业	149048	2.73	18.39
金融业	610938	11.20	17.46
房地产业	470764	8.63	3.90
租赁和商务服务业	223533	4.10	8.71
科学研究、技术服务和地质勘查业	107034	1.96	16.09
水利、环境和公共设施管理业	60844	1.11	16.52
居民服务和其他服务业	253174	4.64	12.38
教　育	605409	11.09	17.48
卫生、社会保障和社会福利业	235759	4.32	15.02
文化、体育和娱乐业	150293	2.75	12.88
公共管理和社会组织	578252	10.60	13.49

2—10 主要年份分县（市、区）生产总值和指数（含枞阳）

本表绝对数按当年价格计算，指数按不变价格计算。

地 区	生产总值（万元）						
	2000	2005	2010	2012	2013	2014	2015
市 区	711872	1362127	2828904	3534823	3696231	4045255	4218637
桐城市	301031	547211	1340564	1966140	2001458	2174690	2271328
怀宁县	246652	446563	1123850	1555045	1595240	1745146	1816777
枞阳县	254186	460147	1204986	1691707	1762949	1914109	1946636
潜山县	189947	310690	778519	1107162	1152151	1253123	1312951
太湖县	161664	251626	562407	803216	847828	925766	975746
宿松县	202168	370643	907961	1251867	1327852	1433359	1530613
望江县	140834	233912	571810	823056	870600	938972	984898
岳西县	115770	185149	455250	643678	671963	733957	769521

地 区	指数（上年=100）						
	2000	2005	2010	2012	2013	2014	2015
市 区	107.04	109.12	112.34	104.00	109.97	109.62	106.09
桐城市	106.39	113.12	116.61	115.52	110.40	109.51	108.15
怀宁县	105.78	114.84	114.77	113.95	111.21	110.17	107.67
枞阳县	106.45	116.99	114.48	113.25	111.23	108.55	104.35
潜山县	104.60	112.14	114.44	112.50	110.15	109.06	107.95
太湖县	103.79	106.53	113.45	113.75	109.95	109.13	107.85
宿松县	116.24	107.09	114.48	111.47	109.95	107.86	108.05
望江县	108.60	111.12	113.06	112.66	110.09	107.98	107.82
岳西县	108.08	111.04	114.44	113.24	110.55	109.63	108.25

2—11 分县（市、区）生产总值（含枞阳）（2015年）

本表绝对数按当年价格计算，指数按不变价格计算。 单位：万元

地　　区	第一产业	第二产业			第三产业				
			工　　业	建筑业		交通运输仓储邮政通信业	批发零售贸易	住宿和餐饮业	金融业
市　　区	135581	1880292	1605865	274428	2202763	136518	631815	184151	205324
桐城市	272794	1460818	1324823	147019	537715	104358	43109	45280	64424
怀宁县	208004	1138411	1026511	111900	470362	62455	55700	48828	49647
枞阳县	340559	1069677	939414	130263	536400	56551	52964	39862	49429
潜山县	234469	705093	637956	67137	373389	14730	42804	40026	33648
太湖县	231154	437829	378261	59569	306763	4897	36720	32760	22705
宿松县	372275	644245	595245	49000	514093	36885	41349	41672	32763
望江县	256339	425697	379563	46135	302862	4267	39949	19533	29470
岳西县	153477	420715	352164	68551	195329	8568	20238	29341	20199

地　　区		构　　成　(%)			指　　数　2010=100				人均生产总值(元/人)
	房地产业	第一产业	第二产业	第三产业	生产总值	第一产业	第二产业	第三产业	
市　　区	118694	3.21	44.57	52.22	106.09	103.16	103.87	108.71	57347
桐城市	60366	12.01	64.32	23.67	108.15	103.85	107.97	110.94	30121
怀宁县	51492	11.45	62.66	25.89	107.67	103.94	107.32	110.61	25919
枞阳县	58010	17.49	54.95	27.56	104.35	103.88	102.98	108.36	20115
潜山县	45265	17.86	53.70	28.44	107.95	103.87	107.41	111.49	22489
太湖县	36958	23.69	44.87	31.44	107.85	103.72	107.46	111.66	17033
宿松县	58719	24.32	42.09	33.59	108.05	104.30	107.51	111.40	17819
望江县	33153	26.03	43.22	30.75	107.82	103.84	107.55	111.40	15567
岳西县	28072	19.94	54.67	25.38	108.25	104.11	107.90	112.38	18850

主要统计指标解释

国内生产总值（GDP）

指按市场价格计算的一个国家（或地区）所有常住单位在一定时期内生产活动的最终成果。国内生产总值有三种表现形态，即价值形态、收入形态和产品形态。从价值形态看，它是所有常住单位在一定时期内生产的全部货物和服务价值超过同期投入的全部非固定资产货物和服务价值的差额，即所有常住单位的增加值之和；从收入形态看，它是所有常住单位在一定时期内创造并分配给常住单位和非常住单位的初次收入之和；从产品形态看，它是所有常住单位在一定时期内最终使用的货物和服务价值与货物和服务净出口价值的总和。在实际核算中，国内生产总值有三种计算方法，即生产法、收入法和支出法。三种方法分别从不同的方面反映国内生产总值及其构成。

三次产业

三产业的划分是世界上较为常用的产业结构分类，但各国的划分不尽一致。我国的三次产业划分是：

第一产业是指农、林、牧、渔业。

第二产业是指采矿业，制造业，电力、煤气及水的生产和供应业，建筑业。

第三产业是指除第一、二产业以外的其他行业。

劳动者报酬

指劳动者因从事生产活动所获得的全部报酬。包括劳动者获得的各种形式的工资、奖金和津贴，既包括货币形式的，也包括实物形式的，还包括劳动者所享受的公费医疗和医药卫生费、上下班交通补贴、单位支付的社会保险费、住房公积金等。对于个体经济来说，其所有者所获得的劳动报酬和经营利润不易区分，这两部分统一作为劳动者报酬处理。

生产税净额

指生产税减生产补贴后的余额。生产税指政府对生产单位从事生产、销售和经营活动以及因从事生产活动使用某些生产要素（如固定资产、土地、劳动力）所征收的各种税、附加费和规费。生产补贴与生产税相反，指政府对生产单位的单方面转移支出，因此视为负生产税，包括政策亏损补贴、价格补贴等。

固定资产折旧

指一定时期内为弥补固定资产损耗按照规定的固定资产折旧率提取的固定资产折旧，或按国民经济核算统一规定的折旧率虚拟计算的固定资产折旧。它反映了固定资产在当期生产中的转移价值。各类企业和企业化管理的事业单位的固定资产折旧是指实际计提的折旧费；不计提折旧的政府机关、非企业化管理的事业单位和居民住房的固定资产折旧是按照统一规定的折旧率和固定资产原值计算的虚拟折旧。原则上，固定资产折旧应按固定资产当期的重置价值计算，但是目前我国尚不具备对全社会固定资产进行重估价的基础，所以暂时只能采用上述办法。

营业盈余

指常住单位创造的增加值扣除劳动者报酬、生产税净额和固定资产折旧后的余额。它相当于企业的营业利润加上生产补贴，但要扣除从利润中开支的工资和福利等。

第 三 篇

人 口

简要说明

一、本篇资料反映我市 2015 年及主要年份人口方面的基本情况，包括全市主要人口统计数据，主要指标有：总户数、总人口、分性别人口、农业人口、非农业人口、出生人口、死亡人口等。

二、有关户籍人口、非农业人口、农业人口，是根据市公安局提供的 2015 年度户籍人口统计年报资料整理的。

三、本篇资料均由市统计局社会科整理编制。

3—1 主要年份总户数和总人口数

年份	总户数（万户）	总人口（万人）	男性	女性	农业人口	非农业人口
1952*	74.8	311.4	163.9	147.5	285.6	25.8
1957*	81.6	337.4	172.3	165.1	313.9	23.5
1965*	81.3	356.1	181.5	174.6	326.8	29.3
1970*	89.7	411.9	212.5	199.4	379.7	32.2
1975*	96.1	477.1	243.6	233.5	433.0	34.1
1978*	101.7	497.5	254.3	243.2	461.4	36.1
1980*	102.4	506.0	258.0	248.0	467.5	38.5
1985*	113.4	527.3	271.7	255.6	472.4	54.9
1990*	138.1	567.0	292.2	274.8	505.5	61.5
1991*	141.1	573.4	296.1	277.3	510.8	62.6
1992*	141.9	578.1	297.2	280.9	505.2	72.9
1993*	143.2	582.2	301.2	281.0	508.5	73.7
1994*	144.0	585.4	303.2	282.2	509.2	76.2
1995*	158.0	588.7	305.6	284.4	510.4	78.3
1996*	144.6	591.5	308.3	286.4	510.9	80.6
1997*	145.4	594.5	311.3	288.9	511.5	83.0
1998*	147.0	596.7	309.5	287.3	511.6	85.1
1999*	147.7	598.0	309.9	288.1	510.3	87.7
2000*	151.2	601.3	311.3	290.0	512.1	89.2
2001*	153.9	602.9	312.2	290.8	511.8	91.1
2002*	156.1	604.1	312.6	291.5	510.9	93.2
2003*	156.7	605.2	313.1	292.1	509.7	95.5
2004*	161.1	604.2	312.5	291.7	504.2	100.0
2005*	166.4	605.5	313.1	292.4	503.1	102.4
2006*	168.9	607.9	314.2	293.7	503.0	104.9
2007*	172.3	611.0	315.9	295.1	503.8	107.2
2008*	175.5	613.9	317.3	296.6	505.0	108.9
2009*	177.7	615.9	318.3	297.6	505.8	110.1
2010*	180.6	615.6	318.2	297.4	504.4	111.2
2011*	183.8	618.6	319.7	298.9	505.9	112.7
2012*	185.5	620.4	320.5	299.9	507.2	113.2
2013*	186.4	621.7	321.4	300.3	508.5	113.2
2014*	183.3	620.9	321.3	299.6	509.1	111.8
2015*	183.8	622.1	322.0	300.1	468.7	153.4
2010	152.6	518.7	268.1	250.6	418.5	100.2
2011	155.2	521.6	269.5	252.1	420.1	101.5
2012	156.6	523.1	270.1	253.0	421.3	101.8
2013	156.9	524.3	270.9	253.4	422.5	101.8
2014	154.8	524.0	270.9	253.1	423.3	100.7
2015	155.3	525.5	271.8	253.7	389.9	135.6

注：2015年农业人口改为乡村人口，非农业人口改为城镇人口。

3—2 主要年份人口自然变动情况

年 份	出 生		死 亡		自然增长	
	人 数（万人）	出生率（‰）	人 数（万人）	死亡率（‰）	人 数（万人）	自然增长率（‰）
1952*	6.5	20.1	3.0	9.4	3.5	10.7
1957*	16.1	48.2	3.2	9.7	12.9	38.5
1965*	15.1	43.1	3.5	9.9	11.6	33.2
1970*	17.3	42.7	3.3	8.2	14.0	34.5
1975*	11.9	25.1	3.5	7.5	8.4	17.6
1978*	8.4	17.0	3.1	6.3	5.3	10.7
1980*	7.6	15.5	3.1	6.2	4.5	9.3
1985*	7.2	13.8	3.4	6.5	3.8	7.3
1990*	13.3	23.6	3.8	6.8	9.5	16.8
1991*	10.2	17.9	3.8	6.7	6.4	11.2
1992*	9.4	16.4	4.0	6.9	5.4	9.5
1993*	9.0	15.6	4.0	6.9	5.0	8.7
1994*	8.2	14.0	4.0	6.8	4.2	7.2
1995*	8.2	13.9	4.1	7.0	4.1	6.9
1996*	7.8	13.1	4.1	6.9	3.7	6.2
1997*	7.1	11.9	3.9	6.5	3.2	5.4
1998*	6.5	10.9	4.1	6.9	2.4	4.0
1999*	6.2	10.4	3.8	6.3	2.4	4.1
2000*	6.6	11.0	3.7	6.1	2.9	4.9
2001*	5.8	9.6	3.2	5.3	2.6	4.3
2002*	5.7	9.4	3.2	5.3	2.5	4.1
2003*	5.9	9.7	3.3	5.4	2.6	4.3
2004*	6.0	10.0	4.1	6.9	1.9	3.1
2005*	6.3	10.4	2.7	4.5	3.6	5.9
2006*	6.8	11.2	3.2	5.3	3.6	5.9
2007*	6.9	11.3	2.9	4.8	4.0	6.5
2008*	6.4	10.5	2.8	4.6	3.6	5.9
2009*	6.4	10.4	3.9	6.3	2.5	4.1
2010*	6.2	10.1	6.7	10.8	-0.4	-0.7
2011*	6.4	10.3	2.8	4.5	3.6	5.8
2012*	6.4	10.0	3.6	6.0	2.8	4.0
2013*	6.8	10.9	4.1	6.6	2.7	4.3
2014*	7.4	11.9	5.9	9.5	1.5	2.4
2015*	8.0	13.0	3.3	5.0	4.7	7.6
2010	5.2	1.0	5.3	1.0	-0.1	0.0
2011	5.4	1.0	2.3	0.4	3.1	0.6
2012	5.5	1.0	3.1	0.6	2.3	0.4
2013	5.9	1.1	3.6	0.7	2.3	0.4
2014	6.4	1.2	5.0	1.0	1.4	0.3
2015	6.9	1.3	2.7	0.5	4.2	0.8

3—3　分县（市、区）总户数和总人口（含枞阳）（2015年）

地　区	总户数（户）	总人口（人）	男　性	女　性	城镇人口
全　市	**1838975**	**6221008**	**3220201**	**3000807**	**1534292**
迎江区	77363	208965	104698	104267	168434
大观区	90324	266762	133503	133259	205291
宜秀区	54634	164674	82487	82187	34060
开发区	34321	95990	47967	48023	73162
桐城市	210825	753986	383575	370411	171213
怀宁县	205002	701432	362897	338535	131386
枞阳县	286424	966248	502337	463911	178599
潜山县	161606	583662	301307	282355	103238
太湖县	171422	573771	299985	273786	110571
宿松县	250621	863328	459948	403380	171260
望江县	174452	633509	326275	307234	110489
岳西县	121981	408681	215222	193459	76589

3—3　分县（市、区）总户数和总人口（2015年）

地　区	总户数（户）	总人口（人）	男　性	女　性	城镇人口
全　市	**1552551**	**5254760**	**2717864**	**2536896**	**1355693**
迎江区	77363	208965	104698	104267	168434
大观区	90324	266762	133503	133259	205291
宜秀区	54634	164674	82487	82187	34060
开发区	34321	95990	47967	48023	73162
桐城市	210825	753986	383575	370411	171213
怀宁县	205002	701432	362897	338535	131386
潜山县	161606	583662	301307	282355	103238
太湖县	171422	573771	299985	273786	110571
宿松县	250621	863328	459948	403380	171260
望江县	174452	633509	326275	307234	110489
岳西县	121981	408681	215222	193459	76589

3—4 分县（市、区）人口自然变动情况（含枞阳）（2015年）

地　区	出　生		死　亡		自然增长	
	人　数（万人）	出生率（%）	人　数（万人）	死亡率（%）	人　数（万人）	自然增长率（%）
全　市	**8.00**	**1.30**	**3.31**	**0.50**	**4.75**	**0.76**
迎江区	0.18	0.90	0.09	0.40	0.09	0.43
大观区	0.24	0.90	0.11	0.40	0.13	0.49
宜秀区	0.22	1.30	0.07	0.40	0.15	0.90
开发区	0.10	1.10	0.01	0.20	0.09	0.93
桐城市	0.78	1.00	0.54	0.70	0.24	0.32
怀宁县	0.88	1.30	0.44	0.60	0.43	0.62
枞阳县	1.10	1.20	0.58	0.60	0.60	0.62
潜山县	0.63	1.10	0.38	0.60	0.25	0.43
太湖县	0.75	1.30	0.31	0.50	0.44	0.77
宿松县	1.90	2.20	0.35	0.40	1.55	1.79
望江县	0.71	1.10	0.26	0.40	0.44	0.70
岳西县	0.50	1.20	0.16	0.40	0.34	0.83

3—4 分县（市、区）人口自然变动情况（2015年）

地　区	出　生		死　亡		自然增长	
	人　数（万人）	出生率（%）	人　数（万人）	死亡率（%）	人　数（万人）	自然增长率（%）
全　市	**6.88**	**1.30**	**2.70**	**0.50**	**4.20**	**0.79**
迎江区	0.18	0.90	0.09	0.40	0.09	0.43
大观区	0.24	0.90	0.11	0.40	0.13	0.49
宜秀区	0.22	1.30	0.07	0.40	0.15	0.90
开发区	0.10	1.10	0.01	0.20	0.09	0.93
桐城市	0.78	1.00	0.54	0.70	0.24	0.32
怀宁县	0.88	1.30	0.44	0.60	0.43	0.62
潜山县	0.63	1.10	0.38	0.60	0.25	0.43
太湖县	0.75	1.30	0.31	0.50	0.44	0.77
宿松县	1.90	2.20	0.35	0.40	1.55	1.79
望江县	0.71	1.10	0.26	0.40	0.44	0.70
岳西县	0.50	1.20	0.16	0.40	0.34	0.83

注：根据市公安局2015年人口及其变动情况统计年报表整理。

3—5　分乡镇、街道总户数和总人口（含枞阳）（2015年）

地　区	总户数（户）	总人口（人）	男　性	女　性	城镇人口
安庆市	**1838975**	**6221008**	**3220201**	**3000807**	**1534292**
市辖区	**256642**	**736391**	**368655**	**367736**	**480947**
迎江区	**77363**	**208965**	**104698**	**104267**	**168434**
人民路办事处	10061	26577	13388	13189	26577
宜城路办事处	12750	35289	17525	17764	35289
孝肃路办事处	9304	25810	12814	12996	25810
华中路办事处	11433	30823	15478	15345	30823
新河办事处	8419	22453	11856	10597	22453
滨江办事处	4428	12583	6142	6441	7352
龙狮桥乡	7776	20130	9645	10485	20130
长风乡	8273	23941	12101	11840	
新洲乡	4919	11359	5749	5610	
大观区	**90324**	**266762**	**133503**	**133259**	**205291**
龙山路办事处	8959	25109	12398	12711	25109
集贤路办事处	9197	24427	12238	12189	24427
玉琳路办事处	7865	21296	10508	10788	21296
德宽路办事处	7642	19522	9682	9840	19522
花亭路办事处	7435	21211	10952	10259	21211
菱湖办事处	11422	32636	16224	16412	32636
石化路办事处	6126	17819	9024	8795	17819
山口乡	3625	12647	6372	6275	
十里铺乡	7678	19603	9516	10087	15009
海口镇	12290	45861	23242	22619	18769
区县直辖单位（皖河农场）	8085	26631	13347	13284	9493
宜秀区	**88955**	**260664**	**130454**	**130210**	**107222**
大桥办事处	14461	36289	17594	18695	9711
菱北办事处	24465	63860	32217	31643	61062
白泽湖乡	11019	31629	15904	15725	1037
五横乡	5291	18420	9489	8931	
杨桥镇	9004	27074	13606	13468	7806
罗岭镇	7653	28439	14549	13890	8761
大龙山镇	7206	22823	11345	11478	6745
老峰镇	9856	32130	15750	16380	12100

3—5 续表1

地 区	总户数(户)	总人口(人)	男 性	女 性	城镇人口
桐城市	**210825**	**753986**	**383575**	**370411**	**171213**
龙眠街道办事处	16332	53805	26755	27050	12214
文昌街道办事处	17914	59978	29491	30487	13615
龙腾街道办事处	12886	50191	24779	25412	11393
嬉子湖镇	7307	24413	12474	11939	5542
双港镇	15426	54306	27723	26583	12327
新渡镇	19345	67696	34509	33187	15367
青草镇	19362	69243	35412	33831	15718
范岗镇	17267	64584	33220	31364	14661
金神镇	16869	61432	31542	29890	13945
大关镇	18680	69856	35855	34001	15858
吕亭镇	16692	62190	31787	30403	14117
鲟鱼镇	423	1012	544	468	230
孔城镇	22143	79219	40613	38606	17983
黄甲镇	4170	13790	7324	6466	3130
唐湾镇	3524	12923	6946	5977	2934
双新经济开发区	2485	9348	4601	4747	2179
怀宁县	**205002**	**701432**	**362897**	**338535**	**131386**
雷埠乡	6102	22891	11916	10975	
清河乡	6031	21203	10966	10237	
秀山乡	6982	22768	11937	10831	
凉亭乡	8548	30619	16044	14575	
石镜乡	6908	24475	12933	11542	
石牌镇	21246	79575	41037	38538	15513
高河镇	25345	76021	38511	37510	23288
月山镇	9826	30790	16149	14641	7106
腊树镇	9239	35490	18412	17078	2429
黄龙镇	6020	19667	10039	9628	2450
三桥镇	8193	27669	14244	13425	6541
小市镇	6804	24644	12531	12113	5699
黄墩镇	10900	37702	19644	18058	11771
公岭镇	8793	27415	14320	13095	4995
马庙镇	13256	45170	23476	21694	9167
金拱镇	9324	30200	15430	14770	9802
茶岭镇	11408	33524	17346	16178	9822
洪铺镇	10998	39430	20679	18751	7852
江镇镇	9182	35775	18679	17096	5944
平山镇	9897	36404	18604	17800	9007

3—5　续表2

地　　区	总户数（户）	总人口（人）	男　性	女　性	城镇人口
枞阳县	**286424**	**966248**	**502337**	**463911**	**178599**
铁铜乡	3819	11718	6060	5658	
凤仪乡	2795	7833	4076	3757	
长沙乡	2249	6469	3337	3132	
钱铺乡	8224	28730	14954	13776	
金社乡	12452	42928	22410	20518	
白梅乡	6919	23344	12410	10934	
白湖乡	12177	39873	20920	18953	
雨坛乡	9116	30128	15878	14250	
会宫乡	13055	45690	23974	21716	8954
枞阳镇	30477	102780	51805	50975	82780
山山镇	15201	49619	25720	23899	9566
汤沟镇	26246	89751	46878	42873	18523
老洲镇	25272	74125	38211	35914	14943
陈瑶湖镇	13397	50752	26202	24550	6889
周潭镇	13507	44890	23497	21393	5960
横埠镇	22843	76108	39407	36701	15919
项铺镇	7844	28657	15030	13627	1997
官埠桥镇	10480	38151	20023	18128	1793
浮山镇	5898	21538	11373	10165	1132
义津镇	14422	52650	27692	24958	3731
钱桥镇	18513	56844	29835	27009	3460
麒麟镇	11518	43670	22645	21025	2952
潜山县	**161606**	**583662**	**301307**	**282355**	**103238**
龙潭乡	5868	20116	10716	9400	
塔畈乡	5817	21106	11126	9980	
五庙乡	3201	11039	5795	5244	
痘姆乡	4990	19019	9786	9233	
油坝乡	5483	21208	10842	10366	
梅城镇	33147	111233	55968	55265	82402
余井镇	16821	59778	31123	28655	3188
源潭镇	18080	66550	34110	32440	4095
槎水镇	10776	35421	18669	16752	1868
黄柏镇	4204	15396	8053	7343	1504
官庄镇	8551	30022	15982	14040	1222
天柱山镇	4007	13689	7086	6603	661
水吼镇	9847	33300	17359	15941	1992
黄铺镇	12731	50365	26018	24347	2686
王河镇	12853	54786	28119	26667	2097
黄泥镇	5230	20634	10555	10079	1523

3—5 续表3

地 区	总户数（户）	总人口（人）	男 性	女 性	城镇人口
太湖县	**171422**	**573771**	**299985**	**273786**	**110571**
大石乡	8677	33584	17390	16194	
江塘乡	9806	35978	19000	16978	
城西乡	8275	26590	13965	12625	
汤泉乡	5567	17785	9383	8402	
刘畈乡	6248	21410	11377	10033	
晋熙镇	30136	85292	43456	41836	76710
徐桥镇	14525	49034	25794	23240	9333
弥陀镇	12037	38719	20478	18241	2863
新仓镇	20023	74528	38896	35632	7239
小池镇	12613	42339	21709	20630	6447
寺前镇	9130	29666	15532	14134	1546
天华镇	9623	31572	16629	14943	1417
牛镇镇	7148	24767	13054	11713	1721
北中镇	10781	37289	19937	17352	2013
百里镇	6833	25218	13385	11833	1282
宿松县	**250621**	**863328**	**459948**	**403380**	**171260**
北浴乡	4104	13308	7306	6002	
陈汉乡	8941	26757	14649	12108	
隘口乡	7093	25772	14129	11643	
河塌乡	8815	33399	17921	15478	
佐坝乡	14020	55221	29756	25465	
千岭乡	14538	46304	24707	21597	
九姑乡	8258	27410	14677	12733	
高岭乡	6828	24906	13461	11445	
程岭乡	8325	29958	16198	13760	
洲头乡	13556	51711	27128	24583	
五里乡	8458	29968	15922	14046	12313
柳坪乡	4228	13934	7689	6245	
趾凤乡	4034	13496	7500	5996	
凉亭镇	12074	42010	22412	19598	8695
破凉镇	13083	45592	24383	21209	12588
汇口镇	14708	50121	26466	23655	10364
长铺镇	9913	35176	18991	16185	6926
孚玉镇	27453	89362	46321	43041	69988
复兴镇	18634	56716	29644	27072	15350
许岭镇	14429	55306	29439	25867	13904
下仓镇	10023	40005	21168	18837	1632
二郎镇	10534	35987	19335	16652	9642
区县直辖单位（九成）	2274	4547	2443	2104	2048
区县直辖单位（华阳河）	6298	16362	8303	8059	7810

3—5 续表4

地　区	总户数（户）	总人口（人）	男　性	女　性	城镇人口
望江县	**174452**	**633509**	**326275**	**307234**	**110489**
雷池乡	14384	53104	27194	25910	5576
凉泉乡	11282	44596	23289	21307	
华阳镇	39282	118026	59883	58143	59122
杨湾镇	8842	31884	16386	15498	3939
漳湖镇	7428	28861	14858	14003	7028
赛口镇	10201	40759	20970	19789	6853
高士镇	21914	83290	42766	40524	6801
鸦滩镇	19958	79386	41193	38193	8767
长岭镇	21215	77498	40315	37183	6050
太慈镇	19946	76105	39421	36684	6353
岳西县	**121981**	**408681**	**215222**	**193459**	**76589**
莲云乡	6313	21094	10627	10467	
毛尖山乡	4286	14290	7500	6790	
姚河乡	2379	8448	4587	3861	
石关乡	3545	12392	6658	5734	
巍岭乡	1173	3854	2099	1755	
和平乡	2778	9331	5076	4255	
青天乡	3334	11413	6144	5269	
包家乡	1663	5585	3013	2572	
古坊乡	2612	9173	4856	4317	
田头乡	3609	11865	6475	5390	
中关乡	6107	21052	11193	9859	
天堂镇	16042	49505	25015	24490	34161
温泉镇	10412	34872	18048	16824	6148
响肠镇	5708	19683	10280	9403	4941
主簿镇	2441	8238	4403	3835	1382
黄尾镇	2032	7026	3754	3272	1492
头陀镇	3111	10402	5693	4709	2851
来榜镇	6762	22596	11842	10754	4854
店前镇	7389	25603	13607	11996	4831
冶溪镇	6939	24840	13352	11488	4364
白帽镇	6234	21416	11276	10140	2661
河图镇	3410	11384	6061	5323	2913
菖蒲镇	7757	24802	13043	11759	3510
五河镇	5945	19817	10620	9197	2481

主要统计指标解释

人口数

指一定时点、一定地区范围内的有生命的个人的总和。

常住人口

是指具有中华人民共和国国籍并在中华人民共和国境内常住的人。

（1）居住本乡、镇、街道，户口在本乡、镇、街道的人；

（2）居住本乡、镇、街道半年以上，户口在外乡、镇、街道的人；

（3）在本乡、镇、街道居住不满半年，离开户口登记地半年以上的人；

（4）居住本乡、镇、街道，户口待定的人；

（5）原住本乡、镇、街道，现在国外工作学习，暂无户口的人；

常住户口在本乡、镇、街道，但已离开本乡、镇、街道半年以上的人，在户口所在地只登记人数，不计入户口所在地的常住人口数内。

文盲率

15 岁及以上不识字人数与总人口数的比例。

出生率（又称粗出生率）

指在一定时期内（通常为一年）平均每千人所出生的人数的比率，一般用千分率表示。计算公式为：

出生率＝年出生人数/年平均人数×1000‰

式中：出生人数指活产婴儿，即胎儿脱离母体时（不含怀孕月数），有过呼吸或其他生命现象。年平均人数指年初、年底人口数的平均数，也可用年中人口数代替。

死亡率（又称粗死亡率）

指在一定时期内（通常为一年）一定地区的死亡人数与同期平均人数（或期中人数）之比，一般用千分率表示。计算公式为：

死亡率＝年死亡人数/年平均人数×1000‰

人口自然增长率

指在一定时期内（通常为一年）人口自然增加数（出生人数减死亡人数）与该时期内平均人数（或期中人数）之比，一般用千分率表示。计算公式为：

人口自然增长率＝（年出生人数－年死亡人数）/年平均人数×1000‰

＝人口出生率－人口死亡率

抚养系数

指被抚养人口（0-14 岁和 65 岁以上人口）与 15-64 岁人口的比例。计算公式为：

抚养系数＝被抚养人口/15-64 岁人口×100%

老年抚养系数

指老年人口（65 岁以上人口）与 15-64 岁人口的比例。计算公式为：

老年抚养系数＝老年人口/15-64 岁人口×100%

少年儿童抚养系数

指 0-14 岁少年儿童与 15-64 岁人口的比例。计算公式为：

少年儿童系数抚养＝少年儿童人口/15-64 岁人口×100%

第四篇

从业人员和职工工资

简要说明

一、本篇资料反映我市 2015 年及主要年份劳动经济方面的基本情况。主要指标有：从业人员、城镇私营和个体从业人员、单位从业人员、在岗职工、单位从业人员增减变动情况、离退休人员情况、职工工资总额和职工平均工资等。

二、职工人数、工资总额、平均工资及单位从业人员增减变动情况情况，是根据《2015 年度全市劳动统计年报》汇总整理提供的。

三、本篇资料均由市统计局社会科整理编制。

4—1 主要年份从业人员数

单位：万人

年份	从业人员合计	职工	国有经济	城镇集体经济	其他经济	私营企业和个体从业人员	农村劳动力
1978*	183.9	21.6	15.4	6.2			162.3
1980*	195.9	23.6	17.0	6.6			172.2
1985*	229.3	29.8	20.1	9.7			199.5
1990*	280.1	38.0	26.6	11.4		7.5	234.6
1991*	284.1	39.0	27.1	11.9		3.3	241.8
1992*	297.1	40.3	27.8	12.4	0.1	3.0	245.6
1993*	310.9	36.8	26.0	9.8	1.0	4.6	260.1
1994*	332.5	40.3	29.3	10.6	0.4	18.0	263.8
1995*	352.8	39.8	29.2	9.9	0.7	25.1	275.2
1996*	335.1	40.7	30.0	9.8	0.9	30.1	262.9
1997*	341.2	39.4	27.2	8.3	3.9	30.2	271.5
1998*	361.1	39.5	29.0	8.6	1.9	26.6	275.0
1999*	362.0	39.1	27.8	7.0	4.3	38.3	199.8
2000*	380.5	39.3	27.9	7.0	4.4	38.7	213.7
2001*	382.5	37.9	27.0	6.6	4.3	37.9	202.7
2002*	383.5	37.1	26.6	6.0	4.5	39.3	204.5
2003*	389.8	34.5	23.7	5.1	5.7	43.0	200.3
2004*	395.5	30.8	21.5	4.2	5.1	46.2	201.0
2005*	403.9	29.3	20.5	3.4	5.4	47.8	205.3
2006*	406.8	25.4	18.6	2.8	4.0	52.8	204.4
2007*	412.1	24.7	17.9	2.4	4.4	53.5	207.1
2008*	416.7	23.5	17.4	2.1	4.0	53.9	209.4
2009*	421.3	22.7	16.5	1.8	4.4	54.3	211.4
2010*	426.7	22.7	16.5	1.7	4.5	56.6	214.1
2011*	429.3	23.4	17.3	1.5	4.6	56.6	214.9
2012*	431.9	23.8	17.1	1.6	5.1	52.4	215.7
2013*	434.6	31.3	16.2	1.5	13.6	61.4	216.3
2014*	436.7	35.3	18.8	1.6	14.9	69.1	292.7
2015	346.0	33.4	16.9	1.3	15.3	60.9	239.3

4—2 主要年份按三次产业分的从业人员

年份	从业人员 (万人)			构成 (%)		
	第一产业	第二产业	第三产业	第一产业	第二产业	第三产业
1990*	192.7	41.8	45.6	68.80	14.92	16.28
1991*	205.0	42.3	36.8	72.16	14.89	12.95
1992*	180.4	45.0	71.7	60.72	15.15	24.13
1993*	218.2	33.5	59.2	64.01	9.83	26.17
1994*	206.1	62.8	63.6	61.98	18.89	19.13
1995*	229.6	51.5	71.7	65.08	14.10	20.32
1996*	201.1	55.7	78.3	60.01	16.62	23.37
1997*	200.5	56.4	84.3	58.76	16.53	24.71
1998*	194.7	70.6	95.8	53.92	19.55	26.53
1999*	193.8	69.6	98.6	53.54	19.23	27.24
2000*	203.7	73.1	103.7	53.53	19.21	27.25
2001*	185.8	88.7	108.0	48.58	23.19	28.24
2002*	186.3	89.0	108.3	48.57	23.20	28.23
2003*	189.3	89.1	111.4	48.56	22.86	28.58
2004*	192.1	90.6	112.8	48.57	22.91	28.52
2005*	196.2	92.5	115.2	48.58	22.90	28.52
2006*	197.6	93.2	116.0	48.60	22.90	28.50
2007*	200.5	94.4	117.2	48.70	22.90	28.40
2008*	202.9	95.4	118.4	48.70	22.90	28.40
2009*	205.3	96.4	119.6	48.70	22.90	28.40
2010*	207.9	97.6	121.2	48.70	22.90	28.40
2011*	208.3	98.0	123.0	48.50	22.80	28.70
2012*	208.7	98.4	124.8	48.30	22.80	28.90
2013*	208.8	99.4	126.4	48.04	22.87	29.08
2014*	208.8	99.9	128.0	47.80	22.80	29.40
2015	116.6	108.4	121.0	33.70	31.33	34.97

4—3 主要年份在岗职工人数

单位：万人

年 份	合 计	国有经济	城镇集体经济	其他经济
1978*	21.6	15.4	6.2	
1980*	23.6	17.0	6.6	
1985*	29.8	20.1	9.7	
1990*	38.0	26.6	11.4	
1991*	39.0	27.1	11.9	
1992*	40.2	27.8	12.4	
1993*	37.0	26.0	9.8	1.2
1994*	40.3	29.3	10.6	0.4
1995*	39.8	29.2	9.9	0.7
1996*	40.7	30.0	9.8	0.9
1997*	39.4	27.2	8.3	3.9
1998*	39.5	29.0	8.6	1.9
1999*	39.1	27.8	7.0	4.3
2000*	39.3	27.9	7.0	4.4
2001*	37.9	27.0	6.6	4.3
2002*	37.1	26.6	6.0	4.5
2003*	34.5	23.7	5.1	5.7
2004*	30.8	21.5	4.1	5.2
2005*	29.3	20.5	3.4	5.4
2006*	25.4	18.6	2.8	4.0
2007*	24.7	17.9	2.4	4.4
2008*	23.5	17.4	2.1	4.0
2009*	22.7	16.5	1.8	4.4
2010*	22.7	16.5	1.7	4.5
2011*	23.4	17.3	1.5	4.6
2012*	23.8	17.1	1.6	5.1
2013*	31.3	16.2	1.5	13.6
2014*	30.4	15.5	1.5	13.4
2015	33.4	16.9	1.3	15.3

4—4 主要年份在岗职工工资总额

单位：万元

年 份	合 计	国有经济	城镇集体经济	其他经济
1978*	11651	8534	3117	
1980*	15169	11386	3783	
1985*	26289	18883	7406	
1990*	62186	48042	14099	45
1991*	67508	50951	16483	74
1992*	78935	59999	18748	188
1993*	85134	66264	17398	1472
1994*	131495	103095	26984	1316
1995*	155150	127142	26406	1602
1996*	183830	146884	33238	3708
1997*	197378	148992	30339	18047
1998*	196585	160130	28547	7908
1999*	204023	162061	24115	17847
2000*	220603	175520	25707	19376
2001*	238623	194488	24069	20066
2002*	264424	217720	24239	22465
2003*	284742	219148	23434	42160
2004*	299795	235081	22775	41939
2005*	319488	239610	22448	57430
2006*	336587	273454	22996	40137
2007*	433890	353523	25704	54663
2008*	491163	400186	27674	63303
2009*	527344	416921	31637	78787
2010*	611411	480371	39535	91505
2011*	775044	603344	44941	126759
2012*	901803	681452	52831	167520
2013*	1265944	700018	56919	509008
2014*	1345096	738342	61867	544887
2015	1413999	761996	52627	599375

4—5 主要年份在岗职工平均工资

单位：元

年份	合计	国有经济	城镇集体经济	其他经济
1978*	553	573	505	
1980*	668	699	589	
1985*	918	975	797	
1990*	1683	1853	1283	1616
1991*	1760	1904	1427	1611
1992*	1962	2204	1450	2639
1993*	2355	2490	1929	2882
1994*	3319	3576	2589	3873
1995*	3962	4259	3085	3606
1996*	4583	4944	3469	4519
1997*	5032	5504	3687	4599
1998*	4994	5527	3384	4038
1999*	5233	5845	3454	4154
2000*	5622	6307	3715	4325
2001*	6280	7154	3662	4736
2002*	7132	8183	4029	5048
2003*	8164	9125	4588	7328
2004*	9664	10860	5520	7989
2005*	10812	11646	6582	10319
2006*	13324	14764	8208	10193
2007*	17603	19711	10673	12696
2008*	20756	22908	13156	15474
2009*	23214	25228	17341	18045
2010*	27051	29132	23190	20759
2011*	33359	35084	30811	27693
2012*	38197	40045	34641	33062
2013*	40788	43325	39382	37888
2014*	42618	44325	41613	40545
2015	47412	51359	45960	43180

注：2014年度、2015年度是就业人员年平均工资。

4—6　主要年份城镇非私营单位在岗职工工资总额和指数

年　份	工资总额 （万元）	指　数 （上年=100）
2005*	307985	106.5
2006*	328374	106.6
2007*	425828	129.7
2008*	484184	113.7
2009*	521567	107.7
2010*	605894	116.2
2011*	775044	127.9
2012*	901803	116.4
2013*	1265944	140.4
2014*	1345096	106.3
2015	1413999	105.1

4—7　主要年份城镇非私营单位在岗职工年平均工资和指数

年　份	平均货币工资 （元）	指　数 （上年=100）
2005*	12369	110.4
2006*	14712	118.9
2007*	19191	130.4
2008*	22107	115.2
2009*	24390	110.3
2010*	27986	114.7
2011*	33359	119.2
2012*	38197	114.5
2013*	40788	106.8
2014*	44350	108.7
2015	49610	111.9

4—8 按登记注册类型分从业人员及工资总额情况（2015年）

指标		国有	集体	股份合作	联营	股份有限公司	有限责任公司	港澳台商投资	外商投资	其他
单位数	（个）	3642	390	12	2	142	804	19	33	41
从业人员期末人数	（人）	168769	12726	2924	409	36042	91029	12257	7864	2580
#女性		59098	4675	2037	80	14987	34324	9674	4421	1367
#非全日制		2162	233	4		854	1292	1	64	43
#中层及以上管理人员										
在岗职工		137469	10939	2920	404	30898	82089	12224	7237	2345
#专业技术人员		72552	4864	663	34	5032	14202	102	424	1055
劳务派遣人员		4122	416			1323	3139	32	555	6
其他从业人员		27178	1371	4	5	3821	5801	1	72	229
从业人员平均人数	（人）	167510	12580	2929	409	36072	90085	12196	7849	2545
在岗职工		137304	10801	2925	404	30283	80777	12153	7117	2328
劳务派遣人员		4966	446			2033	3169	31	624	6
其他从业人员		25240	1333	4	5	3756	6139	12	108	211
从业人员工资总额	（万元）	860308	57818	13558	982	175967	372905	53262	32363	8337
在岗职工工资总额		761996	52627	13547	974	156254	339002	53093	30073	7725
基本工资		403404	33425	12270	972	88623	226799	47207	18657	6257
绩效工资		197032	15439	1253	2	52211	79276	2318	7741	1118
工资性津贴和补贴		119536	2716	13		9760	25652	1193	1790	310
其他工资		42024	1047	12		5660	7274	2376	1884	40
劳务派遣人员工资总额		23424	1444			10055	13371	142	2024	15
其他从业人员工资总额		74888	3747	11	8	9658	20532	27	266	597
从业人员平均工资	（元）	51359	45960	46288	24007	48782	41395	43672	41232	32760
在岗职工		55497	48724	46315	24106	51598	41968	43687	42255	33183
劳务派遣人员		47169	32365			49457	42193	45806	32436	25667
其他从业人员		29670	28113	27000	16000	25714	33446	22250	24639	28289

4—9 城镇非私营单位分行业全部单位从业人员（2015年）

行　　业	单位数（个）	从业人员期末人数（人）	#女　性	#非全日制
总　　计	**5084**	**334413**	**130618**	**4653**
按执行会计标准类别分组				
企　业	1521	208811	85156	3451
事业单位	2423	89733	37337	954
行政单位	1133	35575	7963	248
民间非营利组织	2	49	33	
其　他	5	245	129	
按国民经济行业分组				
农、林、牧、渔业	103	14633	6020	320
采矿业	6	945	237	
制造业	411	89550	45670	893
电力、热力、燃气及水的生产和供应业	45	8793	2359	65
建筑业	111	37887	5845	762
批发和零售业	306	13870	6979	128
交通运输、仓储和邮政业	88	10209	3798	67
住宿和餐饮业	64	4123	2467	13
信息传输、软件和信息技术服务业	48	5740	2119	56
金 融 业	153	11032	5282	1039
房地产业	199	7579	2757	50
租赁和商务服务业	74	3073	601	16
科学研究和技术服务业	237	4653	1052	39
水利、环境和公共设施管理业	125	5400	1916	313
居民服务、修理和其他服务业	19	1140	250	
教　育	1176	51703	20091	417
卫生和社会工作	315	20512	12410	152
文化、体育和娱乐业	148	2598	1055	10
公共管理、社会保障和社会组织	1456	40973	9710	313

#中层及以上管理人员	在岗职工	专业技术人员	劳务派遣人员	其他从业人员	从业人员平均人数（人）	在岗职工	劳务派遣人员	其他从业人员
	286353	**98782**	**9589**	**38471**	**331992**	**283922**	**11271**	**36799**
	173287	29083	8937	26587	206932	170696	10632	25604
	81585	65423	313	7835	90097	82171	310	7616
	31209	4178	339	4027	34674	30788	329	3557
	49	9			48	48		
	223	89		22	241	219		22
	8007	911		6626	13548	8153		5395
	937	122	8		968	954	14	
	85294	7944	2655	1601	89317	84385	2796	2136
	8246	2655	437	110	8846	8287	446	113
	23966	7100	2448	11473	37441	23604	2433	11404
	12826	1478	420	624	13846	12798	424	624
	7805	1304	1655	749	10209	7055	2411	743
	4006	303	87	30	4231	4114	87	30
	3430	1038	411	1899	5728	2760	1078	1890
	8788	3592	404	1840	10827	8685	463	1679
	6985	1826	159	435	7652	7043	161	448
	2095	254	167	811	2971	2037	167	767
	4119	2547	46	488	4647	4135	46	466
	4249	896	226	925	5356	4275	222	859
	966	54	1	173	1132	958	1	173
	47866	43425	64	3773	52338	48597	65	3676
	18284	15791	19	2209	20316	18106	19	2191
	2344	1248	12	242	2579	2325	12	242
	36140	6294	370	4463	40040	35651	426	3963

4—10　城镇非私营单位分行业国有单位从业人员（2015年）

行　业	单位数（个）	从业人员期末人数（人）	#女　性	#非全日制
总　　计	**3642**	**168769**	**59098**	**2162**
按隶属关系分组				
中　央	72	8819	3505	560
省	128	23233	8348	362
地	264	32942	11625	157
县及县以下	3168	102517	35340	1083
其　他	10	1258	280	
按执行会计标准类别分组				
企　　业	350	48977	16634	1029
地　方	286	41128	13600	470
事业单位	2163	84267	34503	894
地　方	2160	83622	34109	894
行政单位	1128	35472	7948	239
地　方	1123	35147	7871	238
其　他	1	53	13	
按国民经济行业分组				
农、林、牧、渔业	102	14625	6017	320
采矿业	1	562	147	
制造业	22	2986	546	5
电力、热力、燃气及水的生产和供应业	27	4493	1269	63
建筑业	8	10142	1910	
批发和零售业	62	2775	811	
交通运输、仓储和邮政业	44	5035	2144	39
住宿和餐饮业	6	454	309	3
信息传输、软件和信息技术服务业	22	1514	461	16
金 融 业	111	6210	3032	658
房地产业	42	1276	513	
租赁和商务服务业	43	1936	230	1
科学研究和技术服务业	194	3552	784	13
水利、环境和公共设施管理业	105	3862	1121	256
居民服务、修理和其他服务业	12	363	116	
教　　育	1134	49373	18907	367
卫生和社会工作	194	17083	10451	108
文化、体育和娱乐业	123	2292	931	10
公共管理、社会保障和社会组织	1390	40236	9399	303

#中层及以上管理人员	在岗职工	专业技术人员	劳务派遣人员	其他从业人员	从业人员平均人数（人）	在岗职工	劳务派遣人员	其他从业人员
	137469	**72552**	**4122**	**27178**	**167510**	**137304**	**4966**	**25240**
	6925	1571	822	1072	8814	6305	1458	1051
	14841	2469	243	8149	21286	14558	337	6391
	23070	10490	1136	8736	33265	23391	1146	8728
	92138	57983	1920	8459	102945	92568	2024	8353
	495	39	1	762	1200	482	1	717
	29622	6644	3474	15881	48156	29245	4331	14580
	23638	5147	2671	14819	40298	23868	2892	13538
	76710	61746	309	7248	84731	77344	306	7081
	76071	61726	303	7248	84098	76717	300	7081
	31106	4162	339	4027	34570	30684	329	3557
	30804	4108	326	4017	34247	30383	316	3548
	31			22	53	31		22
	7999	906		6626	13541	8146		5395
	554	59	8		585	571	14	
	2590	525	329	67	2981	2578	328	75
	4208	1277	187	98	4486	4198	188	100
	3164	1236	1400	5578	10622	3507	1406	5709
	2476	329	89	210	2775	2480	88	207
	3519	298	975	541	5055	2796	1727	532
	392	25	58	4	449	387	58	4
	781	252	214	519	1511	779	214	518
	4813	1958	178	1219	6041	4776	206	1059
	939	406	14	323	1291	952	14	325
	1179	138		757	1878	1166		712
	3349	1952	32	171	3561	3363	32	166
	3079	756	179	604	3859	3094	175	590
	195	30	1	167	360	192	1	167
	45614	41936	64	3695	50001	46338	65	3598
	15066	13168	19	1998	16928	14927	19	1982
	2087	1096	5	200	2278	2073	5	200
	35465	6205	370	4401	39308	34981	426	3901

4—11 城镇非私营单位分行业城镇集体单位从业人员（2015年）

行业	单位数（个）	从业人员期末人数（人）	#女性	#非全日制
总计	**390**	**12726**	**4675**	**233**
按执行会计标准类别分组				
企业	135	8315	2416	164
事业单位	248	4295	2235	60
行政单位	5	103	15	9
民间非营利组织	1	9	5	
其他	1	4	4	
按国民经济行业分组				
农、林、牧、渔业	1	8	3	
制造业	7	165	70	2
建筑业	25	3902	674	60
批发和零售业	61	913	377	
交通运输、仓储和邮政业	8	266	43	
住宿和餐饮业	4	77	60	8
信息传输、软件和信息技术服务业	19	63	24	
金融业	6	2203	985	80
房地产业	5	141	59	
租赁和商务服务业	6	109	49	
科学研究和技术服务业	24	195	38	
水利、环境和公共设施管理业	5	513	285	39
居民服务、修理和其他服务业	2	257		
教育	20	329	195	
卫生和社会工作	109	2645	1422	34
文化、体育和娱乐业	22	203	80	
公共管理、社会保障和社会组织	66	737	311	10

#中层及以上管理人员	在岗职工		劳务派遣人员	其他从业人员	从业人员平均人数（人）	在岗职工	劳务派遣人员	其他从业人员
		专业技术人员						
	10939	**4864**	**416**	**1371**	**12580**	**10801**	**446**	**1333**
	7080	2044	414	821	8268	6989	444	835
	3743	2802	2	550	4195	3695	2	498
	103	16			104	104		
	9	1			8	8		
	4	1			5	5		
	8	5			7	7		
	160	25	2	3	167	162	2	3
	3049	641	256	597	3852	2955	284	613
	829	124	16	68	912	828	16	68
	266	142			261	261		
	41	10	28	8	78	42	28	8
	59	35		4	63	59		4
	2040	959	79	84	2192	2028	81	83
	141	67			141	141		
	108	18		1	136	135		1
	195	177			192	192		
	180	75	34	299	462	180	34	248
	251	1		6	252	246		6
	326	280		3	324	321		3
	2434	2100		211	2611	2402		209
	177	116	1	25	198	172	1	25
	675	89		62	732	670		62

4—12 城镇非私营单位分行业其他单位从业人员（2015年）

行业	单位数（个）	从业人员期末人数（人）	#女性	#非全日制
总计	**1052**	**152918**	**66845**	**2258**
按登记注册类型分组				
内资	1000	132797	52750	2193
股份合作	12	2924	2037	4
联营	2	409	80	
集体联营	1	9	2	
有限责任公司	804	91029	34324	1292
国有独资	25	7117	2044	62
股份有限公司	141	35855	14942	854
其他	41	2580	1367	43
港、澳、台商投资	19	12257	9674	1
外商投资	33	7864	4421	64
按执行会计标准类别分组				
企业	1036	151519	66106	2258
事业单位	12	1171	599	
民间非营利组织	1	40	28	
其他	3	188	112	
按国民经济行业分组				
采矿业	5	383	90	
制造业	382	86399	45054	886
电力、热力、燃气及水的生产和供应业	18	4300	1090	2
建筑业	78	23843	3261	702
批发和零售业	183	10182	5791	128
交通运输、仓储和邮政业	36	4908	1611	28
住宿和餐饮业	54	3592	2098	2
信息传输、软件和信息技术服务业	7	4163	1634	40
金融业	36	2619	1265	301
房地产业	152	6162	2185	50
租赁和商务服务业	25	1028	322	15
科学研究和技术服务业	19	906	230	26
水利、环境和公共设施管理业	15	1025	510	18
居民服务、修理和其他服务业	5	520	134	
教育	22	2001	989	50
卫生和社会工作	12	784	537	10
文化、体育和娱乐业	3	103	44	

#中层及以上管理人员	在岗职工	专业技术人员	劳务派遣人员	其他从业人员	从业人员平均人数（人）	在岗职工	劳务派遣人员	其他从业人员
	137945	**21366**	**5051**	**9922**	**151902**	**135817**	**5859**	**10226**
	118484	20840	4464	9849	131857	116547	5204	10106
	2920	663		4	2929	2925		4
	404	34		5	409	404		5
	4	4		5	9	4		5
	82089	14202	3139	5801	90085	80777	3169	6139
	5885	1438	292	940	7050	5900	300	850
	30726	4886	1319	3810	35889	30113	2029	3747
	2345	1055	6	229	2545	2328	6	211
	12224	102	32	1	12196	12153	31	12
	7237	424	555	72	7849	7117	624	108
	136585	20395	5049	9885	150508	134462	5857	10189
	1132	875	2	37	1171	1132	2	37
	40	8			40	40		
	188	88			183	183		
	383	63			383	383		
	82544	7394	2324	1531	86169	81645	2466	2058
	4038	1378	250	12	4360	4089	258	13
	17753	5223	792	5298	22967	17142	743	5082
	9521	1025	315	346	10159	9490	320	349
	4020	864	680	208	4893	3998	684	211
	3573	268	1	18	3704	3685	1	18
	2590	751	197	1376	4154	1922	864	1368
	1935	675	147	537	2594	1881	176	537
	5905	1353	145	112	6220	5950	147	123
	808	98	167	53	957	736	167	54
	575	418	14	317	894	580	14	300
	990	65	13	22	1035	1001	13	21
	520	23			520	520		
	1926	1209		75	2013	1938		75
	784	523			777	777		
	80	36	6	17	103	80	6	17

4—13 城镇非私营单位分行业在岗职工年末人数（2015年）

单位：人

行　　业	在岗职工年末人数	在岗职工	劳务派遣人员
总　　计	**295942**	**286353**	**9589**
按国民经济行业分组			
农、林、牧、渔业	8007	8007	
采矿业	945	937	8
制造业	87949	85294	2655
电力、燃气、燃气及水的生产和供应业	8683	8246	437
建筑业	26414	23966	2448
批发和零售业	13246	12826	420
交通运输、仓储及邮政业	9460	7805	1655
住宿和餐饮业	4093	4006	87
信息传输、软件和信息技术服务业	3841	3430	411
金融业	9192	8788	404
房地产业	7144	6985	159
租赁和商务服务业	2262	2095	167
科学研究和技术服务业	4165	4119	46
水利、环境和公共设施管理业	4475	4249	226
居民服务、修理和其他服务业	967	966	1
教　育	47930	47866	64
卫生和社会工作	18303	18284	19
文化、体育和娱乐业	2356	2344	12
公共管理、社会保障和社会组织	36510	36140	370

4—14 城镇非私营单位分行业在岗专业技术人员数（2015年）

单位：人

行业	合计	国有经济单位	城镇集体经济单位	其他经济单位
总计	**98782**	**72552**	**4864**	**21366**
按执行会计标准类别分组				
企业	29083	6644	2044	20395
事业单位	65423	61746	2802	875
行政单位	4178	4162	16	
民间非营利组织	9		1	8
其他	89		1	88
按国民经济行业分组				
农、林、牧、渔业	911	906	5	
采矿业	122	59		63
制造业	7944	525	25	7394
电力、燃气、燃气及水的生产和供应业	2655	1277		1378
建筑业	7100	1236	641	5223
批发和零售业	1478	329	124	1025
交通运输、仓储及邮政业	1304	298	142	864
住宿和餐饮业	303	25	10	268
信息传输、软件和信息技术服务业	1038	252	35	751
金融业	3592	1958	959	675
房地产业	1826	406	67	1353
租赁和商务服务业	254	138	18	98
科学研究和技术服务业	2547	1952	177	418
水利、环境和公共设施管理业	896	756	75	65
居民服务、修理和其他服务业	54	30	1	23
教育	43425	41936	280	1209
卫生和社会工作	15791	13168	2100	523
文化、体育和娱乐业	1248	1096	116	36
公共管理、社会保障和社会组织	6294	6205	89	

4—15 城镇非私营单位分行业在岗职工人数（2015年）

单位：人

行业	合计	国有经济单位	城镇集体经济单位	其他经济单位
总计	**286353**	**137469**	**10939**	**137945**
按执行会计标准类别分组				
企业	173287	29622	7080	136585
事业单位	81585	76710	3743	1132
行政单位	31209	31106	103	
民间非营利组织	49		9	40
其他	223	31	4	188
按国民经济行业分组				
农、林、牧、渔业	8007	7999	8	
采矿业	937	554		383
制造业	85294	2590	160	82544
电力、燃气、燃气及水的生产和供应业	8246	4208		4038
建筑业	23966	3164	3049	17753
批发和零售业	12826	2476	829	9521
交通运输、仓储及邮政业	7805	3519	266	4020
住宿和餐饮业	4006	392	41	3573
信息传输、软件和信息技术服务业	3430	781	59	2590
金融业	8788	4813	2040	1935
房地产业	6985	939	141	5905
租赁和商务服务业	2095	1179	108	808
科学研究和技术服务业	4119	3349	195	575
水利、环境和公共设施管理业	4249	3079	180	990
居民服务、修理和其他服务业	966	195	251	520
教育	47866	45614	326	1926
卫生和社会工作	18284	15066	2434	784
文化、体育和娱乐业	2344	2087	177	80
公共管理、社会保障和社会组织	36140	35465	675	

4—16 城镇非私营单位分行业在岗职工女性人数（2015年）

单位：人

行业	合计	国有经济单位	城镇集体经济单位	其他经济单位
总计	**130618**	**59098**	**4675**	**66845**
按执行会计标准类别分组				
企业	85156	16634	2416	66106
事业单位	37337	34503	2235	599
行政单位	7963	7948	15	
民间非营利组织	33		5	28
其他	129	13	4	112
按国民经济行业分组				
农、林、牧、渔业	6020	6017	3	
采矿业	237	147		90
制造业	45670	546	70	45054
电力、燃气、燃气及水的生产和供应业	2359	1269		1090
建筑业	5845	1910	674	3261
批发和零售业	6979	811	377	5791
交通运输、仓储及邮政业	3798	2144	43	1611
住宿和餐饮业	2467	309	60	2098
信息传输、软件和信息技术服务业	2119	461	24	1634
金融业	5282	3032	985	1265
房地产业	2757	513	59	2185
租赁和商务服务业	601	230	49	322
科学研究和技术服务业	1052	784	38	230
水利、环境和公共设施管理业	1916	1121	285	510
居民服务、修理和其他服务业	250	116		134
教育	20091	18907	195	989
卫生和社会工作	12410	10451	1422	537
文化、体育和娱乐业	1055	931	80	44
公共管理、社会保障和社会组织	9710	9399	311	

4—17 城镇非私营单位分行业在岗职工人数和工资情况（2015年）

行业	单位从业人员年平均人数（人）		单位从业人员劳动报酬（万元）			在岗职工年平均工资（元）
	在岗职工	劳务派遣人员	在岗职工年工资总额	在岗职工	劳务派遣人员	
总计	**283922**	**11271**	**1413999**	**50441**	**1464439**	**49610**
按国民经济行业分组						
农、林、牧、渔业	8153		29181		29181	35792
采矿业	954	14	4814	70	4884	50452
制造业	84385	2796	378046	11007	389053	44626
电力、燃气、燃气及水的生产和供应业	8287	446	55318	1381	56699	64925
建筑业	23604	2433	84665	11691	96355	37007
批发和零售业	12798	424	48190	1547	49737	37617
交通运输、仓储及邮政业	7055	2411	35704	12947	48651	51395
住宿和餐饮业	4114	87	10856	294	11150	26541
信息传输、软件和信息技术服务业	2760	1078	23477	6668	30145	78544
金融业	8685	463	67407	1925	69332	75789
房地产业	7043	161	36169	489	36657	50885
租赁和商务服务业	2037	167	8797	271	9068	41142
科学研究和技术服务业	4135	46	21854	205	22059	52760
水利、环境和公共设施管理业	4275	222	19491	611	20101	44699
居民服务、修理和其他服务业	958	1	4077	3	4080	42540
教育	48597	65	265377	100	265477	54555
卫生和社会工作	18106	19	114522	40	114561	63206
文化、体育和娱乐业	2325	12	10783	32	10815	46278
公共管理、社会保障和社会组织	35651	426	195273	1162	196435	54449

4—18 城镇非私营单位分行业在岗职工工资总额（2015年）

单位：万元

行业	合计	国有经济单位	城镇集体经济单位	其他经济单位
总计	**1413999**	**761996**	**52627**	**599375**
按执行会计标准类别分组				
企业	779845	151454	35032	593359
事业单位	461000	438759	16997	5244
行政单位	172234	171671	563	
民间非营利组织	95		22	73
其他	825	112	14	699
按国民经济行业分组				
农、林、牧、渔业	29181	29153	28	
采矿业	4814	2799		2015
制造业	378046	13493	504	364049
电力、燃气、燃气及水的生产和供应业	55318	30175		25143
建筑业	84665	10891	11127	62646
批发和零售业	48190	14242	2485	31463
交通运输、仓储及邮政业	35704	16028	1031	18645
住宿和餐饮业	10856	1047	149	9660
信息传输、软件和信息技术服务业	23477	5276	263	17939
金融业	67407	36601	17083	13723
房地产业	36169	4649	609	30911
租赁和商务服务业	8797	4709	361	3727
科学研究和技术服务业	21854	17403	1125	3326
水利、环境和公共设施管理业	19491	15699	776	3016
居民服务、修理和其他服务业	4077	949	1178	1950
教育	265377	255915	1064	8397
卫生和社会工作	114522	99986	12213	2323
文化、体育和娱乐业	10783	9682	657	444
公共管理、社会保障和社会组织	195273	193299	1974	

4—19 城镇非私营单位分行业全部单位工资总额情况（2015年）

行业	单位数（个）	从业人员工资总额（万元）	在岗职工工资总额	基本工资
总计	**5084**	**15740430**	**1413999**	**837177**
按执行会计标准类别分组				
企业	1521	9060607	779845	505197
事业单位	2423	4844746	461000	242636
行政单位	1133	1825618	172234	88720
民间非营利组织	2	946	95	80
其他	5	8513	825	545
按国民经济行业分组				
农、林、牧、渔业	103	432853	29181	24282
采矿业	6	48838	4814	2615
制造业	411	3956927	378046	256143
电力、燃气、燃气及水的生产和供应业	45	569368	55318	24097
建筑业	111	1339404	84665	64330
批发和零售业	306	516680	48190	28756
交通运输、仓储及邮政业	88	514479	35704	14188
住宿和餐饮业	64	112447	10856	9470
信息传输、软件和信息技术服务业	48	357875	23477	9832
金融业	153	727883	67407	35612
房地产业	199	377605	36169	28197
租赁和商务服务业	74	117095	8797	5281
科学研究和技术服务业	237	232367	21854	12985
水利、环境和公共设施管理业	125	217596	19491	11787
居民服务、修理和其他服务业	19	46222	4077	2524
教育	1176	2725898	265377	151555
卫生和社会工作	315	1259309	114522	46563
文化、体育和娱乐业	148	114373	10783	5484
公共管理、社会保障和社会组织	1456	2073211	195273	103476

绩效工资	工资性津贴和补贴	其他工资	劳务派遣人员	其他从业人员	从业人员平均工资（元）	在岗职工	劳务派遣人员	其他从业人员
355553	**160951**	**60318**	**50441**	**109604**	**47412**	**49802**	**44753**	**29784**
206727	47693	20228	48831	77385	43785	45686	45928	30224
135274	53200	29891	791	22683	53773	56103	25519	29784
13295	60020	10199	819	9509	52651	55942	24888	26733
	15				19708	19708		
256	24			26	35324	37667		12000
3315	1474	110		14104	31950	35792		26143
1854	251	94	70		50452	50457	50143	
87368	22393	12142	11007	6640	44302	44800	39368	31086
26031	4081	1110	1381	238	64364	66753	30964	21027
14040	4809	1487	11691	37585	35774	35869	48051	32958
16545	1802	1088	1547	1931	37316	37654	36495	30942
13061	7057	1398	12947	2797	50395	50608	53699	37647
1045	122	219	294	95	26577	26388	33793	31567
11842	1427	376	6668	5643	62478	85063	61852	29854
26300	4089	1406	1925	3457	67229	77613	41572	20587
5039	2436	497	489	1103	49347	51354	30354	24627
1154	2085	277	271	2642	39413	43187	16198	34443
4701	3218	949	205	1178	50004	52850	44630	25277
3299	3580	825	611	1658	40627	45592	27500	19306
959	420	174	3	543	40832	42555	28000	31364
89507	18453	5863	100	7113	52083	54608	15354	19350
30417	17014	20528	40	11370	61986	63251	20789	51892
1923	2091	1285	32	622	44348	46377	27000	25711
17154	64151	10493	1162	10886	51778	54774	27265	27470

4—20 城镇非私营单位分行业国有单位工资总额情况（2015年）

行业	单位数（个）	从业人员工资总额（万元）	在岗职工工资总额	基本工资
总计	**3642**	**860308**	**761996**	**403404**
按隶属关系分组				
中央	72	62097	50173	20391
省	128	95883	76209	42567
地	264	167836	131388	72974
县及县以下	3168	530252	502519	266276
其他	10	4240	1708	1196
按执行会计标准类别分组				
企业	350	217121	151454	84078
地方	286	162467	108662	66941
事业单位	2163	461049	438759	230774
地方	2160	455673	433401	228369
行政单位	1128	181999	171671	88441
地方	1123	179932	169649	87591
其他	1	138	112	112
按国民经济行业分组				
农、林、牧、渔业	102	43257	29153	24254
采矿业	1	2869	2799	1297
制造业	22	14733	13493	8927
电力、燃气、燃气及水的生产和供应业	27	31013	30175	10637
建筑业	8	37797	10891	8922
批发和零售业	62	15262	14242	5709
交通运输、仓储及邮政业	44	28300	16028	6692
住宿和餐饮业	6	1242	1047	956
信息传输、软件和信息技术服务业	22	7624	5276	2591
金融业	111	39722	36601	18232
房地产业	42	5305	4649	2658
租赁和商务服务业	43	7214	4709	2522
科学研究和技术服务业	194	17945	17403	9674
水利、环境和公共设施管理业	105	17247	15699	8789
居民服务、修理和其他服务业	12	1464	949	391
教育	1134	263006	255915	146035
卫生和社会工作	194	110890	99986	38381
文化、体育和娱乐业	123	10200	9682	4685
公共管理、社会保障和社会组织	1390	205219	193299	102053

绩效工资	工资性津贴和补贴	其他工资	劳务派遣人员	其他从业人员	从业人员平均工资(元)	在岗职工	劳务派遣人员	其他从业人员
197032	**119536**	**42024**	**23424**	**74888**	**51359**	**55497**	**47169**	**29670**
23525	5083	1174	8433	3491	70453	79577	57836	33219
23306	9269	1067	1760	17914	45045	52348	52226	28030
27041	19754	11619	4378	32070	50454	56170	38199	36744
122897	85181	28165	8850	18884	51508	54286	43723	22607
264	248		4	2528	35329	35425	42000	35255
55975	8663	2738	21827	43840	45087	51788	50398	30068
32555	6714	2453	13430	40375	40316	45526	46440	29824
127778	51101	29106	778	21512	54413	56728	25418	30380
127730	49083	28218	760	21512	54184	56493	25337	30380
13280	59771	10180	819	9509	52647	55948	24888	26733
13223	58656	10180	801	9482	52540	55837	25345	26726
				26	26038	36000		12000
3315	1474	110		14104	31945	35788		26143
1298	138	67	70		49048	49021	50143	
3679	815	73	975	265	49423	52340	29720	35333
15958	2985	595	629	208	69132	71880	33457	20830
1065	905		7643	19263	35584	31055	54361	33741
8168	285	79	324	696	54997	57425	36841	33628
7760	1187	389	10004	2269	55983	57323	57924	42643
63	4	24	185	10	27668	27062	31862	25500
2196	374	115	780	1569	50459	67724	36449	30284
13987	3189	1194	858	2263	65754	76635	41650	21372
1366	530	95	44	612	41093	48833	31643	18828
184	1851	151		2505	38411	40386		35176
3795	3110	825	151	390	50392	51749	47281	23494
2846	3308	757	447	1101	44692	50740	25560	18653
288	104	166	3	512	40658	49443	28000	30635
86373	17671	5836	100	6991	52600	55228	15354	19430
25846	15911	19849	40	10864	65507	66983	20789	54814
1769	1999	1229	10	509	44775	46703	19600	25425
17077	63696	10473	1162	10758	52208	55258	27265	27578

4—21 城镇非私营单位分行业城镇集体单位工资总额情况（2015年）

行　　业	单位数（个）	从业人员工资总额（万元）	在岗职工工资总额	基本工资
总　　计	**390**	**57818**	**52627**	**33425**
按执行会计标准类别分组				
企　　业	135	39138	35032	23520
事业单位	248	18082	16997	9591
行政单位	5	563	563	279
民间非营利组织	1	22	22	22
其　他	1	14	14	14
按国民经济行业分组				
农、林、牧、渔业	1	28	28	28
制造业	7	521	504	369
建筑业	25	14067	11127	8512
批发和零售业	61	2753	2485	1868
交通运输、仓储及邮政业	8	1031	1031	601
住宿和餐饮业	4	302	149	111
信息传输、软件和信息技术服务业	19	277	263	185
金融业	6	17585	17083	9697
房地产业	5	609	609	393
租赁和商务服务业	6	364	361	302
科学研究和技术服务业	24	1125	1125	667
水利、环境和公共设施管理业	5	1334	776	496
居民服务、修理和其他服务业	2	1209	1178	1178
教　育	20	1068	1064	713
卫生和社会工作	109	12718	12213	6425
文化、体育和娱乐业	22	726	657	459
公共管理、社会保障和社会组织	66	2102	1974	1422

绩效工资	工资性津贴和补贴	其他工资	劳务派遣人员	其他从业人员	从业人员平均工资（元）	在岗职工	劳务派遣人员	其他从业人员
15439	**2716**	**1047**	**1444**	**3747**	**45960**	**48724**	**32365**	**28113**
10205	1042	265	1439	2667	47336	50124	32403	31941
5219	1425	763	5	1080	43103	45999	24000	21693
16	249	19			54096	54096		
					27000	27000		
					28400	28400		
					39857	39857		
84	27	24	8	9	31186	31099	38000	31333
2342	183	90	880	2059	36518	37656	30989	33591
200	348	69	60	208	30190	30013	37500	30618
145	246	39			39517	39517		
31	4	3	108	45	38692	35452	38571	56125
51	21	6		14	43921	44559		34500
7296	90		320	182	80223	84236	39469	21928
157	27	32			43191	43191		
20	36	3		3	26757	26726		31000
443	11	4			58573	58573		
120	139	21	66	492	28870	43089	19500	19835
				31	47964	47874		51667
293	52	7		4	32957	33150		12333
4108	1005	675		506	48711	50845		24187
73	71	56	2	67	36667	38221	18000	26720
77	456	20		128	28721	29469		20645

4—22 城镇非私营单位分行业其他单位工资总额情况（2015年）

行业	单位数（个）	从业人员工资总额（万元）	在岗职工工资总额	基本工资
总计	**1052**	**655918**	**599375**	**400348**
按登记注册类型分组				
内资	220	235466	211633	120517
股份合作	12	13558	13547	12270
联营	1	20	12	10
集体联营	1	20	12	10
有限责任公司	25	39040	35388	13794
国有独资	25	39040	35388	13794
股份有限公司	141	174511	154962	88186
其他	41	8337	7725	6257
港、澳、台商投资				
外商投资				
按执行会计标准类别分组				
企业	1036	649802	593359	397599
事业单位	12	5344	5244	2271
民间非营利组织	1	73	73	58
其他	3	699	699	419
按国民经济行业分组				
采矿业	5	2015	2015	1318
制造业	382	380439	364049	246847
电力、燃气、燃气及水的生产和供应业	18	25924	25143	13460
建筑业	78	82077	62646	46896
批发和零售业	183	33653	31463	21179
交通运输、仓储及邮政业	36	22117	18645	6894
住宿和餐饮业	54	9701	9660	8403
信息传输、软件和信息技术服务业	7	27886	17939	7057
金融业	36	15481	13723	7684
房地产业	152	31846	30911	25146
租赁和商务服务业	25	4132	3727	2457
科学研究和技术服务业	19	4168	3326	2645
水利、环境和公共设施管理业	15	3179	3016	2502
居民服务、修理和其他服务业	5	1950	1950	956
教育	22	8516	8397	4807
卫生和社会工作	12	2323	2323	1757
文化、体育和娱乐业	3	512	444	341

绩效工资	工资性津贴和补贴	其他工资	劳务派遣人员	其他从业人员	从业人员平均工资（元）	在岗职工	劳务派遣人员	其他从业人员
143081	**38700**	**17247**	**25573**	**30969**	**43180**	**44131**	**43648**	**30284**
66947	17507	6663	10683	13150	205271	220937	96599	132082
1253	13	12		11	46288	46315		27000
2				8	22222	30000		16000
2				8	22222	30000		16000
13201	7443	950	646	3006	55376	59979	21543	35365
13201	7443	950	646	3006	55376	59979	21543	35365
51373	9742	5660	10021	9528	48625	51460	49389	25428
1118	310	40	15	597	32760	33183	25667	28289
140547	37988	17224	25565	30878	43174	44128	43648	30305
2277	673	22	9	91	45632	46329	42500	24486
	15				18250	18250		
256	24				38202	38202		
557	113	27			52598	52598		
83605	21551	12045	10025	6366	44150	44589	40652	30931
10073	1096	514	752	29	59459	61489	29147	22538
10633	3721	1397	3168	16263	35737	36546	42631	32001
8177	1168	940	1163	1027	33126	33154	36350	29413
5157	5624	970	2943	529	45201	46636	43032	25052
951	113	193	1	40	26190	26214	12000	22000
9595	1033	255	5888	4060	67131	93334	68144	29678
5016	811	212	747	1011	59681	72956	42449	18831
3515	1879	370	444	491	51200	51951	30231	39951
950	198	123	271	134	43178	50644	16198	24852
463	98	120	54	788	46617	57340	38571	26263
333	133	47	97	66	30715	30131	74538	31429
671	315	8			37496	37496		
2841	730	20		119	42305	43330		15813
463	98	5			29894	29894		
82	21		21	47	49660	55475	34667	27588

4—23 城镇非私营单位分行业在岗职工平均工资（2015年）

单位：元

行业	合计	国有经济单位	城镇集体经济单位	其他经济单位
总计	**47412**	**51359**	**45960**	**43180**
按执行会计标准类别分组				
企业	43785	45087	47336	43174
事业单位	53773	54413	43103	45632
行政单位	52651	52647	54096	
民间非营利组织	19708		27000	18250
其他	35324	26038	28400	38202
按国民经济行业分组				
农、林、牧、渔业	31950	31945	39857	
采矿业	50452	49048		52598
制造业	44302	49423	31186	44150
电力、燃气、燃气及水的生产和供应业	64364	69132		59459
建筑业	35774	35584	36518	35737
批发和零售业	37316	54997	30190	33126
交通运输、仓储及邮政业	50395	55983	39517	45201
住宿和餐饮业	26577	27668	38692	26190
信息传输、软件和信息技术服务业	62478	50459	43921	67131
金融业	67229	65754	80223	59681
房地产业	49347	41093	43191	51200
租赁和商务服务业	39413	38411	26757	43178
科学研究和技术服务业	50004	50392	58573	46617
水利、环境和公共设施管理业	40627	44692	28870	30715
居民服务、修理和其他服务业	40832	40658	47964	37496
教育	52083	52600	32957	42305
卫生和社会工作	61986	65507	48711	29894
文化、体育和娱乐业	44348	44775	36667	49660
公共管理、社会保障和社会组织	51778	52208	28721	

4—24 分县（市、区）城镇非私营单位按登记注册从业人员数（2015年）

单位：人

地　　区	国　　有	集　　体	股份合作	联　　营
全　　市	**168769**	**12726**	**2924**	**409**
迎 江 区	19625	1457	38	
大 观 区	23682	1002	34	409
宜 秀 区	7344	170		
开 发 区	6619	821	2273	
桐 城 市	20406	2298		
怀 宁 县	13097	1777		
潜 山 县	13037	1446	63	
太 湖 县	14332	1165		
宿 松 县	26317	774	14	
望 江 县	12635	745	502	
岳 西 县	11675	1071		

地　　区	有限责任公司	股份有限公司	港、澳、台商投资	外商投资
全　　市	**91029**	**35855**	**12257**	**7864**
迎 江 区	11579	4622	573	354
大 观 区	16755	11869	262	308
宜 秀 区	9734	1800		3617
开 发 区	9911	3475	328	1316
桐 城 市	7974	6915	507	399
怀 宁 县	3217	71	645	185
潜 山 县	12988	1047	360	
太 湖 县	8400	2545	653	629
宿 松 县	4117	274	860	996
望 江 县	2716	1129	8056	60
岳 西 县	3638	2108	13	

4—25 分县（市、区）城镇非私营单位分行业从业人员数（2015年）

单位：人

地区	合计	农林牧渔业	采矿业	制造业	电力、燃气及水的生产和供应业	建筑业	批发和零售业	交通运输、仓储和邮政业	住宿和餐饮业	信息传输、计算机服务和软件业
全市	**334413**	**14633**	**945**	**89550**	**8793**	**37887**	**13870**	**10209**	**4123**	**5740**
迎江区	38696			3854	2195	6013	3491	4851	576	2482
大观区	55328	7783		16793	1983	10887	1967	2251	299	134
宜秀区	22894		59	8817		2663	984	97	339	1203
开发区	24866			15857		1001	1094	18	855	282
桐城市	38504	295		9346	1023	7114	1151	675	744	364
怀宁县	18992	74	618	2174	522	166	1380	160	82	270
潜山县	29001	323	40	9691	476	1661	858	300	702	221
太湖县	27724	27		7289	535	3285	1329	265	227	78
宿松县	33873	5896	228	3925	405	1156	641	619	214	311
望江县	25850	29		10060	291	1652	405	430	35	321
岳西县	18685	206		1744	1363	2289	570	543	50	74

地区	金融业	房地产业	租赁和商务服务业	科学研究、技术服务和地质勘查业	水利、环境和公共设施管理业	居民服务和其他服务业	教育	卫生、社会保障和社会福利业	文化、体育和娱乐业	公共管理和社会组织
全市	**11032**	**7579**	**3073**	**4653**	**5400**	**1140**	**51703**	**20512**	**2598**	**40973**
迎江区	1505	1696	981	1322	636	10	2102	4471	221	2290
大观区	1701	1212	273	490	1433	333	3232	2034	309	2214
宜秀区		578		96	132		3660	396	61	3809
开发区	364	1075	107	135	264	15	687	136	196	2780
桐城市	1391	759	499	515	678	59	7037	2574	349	3931
怀宁县	924	564	140	192	210	13	5332	1904	68	4199
潜山县	1271	675	586	84	309	79	5575	1893	326	3931
太湖县	1209	287	155	377	461	364	5892	1838	231	3875
宿松县	981	302	283	696	342	44	8347	2195	275	7013
望江县	771	138		397	452	73	5643	1417	292	3444
岳西县	915	293	49	349	483	150	4196	1654	270	3487

4—26 分县（市、区）城镇非私营单位分行业在岗职工年末人数（含劳动派遣）（2015年）

单位：人

地区	合计	农林牧渔业	采矿业	制造业	电力、燃气及水的生产和供应业	建筑业	批发和零售业	交通运输、仓储和邮政业	住宿和餐饮业	信息传输、计算机服务和软件业
全市	**295942**	**8007**	**945**	**87949**	**8683**	**26414**	**13246**	**9460**	**4093**	**3841**
迎江区	33426			3785	2190	5260	3489	4444	568	1114
大观区	43749	3828		16769	1982	4332	1918	2074	299	134
宜秀区	22114		59	8673		2642	976	97	339	1203
开发区	24111			15601		589	1037	18	849	282
桐城市	35655	294		9317	1023	6542	1006	633	739	219
怀宁县	18024	50	618	2151	513	32	1371	160	77	151
潜山县	26351	323	40	9380	446	1085	708	300	700	88
太湖县	23448	24		7083	530	1899	1212	250	227	78
宿松县	27474	3253	228	3915	371	855	592	584	212	303
望江县	25055	29		10054	291	1255	367	430	35	195
岳西县	16535	206		1221	1337	1923	570	470	48	74

地区	金融业	房地产业	租赁和商务服务业	科学研究、技术服务和地质勘查业	水利、环境和公共设施管理业	居民服务和其他服务业	教育	卫生、社会保障和社会福利业	文化、体育和娱乐业	公共管理和社会组织
全市	**9192**	**7144**	**2262**	**4165**	**4475**	**967**	**47930**	**18303**	**2356**	**36510**
迎江区	1474	1578	235	1257	618	10	1998	3490	212	1704
大观区	1701	1192	253	476	1430	270	3054	1725	286	2026
宜秀区		568		86	114		3186	382	59	3730
开发区	364	1073	99	135	264	15	687	136	196	2766
桐城市	1319	718	473	442	392	59	6703	2067	303	3406
怀宁县	863	363	140	192	210	13	5268	1818	52	3982
潜山县	697	666	584	64	292	79	5012	1833	321	3733
太湖县	547	281	154	347	234	335	5158	1656	133	3300
宿松县	822	289	283	437	280	18	7245	2154	257	5376
望江县	761	128		389	426	18	5643	1388	292	3354
岳西县	644	288	41	340	215	150	3976	1654	245	3133

4—27 分县（市、区）城镇非私营单位在岗专业技术人员数（2015年）

单位：人

指　　标	合　　计	国有经济单　　位	城镇集体经济单位	其他经济单　　位
总　　计	**98782**	**72552**	**4864**	**21366**
迎 江 区	10850	6854	313	3683
大 观 区	10531	5060	127	5344
宜 秀 区	5203	2903	89	2211
开 发 区	3347	1528	162	1657
桐 城 市	11982	9541	631	1810
怀 宁 县	9054	7422	1236	396
潜 山 县	9724	7457	966	1301
太 湖 县	9995	7578	725	1692
宿 松 县	11647	10628	190	829
望 江 县	8322	7186	168	968
岳 西 县	8127	6395	257	1475

4—28 分县（市、区）城镇非私营单位分行业在岗职工年末人数（2015年）

单位：人

地区	合计	农林牧渔业	采矿业	制造业	电力、燃气及水的生产和供应业	建筑业	批发和零售业	交通运输、仓储和邮政业	住宿和餐饮业	信息传输、计算机服务和软件业
全市	**286353**	**8007**	**937**	**85294**	**8246**	**23966**	**12826**	**7805**	**4006**	**3430**
迎江区	31020			3637	1975	4995	3263	3295	494	1020
大观区	41862	3828		16191	1871	3424	1880	2040	299	134
宜秀区	21373		59	8096		2625	951	97	339	1117
开发区	22994			14580		589	1018	18	848	282
桐城市	34243	294		9157	1023	5514	998	587	739	114
怀宁县	17740	50	610	2149	436	32	1303	160	77	150
潜山县	25947	323	40	9269	446	1084	707	223	698	80
太湖县	23138	24		7045	530	1855	1192	158	227	70
宿松县	27092	3253	228	3895	365	728	590	480	202	278
望江县	24778	29		10054	291	1255	363	310	35	119
岳西县	16166	206		1221	1309	1865	561	437	48	66

地区	金融业	房地产业	租赁和商务服务业	科学研究、技术服务和地质勘查业	水利、环境和公共设施管理业	居民服务和其他服务业	教育	卫生、社会保障和社会福利业	文化、体育和娱乐业	公共管理和社会组织
全市	**8788**	**6985**	**2095**	**4119**	**4249**	**966**	**47866**	**18284**	**2344**	**36140**
迎江区	1405	1552	235	1238	583	10	1997	3490	207	1624
大观区	1653	1142	248	474	1321	270	3054	1725	286	2022
宜秀区		554		85	114		3186	382	59	3709
开发区	358	1071	99	126	213	15	687	136	196	2758
桐城市	1264	712	473	442	392	59	6703	2067	302	3403
怀宁县	828	360	140	187	210	13	5268	1818	52	3897
潜山县	675	664	424	64	292	78	5009	1833	321	3717
太湖县	533	281	154	344	234	335	5101	1637	133	3285
宿松县	801	251	283	432	280	18	7242	2154	257	5355
望江县	728	110		387	426	18	5643	1388	292	3330
岳西县	543	288	39	340	184	150	3976	1654	239	3040

4—29 分县（市、区）城镇非私营单位分行业在岗职工工资总额（2015年）

单位：万元

地　区	合　计	农林牧渔业	采矿业	制造业	电力、燃气及水的生产和供应业	建筑业	批发和零售业	交通运输、仓储和邮政业	住宿和餐饮业	信息传输、计算机服务和软件业
全　市	**1413999**	**29181**	**4814**	**378046**	**55318**	**84665**	**48190**	**35704**	**10856**	**23477**
迎江区	171833			15150	16251	18012	15804	14403	1362	9539
大观区	198592	10104		78321	14215	12200	7004	10807	906	1174
宜秀区	98095		170	28984		10445	3480	791	1213	5254
开发区	113936			70857		2377	3695	52	2124	2309
桐城市	170547	1321		43301	8072	19142	3356	1908	1762	588
怀宁县	96650	221	3254	8396	2356	251	2941	1013	228	838
潜山县	127150	773	153	39293	2013	3872	2314	878	1929	720
太湖县	108717	61		24633	2789	5846	4190	865	609	517
宿松县	138881	15471	1237	19945	2374	1744	2103	2232	514	1565
望江县	112749	149		44988	2262	4207	1441	1262	76	516
岳西县	76848	1082		4179	4988	6568	1863	1494	134	458

地　区	金融业	房地产业	租赁和商务服务业	科学研究、技术服务和地质勘查业	水利、环境和公共设施管理业	居民服务和其他服务业	教　育	卫生、社会保障和社会福利业	文化、体育和娱乐业	公共管理和社会组织
全　市	**67407**	**36169**	**8797**	**21854**	**19491**	**4077**	**265377**	**114522**	**10783**	**195273**
迎江区	11628	11118	766	6416	3272	26	11942	26899	920	8325
大观区	13042	7031	857	2173	4419	1364	17042	7425	1024	9487
宜秀区		2439		500	466		19623	2057	326	22348
开发区	2285	5116	570	775	1326	67	3954	691	1390	16348
桐城市	10780	2789	2836	2657	1628	219	35936	13725	1424	19103
怀宁县	5896	1644	247	1075	777	70	32705	11351	323	23066
潜山县	6668	2229	2338	316	1595	268	28605	11665	1452	20069
太湖县	6280	784	369	1925	1256	1345	30417	9782	598	16452
宿松县	4499	1321	656	2074	1223	111	42066	12871	920	25958
望江县	3024	482		1890	2257	92	24276	8542	1302	15984
岳西县	3306	1215	159	2052	1271	515	18810	9514	1106	18134

4—30 分县（市、区）城镇非私营单位在岗职工工资总额（2015年）

单位：万元

地　区	在岗职工工资总额					
	总　计	国有单位	城镇单位	其他单位	在岗职工	
					总　计	国有单位
全　市	**1464439**	**785420**	**54071**	**624949**	**1413999**	**761996**
迎 江 区	186102	107837	5381	72884	171833	99819
大 观 区	206557	63242	3159	140156	198592	60680
宜 秀 区	105591	40690	779	64122	98095	40637
开 发 区	119396	37779	1934	79682	113936	36758
桐 城 市	177854	106452	7104	64298	170547	99948
怀 宁 县	97872	74541	8413	14918	96650	73592
潜 山 县	128842	67830	8774	52237	127150	67082
太 湖 县	109956	64024	9433	36498	108717	63024
宿 松 县	140248	107646	3129	29473	138881	106916
望 江 县	113966	59485	2808	51673	112749	58370
岳 西 县	78058	55894	3156	19008	76848	55170

地　区	在岗职工		劳务派遣人员			
	城镇单位	其他单位	总　计	国有单位	城镇单位	其他单位
全　市	**52627**	**599375**	**50441**	**23424**	**1444**	**25573**
迎 江 区	4475	67539	14269	8018	907	5344
大 观 区	3159	134753	7965	2561		5404
宜 秀 区	750	56708	7496	53	29	7414
开 发 区	1934	75245	5459	1022		4437
桐 城 市	6986	63613	7306	6504	117	685
怀 宁 县	8406	14652	1222	949	8	265
潜 山 县	8759	51309	1692	748	16	929
太 湖 县	9336	36358	1238	1001	98	140
宿 松 县	3129	28836	1367	731		636
望 江 县	2808	51571	1216	1114		102
岳 西 县	2886	18791	1210	724	270	217

主要统计指标解释

从业人员

指从事一定社会劳动并取得劳动报酬或经营收入的全部劳动力。包括：1. 全部职工；2. 城镇私营企业从业人员；3. 城镇个体劳动者；4. 农村社会劳动者；5. 其他社会劳动者。这一指标反映了一定时期内全部劳动力资源的实际利用情况，是研究基本国情国力的重要指标。

单位从业人员

指在各级国家机关、政党机关、社会团体及企业、事业单位中工作，取得工资或其他形式的劳动报酬的全部人员。包括在岗职工、再就业的离退休人员、民办教师以及在各单位中工作的外方人员和港澳台方人员、兼职人员、借用的外单位人员和第二职业者。不包括离开本单位仍保留劳动关系的职工。各单位的从业人员反映了各单位实际参加生产或工作的全部劳动力。

私营企业和个体从业人员

私营企业从业人员指在工商管理部门注册登记的私营企业从业人员，包括私营企业投资者和雇工。个体从业人员指在工商管理部门注册登记，经批准从事个体工商经营的从业人员，包括个体经营者和在个体工商户劳动的家庭帮工和雇工。

城镇登记失业人员

指有非农业户口，在一定的劳动年龄内，有劳动能力，无业而要求就业，并在当地就业服务机构进行求职登记的人员。

城镇登记失业率

指城镇登记失业人数同城镇从业人数与城镇登记失业人数之和的比。计算公式为：

城镇登记失业率=城镇登记失业人数/（城镇从业人数+城镇登记失业人数）×100%

非全日制人员

根据《中华人民共和国劳动合同法》规定，非全日制人员指以小时计酬为主，其在同一用人单位一般平均每日工作时间不超过四小时，每周工作时间累计不超过二十四小时的从业人员，且劳动报酬结算支付周期最长不得超过十五日的人员。

管理人员

指在单位中行使管理职能、指挥或协调他人完成具体任务的人员。如在企业及其职能部门中担任领导职务并具有决策、管理权的人员，管理人员一般为单位中层及以上人员。

在岗职工

指在本单位工作并由单位支付工资的人员，以及有工作岗位，但由于学习、病伤产假等原因暂未工作，仍由单位支付工资的人员。

劳务派遣人员

指与劳务派遣单位签订劳动合同，并被劳务派遣单位派遣到实际用工单位工作，且劳务派遣单位与实际用工单位签订《劳务派遣协议》的人员。

专业技术人员

指从事专业技术工作的人员以及从事专业技术管理工作且已在1983年以前评定了专业技术职称或在1984年以后聘任了专业技术职务的人员。

专业技术人员具体指工程技术人员、农业技术人员、科研人员（含自然科学研究、社会科学研究及实验技术人员）、卫生技术人员、教学人员（含高等院校、中等专业学校、技工学校、中学、小学）、民用航空飞行技术人员、船舶技术人员、经济人员、会计人员、统计人员、翻译人员、图书资料、档案、文博人员、新闻、出版人员、律师、公证人员、广播电视播音人员、工艺美术人员、体育人员、艺术人员及政工人员。

专业技术管理人员具体指企业、事业单位的领导；企业、事业单位下设的职能机构、企业的生产车间和辅助车间（或附属辅助生产单位）中从事生产、技术、经济管理和政治工作的人员。

按照公务员管理或参照公务员管理的人员不统计为专业技术人员。

其他从业人员

指本单位中不能归到在岗职工、劳务派遣人员中的人员。此类人员是实际参加本单位生产或工作并从本单位取得劳动报酬的人员。具体包括：非全日制人员、聘用的正式离退休人员、兼职人员和第二职业者等，以及在本单位中工作的外籍和港澳台方人员。

从业人员工资总额

指根据《关于工资总额组成的规定》(1990年1月1日国家统计局发布的一号令)进行修订，本单位在报告期内(季度或年度)直接支付给本单位全部从业人员的劳动报酬总额。包括计时工资、计件工资、奖金、津贴和补贴、加班加点工资、特殊情况下支付的工资，是在岗职工工资总额、劳务派遣人员工资总额和其他从业人员工资总额之和。

工资总额是税前工资，包括单位从个人工资中直接为其代扣或代缴的房费、水费、电费、住房公积金和社会保险基金个人缴纳部分等。

工资总额不论是计入成本的还是不计入成本的，不论是以货币形式支付的还是以实物形式支付的，均应列入工资总额的计算范围。

在岗职工工资总额

指本单位在报告期内直接支付给本单位全部在岗职工的劳动报酬总额。在岗职工工资总额从构成角度分解为四部分：基本工资、绩效工资、工资性津贴和补贴、其他工资。工资总额不包括人员的病假、事假等情况扣款，单位在填报在岗职工工资总额四项构成时，应根据实际情况调整对应项目；如不能确定调整项，可扣减基本工资项。

基本工资

也可称为标准工资、合同工资、谈判工资。指本单位在报告期内(季度或年度)支付给本单位在岗职工的按照法定工作时间提供正常工作的劳动报酬。单位给个人确定的底薪可作为基本工资。包括工龄工资(年功工资)。

基础工资不含定时、定额发放的各种奖金、各种津贴和补贴、加班工资，也不包括补发的上一季度或上一年度的基础工资。

绩效工资

也可称为效益工资、业绩工资。指根据本单位利润增长和员工工作业绩定期支付给本单位在岗职工的奖金；支付给本单位从业人员的超额劳动报酬和增收节支的劳动报酬。具体包括：值加班工资、绩效奖金(如年度、季度、月度等)、全勤奖、生产奖、节约奖、劳动竞赛奖和其他名目的奖金；以及某工作事项完成后的提成工资、年底双薪等。但不包括入股分红、股权激励兑现的钱和各种资本性收益。

工资性津贴和补贴

指本单位制定的员工相关工资政策中，为补偿本单位在岗职工特殊或额外的劳动消耗和因其他特殊原因支付的津贴，以及为保证其工资水平不受物价影响而支付的物价补贴。具体包括：补偿特殊或额外劳动消耗的津贴及岗位性津贴、保健性津贴、技术性津贴、地区津贴和其他津贴。如：过节费、通讯补贴、交通补贴、不休假补贴、无食堂补贴、单位发给员工的可自行支配的住房补贴以及为员工上的各种商业性保险等。上述各种项目均包括货币性质的，也包括实物性质的和各种形式的充值卡、购物卡(券)等。

其他工资

指上述基本工资、绩效工资、工资性津贴和补贴三类工资均不能包括的发给在岗职工的工资，如补发上一年度的工资等。

劳务派遣人员工资总额

指实际用工单位(派遣人员的使用方)在一定时期内为使用劳务派遣人员而付出的劳动报酬总额，包括用工单位负担的基本工资、加班工资、绩效工资以及各种津贴、补贴等，但不包含因使用派遣人员而支付的管理费用和其他用工成本。

其他从业人员工资总额

指本单位在报告期内直接支付给本单位其他从业人员的全部劳动报酬。

平均工资

指企业、事业、机关单位的职工在一定时期内平均每人所得的货币工资额。它表明一定时期职工工资收入的高低程度，是反映职工工资水平的主要指标。计算公式为：

平均工资=报告期实际支付的全部工资总额/报告期平均人数

第五篇

固定资产投资

简要说明

一、按照国家统计局现行统计制度规定,全社会固定资产投资统计的范围包括：⑴城镇投资 500 万元及以上项目；⑵房地产开发投资；⑶农村非农户 500 万元及以上项目。按登记注册类型分，包括内资、港澳台商及外商投资。

二、固定资产投资统计资料来源为：按照国家统计局报表制度逐级汇总整理。此外固定资产投资统计资料均由市统计局投资科整理提供。

三、固定资产投资统计的调查方法，除农村个人固定资产投资统计采用抽样调查方法外，其他均为全面统计报表。

5—1 全社会固定资产投资

指　　标	2005*	2010*	2013*	2014*	2015*	2015
投资总额　　（万元）	**1361805**	**8093930**	**11857153**	**13947517**	**15774642**	**13855788**
按注册类型分						
内　资	1300025	7564167	11644672	13560783	15526516	13658609
国有经济	615519	1647661	2371048	2811467	2713218	2299633
集体经济	40737	253926	433957	594580	921621	909738
#农　　村	4752	99751				
私营经济	297529	1911320	4052285	6269590	8408162	6981326
#农　　村	83750	265649				
联营经济	2994	8755	57217	6306	60519	60519
股份制经济	95553	580432	556655	170921		131133
其他经济	30754	308108	434153	363679	398522	396860
个体经济	6577	238980	141949	105210	146077	95130
#农　　村	4699	36200				
外商投资经济	38307	218520	36164	177320	62964	62964
港澳台投资经济	16896	72263	34368	104204	39085	39085
按三次产业分						
第一产业	35885	313323	291765	433657	690609	626206
第二产业	507637	4084288	6560412	8117325	9202321	8226800
#工　　业	507637	4026250	6485715	7925203	9123753	8148232
第三产业	818283	3696319	5004976	5396535	5881712	5002782
#房地产开发	193793	922207	1497996	1469427	1466494	1217211
按资金来源分						
国家预算内资金	35332	252592	429175	753105	633645	580841
国内贷款	320468	814077	861511	1218135	502677	460787
利用外资	27339	70285	21568	14315	9101	8343
自筹资金	913258	5247615	9738633	11286666	12622493	11570619
其他资金	209594	698882	1926812	1664101	1692964	1551884
按构成分						
建筑安装工程	880811	5186458	7999416	9628445	10508555	9286432
设备工具器具购置	255780	1900484	2676392	3416867	4295172	3698145
其他费用	225214	1006988	1181345	902205	970915	871211
房屋建筑面积　　（万平方米）						
施工面积	598.9	1968.0	2477.2	2361.2	1562.1	1426.2
#住　　宅	302.7	1033.3	1149.9	1207.5	1179.6	1086.1
竣工面积	273.6	716.0	547.0	608.5	304.6	288.9
#住　　宅	124.7	375.2	235.8	255.8	247.3	232.8

5—2 全社会固定资产投资增长速度

（上年=100） 单位：%

年份	总计	国有经济	集体经济	私营经济	个体经济	其他各种经济
2005*	29.2	15.0	-65.4	164.5	81.8	41.0
2006*	55.8	41.8	43.1	52.6	144.9	79.3
2007*	53.7	24.2	25.3	85.7	105.7	70.5
2008*	34.7	10.3	89.3	-3.8	163.6	75.9
2009*	37.0	24.7	57.3	49.1	84.8	36.0
2010*	34.6	10.5	16.7	58.2	48.1	37.6
2011*	27.9	43.9	37.6	37.7	-28.7	19.0
2012*	21.1	25.0	55.4	60.2	29.6	-13.7
2013*	22.0	14.2	22.6	10.1	28.4	38.8
2014*	17.6	18.6	37.0	54.7	-25.9	-16.2
2015*	13.1	-3.5	55.0	34.1	38.8	9.6
2015	13.0	-3.2	55.3	33.9	38.9	9.5

注：2011年以前统计范围是50万元及以上项目加房地产开发，2011年起统计范围是500万元以上项目加房地产开发。

5—3 全社会固定资产投资资金来源增长速度及构成

（上年=100） 单位：%

年份	资金来源				按构成分		
	国家预算内资金	国内贷款	利用外资	自筹和其他资金	建筑安装工程	设备工具器具购置	其他费用
2005*	28.5	12.4	-36.7	63.4	32.2	3.8	59.3
2006*	40.7	15.9	-21.0	47.2	70.7	41.6	13.3
2007*	174.4	5.7	65.8	54.6	53.2	69.5	34.3
2008*	-20.4	-9.7	17.4	45.7	28.9	39.3	65.6
2009*	136.5	58.9	28.8	37.6	30.6	59.0	37.1
2010*	-1.6	44.5	29.9	16.1	33.8	39.8	29.3
2011*	109.1	13.5	-11.7	24.5	28.0	33.5	15.5
2012*	-5.6	-22.0	-36.8	9.3	18.3	19.2	6.4
2013*	3.8	6.9	-32.3	37.3	26.1	11.8	20.1
2014*	75.5	41.4	-33.6	11.1	20.4	27.7	-23.6
2015*	-15.9	-58.7	-36.4	11.8	9.1	25.7	7.6
2015	-15.9	-58.6	-36.4	11.9	9.0	26.8	7.8

注：2011年以前统计范围是50万元及以上项目加房地产开发，2011年起统计范围是500万元以上项目加房地产开发。

5—4 全社会分行业固定资产投资（含枞阳）

单位：万元

行　　业	2005	2010	2014	2015
总　　计	**1361805**	**8093930**	**13947517**	**15774624**
农、林、牧、渔业	35885	313323	433657	690609
采掘业	15866	204021	178463	232269
制造业	491771	3603564	7121278	7885757
电力、热力、燃气及水的生产和供应业	65794	218665	625462	1005727
建筑业		58038	192122	78568
交通运输、仓储和邮政业	132386	434672	695035	902174
信息传输、软件和信息技术服务业	22726	71467	24132	24632
批发和零售业	23103	292524	391438	541112
住宿和餐饮业	6952	88863	72832	63781
金融业	449	5518	79074	44597
房地产业	193793	1227190	1638604	1690339
租赁和商务服务业	9460	27929	70699	127103
科学研究、技术服务和地质勘查业	12365	12655	42950	29308
水利、环境和公共设施管理业	233515	857325	1741519	1757451
居民服务和其他服务业	1413	29137	49301	57585
教　育	50956	185610	115249	153943
卫生、社会保障和社会福利业	10286	59840	66064	139667
文化、体育和娱乐业	8680	66710	211447	150719
公共管理和社会组织	46405	336879	198191	199301

注：2011年起统计范围是500万元及以上项目加房地产开发。

5—4 全社会分行业固定资产投资

单位：万元

行　业	本　年 累计完成 （万元）	比上年 同期增长 （%）
按产业分		
第一产业	626206	68.2
第二产业	8226800	12.8
＃工　业	8148232	14.7
第三产业	5002782	10.5
按构成分		
建筑工程	8110275	10.1
安装工程	1171639	11.3
设备工器具购置	3700593	24.4
其他费用	873281	8.8
按行业分		
农、林、牧、渔业	626206	68.2
采矿业	136312	27.2
制造业	7124160	10.7
电力、热力、燃气及水生产和供应业	887760	57.6
建筑业	78568	-58.5
批发和零售业	371524	15.4
交通运输、仓储和邮政业	650165	31.7
住宿和餐饮业	54004	-21.4
信息传输、软件和信息技术服务业	21451	7.0
金融业	44597	-43.6
房地产业	1435352	8.3
租赁和商务服务业	115108	87.7
科学研究和技术服务业	28788	-18.3
水利、环境和公共设施管理业	1704478	7.2
居民服务、修理和其他服务业	44913	24.9
教　育	133865	36.1
卫生和社会工作	107137	101.2
文化、体育和娱乐业	142497	-32.2
公共管理、社会保障和社会组织	148903	9.7

5—5 分县（市、区）固定资产投资按三次产业分（含枞阳）（2015年）

单位：万元

地区	总计	第一产业	第二产业	#工业	第三产业	#房地产
全市	**15774642**	**690609**	**9202321**	**9123753**	**5881712**	**1466494**
迎江区	1081758	48415	256498	233298	776845	340404
大观区	580293	600	346574	342316	233119	96038
宜秀区	784230	21925	443282	435487	319023	132872
开发区	1537836		1409609	1409609	128227	23677
桐城市	2557184	26104	2008469	1988109	522611	144932
怀宁县	1741342	215433	960056	952697	565853	48584
枞阳县	1918854	64403	975521	975521	878930	249283
潜山县	1127078	46147	479343	479343	601588	121987
太湖县	1044184	121843	545934	537666	376407	41476
宿松县	1441078	75290	742139	734811	623649	161837
望江县	1090402	26505	619540	619540	444357	59174
岳西县	870403	43944	415356	415356	411103	46230

5—5 分县（市、区）固定资产投资按三次产业分（2015年）

单位：万元

地区	总计	第一产业	第二产业	#工业	第三产业	#房地产
全市	**13855788**	**626206**	**8226800**	**8148232**	**5002782**	**1217211**
迎江区	1081758	48415	256498	233298	776845	340404
大观区	580293	600	346574	342316	233119	96038
宜秀区	784230	21925	443282	435487	319023	132872
开发区	1537836		1409609	1409609	128227	23677
桐城市	2557184	26104	2008469	1988109	522611	144932
怀宁县	1741342	215433	960056	952697	565853	48584
潜山县	1127078	46147	479343	479343	601588	121987
太湖县	1044184	121843	545934	537666	376407	41476
宿松县	1441078	75290	742139	734811	623649	161837
望江县	1090402	26505	619540	619540	444357	59174
岳西县	870403	43944	415356	415356	411103	46230

5—6 房地产开发主要指标

指 标		2005*	2010*	2013*	2014*	2015*	2015
企业个数	（个）	**158**	**283**	**260**	**300**	**322**	**276**
内 资		153	277	256	296	317	271
#国 有		15	9	9	6	4	4
集 体		14	4	4	1		
港、澳、台投资		2	4	3	4	5	5
外商投资		3	2				
平均从业人数	（人）	**4401**	**5750**	**6996**	**8055**	**7320**	**7219**
内 资		4326	5659	6912	7976	7249	7110
#国 有		610	294	149	143	166	166
集 体		361	48	16	16	28	28
港、澳、台投资		30	55	84	79	71	71
外商投资		45	36				
本年完成投资额	（万元）	**179845**	**922207**	**1497996**	**1469427**	**1443781**	**1245046**
#住 宅		121101	693356	1070954	1064741	1033520	900564
#经济适用房		3436	8329				
土地开发和购置	（万平方米）						
本年土地开发面积		41.1	55.9				
本年购置土地面积		129.0	104.9	106.3	49.6	78.0	61.7
资金来源小计	（万元）	**213103**	**968227**	**2368822**	**1842288**	**1484245**	**1484245**
#国内资金		34333	64213	178447	115646		
利用外资		300					
自筹资金		75558	493554	1004105	789230	521671	521671
房屋建筑面积	（万平方米）						
施工面积		340.47	962.64	1391.71	1460.38	1562.05	14261859
竣工面积		132.83	233.05	280.52	307.27	304.64	2888633
本年新开工面积		144.38	455.91	556.10	387.38	445.63	3923337
#住 宅		109.47	361.20	442.97	301.51	335.24	2982248
#经济适用房		5					
商品房屋销售面积	（万平方米）	**140.60**	**285.18**	**435.14**	**361.57**	**339.40**	**3278606**
#住 宅		118.68	249.63	380.45	320.33	311.20	3005836
#经济适用房		5.80					
商品房屋销售价格	（元/平方米）	**1343**	**2997**	**4574**	**4733**	**4710**	**4755**
#住 宅		1226	2819	4231	4353	4445	4487
#经济适用房		1131					
实收资金合计	（万元）	**139370**	**361664**	**718229**	**1020647**	**9685031**	**872894.4**
#国家资本金		2045	4008				
资产负债率	(%)	65.7	71.4	72.3	74.0	75.4	75.3
经营总收入	（万元）	**150081**	**808543**	**1228282**	**1237281**	**11135837**	**10748398**

5—7　房地产开发投资（含枞阳）（2015年）

指　　标	企业数（个）	计划总投资额（万元）	累计完成投资（万元）	本年完成投资（万元）	本年新增固定资产（万元）	土地购置费（万元）
总　计	**322**	**9475470**	**5827126**	**1443781**	**1074796**	**184817**
按注册类型分						
内　资	317	9417236	5766592	1441025	1074114	184817
#国　有	4	16300	13780	960	6895	
集　体						
港澳台投资	5	58234	60534	2756	682	
外商投资						
按隶属关系分						
中　央						
省	12	780660	493735	54309	121160	8712
地　区	29	1682243	1156448	243482	203548	27000
县	37	1052807	662111	171941	252430	8511
街　道	3	143853	23940	19240	8739	13554
乡镇企业	9	193512	67855	21211	7694	1200
其　他	232	5622395	3423037	933598	481225	125840

注：本表数据取自一套表平台。

5—7　房地产开发投资（2015年）

指　　标	企业数（个）	计划总投资额（万元）	累计完成投资（万元）	本年完成投资（万元）	本年新增固定资产（万元）	土地购置费（万元）
总　计	**276**	**8468527**	**4885637**	**1245046**	**1006966**	**176996**
按注册类型分						
内　资	271	8410293	4825103	1242290	1006284	176996
#国　有	4	16300	13780	960	6895	
集　体						
港澳台投资	5	58234	60534	2756	682	
外商投资						
按隶属关系分						
中　央						
省	12	780660	493735	54309	121160	8712
地　区	29	1682243	1156448	243482	203548	27000
县	33	1032847	639671	171941	246950	8511
街　道	3	143853	23940	19240	8739	13554
乡镇企业	9	193512	67855	21211	7694	1200
其　他	190	4635412	2503988	734863	418875	118019

注：本表数据取自一套表平台。

5—8 房地产开发企业（单位）财务状况

单位：万元

指　　标	2005*	2010*	2013*	2014*	2015*	2015
年初存货	**188727**	**978810**	**2143329**	**2388211**	**2706738**	**2497475**
流动资产合计	491626	1727241	4074662	4991479	5625856	5235359
#存　货	269842	982824	2554367	3178962	3665375	3359708
固定资产原价	49928	86262	122476	138187	130599	122320
累计折旧	9114	18591	31494	37964	44276	42508
#本年折旧	2202	3881	7555	7965	7167	6600
资产总计	577299	1964631	4643561	5763226	6650547	6217977
负债合计	379117	1402707	3359088	4266914	5013589	4685151
所有者权益合计	198182	561924	1284473	1496312	1636959	1532826
#实收资本	139370	361664	718229	1020647	1064112	968503
国家资本	20447	4008				
集体资本	6354	5145				
法人资本	3000	205589				
个人资本	79555	145439				
港澳台资本	600	83				
外商资本	2414	1400				
损益及分配						
主营业务收入	150081	807410	1226788	1232473	1151138	1112471
土地转让收入	465	3712	1941	944	9005	901
商品房屋销售收入	146974	774634	1209594	1213740	1126004	1087881
房屋出租收入	2036	4713	11597	14224	13863	13418
其他收入	606	24351	3656		2265	2167
主营业务成本	112204	626259	897071	944623	868285	838497
主营业务税金及附加	11032	51666	95240	104681	97816	94028
主营业务利润	24133	125518	234477			
其他业务收入	517	1133	3656			
其他业务利润	493	432	6206	2324	512	439
销售费用	2712	13339	29971	34225	43026	40307
管理费用	14072	29301	52080	58407	64394	60627
财务费用	4722	8667	21656	22954	27204	25284
营业利润	5832	78584	133480	71863	52476	54856
投资收益	54	29	3484	2512	2028	2028
利润总额	6249	78645	142389	71167	53191	55674
应交所得税	3162	15421	26100	19186	21137	20825
劳动、事业保险费	205	1250				
住房公积金及住房补贴	29	149				
人工成本						
应付职工薪酬			30820	37886	41038	36737
本年应付工资总额	5877	14644				
本年就会福利费总额	854	1647				
全部从业人员年平均人数　　（人）	**4401**	**5750**	**6996**	**8055**	**7318**	**7320**

注：本表数据数据取自一套表平台。

5—9 房地产开发企业（单位）投资、资金和土地情况

单位：万元

指　　　　标	2005*	2010*	2013*	2014*	2015*	2015
计划总投资	531751	3127634	6711373	7436549	9475470	8468527
自开始建设累计完成投资	280032	2051269	4181486	5209438	5827126	4885637
本年完成投资	179845	922207	1497996	1469427	1443781	1245046
#土地开发投资额	14191					
#配套工程投资	2994	17498	21299			
#国有控股	133334	597339	1105552	1096947		893336
按构成分：建筑工程	133334	597339	1105552	1096947	1048057	111962
安装工程	5919	35749	117796	107873	134348	10369
设备工器具购置	1390	13050	20878	7911	12590	229379
其他费用	39202	276069	253770	256696	248786	6000
#旧建筑物购置费	59	2245	1608	2500	6000	176996
土地购置费	32257	209769	154290	182605	184817	
按工程用途分：						900564
住　宅	121101	693356	1070954	1064741	1033520	
#经济适用房		65327	158526	161170		159418
#90平方米以下		104330	95794	76402	188442	677495
90—144					776067	
144平方米以上	3436	8329			69011	63651
别墅、高档公寓	2891	3937	1765	5122	23201	22511
办公楼	2399	11519	50501	28231	43778	39152
商业营业用房	35356	143715	271043	266943	219543	177401
其　他	20989	73617	105498	109512	146940	127929
本年新增固定资产	128395	500698	1301213	1063086	1074796	1006966
本年资金来源合计	239135	1075590	2870215	2239851		1840632
上年末结余资金	26032	107363	501393	397563		356387
本年资金来源小计	213103	968227	2368822	1842288		1484245
国内贷款	34333	64213	178447	115646		66011
利用外资	300					
自筹资金	75558	493554	1004105	789230		521671
其他资金来源	102912	410460	1186270	937412		896563
本年各项应付款合计	20399	120878	334340	380785		411189
#工程款	16162	68896	211395	2454404		264919
本年完成开发土地面积（万平方米）	411385	558595				
待开发土地面积（万平方米）	275753	884890	2265652	1840446		1224136
本年购置土地面积（万平方米）	1290147	1049297	1062938	496005		617190
本年土地成交价款	49464	75885	175560	90499		160758

5—10 房地产开发企业（单位）施工、销售和待售情况（含枞阳）（2015年）

指　　标		合　计	按用途分			
			住　宅	办公楼	商业营业用　房	其　他
房屋施工面积	（平方米）	15620545	11796383	474454	2092091	1257617
#新开工面积		4456319	3352434	72537	624574	406774
房屋竣工面积	（平方米）	3046361	2473009	139000	211994	222358
#不可销售面积		74303	3919		864	69520
商品住宅竣工套数	（套）		24226			
竣工房屋价值	（万元）	817275	635555	57720	73495	50505
出租房屋面积	（平方米）	8485		1100	7385	
商品房销售面积	（平方米）	3394025	3112007	24976	234762	22280
现房销售面积		899410	769500	16294	92409	21207
期房销售面积		2494615	2342507	8682	142353	1073
商品房销售额	（万元）	1598694	1383401	16278	189334	9681
现房销售额		405352	321646	10328	64137	9241
期房销售额		1193342	1061755	5950	125197	440
商品住宅销售套数	（套）		27229			
现房销售套数			6897			
期房销售套数			20332			
待售面积	（平方米）	2363098	1710429	80775	451713	120181
待售1—3年		1176099	879341	400	239600	56758
待售3年以上		18197	10996		7132	69

5—10 房地产开发企业（单位）施工、销售和待售情况（2015年）

指 标		合 计	按用途分			
			住 宅	办公楼	商业营业用房	其 他
房屋施工面积	（平方米）	14261859	10861211	453636	1770940	1176072
#新开工面积		3923337	2982248	62111	533004	345974
房屋竣工面积	（平方米）	2888633	2327614	139000	199661	222358
#不可销售面积		74303	3919		864	69520
商品住宅竣工套数	（套）		23017			
竣工房屋价值	（万元）	784431	606397	57720	69809	50505
出租房屋面积	（平方米）	8485		1100	7385	
商品房销售面积	（平方米）	3278606	3005836	22294	228196	22280
现房销售面积		868567	739905	16294	91161	21207
期房销售面积		2410039	2265931	6000	137035	1073
商品房销售额	（万元）	1559015	1348740	15157	185437	9681
现房销售额		396257	313483	10328	63205	9241
期房销售额		1162758	1035257	4829	122232	440
商品住宅销售套数	（套）		26291			
现房销售套数			6669			
期房销售套数			19622			
待售面积	（平方米）	2134619	1573228	80775	382256	98360
待售1—3年		1089031	818417	400	214178	56036
待售3年以上		18197	10996		7132	69

5—11 房地产开发企业财务状况（2015年）

指标	流动资产合计	#存货	固定资产原价	累计折旧	资产合计	负债合计	资产负债率(%)
总计	**5235359**	**3359708**	**122320**	**42508**	**6217977**	**4685151**	**2497475**
国有及国有控股企业							
按注册类型分	5180591	3317497	119759	41533	6153981	4642495	2460558
内资	5730	1053	1958	535	7489	3203	1572
#国有	10355	9125	1268	864	10759	7390	9093
集体	54768	42211	2561	974	63995	42656	36917
港澳台投资							
外商投资							
按隶属关系分							
中央	185876	171238	4672	1718	413095	304520	144041
省	1227095	785828	13757	7239	1310338	1095110	556007
地区	808617	535603	24323	4542	888005	666884	347517
县	71063	50506	63	30	74399	64459	18894
镇	80660	44612	748	278	86508	76847	37579
其他	2862047	1771922	78758	28701	3445633	2477332	1393438
按资质等级分							
一级	42906	36300	715	651	45360	20583	47932
二级	1596105	825218	43370	17377	2032855	1356287	772876
三级	1367907	886200	51814	15200	1559859	1256509	635937
四级	361195	185459	11806	3213	415344	279183	115113

注：本表数据数据取自一套表平台。

5—12 分县（市、区）房地产开发企业财务状况（2015年）

地区	流动资产合计	#存货	固定资产原价	累计折旧	资产合计	负债合计	资产负债率(%)
全市	**5235359**	**3359708**	**122320**	**42508**	**6217977**	**4685151**	**7.5**
迎江区	1383697	975321	14120	7871	1698519	1347779	7.9
大观区	455236	331391	5370	3015	493834	426008	8.6
宜秀区	643838	389496	10947	5136	939166	663897	7.1
开发区	229033	154431	33246	10363	335521	249293	7.4
桐城市	784670	529616	14106	4126	864221	673771	7.8
怀宁县	350722	190485	13143	4349	380465	252050	6.6
潜山县	348991	225444	9138	3569	375763	304712	8.1
太湖县	181541	70799	1391	552	184885	139559	7.5
宿松县	296562	217184	2218	1187	303724	228986	7.5
望江县	246378	178563	679	497	262604	230669	8.8
岳西县	314691	96978	17963	1842	379275	168427	4.4

注：本表数据数据取自一套表平台。

单位：万元

所有者权益合计	实收资本	主营业务收入	土地转让收入	主营业务成本	主营业务税金及附加	营业利润	本年应付工资总额
1532826	**968503**	**1112471**	**9005**	**838497**	**94028**	**54856**	**36737**
1511487	960824	1101303	9005	831272	93125	53754	36347
4286	2741	789		462	118	255	346
3369	1844	425		273	48	-212	88
21339	7680	11168		7225	903	1103	390
108575	16490	52019		27467	3673	17115	752
215227	212837	248970	2806	199046	20674	1248	9380
221122	160027	114985	235	87640	6323	1676	4830
9940	10445				772	-1769	383
9661	14499	5867	500	4924	383	-649	464
968301	554206	690630	5464	519421	62202	37236	20928
24777	5000	21659		16201	1319	2586	85
676568	340839	475416		364743	41866	25685	10685
303350	204505	194849	4616	138674	18448	8777	8125
136162	61233	92675	1590	66283	5770	10101	3932

单位：万元

所有者权益合计	实收资本	主营业务收入	土地转让收入	主营业务成本	主营业务税金及附加	营业利润	本年应付工资总额
1532826	**968503**	**1112471**	**9005**	**838497**	**94028**	**54856**	**36737**
350740	237038	409436	2800	314329	34639	28308	13015
67827	70760	64394	6	57681	5148	-8933	1902
275269	183056	51578		37393	4235	-8608	3261
86228	53714	80055	862	60359	6461	4385	1892
190450	107357	128363	3748	89327	8947	12606	4482
128415	117727	71074		51551	8505	4047	2824
71052	56445	65342	735	49862	6528	50	2799
45326	25264	61722		41960	6381	11700	734
74738	52448	105727		81459	8259	8749	2939
31935	16637	35339	855	27975	2852	835	1683
210847	48058	39442		26600	2073	1719	1205

5—13　分县（市、区）房地产开发企业（单位）个数（2015年）

单位：个

地　　区	企业个数	内资企业				港澳台投资企业
			#国　有	#集　体	#私　营	
全　　市	**283**	**279**	**8**	**2**	**141**	**4**
迎 江 区	38	37	4		9	1
大 观 区	17	17	1	1	5	
宜 秀 区	19	19			4	
开 发 区	20	19		1	11	1
桐 城 市	44	44			28	
怀 宁 县	36	36	1		19	
潜 山 县	32	32	1		16	
太 湖 县	19	19			8	
宿 松 县	29	29	1		22	
望 江 县	13	12			10	1
岳 西 县	16	15			9	1

5—14　分县（市、区）房地产开发企业从业人员（2015年）

单位：人

地　　区	企业个数	内资企业				港澳台投资企业
			#国　有	#集　体	#私　营	
全　　市	**283**	**7138**	**167**	**28**	**2899**	**69**
迎 江 区	38	1385	83		250	36
大 观 区	17	472	25	12	80	
宜 秀 区	19	750			137	
开 发 区	20	379		16	212	6
桐 城 市	44	1249			653	
怀 宁 县	36	660	28		322	
潜 山 县	32	635	26		320	
太 湖 县	19	264			78	
宿 松 县	29	646	5		449	
望 江 县	13	354			295	14
岳 西 县	16	344			103	13

5—15 分县（市、区）房地产开发建设投资总规模及完成情况（含枞阳）（2015年）

单位：万元

地 区	计划总投资	自开始建设至本年底累计完成投资	本年完成投资
全 市	**9475470**	**5827126**	**1443781**
迎江区	3042050	1382149	340404
大观区	688788	369541	114264
宜秀区	949470	523029	124475
开发区	293393	218519	66850
桐城市	973983	631727	144932
怀宁县	553953	387883	45584
枞阳县	1006943	941489	198735
潜山县	702984	401817	137500
太湖县	253607	207587	41476
宿松县	481712	343172	131753
望江县	323493	288715	51578
岳西县	205094	131498	46230

注：本表数据数据取自一套表平台。

5—15 分县（市、区）房地产开发建设投资总规模及完成情况（2015年）

单位：万元

地 区	计划总投资	自开始建设至本年底累计完成投资	本年完成投资
全 市	**8468527**	**4885637**	**1245046**
迎江区	3042050	1382149	340404
大观区	688788	369541	114264
宜秀区	949470	523029	124475
开发区	293393	218519	66850
桐城市	973983	631727	144932
怀宁县	553953	387883	45584
潜山县	702984	401817	137500
太湖县	253607	207587	41476
宿松县	481712	343172	131753
望江县	323493	288715	51578
岳西县	205094	131498	46230

注：本表数据数据取自一套表平台。

5—16 分县（市、区）按用途分的房地产开发企业（单位）完成投资额（含枞阳）（2015年）

单位：万元

地　　区	本年完成投资额	住　　宅	#90平米以下	#别墅、高档公寓	办公楼	商业营业用房	其　　他
全　　市	**1443781**	**1033520**	**188442**	**23201**	**43778**	**219543**	**146940**
迎江区	340404	230497	26643		11975	29823	68109
大观区	114264	57696	15706		14306	33053	9209
宜秀区	124475	93531	16629	4654	4000	16884	10060
开发区	66850	55424	19386		1850	6816	2760
桐城市	144932	118541	33493	11609		18884	7507
怀宁县	45584	33002	990	180	2973	8044	1565
枞阳县	198735	132956	29024	690	4626	42142	19011
潜山县	137500	115537	18786	1533	2734	16397	2832
太湖县	41476	26923	1328			7877	6676
宿松县	131753	98792	14139	265	1314	16033	15614
望江县	51578	39926	6878			8201	3451
岳西县	46230	30695	5440	4270		15389	146

注：本表数据数据取自一套表平台。

5—16 分县（市、区）按用途分的房地产开发企业（单位）完成投资额（2015年）

单位：万元

地　　区	本年完成投资额	住　　宅	#90平米以下	#别墅、高档公寓	办公楼	商业营业用房	其　　他
全　　市	**1245046**	**900564**	**159418**	**22511**	**39152**	**177401**	**127929**
迎江区	340404	230497	26643		11975	29823	68109
大观区	114264	57696	15706		14306	33053	9209
宜秀区	124475	93531	16629	4654	4000	16884	10060
开发区	66850	55424	19386		1850	6816	2760
桐城市	144932	118541	33493	11609		18884	7507
怀宁县	45584	33002	990	180	2973	8044	1565
潜山县	137500	115537	18786	1533	2734	16397	2832
太湖县	41476	26923	1328			7877	6676
宿松县	131753	98792	14139	265	1314	16033	15614
望江县	51578	39926	6878			8201	3451
岳西县	46230	30695	5440	4270		15389	146

5—17 分县（市、区）房地产开发建设房屋建筑面积和造价（含枞阳）（2015年）

地　区	施工房屋面积（平方米）	#新 开 工	竣工房屋面积（平方米）	房屋建筑面积竣工率（%）
全　市	**15620545**	**4456319**	**3046361**	**19.50**
迎 江 区	3862875	856564	732598	18.97
大 观 区	1524806	352629	23512	1.54
宜 秀 区	1326519	221478	520309	39.22
开 发 区	596278	59802	131758	22.10
桐 城 市	2218305	893420	356210	16.06
怀 宁 县	940853	74974	143086	15.21
枞 阳 县	1358686	532982	157728	11.61
潜 山 县	921151	564200	242707	26.35
太 湖 县	303297	98794	156800	51.70
宿 松 县	1224965	436241	358917	29.30
望 江 县	763140	173245	87072	11.41
岳 西 县	579670	191990	135664	23.40

5—17 分县（市、区）房地产开发建设房屋建筑面积和造价（2015年）

地　区	施工房屋面积（平方米）	#新 开 工	竣工房屋面积（平方米）	房屋建筑面积竣工率（%）
全　市	**14261859**	**3923337**	**2888633**	**20.25**
迎 江 区	3862875	856564	732598	18.97
大 观 区	1524806	352629	23512	1.54
宜 秀 区	1326519	221478	520309	39.22
开 发 区	596278	59802	131758	22.10
桐 城 市	2218305	893420	356210	16.06
怀 宁 县	940853	74974	143086	15.21
潜 山 县	921151	564200	242707	26.35
太 湖 县	303297	98794	156800	51.70
宿 松 县	1224965	436241	358917	29.30
望 江 县	763140	173245	87072	11.41
岳 西 县	579670	191990	135664	23.40

5—18 分县（市、区）按用途分的房地产开发企业（单位）新开工房屋面积（含枞阳）（2015年）

单位：平方米

地　区	本年新开工房屋面积	住　宅	#90平米以下	#别墅、高档公寓	办公楼	商业营业用房	其　他
全　市	**4456319**	**3352434**	**457766**	**45489**	**72537**	**624574**	**406774**
迎江区	856564	488179	42921		46886	168615	152884
大观区	352629	313825	96754		700	8906	29198
宜秀区	221478	167983				53495	
开发区	59802	57376	2480			2426	
桐城市	893420	794399	163405	14689		62340	36681
怀宁县	74974	58634				15048	1292
枞阳县	532982	370186	55250		10426	91570	60800
潜山县	564200	479504	27986	21500	9241	56124	19331
太湖县	98794	60432	1436			17103	21259
宿松县	436241	352577	21526		5284	34609	43771
望江县	173245	105631	18453			27398	40216
岳西县	191990	103708	27555	9300		86940	1342

5—18 分县（市、区）按用途分的房地产开发企业（单位）新开工房屋面积（2015年）

单位：平方米

地　区	本年新开工房屋面积	住　宅	#90平米以下	#别墅、高档公寓	办公楼	商业营业用房	其　他
全　市	**3923337**					**533004**	**345974**
迎江区	856564					168615	152884
大观区	352629					8906	29198
宜秀区	221478					53495	
开发区	59802					2426	
桐城市	893420					62340	36681
怀宁县	74974					15048	1292
潜山县	564200					56124	19331
太湖县	98794					17103	21259
宿松县	436241	352577	21526		5284	34609	43771
望江县	173245	105631	18453			27398	40216
岳西县	191990	103708	27555	9300		86940	1342

5—19 分县（市、区）商品房屋销售情况（含枞阳）（2015年）

地　区	房屋销售面积（平方米）	#商品住宅	商品房销售额（万元）	#商品住宅	现　房	期　房
全　市	**3394025**	**3112007**	**1598694**	**1383401**	**405352**	**1193342**
迎江区	839981	809976	440472	414770	46321	394151
大观区	176303	159771	84478	74568	5566	78912
宜秀区	345488	336716	162030	153596	83471	78559
开发区	100649	94719	41712	38742	10767	30945
桐城市	619125	591829	259769	242224	109353	150416
怀宁县	149850	115099	67502	42290	27375	40127
枞阳县	115419	106171	39679	34661	9095	30584
潜山县	326302	301620	150474	138539	14184	136290
太湖县	170639	136347	88384	54782	17919	70465
宿松县	288035	248063	137019	101554	49256	87763
望江县	129069	110352	59053	47267	18369	40684
岳西县	133165	101344	68122	40408	13676	54446

5—19 分县（市、区）商品房屋销售情况（2015年）

地　区	房屋销售面积（平方米）	#商品住宅	商品房销售额（万元）	#商品住宅	现　房	期　房
全　市	**3278606**	**3005836**	**1559015**	**1348740**	**396257**	**1162758**
迎江区	839981	809976	440472	414770	46321	394151
大观区	176303	159771	84478	74568	5566	78912
宜秀区	345488	336716	162030	153596	83471	78559
开发区	100649	94719	41712	38742	10767	30945
桐城市	619125	591829	259769	242224	109353	150416
怀宁县	149850	115099	67502	42290	27375	40127
潜山县	326302	301620	150474	138539	14184	136290
太湖县	170639	136347	88384	54782	17919	70465
宿松县	288035	248063	137019	101554	49256	87763
望江县	129069	110352	59053	47267	18369	40684
岳西县	133165	101344	68122	40408	13676	54446

5—20 分县（市、区）按用途分的商品房屋实际销售面积（含枞阳）（2015年）

单位：平方米

地区	本年新开工房屋面积	住宅			办公楼	商业营业用房	其他
			#90平米以下	#别墅、高档公寓			
全 市	**4456319**	**3352434**	**457766**	**45489**	**72537**	**624574**	**406774**
迎江区	856564	488179	42921		46886	168615	152884
大观区	352629	313825	96754		700	8906	29198
宜秀区	221478	167983				53495	
开发区	59802	57376	2480			2426	
桐城市	893420	794399	163405	14689		62340	36681
怀宁县	74974	58634				15048	1292
枞阳县	532982	370186	55250		10426	91570	60800
潜山县	564200	479504	27986	21500	9241	56124	19331
太湖县	98794	60432	1436			17103	21259
宿松县	436241	352577	21526		5284	34609	43771
望江县	173245	105631	18453			27398	40216
岳西县	191990	103708	27555	9300		86940	1342

5—20 分县（市、区）按用途分的商品房屋实际销售面积（2015年）

单位：平方米

地区	本年新开工房屋面积	住宅			办公楼	商业营业用房	其他
			#90平米以下	#别墅、高档公寓			
全 市	**3923337**	**2982248**	**402516**	**45489**	**62111**	**533004**	**345974**
迎江区	856564	488179	42921		46886	168615	152884
大观区	352629	313825	96754		700	8906	29198
宜秀区	221478	167983				53495	
开发区	59802	57376	2480			2426	
桐城市	893420	794399	163405	14689		62340	36681
怀宁县	74974	58634				15048	1292
潜山县	564200	479504	27986	21500	9241	56124	19331
太湖县	98794	60432	1436			17103	21259
宿松县	436241	352577	21526		5284	34609	43771
望江县	173245	105631	18453			27398	40216
岳西县	191990	103708	27555	9300		86940	1342

5—21 分县（市、区）按用途分的商品房屋平均销售价格（含枞阳）（2015年）

单位：元/平方米

地区	房屋平均销售价格	住宅	#90平米以下	#别墅、高档公寓	办公楼	商业营业用房	其他
全　市	**4710**	**4445**	**4365**	**7547**	**6517**	**8065**	**4345**
迎江区	5244	5121	4209	5567	8100	10540	4492
大观区	4792	4667	4387			5994	
宜秀区	4690	4562	4255			9615	
开发区	4144	4090	3818			5008	
桐城市	4196	4093	4647	10634		7421	4137
怀宁县	4505	3674	3678	4516	6280	8252	5065
枞阳县	3438	3265	3566	4783	4180	5935	
潜山县	4611	4593	4661	2713		4836	
太湖县	5180	4018	3828			10096	5000
宿松县	4757	4094	3954	3705		9201	1802
望江县	4575	4283	4267			6438	2507
岳西县	5116	3987	4622			8758	7601

5—21 分县（市、区）按用途分的商品房屋平均销售价格（2015年）

单位：元/平方米

地区	房屋平均销售价格	住宅	#90平米以下	#别墅、高档公寓	办公楼	商业营业用房	其他
全　市	**4755**	**4487**	**4381**	**7617**	**6799**	**8126**	**4345**
迎江区	5244	5121	4209	5567	8100	10540	4492
大观区	4792	4667	4387			5994	
宜秀区	4690	4562	4255			9615	
开发区	4144	4090	3818			5008	
桐城市	4196	4093	4647	10634		7421	4137
怀宁县	4505	3674	3678	4516	6280	8252	5065
潜山县	4611	4593	4661	2713		4836	
太湖县	5180	4018	3828			10096	5000
宿松县	4757	4094	3954	3705		9201	1802
望江县	4575	4283	4267			6438	2507
岳西县	5116	3987	4622			8758	7601

5—22 分县（市、区）按用途分的商品房屋待售情况（含枞阳）（2015年）

单位：平方米

地　区	房屋销售面　积	住　宅	#90平米以　下	#别墅、高档公寓	办公楼	商业营业用　房	其　他
全　市	**3394025**	**3112007**	**432069**	**29926**	**24976**	**234762**	**22280**
迎江区	839981	809976	149560	12830	6357	16418	7230
大观区	176303	159771	27777			16532	
宜秀区	345488	336716	17874			8772	
开发区	100649	94719	15609			5930	
桐城市	619125	591829	145994	13196		19041	8255
怀宁县	149850	115099	2183	248	15937	17807	1007
枞阳县	115419	106171	8729	736	2682	6566	
潜山县	326302	301620	24718	1364		24682	
太湖县	170639	136347	5099			32292	2000
宿松县	288035	248063	14619	1552		38196	1776
望江县	129069	110352	9261			18047	670
岳西县	133165	101344	10646			30479	1342

5—22 分县（市、区）按用途分的商品房屋待售情况（2015年）

单位：平方米

地　区	房屋销售面　积	住　宅	#90平米以　下	#别墅、高档公寓	办公楼	商业营业用　房	其　他
全　市	**3278606**	**3005836**	**423340**	**29190**	**22294**	**228196**	**22280**
迎江区	839981	809976	149560	12830	6357	16418	7230
大观区	176303	159771	27777			16532	
宜秀区	345488	336716	17874			8772	
开发区	100649	94719	15609			5930	
桐城市	619125	591829	145994	13196		19041	8255
怀宁县	149850	115099	2183	248	15937	17807	1007
潜山县	326302	301620	24718	1364		24682	
太湖县	170639	136347	5099			32292	2000
宿松县	288035	248063	14619	1552		38196	1776
望江县	129069	110352	9261			18047	670
岳西县	133165	101344	10646			30479	1342

5—23 本年新开工大型项目基本情况（含枞阳）（2015年）

单位：万元

企业名称	项目名称	开工时间	计划总投资	本年完成投资
安庆炼化曙光丁辛醇化工有限公司	年产25万吨丁辛醇项目	201501	104555	79180
安徽省安庆市曙光化工股份有限公司	精细化工产品项目	201512	137320	500
安庆新能源投资发展有限公司	安庆新能源汽车零部件产业园项目	201504	897500	315107
安徽润晶新材料有限公司	蓝宝石长晶与加工项目	201509	700000	166627
安徽省高速公路控股集团有限公司	池州长江公路大桥跨江主桥施工项目（CZQ-03合同段）	201502	264000	48200
枞阳县浙星投资有限公司	浙星同创产业园项目	201504	116000	2348
安徽高速公路集团有限公司	望东长江公路大桥北岸连接线	201501	233193	167000
安庆安达尔汽车制造有限公司	“安达尔”汽车升级改造项目	201505	123166	31750
潜山县水利局	安徽省安庆市下浒山水库工程	201510	141456	22150
安庆市重点工程建设局	安庆市外环北路工程	201506	239000	8742

5—23 本年新开工大型项目基本情况（2015年）

单位：万元

企业名称	项目名称	开工时间	计划总投资	本年完成投资
安庆炼化曙光丁辛醇化工有限公司	年产25万吨丁辛醇项目	201501	104555	79180
安徽省安庆市曙光化工股份有限公司	精细化工产品项目	201512	137320	500
安庆新能源投资发展有限公司	安庆新能源汽车零部件产业园项目	201504	897500	315107
安徽润晶新材料有限公司	蓝宝石长晶与加工项目	201509	700000	166627
安徽高速公路集团有限公司	望东长江公路大桥北岸连接线	201501	233193	167000
安庆安达尔汽车制造有限公司	“安达尔”汽车升级改造项目	201505	123166	31750
潜山县水利局	安徽省安庆市下浒山水库工程	201510	141456	22150
安庆市重点工程建设局	安庆市外环北路工程	201506	239000	8742

主要统计指标解释

全社会固定资产投资

固定资产投资额是以货币表现的建造和购置固定资产活动的工作量，它是反映固定资产投资规模、速度、比例关系和使用方向的综合性指标。全社会固定资产投资按经济类型可分为国有、集体、个体、联营、股份制、外商、港澳台商、其他等。按照管理渠道，全社会固定资产投资统计的范围包括：⑴城镇 500 万元以上项目投资；⑵房地产开发投资；⑶农村非农户投资；⑷农村农户投资。

房地产开发投资

指房地产开发公司、商品房建设公司及其他房地产开发法人单位和附属于其他法人单位实际从事房地产开发或经营的活动单位统一开发的包括统代建、拆迁还建的住宅、厂房、仓库、饭店、宾馆、度假村、写字楼、办公楼等房屋建筑物和配套的服务设施，土地开发工程（如道路、给水、排水、供电、供热、通讯、平整场地等基础设施工程）的投资；不包括单纯的土地交易活动。

固定资产投资的资金来源

根据固定资产投资的资金来源不同，分为国家预算内资金、国内贷款、利用外资、自筹资金和其他资金来源。

⑴国家预算内资金：指中央财政和地方财政中由国家统筹安排的基本建设拨款和更新改造拨款，以及中央财政安排的专项拨款中用于基本建设的资金和基本建设拨款改贷款的资金等。

⑵国内贷款：指报告期内企、事业单位向银行及非银行金融机构借入的用于固定资产投资的各种国内借款。包括银行利用自有资金及吸收的存款发放的贷款、上级主管部门拨入的国内贷款、国家专项贷款（包括煤代油贷款、劳改煤矿专项贷款等）、地方财政专项资金安排的贷款、国内储备贷款、周转贷款等。

⑶利用外资：指报告期内收到的用于固定资产投资的国外资金，包括统借统还、自借自还的国外贷款，中外合资项目中的外资，以及对外发行债券和股票等。国家统借统还的外资指由我国政府出面同外国政府、团体或金融组织签订贷款协议、并负责偿还本息的国外贷款。

⑷自筹资金：指建设单位报告期内收到的，用于进行固定资产投资的上级主管部门、地方和企、事业单位自筹资金。

⑸其他资金来源：指报告期内收到的除以上各种拨款。

固定资产投资按建设性质分

建设项目的性质一般分为新建、扩建、改建、迁建、恢复。基本建设按建设项目划分建设性质，更新改造、国有单位其他固定资产投资及城镇集体投资等按整个企业、事业单位的建设情况确定建设性质，房地产开发单位、农村投资等投资不划分建设性质。

⑴新建：一般是指从无到有、“平地起家”新开始建设的单位。有的单位原有的基础很小，经过建设后其新增加的固定资产价值超过原有固定资产价值（原值）三倍以上的也算新建。

⑵扩建：一般是指为扩大原有产品的生产能力，在厂内或其他地点增建主要生产车间（或主要工程）、独立的生产线或分厂的企业；事业单位和行政单位在原单位增建业务用房（如学校增建教学用房、医院增建门诊部或病床用房、行政机关增建办公楼

等）也作为扩建。

⑶改建：一般是指现有企业、事业单位为了技术进步，提高产品质量，增加花色品种，促进产品升级换代，降低消耗和成本，加强资源综合利用和三废治理、劳保安全等，采用新技术、新工艺、新设备、新材料等对现有设施、工艺条件进行技术改造或更新（包括相应配套的辅助性生产、生活福利设施）。有的企业为充分发挥现有生产能力，进行填平补齐而增建不增加本单位主要产品生产能力的车间等，也属于改建。

固定资产投资按构成分

固定资产投资活动按其工作内容和实现方式分为建筑安装工程，设备、工具、器具购置，其他费用三个部分。

⑴建筑安装工程（建筑安装工作量）：指各种房屋、建筑物的建造工程和各种设备、装置的安装工程。包括各种房屋建造工程，各种用途设备基础和各种工业窑炉的砌筑工程；为施工而进行的各种准备工作和临时工程以及完工后的清理工作等；铁路、道路的铺设，矿井的开凿及石油管道的架设等；水利工程；防空地下建筑等特殊工程；以及各种机械设备的安装工程；为测定安装工程质量，对设备进行的试运工作。在安装工程中，不包括被安装设备本身的价值。

⑵设备、工具、器具购置：指购置或自制达到固定资产标准的设备、工具、器具的价值，固定资产的标准按财务部门规定。新建单位、扩建单位的新建车间按照设计和计划要求购置或自制的全部设备、工具、器具，不论是否达到固定资产标准均计入“设备、工具、器具购置”中。

⑶其他费用：指在固定资产建造和购置过程中发生的，除建筑安装工程和设备、工具、器具购置以外的各种应摊入固定资产的费用。

施工项目

指报告期内曾进行建筑或安装工程施工活动的建设项目，包括报告期内新开工项目、报告期以前开工跨入报告期继续施工的项目以及报告期施过工并在报告期内全部建成投产或停缓建的项目。

全部建成投产项目

工业项目是指设计文件规定形成生产能力的主体工程及其相应配套的辅助设施全部建成，经负荷试运转，证明具备生产设计规定合格产品的条件，并经过验收鉴定合格或达到竣工验收标准，与生产性工程配套的生活福利设施可以满足近期正常生产的需要，正式移交生产的建设项目。非工业项目是指设计文件规定的主体工程和相应的配套工程全部建成，能够发挥设计规定的全部效益，经验收鉴定合格或达到竣工验收标准，正式移交使用的建设项目。

新增生产能力

指通过固定资产投资活动而增加的设计能力或工程效益，它是用实物形态表示的固定资产投资的成果。新增生产能力的计算，是以能独立发挥生产能力或工程效益的单项工程（或项目）为对象。当单项工程（或项目）建成，经有关部门鉴定合格，正式移交投入生产，即可计算新增生产能力。

新增生产能力的数量一般按设计能力计算。设计能力是指设计文件中规定的在正常情况下能够达到的生产能力，而不论投产后的实际产量如何。以设备数量、建筑物容积、面积、长度等表示的新增生产能力或工程效益，则按建成的实际数量计算。

土地购置费

指房地产开发企业为取得土地使用权而支付的费用。土地购置费按当期发生数计入投资，如土地购置费为分期付款的，可分期计入投资；不计入新增固定资产。土地购置费支出包括：①通过草拟方式取得的土地使用权所支付的土地补偿费、附着物和青苗补偿费、安置补偿费及土地征收管理费等；②通过出让方式取得土地使用权所支付的出让金。

投资额按房屋工程用途分组

指投资额中用于各类房屋建设的投资。

住宅

指专供居住的房屋，包括别墅、公寓、职工家属宿舍和集体宿舍（包括职工单身宿舍和学生宿舍）等。但不包括住宅楼中作为人防用、不住人的地下室等。

别墅、高档公寓

一般指单位建筑面积造价高于当地同等地段商品住宅平均造价一倍以上的公寓或别墅，或者经有权审批房地产投资计划的审批单位审定为高档公寓、别墅的房地产投资项目。

办公楼

指企业、事业、机关、团体、学校、医院等单位使用的各类办公用房（又称写字楼）。

商业营业用房

指商业、粮食、供销、饮食服务业等部门对外营业的用房，如度假村、饭店、商店、门市部、粮店、书店、供销店、饮食店、菜店、加油站、日杂等房屋。

房屋施工面积

指报告期内施工的全部房屋建筑面积。包括本期新开工的面积和上年开工跨入本期继续施工的房屋面积，以及上期已停建在本期恢复施工的房屋面积。本期竣工和本期施工后又停建缓建的房屋面积仍包括在施工面积中，多层建筑应填各层建筑面积之和。

房屋竣工面积

指报告期内房屋建筑按照设计要求已全部完工，达到住人和使用条件，经验收鉴定合格或达到竣工验收标准（实行房地产开发小区综合验收的城市，应经小区综合验收合格），可正式移交使用的各栋房屋建筑面积的总和。

商品房销售面积

指报告期内出售商品房屋的合同总面积（即双方签署的正式买卖合同中所确定的建筑面积）。由现房销售面积和期房销售面积两部分组成。

商品房销售额

指报告期内出售商品房屋的合同总价款。由现房销售额和期房销售额两部分组成。

待售面积

指报告期末已竣工的可供销售或出租的商品房屋建筑面积中，尚未销售或出租的商品房屋建筑面积，包括以前年度竣工和本期竣工的房屋面积，但不包括报告期已竣工的拆迁还建、统建代建、公共配套建筑、房地产公司自用及周转房等不可销售或出租的房屋面积。

本年购置土地面积

指在本年内通过各种方式获得土地使用权的土地面积。

本年土地成交价款

指进行土地使用权交易活动的最终金额。在土地一级市场，是指土地最后的划拨款和出让价；在土地二级市场是指土地转让、出租、抵押等最后确定的合同价格。土地成交价款与土地购置面积同口径，目的是正确计算平均土地购置价格。

土地使用权出让金

指政府将土地使用权出让给土地使用者，并向受让人收取的政府放弃若干年土地使用权的全部货币或其他物品及权利折合成货币的补偿。

契税

指以所有权发生转移变动的不动产（土地）为征税对象，向产权承受人征收的一种财产税。

第六篇

能源生产和消费

简要说明

一、本篇包括的主要内容有：能源生产、消费及品种构成，分行业分主要能源品种的消费量等。

二、本篇资料取自市统计局工交科,是按照国家统计局报表制度逐级汇总整理。

三、关于数据口径与计算的说明

1、一次能源生产量与工业统计数据一致。

2、行业分类采用现行统一的国民经济行业分类国家标准。

6—1 主要年份规模以上工业能源及电力消费总量

年　　份	能源消费总量（万吨标准煤）	电力消费量（亿千瓦时）
2010	344.53	41.17
2011	392.76	48.15
2012	407.95	51.06
2013	464.43	55.55
2014	498.83	60.49
2015	562.41	64.19
2015*	678.36	75.34

6—2 主要年份全社会用电情况

单位：万千瓦时

指　　标	2010	2011	2012	2013	2014	2015	2015*
全社会用电量	**626870**	**705047**	**740673**	**826788**	**824242**	**825402**	**947230**
农林牧渔业	10491	10266	11689	10993	9992	11417	13712
工　业	444059	494240	493138	541475	550253	534196	625105
轻工业	159607	176719	188576	170897	156845	163986	170557
重工业	284452	317521	304562	370578	393408	370210	454548
建筑业	5501	7978	9007	14006	13733	13981	14955
交运仓储邮政业	9291	10061	9374	8882	4825	5224	5476
信息计算机软件	3880	4223	6012	6959	7763	8596	8949
商业住宿餐饮业	17170	26066	33096	38065	41490	44290	45672
金融房产商务居民	10172	7943	7518	11281	11353	13095	14725
公共事业管理组织	13785	17836	23845	31495	29494	31356	34215
城乡居民生活	112521	126434	146994	163632	155339	163247	184421
城　镇	49684	51165	58755	61567	54379	52831	56534
乡　村	62837	75269	88239	102065	100960	110416	127887

6—3 非工业生产消费及电力消费情况（2015年）

行　　业	非工业生产消费(吨标准煤)	电力消费合计(万千瓦时)	工业生产的电力消费(万千瓦时)
全部工业企业	**31008.01**	**641860.60**	**633193.43**
轻工业	6377.28	196499.57	193994.54
重工业	24630.73	445361.03	439198.89
按工业行业门类分			
采矿业	**28.30**	**7471.55**	**7460.10**
黑色金属矿采选业	3.26	2482.80	2480.15
有色金属矿采选业	25.04	920.95	912.15
非金属矿采选业	0.00	4067.80	4067.80
制造业	**15760.78**	**543468.01**	**538733.53**
农副食品加工业	924.85	12290.17	12201.26
食品制造业	120.95	7528.09	7520.52
酒、饮料和精制茶制造业	165.62	4595.03	4532.51
纺织业	1339.99	61547.91	60590.43
纺织服装、服饰业	861.71	15690.82	15299.78
皮革、毛皮、羽毛及其制品和制鞋业	248.86	1850.58	1738.46
木材加工和木、竹、藤、棕、草制品业	127.10	11139.13	11101.00
家具制造业	23.36	2568.32	2549.32
造纸和纸制品业	935.91	45323.03	45076.13
印刷和记录媒介复制业	119.88	4104.26	4047.90
文教、工美、体育和娱乐用品制造业	154.38	999.81	918.06
石油加工、炼焦和核燃料加工业	436.11	100147.98	100137.98
化学原料和化学制品制造业	702.38	33429.08	33034.56
医药制造业	100.37	2766.27	2740.37
化学纤维制造业	55.57	700.00	685.00
橡胶和塑料制品业	1828.01	50826.79	49957.43
非金属矿物制品业	4217.12	98229.61	97916.49
黑色金属冶炼和压延加工业	4.82	1585.31	1581.39
有色金属冶炼和压延加工业	7.31	1255.94	1255.74
金属制品业	403.43	7635.42	7477.96
通用设备制造业	859.75	19577.38	19292.36
专用设备制造业	436.81	7280.03	7006.43
汽车制造业	1263.48	34311.57	34187.05
铁路、船舶、航空航天和其他运输设备制造业	6.27	463.39	458.29
电气机械和器材制造业	276.68	11166.85	11053.12
计算机、通信和其他电子设备制造业	41.88	2593.11	2559.03
仪器仪表制造业	0.49	179.00	178.60
其他制造业	86.63	2868.36	2830.59
废弃资源综合利用业	11.06	781.77	772.77
金属制品、机械和设备修理业		33.00	33.00
电力、热力、燃气及水生产和供应业	**15218.93**	**90921.04**	**86999.80**
电力、热力生产和供应业	15194.60	86683.85	82782.41
燃气生产和供应业		423.69	423.69
水的生产和供应业	24.33	3813.50	3793.70

6—4 分行业工业用水情况（2015年）

单位：万立方米

行业	工业取水总量	#地表水	地下水	自来水	重复用水量
消费总量	**20255.20**	**14897.51**	**639.10**	**4361.25**	**83222.03**
采矿业	**119.11**	**26.61**	**64.41**	**6.01**	**49.43**
黑色金属矿采选业	65.42	24.18	20.37	0.86	23.72
有色金属矿采选业	47.77		43.88	3.65	24.38
非金属矿采选业	5.92	2.43	0.16	1.50	1.33
制造业	**5956.29**	**1235.88**	**109.28**	**4275.86**	**82723.49**
农副食品加工业	115.14	21.94	3.97	89.23	3.07
食品制造业	66.64	0.43	3.85	62.32	1.52
酒、饮料和精制茶制造业	135.45	1.88	12.81	120.76	2.83
纺织业	370.94	4.86	8.15	357.29	24.26
纺织服装、服饰业	204.14	0.41	5.05	198.67	9.72
皮革、毛皮、羽毛及其制品和制鞋业	27.59	4.45	1.80	21.34	1.20
木材加工和木、竹、藤、棕、草制品业	65.15	1.88	29.12	34.03	26.80
家具制造业	9.93	0.41	0.03	9.49	0.20
造纸和纸制品业	907.51	830.74		28.39	644.14
印刷和记录媒介复制业	10.43	0.21	0.20	10.03	0.28
文教、工美、体育和娱乐用品制造业	28.80		2.48	26.31	0.22
石油加工、炼焦和核燃料加工业	2263.97			2058.18	80252.55
化学原料和化学制品制造业	332.00	83.50	2.99	191.46	1176.57
医药制造业	86.75	3.26		83.49	6.45
化学纤维制造业	211.92			211.92	131.84
橡胶和塑料制品业	102.85	2.55	6.06	93.89	15.89
非金属矿物制品业	520.61	267.64	14.83	213.20	375.38
黑色金属冶炼和压延加工业	5.83	0.04		5.79	0.29
有色金属冶炼和压延加工业	11.73	5.11	1.36	4.45	12.11
金属制品业	43.87	0.44	2.72	40.69	4.31
通用设备制造业	106.49	0.39	9.45	96.51	1.19
专用设备制造业	41.73	0.17	0.36	41.20	0.33
汽车制造业	142.95	0.59	0.89	141.47	15.94
铁路、船舶、航空航天和其他运输设备制造业	7.85	2.16		5.69	
电气机械和器材制造业	64.74	0.63	0.33	63.78	15.17
计算机、通信和其他电子设备制造业	20.90	1.37	1.30	18.23	0.38
仪器仪表制造业	1.45			1.45	
其他制造业	18.80	0.82	1.44	16.53	0.86
废弃资源综合利用业	30.12		0.09	30.03	
金属制品、机械和设备修理业	0.04			0.04	
电力、热力、燃气及水生产和供应业	**14179.81**	**13635.02**	**465.41**	**79.38**	**449.10**
电力、热力生产和供应业	3791.66	3724.38		67.28	449.10
燃气生产和供应业	3.18			3.18	
水的生产和供应业	10384.97	9910.64	465.41	8.92	

6—5 分行业工业企业能源品种消费量（2015年）

行业	原煤（吨）	#无烟煤	炼焦烟煤	一般烟煤	褐煤
消费总量	**6358164.5**	**50710.0**		**6307454.6**	
采矿业	**1666.0**	**122.0**		**1544.0**	
黑色金属矿采选业	1593.0	49.0		1544.0	
有色金属矿采选业					
非金属矿采选业	73.0	73.0			
制造业	**1914752.5**	**50588.0**		**1864164.6**	
农副食品加工业	11603.1	1891.7		9711.5	
食品制造业	5464.2	1220.0		4244.2	
酒、饮料和精制茶制造业	2556.8	79.0		2477.8	
纺织业	6469.0	714.0		5755.0	
纺织服装、服饰业	8719.2	383.0		8336.2	
皮革、毛皮、羽毛及其制品和制鞋业	1194.7	784.0		410.7	
木材加工和木、竹、藤、棕、草制品业	10904.0	85.0		10819.0	
家具制造业					
造纸和纸制品业	258451.1	3933.0		254518.1	
印刷和记录媒介复制业					
文教、工美、体育和娱乐用品制造业					
石油加工、炼焦和核燃料加工业	388104.0	169.0		387935.0	
化学原料和化学制品制造业	57279.5	27277.4		30002.1	
医药制造业	7286.4	4302.5		2983.8	
化学纤维制造业	13652.0			13652.0	
橡胶和塑料制品业	3816.1	373.0		3443.1	
非金属矿物制品业	1124193.4	6930.0		1117263.4	
黑色金属冶炼和压延加工业					
有色金属冶炼和压延加工业	7102.0			7102.0	
金属制品业	2176.7	11.0		2165.7	
通用设备制造业	759.3	90.6		668.7	
专用设备制造业	181.7			181.7	
汽车制造业	253.7			253.7	
铁路、船舶、航空航天和其他运输设备制造业					
电气机械和器材制造业	2697.0	456.0		2241.0	
计算机、通信和其他电子设备制造业					
仪器仪表制造业					
其他制造业	238.8	238.8			
废弃资源综合利用业	1650.0	1650.0			
金属制品、机械和设备修理业					
电力、热力、燃气及水生产和供应业	**4441746.0**			**4441746.0**	
电力、热力生产和供应业	4441746.0			4441746.0	
燃气生产和供应业					
水的生产和供应业					

洗精煤 (吨)	煤制品 (吨)	焦　炭 (吨)	天然气 (气态) (万立方米)	液化天然气 (液态) (吨)	原　油 (吨)	汽　油 (吨)	煤　油 (吨)	柴　油 (吨)	燃料油 (吨)
287.5	**8.3**	**9707.4**	**3406.2**	**176.5**	**6904555**	**3842.2**	**670.6**	**19529.4**	**6960.2**
						102.0		**1801.0**	
						23.0		652.0	
						16.0		47.4	
						63.0		1101.6	
287.5	**8.3**	**9707.4**	**3406.2**	**176.5**	**6904555**	**3439.9**	**670.6**	**16544.3**	**6960.2**
			198.0			258.2	2.0	328.4	
			339.1			9.0		46.2	
			1527.5			88.0		0.0	
			238.5			76.4	1.6	50.9	
			0.3			225.0	0.0	51.1	
287.5			89.0			53.0		9.2	
						58.0	1.5	117.3	
						18.5		724.8	
						26.9		6.0	
								124.6	
					6904555	16.0		401.7	6250.2
		6521.4	73.6			43.2		204.7	
			83.9			46.6		132.0	
						222.4		364.8	400.0
				107.3		630.1	8.6	7334.0	
						4.8			
			14.7	22.2		54.7		402.7	
		314.0				812.0	284.2	687.2	32.0
		2872.0	40.0	47.0		151.9		265.3	
			709.4			414.1	372.7	1638.0	278.0
						10.5		2.8	
			92.3			96.1		57.7	
						124.5		331.8	
						0.0			
						0.0		3263.0	
						300.3		**1184.1**	
						260.3		1181.1	
						40.0		3.0	

6—5 续表

行 业	液化石油气(吨)	炼厂干汽(吨)	润滑油(吨)	石蜡(吨)	溶剂油(吨)
消费总量	**350.9**	**282982.0**	**13386.4**	**299.4**	**1154.4**
采矿业			**19.0**		
黑色金属矿采选业					
有色金属矿采选业					
非金属矿采选业			19.0		
制造业	**350.9**	**272047.0**	**13367.4**	**299.4**	**1154.4**
农副食品加工业					
食品制造业	109.9				
酒、饮料和精制茶制造业					
纺织业					
纺织服装、服饰业					
皮革、毛皮、羽毛及其制品和制鞋业					
木材加工和木、竹、藤、棕、草制品业				12.5	
家具制造业					
造纸和纸制品业					
印刷和记录媒介复制业	1.4				
文教、工美、体育和娱乐用品制造业					
石油加工、炼焦和核燃料加工业	38.0	271272.0	12960.4		
化学原料和化学制品制造业		775.0	20.0	286.9	1110.2
医药制造业					0.0
化学纤维制造业					
橡胶和塑料制品业					44.2
非金属矿物制品业					
黑色金属冶炼和压延加工业					
有色金属冶炼和压延加工业					
金属制品业	51.8				
通用设备制造业	16.0		355.2		
专用设备制造业					
汽车制造业	59.9		29.7		
铁路、船舶、航空航天和其他运输设备制造业					
电气机械和器材制造业	74.0		2.2		
计算机、通信和其他电子设备制造业					
仪器仪表制造业					
其他制造业					
废弃资源综合利用业					
金属制品、机械和设备修理业					
电力、热力、燃气及水生产和供应业		**10935.0**			
电力、热力生产和供应业		10935.0			
燃气生产和供应业					
水的生产和供应业					

石油焦(吨)	其他石油制品(吨)	热力(百万千焦)	电力(万千瓦时)	煤矸石用于燃料(吨)	城市垃圾用于燃料(吨)	生物质废料用天燃料(吨)	余热余压(百万千焦)	其他工业废料用于燃料(吨)	其他燃料(吨材料煤)
70835.0	**1395128.6**	**20070612.6**	**641860.6**	**13814.0**	**318648.9**	**242883.0**	**2335147.6**	**244783.5**	**4344.6**
			7471.6						
			2482.8						
			921.0						
			4067.8						
70835.0	**1395128.6**	**18545943.6**	**543468.0**	**13814.0**	**2700.0**	**12350.0**	**2335147.6**	**244783.5**	**1366.6**
			12290.2						0.5
			7528.1			198.0			
			4595.0						
		419947.0	61547.9			2651.0			261.0
			15690.8						14.1
			1850.6						
			11139.1						1016.0
			2568.3						
		5976367.0	45323.0			8729.0	70156.0	244783.5	
			4104.3						
			999.8						75.0
	1389518.0	11745837.0	100148.0						
	5610.6	403788.6	33429.1			772.0			
			2766.3						
			700.0						
			50826.8						
70835.0			98229.6	13814.0	2700.0		2264991.6		
			1585.3						
			1255.9						
			7635.4						
			19577.4						
		4.0	7280.0						
			34311.6						
			463.4						
			11166.9						
			2593.1						
			179.0						
			2868.4						
			781.8						
			33.0						
		1524669.0	**90921.0**		**315948.9**	**230533.0**			**2978.0**
		1524669.0	86683.9		315948.9	230533.0			2978.0
			423.7						
			3813.5						

6—6 工业企业能源购进、消费及库存（2015年）

能源名称		购进量		消费量			年末
		实物量	金额（万元）	工业生产消费	#用于原材料	非工业生产消费	库存量
能源合计	**（吨标准煤）**			**18138617**		**31008**	
原 煤	（吨）	223098	6517577	6350854	332118	7310	363293
#无烟煤		3625	50079	50540	20883	170	1920
一般烟煤		219473	6467497	6300314	311235	7140	361374
褐 煤							
洗精煤	（吨）		287	287			
煤制品	（吨）			8			
焦 炭	（吨）	297	9636	9702	6521	5	225
天然气（气态）	（万立方米）	1	3286	3328		78	15
液化天然气（液态）	（吨）	9	192	176			27
原 油	（吨）	146969	6902619	6904555			145033
汽 油	（吨）	46	3790	2362	25	1480	23
煤 油	（吨）	7	667	659	262	11	1
柴 油	（吨）	732	19088	16201	624	3328	560
燃料油	（吨）	160	710	6960			
液化石油气	（吨）		313	290		61	2
炼厂干气	（吨）		11710	282982			
润滑油	（吨）	1964	13745	13385	1462	1	2317
石 蜡	（吨）	3	396	297		3	1
溶剂油	（吨）	28	1167	1154	1154		40
石油焦	（吨）	3271	74478	70835			6914
其他石油制品	（吨）	7307	552931	1395129	453755		5146
热 力	（百万千焦）		12904628	19902567		168045	
电 力	（万千瓦时）		513974	633193		8667	
煤矸石用于燃料	（吨）		13814	13814			
城市垃圾用于燃料	（吨）		2700	318649			
生物质废料用于燃料	（吨）		240930	242719		164	
余热余压	（百万千焦）			2303161		31986	
其他工业废料用于燃料	（吨）		9245	244784			
其他燃料	（吨标准煤）	99	4275	4345			14

6—7 地区能源消费与单位GDP能耗

单位：万吨标准煤

指标	2010	2011	2012	2013	2014	2015	2015*
能源消费总量（等价值）	**575.61**	**635.36**	**676.75**	**739.96**	**755.20**	**767.28**	**925.51**
第一产业能源消费	11.71	12.27	13.00	13.20	13.71	14.52	17.03
第二产业能源消费	396.87	454.33	480.63	534.74	549.27	547.91	679.18
工业能源消费	381.30	437.89	464.08	517.67	532.65	530.04	658.46
建筑业能源消费	15.57	16.44	16.55	17.07	16.62	17.87	20.72
第三产业能源消费	76.29	78.63	85.42	92.05	100.09	107.96	120.40
#交通运输业能源消费	38.41	41.30	42.82	46.55	42.58	43.77	50.45
居民生活用能	90.74	90.13	97.70	99.97	92.20	96.89	108.91
城市居民	48.01	48.29	52.48	53.22	46.60	47.30	50.49
农村居民	42.73	41.84	45.22	46.75	45.60	49.59	58.42
单位GDP能耗（等价值）（吨标准煤/万元）	0.66	0.65	0.62	0.61	0.57	0.54	0.57

注：GDP按照2010年可比价格计算。

6—8 主要年份工业企业主要能源品种消费量

类别		2010	2011	2012	2013	2014	2015	2015*
原　煤	（万吨）	396.26	437.74	453.36	494.99	488.20	635.82	803.62
洗精煤	（万吨）	0.57	0.22	0.03	0.03	0.03	0.03	0.03
焦　炭	（万吨）	10.99	1.26	1.39	1.33	1.17	0.97	0.97
原　油	（万吨）	477.55	483.48	421.07	551.55	749.09	690.46	690.46
汽　油	（万吨）	0.60	0.26	0.30	0.48	0.34	0.38	0.39
煤　油	（万吨）	0.04	0.04	0.04	0.04	0.05	0.07	0.07
柴　油	（万吨）	1.11	1.50	1.52	1.87	1.89	1.95	2.43
燃料油	（万吨）	2.13	1.76	1.41	1.15	1.29	0.70	0.70
热　力	（万百万千焦）	1290.24	1359.53	1453.81	2012.08	1981.76	2007.06	2007.06

主要统计指标解释

能源生产总量

指一定时期内全省一次能源生产量的总和，是观察全省能源生产水平、规模、构成和发展速度的总量指标。一次能源生产量包括原煤，原油，天然气，水电、核能及其他动力能（如风能、地热能等）发电量，不包括低热值燃料生产量、生物质能、太阳能等的利用和由一次能源加工转换而成的二次能源产量。

能源消费总量

指一定时期内全省物质生产部门、非物质生产部门和生活消费的各种能源的总和，是观察能源消费水平、构成和增长速度的总量指标。能源消费总量包括原煤和原油及其制品、天然气、电力，不包括低热值燃料、生物质能和太阳能等的利用。能源消费总量分为终端能源消费量、能源加工转换损失量和损失量三部分。

⑴终端能源消费量：指一定时期内全省生产和生活消费的各种能源在扣除了用于加工转换二次能源消费量和损失量以后的数量。

⑵能源加工转换损失量：指一定时期内全省投入加工转换的各种能源数量之和与产出各种能源产品之和的差额，是观察能源在加工转换过程中损失量变化的指标。

⑶能源损失量：指一定时期内能源在输送、分配、储存过程中发生的损失和由客观原因造成的各种损失量，不包括各种气体能源放空、放散量。

能源消费弹性系数

是反映能源消费增长速度与国民经济增长速度之间比例关系的指标。计算公式为：

能源消费弹性系数＝能源消费量年平均增长速度/国民经济年平均增长速度

国民经济年平均增长速度，可根据不同的目的或需要，用国民生产总值、国内生产总值等指标来计算，本年鉴是采用国内生产总值指标计算的。

电力消费弹性系数

反映电力消费增长速度与国民经济增长速度之间比例关系的指标。计算公式为：

电力消费弹性系数＝电力消费量年平均增长速度/国民经济年平均增长速度

电力生产弹性系数

是研究电力生产增长速度与国民经济增长速度之间关系的指标。一般来说，电力的发展应当快于国民经济的发展，也就是说电力应超前发展。计算公式为：

电力生产弹性系数＝电力生产量年平均增长速度/国民经济年平均增长速度

第七篇

财政、金融和保险

简要说明

一、本篇反映全市财政收支、金融保险业发展状况。

二、财政收支资料来源于市财政局财政决算。

三、金融保险业资料有以下两个部分：一是反映金融机构、国有独资商业银行、农村信用社等信贷收支情况，资料由中国人民银行安庆中心支行提供；二是反映保险业务情况，资料由市统计局综合科收集整理提供。

7—1　主要年份财政收支总额及增长速度

年　份	财政收入（万元）	财政支出（万元）	增长速度（%）	
			财政收入	财政支出
2010	1134197	1448099		
2011	1457036	1911601	28.5	32.0
2012	1572714	2183423	7.9	14.2
2013	1827333	2505277	16.2	14.7
2014	2164929	2691545	18.5	7.4
2015	2473998	3054154	14.3	13.5
2015*	2588000	3371729	12.1	12.6

7—2　主要年份财政收入占安庆生产总值的比重

年　份	财政收入（万元）	安庆生产总值（万元）	财政收入相当于生产总值的百分比（%）
2010	1134197	8685430	13.1
2011	1457036	10663019	13.7
2012	1572714	11905588	13.2
2013	1827333	12449070	14.7
2014	2164929	13529062	16.0
2015	2473998	14174291	17.5
2015*	2588000	16131533	16.0

7—3　主要年份中央和地方财政收入及比重

年　份	绝对数（万元）			比　重（%）	
	全　市	中　央	地　方	中　央	地　方
2010	1134197	679391	454806	59.9	40.1
2011	1457036	797123	659913	54.7	45.3
2012	1572714	795559	777155	50.6	49.4
2013	1827333	939936	887397	51.4	48.6
2014	2164929	1203896	961033	55.6	44.4
2015	2473998	1485099	988899	60.0	40.0
2015*	2588000	1522292	1065708	58.8	41.2

注：中央财政收入包括出口货物退增值税。

7—4 地方财政收支情况

单位：万元

指　　标	2010	2011	2012	2013	2014	2015	2015*
收入合计	**454806**	**659913**	**777155**	**887397**	**961033**	**988899**	**1065708**
#增值税	54573	67245	58535	83353	97359	115743	122515
营业税	123288	158520	200077	261195	274662	253526	270320
企业所得税	19365	28249	40245	53841	56220	50642	54356
个人所得税	8079	9913	10409	14544	17204	15412	15936
资源税	3001	3988	5456	6515	7369	6391	11399
城市维护建设税	24812	25928	28064	35508	44404	59323	65725
耕地占用税	18611	21578	29006	14528	21350	21215	21806
契　税	30752	40748	79901	70023	96304	68220	72564
专项收入	16487	23065	28417	28821	33345	82210	86225
行政事业性收费收入	71596	93407	87895	86031	71858	59719	66766
罚没收入	19674	20555	24906	21583	23801	33270	37667
国有资本经营收入	3324	58903	45506	24894			
国有资源（资产）有偿使用收入	37480	56841	61675	75466	77646	72004	81362
其他收入	5182	12897	4992	12696	14563	11077	11117
支出合计	**1448099**	**1911601**	**2183423**	**2505277**	**2691545**	**3054154**	**3371729**
一般公共服务	207808	262911	294818	320792	293736	271099	294959
国　防	2654	1392	1270	1591	2131	2849	3143
公共安全	78189	82675	99723	109222	115763	130241	141344
教　育	307322	432115	476601	505967	515247	562445	628321
科学技术	21666	31212	40427	50579	55964	66798	71738
文化体育与传媒	24156	37860	44112	50054	52529	52593	55576
社会保障和就业	152241	211179	236480	264605	298865	347092	407720
医疗卫生	143476	199851	229774	277029	317997	365650	421890
节能环保	27598	50329	44913	44677	58169	56316	65811
城乡社区事务	64588	97398	112030	154596	186019	287209	293436
农林水事务	199455	251174	298590	348709	366139	441496	490581
交通运输	36362	65644	76010	169956	221456	246032	252600
资源勘探电力信息等事务	29255	20861	19146	30824	22559	25973	27829
粮油物资储备管理等事务	7541	12489	13453	14258	16017	10101	11112
金融监管支出	2592	5092	3038	6086	6463	7524	7604
其他支出	28577	11124	3870	2626	5029	1533	1533

注：采掘电力信息等事务改为资源勘探电力信息等事务，环境保护改为节能环保。

7—5 主要年份各县（市）、区财政收入

单位：万元

年份	迎江区	大观区	宜秀区	开发区	桐城市	怀宁县
2000					24018	20714
2005	11092	10313	4879		32007	34373
2006	13406	14280	6831	22580	41900	43276
2007	17920	16373	9035	30121	56800	60088
2008	22008	19681	12182	38040	71000	72042
2009	26097	23225	14922	33732	84000	84160
2010	32825	27153	20273	49152	110184	110688
2011	42006	32025	27454	54568	153700	154180
2012	66007	46494	44013	67065	184700	164198
2013	100018	50216	71551	73779	217729	176806
2014	111016	69153	84044	109059	218630	194111
2015	112028	69206	87010	114630	210018	164111

年份	潜山县	太湖县	宿松县	望江县	岳西县
2000	12830	12281	12263	13193	8201
2005	13563	10588	11652	8179	10150
2006	18121	12777	14999	11620	11990
2007	23651	15881	20006	15691	17096
2008	28402	18536	26169	20126	19004
2009	32661	21885	30213	23777	21397
2010	42303	25525	37798	29134	25716
2011	60100	35247	51813	38991	30437
2012	72364	42661	62815	46866	37510
2013	86018	52094	77161	58391	48192
2014	100028	62196	89562	67201	58300
2015	101333	69058	98637	70900	64867

7—6 分县（市、区）地方财政收入（2015年）

指　　标	市　直	迎江区	大观区	宜秀区	开发区
收入合计	**230147**	**80774**	**43579**	**57880**	**49217**
#增值税	37825	6919	8318	5637	10950
营业税	26395	36727	18273	18887	13476
企业所得税	8268	5468	2755	4796	3874
个人所得税	3277	1490	1690	428	1170
资源税	304	40	161	66	
城市维护建设税	33191	3254	2586	2512	3411
耕地占用税	5272				
契　税	23252				6126
专项收入	43372	2288	1867	1879	2354
行政事业性收费收入	19241	1293	445	568	1
罚没收入	5091	4682	257	1411	13
国有资本经营收入					
国有资源（资产）有偿使用收入	3889	124	288	1362	276
其他收入	1017	19		341	8

单位：万元

桐城市	怀宁县	潜山县	太湖县	宿松县	望江县	岳西县
142205	**113961**	**67159**	**43978**	**71065**	**46548**	**42386**
12029	10378	6193	3597	5896	3805	4196
34038	24709	17457	14046	20156	14477	14885
9009	5000	2534	2177	3004	1581	2176
1915	1345	674	1383	1096	472	472
692	3632	337	318	115	262	464
4835	2505	1902	1186	1472	1247	1222
3557	6463	1215	981	1998	1094	635
8086	8125	7827	2201	6204	4414	1985
5832	6784	4877	2898	3955	2912	3192
6447	11111	3478	3458	7210	4871	1596
4382	3724	3209	2781	4636	1179	1905
26519	16127	7406	2131	6404	3422	4056
2708	265	1244	704	3659	647	465

7—7 分县（市、区）财政支出（2015年）

指　　标	市　直	迎江区	大观区	宜秀区	开发区
支出合计	**743491**	**59624**	**51510**	**72667**	**43630**
一般公共服务	30455	9461	6016	10518	5931
国　防	1488				
公共安全	41769	3513	3707	4255	17
教　育	57906	17420	14268	15456	5691
科学技术	22802	275	245	801	520
文化体育与传媒	23248	963	244	1632	35
社会保障和就业	75058	3351	2764	3332	1342
医疗卫生	54192	5966	9052	11290	2717
节能环保	11154	208	402	1240	98
城乡社区事务	150271	7507	3975	4940	25728
农林水事务	52129	7702	7978	14892	747
交通运输	135371	241	480	602	
商业服务业	14085	2671	1532	535	
金融监管	6027				
住房保障	49080	115	706	943	681
粮油物资储备管理等事务	2458				

单位：万元

桐城市	怀宁县	潜山县	太湖县	宿松县	望江县	岳西县
350010	**283102**	**289358**	**284920**	**371000**	**254042**	**250800**
32735	29183	31200	23151	41246	28053	23150
	263	86	359	653		
14600	11817	10645	11845	11060	9115	7898
76564	72119	54191	62392	85599	49953	50886
13583	5283	5627	2108	5482	5912	4160
3723	3930	3149	3614	3599	4235	4221
40457	34147	38482	40467	35953	38304	33435
45541	40935	39776	35231	51907	37123	31920
3118	6769	6680	6273	11085	4100	5189
36412	10741	13056	2358	23611	3105	5505
48913	42348	56519	55749	49775	55175	49569
6028	8018	14138	21958	34665	10403	14128
2454	597	1125	1718	1200	203	3290
150	35	152	484	504	172	
16666	10467	8653	8106	7109	4844	13349
841	1213	948	897	1627	1589	528

7—8 主要年份金融机构本外币各项存款和贷款余额

单位：万元

年份	各项存款合计	#企业存款	城乡居民储蓄存款	各项贷款合计
2010	10310184	2307340	6209870	5159032
2011	12568329	4641368	7554900	6447120
2012	15195412	5517691	9247100	8008519
2013	17705389	6297398	10830995	10019128
2014	19896411	6936916	12254225	11828272
2015	22534752	5093142	14331392	13482911
2015*	25406299	5306756	16712735	14322219

注：2015年起，城乡居民储蓄存款为住户存款口径，2016年起，企业存款为非金融企业存款。

7—9 主要年份保险公司业务经济技术指标（含枞阳）

单位：万元

年份	保费收入	赔款及给付
1995	10205	5750
2000	28625	17394
2005	101120	39810
2010	389327	75562
2011	347565	82380
2012	427594	116842
2013	375500	140000
2014	475800	177600
2015	570200	204100

7—10 金融机构信贷资金平衡表

（年末余额） 单位：万元

指 标	2010	2012	2013	2014	2015	2015*
资金来源合计	**5198727**	**15259815**	**17739092**	**19509132**	**21340311**	**23757873**
各项存款	10310185	15195412	17705389	19896374	22534752	25406299
企业存款	2307340	5517692	6297399	6936915	5093142	5306756
活期存款	1968505	3507399	3907444	3856317	3127880	3294612
定期及其他存款	338835	907632	1009255	1151213	1965263	2012144
住户存款	6209870	9247100	10830996	12254225	14331392	16712735
委托存款	13410	13161	10058	23040		
其他存款	1779565	92081	127138	163731		
所有者权益	244889	395187	605166	767531	707563	793496
#实收资本	114346	158669	249772	378777	378777	432945
其 他	-5356347	-1003086	-1496501	-2329273	-2924414	-3592707
资金运用合计	**5198727**	**15259815**	**17739092**	**19509132**	**21340311**	**23757873**
各项贷款	5159032	8008519	10019128	11828272	13482911	14322219
短期贷款	2629875	4639822	5907344	6421305	6485994	6892256
中长期贷款	2375268	3248833	4042958	5131886	6273181	6626320
票据融资	82728	118379	64839	213035	376698	427765
各项垫款	795	1386	3871	62011	28230	28230
有价证券及投资	39695	55105	19919	120263	381815	384808

注：2015年起取消储蓄存款，新增住户存款。

7—11 分县（市、区）金融机构本外币信贷收支（2015年）

（年末余额）　　单位：万元

地　区	各项存款	非金融企业存款	住户存款	所有者权益	各项贷款
全　市	**22534752**	**5093142**	**14331392**	**707563**	**13482911**
市辖区	8461861	3109045	3994787	84291	6314768
桐城市	3382813	694017	2510944	172765	1974371
怀宁县	2687180	229787	2210011	93226	1374947
潜山县	1849829	211708	1289727	69491	885108
太湖县	1370530	226548	911714	61471	611087
宿松县	1961106	277731	1401506	101588	876941
望江县	1732545	150466	1299209	56713	725485
岳西县	1088888	193840	713496	68017	611959

7—12 分县（市、区）金融机构人民币信贷收支（2015年）

（年末余额）　　单位：万元

地　区	各项存款	非金融企业存款	住户存款	所有者权益	各项贷款
全　市	**22457908**	**5052552**	**14295405**	**707137**	**13444215**
市辖区	8392569	3069919	3964857	82866	6276857
桐城市	3379774	693068	2508884	173736	1974074
怀宁县	2686301	229592	2209326	93224	1374945
潜山县	1848894	211705	1288796	69490	885107
太湖县	1369971	226544	911157	61468	611087
宿松县	1959991	277465	1400656	101589	876939
望江县	1731978	150466	1298641	56711	725311
岳西县	1088431	193793	713087	68053	611651

主要统计指标解释

财政收入

指国家财政参与社会产品分配所取得的收入，是实现国家职能的财力保证。财政收入所包括的内容几经变化，目前主要包括：

（1）税收收入：包括增值税、消费税、营业税、企业所得税、个人所得税、资源税、城市维护建设税、房产税、印花税、城镇土地使用税、土地增值税、车船税、耕地占用税、契税和烟叶税等。

（2）非税收入：包括专项收入、行政事业性收费收入、罚没收入、国有资本经营收入和国有资源（资产）有偿使用收入等。

财政支出

国家财政将筹集起来的资金进行分配使用，以满足社会各项事业发展和经济建设的需要，主要包括：

（1）一般公共服务：反映政府提供一般公共服务的支出。具体包括人大事务、政协事务、政府办公厅（室）及相关机构事务、发展与改革事务、统计信息事务、财政事务、税收事务、审计事务、海关事务、人事事务、纪律监察事务、人口与计划生育事务、商贸事务、知识产权事务、工商行政管理事务、食品和药品监督管理事务、质量技术监督与检验检疫事务、国土资源事务、海洋管理事务、测绘事务、地震事务、气象事务、民族事务、宗教事务、港澳台侨事务、档案事务、共产党事务、民主党派事务、群众团体事务、彩票事务、国债事务、其他一般公共服务支出。

（2）公共安全：反映政府维护社会公共安全方面的支出。具体包括武装警察、公安、国家安全、检察、法院、司法、监狱、劳教、国家保密、其他公共安全支出。

（3）教育：反映政府教育支出情况。具体包括教育管理事务、普通教育、职业教育、成人教育、广播电视教育、留学教育、特殊教育、教师进修及干部继续教育、教育附加及基金支出、其他教育支出。

（4）科学技术：反映国家用于科学技术方面的支出。具体包括科学技术管理事务、基础研究、应用研究、技术研究与开发、科技条件与服务、社会科学、科学技术普及、科技交流与合作、其他科学技术支出。

（5）文化体育与传媒：反映政府在文化、文物、体育、广播影视、新闻出版等方面支出。

（6）社会保障和就业：反映政府在社会保障与就业方面的支出。具体包括社会保障和就业管理事务、民政管理事务、财政对社会保险基金的补助、补充全国社会保障基金、行政事业单位离退休、企业关闭破产补助、就业补助、抚恤、退役安置、社会福利、残疾人事业、城市居民最低生活保障、其他城镇社会救济、农村社会救济、自然灾害生活救助、红十字事业、其他社会保障和就业支出。

（7）医疗卫生：反映政府用于医疗卫生方面的

支出。具体包括医疗卫生管理事务、医疗服务、社区卫生服务、医疗保障、疾病预防控制、卫生监督、其他医疗卫生支出。

（8）环境保护：反映政府用于环境保护方面的支出。具体包括环境保护管理事务支出、环境监测与监察支出、污染防治支出、自然生态保护支出、天然林保护支出、退耕还林支出、风沙荒漠治理支出、退牧还草支出、已垦草原退耕还草支出等，

（9）城乡社区事务： 反映政府用于城乡社区事务方面的支出。包括城乡社区管理事务、城乡社区规划与管理、城乡社区公共设施、城乡社区住宅、城乡社区环境卫生、建设市场管理与监督、政府住房基金支出、土地有偿使用支出、城镇公用事业附加支出、其他城乡社区事务支出。

（10）农林水事务：反映政府用于农林水事务方面的支出。具体包括农业支出、林业支出、水利支出、南水北调支出、扶贫支出、农业综合开发支出、其他农林水事务支出。

（11）交通运输：反映政府用于交通运输方面的支出。具体包括公路运输支出、铁路运输支出、民用航空运输支出等。

信贷资金

指金融机构以信用方式积聚和分配的货币资金。金融机构信贷资金的来源有各项存款、对国际金融机构负债、流通中货币、银行自有资金及当年结益等；信贷资金的运用有各项贷款、黄金占款、外汇占款、财政借款及在国际金融机构中的资产等。

存款

指企业、机关、团体或居民根据资金必须收回的原则，把货币资金存入银行或其他信用机构保管并取得一定利息的一种信用活动形式。根据存款对象的不同可划分为企业存款、财政存款、机关团体存款、基本建设存款、城镇储蓄存款、农村存款等科目。它是银行信贷资金的主要来源。

贷款

指银行或其他信用机构根据资金必须归还的原则，按一定利率，为企业、个人等提供资金的一种信用活动形式。我国银行贷款分为流动资金贷款、固定资产贷款、城乡个体工商户贷款以及农业贷款等科目。

保费

指投保人为取得保险人在约定范围内所承担赔偿责任而支付给保险人的费用。

赔付

赔款指保险人根据保险合同的规定，向被保险人支付的赔偿保险责任损失的金额。

给付包括死伤医疗给付和满期给付。死伤医疗给付是指保险人根据人寿保险及长期健康保险合同的规定，因被保险人在保险期内发生保险责任范围内的保险事故支付给被保险人（或受益人）的金额。满期给付是指被保险人生存期满，保险人按人寿保险合同规定支付给被保险人的满期保险金额。

第八篇

物价指数

简要说明

一、本篇价格指数资料，主要包括居民消费价格指数、工业生产者出厂价格指数等。

二、价格指数统计由国家统计局安庆调查队组织实施，依据国家统计局统一制定的价格统计调查制度向基层采集原始数据汇总后上报。

三、价格指数都是采用分层抽样调查方法编制的，以样本推断总体。

8—1 主要年份物价指数

（上年=100）

年份	居民消费价格总指数	服务项目价格指标	商品零售价格总指数
1980	104.6		105.1
1985	109.1		109.5
1990	105.2	126.5	102.6
1991	107.6	111.0	107.1
1992	111.0	129.2	108.7
1993	117.7	140.5	114.3
1994	129.9	127.5	127.9
1995	115.3	116.3	113.7
1996	109.9	125.4	107.0
1997	101.1	117.0	98.8
1998	100.1	107.6	98.3
1999	97.3	100.6	96.6
2000	101.1	117.9	98.3
2001	100.0	105.9	98.3
2002	99.3	100.0	99.5
2003	101.4	102.1	99.4
2004	103.6	102.8	102.5
2005	101.6	102.2	100.7
2006	102.0	102.2	101.4
2007	106.3	102.0	104.7
2008	107.2		106.8
2009	98.6	95.3	98.8
2010	103.6	102.5	103.2
2011	105.5	103.3	105.1
2012	102.1	101.3	101.8
2013	102.6	101.8	101.5
2014	101.3	101.6	100.4
2015	101.5	101.8	99.9

8—2 居民消费价格分类指数

（上年=100）

类别及名称	2014	2015	类别及名称	2014	2015
居民消费价格总指数	**101.3**	**101.5**	鞋袜帽	100.6	100.4
服务项目价格指数	**101.6**	**101.8**	衣着加工费	100.0	105.2
食　品	**102.4**	**102.4**	**家庭设备用品及维修服务**	**102.1**	**102.2**
粮　食	103.5	102.7	耐用消费品	100.9	100.4
淀粉及制品	105.3	103.6	室内装饰品	99.7	99.9
干豆类及豆制品	102.3	100.7	床上用品	99.6	98.4
油　脂	96.7	99.0	家庭日用杂品	100.8	101.2
肉禽及其制品	100.2	105.3	家庭服务及加工维修服务	112.9	114.1
蛋	112.3	94.4	**医疗保健和个人用品**	**100.9**	**105.2**
水产品	97.3	100.9	医疗保健	100.7	107.0
菜	98.9	111.0	个人用品及服务	101.3	101.9
调味品	102.9	101.2	**交通和通信**	**99.1**	**98.5**
糖	99.7	101.5	交　通	100.1	99.0
茶及饮料	106.5	106.3	通　信	98.2	98.0
干鲜瓜果	117.0	89.6	**娱乐教育文化用品及服务**	**101.5**	**99.8**
糕点饼干面包	100.5	102.5	文娱用耐用消费品及服务	99.5	100.4
液体乳及乳制品	106.4	99.2	教　育	102.2	100.5
在外用膳食品	102.7	101.2	文化娱乐类	100.7	101.1
其他食品	103.0	103.1	旅　游	101.8	95.5
烟　酒	**98.5**	**102.5**	**居　住**	**101.2**	**99.4**
烟　草	100.0	103.9	建房及装修材料	100.4	97.5
酒	96.0	100.3	住房租金	102.7	104.7
衣　着	**100.8**	**103.3**	自有住房	101.5	100.8
服　装	101.0	104.5	水、电、燃料	100.8	96.2
衣着材料	99.9	99.9			

8—3 商品零售价格分类指数

（上年=100）

类别及名称	2014	2015	类别及名称	2014	2015
商品零售价格总指数	**100.4**	**99.9**	**交通、通信用品**	**96.9**	**97.9**
食　品	**101.9**	**102.4**	交通运输机械	98.2	98.2
粮　食	103.5	102.7	通信器材	93.5	97.0
淀粉及制品	105.3	103.6	**家　具**	**99.2**	**100.8**
干豆类及豆制品	102.3	100.7	柜	98.3	103.9
油　脂	96.7	99.0	床	101.1	102.4
肉禽及其制品	100.2	105.3	桌	99.3	101.0
蛋	112.3	94.4	椅	99.0	99.7
水产品	97.3	100.9	沙　发	99.4	99.1
菜	98.9	111.0	其　他	96.1	94.0
调味品	102.9	101.2	**化妆品**	**102.2**	**100.0**
糖	99.7	101.5	扩肤品	105.0	97.9
干鲜瓜果	117.0	89.6	美容、装饰类化妆品	100.4	100.8
糕点饼干面包	100.2	102.5	护发美容品	102.6	100.0
液体乳及乳制品	106.4	99.2	洗发用品	100.7	102.5
在外用膳食品	102.7	101.2	洗浴用品	100.5	99.9
其他食品	103.0	103.1	药物美容用品	102.2	100.3
饮料、烟酒	99.3	102.8	**金银珠宝**	**90.5**	**91.1**
茶及饮料	106.5	106.3	金饰品	85.3	92.0
烟　草	100.0	103.9	银饰品	99.6	100.4
酒	96.0	100.3	铂金饰品	93.8	85.9
服装、鞋帽	**100.8**	**103.3**	其　他	100.1	110.2
服　装	101.0	104.5	**中西药品及医疗保健用品**	**100.8**	**102.7**
鞋袜帽	100.6	100.4	医疗器具用用品	96.7	100.0
其　他	100.4	102.4	中药材及中成药	100.4	104.2
纺织品	**99.7**	**98.9**	西　药	101.8	104.1
衣着材料	99.9	99.9	保健器具用用品	99.2	93.6
床上用品	99.6	98.1	**书报杂志及电子出版物**	**100.9**	**101.3**
家用电器及音像器材	**100.8**	**99.9**	教材及参考书	101.6	99.8
家庭设备	101.3	100.2	书报杂志	100.5	101.8
文娱用耐用消费品	100.3	99.9	电子音像制品	100.2	103.8
专业音像器材	99.6	95.4	**燃　料**	**99.5**	**84.2**
文化办公用品	**99.6**	**98.6**	煤炭及制品	100.0	97.8
日用品	**100.1**	**101.3**	石油及制品	99.5	81.8
体育娱乐用品	**100.9**	**102.0**	**建筑材料及五金电料**	**100.3**	**97.0**
体育用品	101.4	101.7	建筑装璜材料	100.3	96.1
娱乐用品	100.5	102.3	五金电料	100.0	99.7

8—4 主要年份分类别工业生产者出厂价格指数

（上年=100）

指　　标	2006	2007	2008	2009	2010	2011	2012	2013	2014	2015
全部工业品总指数	**105.5**	**103.4**	**107.6**	**92.7**	**112.4**	**110.6**	**99.8**	**100.4**	**100.3**	**92.9**
#轻 工 业	102.2	104.2	104.1	95.6	111.8	110.9	98.3	104.6	102.9	98.6
以农产品为原料	102.2	101.6	104.9	99.3	113.1	112.0	98.8	104.7	103.6	99.1
以非农产品为原料	102.2	106.0	103.4	91.3	109.8	106.9	96.6	104.2	100.1	96.5
重 工 业	107.8	102.8	110.1	90.4	113.0	110.5	100.7	97.9	98.7	89.4
采 掘	118.5	107.4	103.3	84.9	121.5	110.6	91.5	104.8	97.3	89.7
原 料	109.5	104.0	113.6	87.5	115.8	113.3	103.6	99.3	97.4	82.6
加 工	101.3	99.3	102.9	98.2	102.1	106.8	98.2	95.4	100.5	98.0
#生产资料	106.2	103.5	107.2	91.0	114.8	110.6	99.1	99.1	99.1	90.4
采 掘	118.5	107.4	103.3	84.9	121.5	110.6	91.5	104.8	97.3	89.7
原 料	108.5	104.1	110.5	86.9	117.3	113.5	102.5	99.4	97.7	82.5
加 工	102.2	102.4	103.6	96.3	111.6	108.2	96.8	98.4	100.5	97.2
生活资料	101.4	102.9	110.1	100.1	104.1	110.5	102.1	104.8	104.1	101.0
食　品	101.0	106.0	112.3	99.9	104.4	115.9	101.3	100.4	104.3	101.3
衣　着	101.4	101.6	105.3	100.8	101.1	105.9	104.3	105.9	105.9	103.4
一般日用品	101.7	99.9	107.9	100.1	104.7	104.9	102.3	111.3	102.9	99.3
耐用消费品	100.0	100.0	100.4	103.7	100.1	101.1	101.7	102.0	103.1	103.1

8—5 主要年份分部门工业生产者出厂价格指数

（上年=100）

指　　标	2006	2007	2008	2009	2010	2011	2012	2013	2014	2015
全部工业品总指数	**105.5**	**103.4**	**107.6**	**92.7**	**112.4**	**110.6**	**99.8**	**100.4**	**100.3**	**92.9**
冶金工业	111.8	105.5	105.2	86.4	115.1	109.7	92.6	102.3	96.2	92.3
电力工业	102.6	99.9	101.8	111.0	102.2	102.9	104.7	99.2	99.4	98.8
煤炭及炼焦工业	100.4	105.8	110.1	96.9	119.9					
石油工业	112.0	105.0	119.2	82.8	122.3	115.5	103.4	99.4	97.4	75.3
化学工业	104.0	102.7	100.3	90.6	110.6	108.9	99.9	99.9	98.4	97.2
机械工业	101.7	100.3	102.8	98.2	102.4	103.3	101.3	95.0	100.2	100.6
建筑材料工业	99.8	111.0	110.8	92.2	108.2	113.6	93.0	96.0	102.7	94.7
森林工业	100.5	101.1	102.9	96.7	101.1	105.3	100.9	99.4	100.7	99.6
食品工业	101.3	106.6	112.6	99.9	103.9	116.1	101.4	100.4	104.1	101.3
纺织工业	103.4	98.9	97.9	97.8	126.0	112.4	91.3	106.1	101.0	94.3
缝纫工业	101.1	99.8	105.0	100.5	103.7	109.1	107.7	112.6	108.9	102.8
皮革工业	104.2	100.5	99.5	99.9	102.8	101.5	91.3	100.7	101.5	100.4
造纸工业	101.2	101.0	100.6	99.1	101.5	97.2	100.0	106.0	101.0	100.5
文教艺术用品工业	97.2	96.7	103.0	97.4	103.7	103.7	100.4	99.7	94.6	91.3
其他工业	104.6	111.8	107.7	99.0	105.6	103.2	95.9	105.6	105.5	101.0

8—6　房地产价格指标（2015年）

（上年=100）

月　　份	新建住宅价格指标	新建商品住宅价格指标	二手住宅价格指数
各月房地产同比价格指数			
1月	93.9	93.5	95.3
2月	93.6	93.3	95.2
3月	93.6	93.3	95.1
4月	93.7	93.3	95.0
5月	93.9	93.6	94.4
6月	94.1	93.8	94.4
7月	95.3	95.0	94.9
8月	96.0	95.8	96.0
9月	97.2	97.1	96.8
10月	97.9	97.7	97.6
11月	98.7	98.6	98.2
12月	99.0	99.0	98.1
各月房地产环比价格指数			
1月	99.8	99.8	99.7
2月	99.6	99.6	99.9
3月	100.0	100.0	99.8
4月	99.9	99.9	99.8
5月	100.0	100.0	99.1
6月	99.9	99.9	99.6
7月	100.5	100.5	100.1
8月	99.7	99.7	100.1
9月	99.9	99.9	100.0
10月	99.9	99.9	99.9
11月	99.9	99.9	100.2
12月	99.9	99.9	99.8

主要统计指标解释

居民消费价格指数

是度量消费商品及服务项目价格水平随着时间而变动的相对数，反映居民家庭购买的消费品及服务价格水平的变动情况。它是宏观经济分析和决策、价格总水平监测和调控以及国民经济经济核算的重要指标。其按年度计算的变动率通常被用来作为反映通货膨胀（或紧缩）程度的指标。

商品零售价格指数

商品的零售价格是商品在流通过程中最后一个环节的价格，是工业、商业、餐饮业和其他零售企业向城乡居民、机关团体出售生活消费品和办公用品的价格。商品零售价格指数，反映了市场商品零售价格的变动趋势和变动程度，为国家宏观调控和国民经济核算提供参考依据。

工业生产者出厂价格指数

是反映各工业行业产品出厂价格总水平的变动趋势和程度的相对数。为国民经济核算、测算工业发展速度、宏观经济分析和调控、理顺价格体系提供依据。

工业生产者购进价格指数

是反映工业企业作为生产投入，而从物资交易市场和能源、原材料生产企业购买原材料、燃料和动力产品时，所支付的价格水平变动趋势和程度的统计指标，是扣除工业企业物质消耗成本中的价格变动影响的重要依据。

目前，我国编制的工业生产者购进价格指数所调查的产品包括燃料、动力类、黑色金属材料类、有色金属材料和电线类、化工原料类、木材及纸浆类、建筑材料类、其他工业原材料及半成品类、农副产品类、纺织原料类共九大类的900多种产品。

第九篇

城乡人民生活

简要说明

一、本篇资料内容主要反映城乡居民收支和生活状况，包括居民家庭基本情况、居民收支、消费水平、居住状况及主要消费品拥有量等。

二、本篇资料来源于城乡一体化住户调查。自 2013 年以来，城乡一体化住户调查整合城乡住户调查资源，统一调查指标、统一抽样方法、统一调查过程、统一数据处理和统一数据发布，由安徽调查总队根据国家统计局《住户收支与生活状况调查方案》组织实施，基调查目的是为全面了解全省和分市、县（区）城乡常住居民收入、生活现状及变化情况，全面准确地反映居民收入分配格局，满足各级政府制定政策计划和进行宏观管理的需要，以及社会各界的信息需求，为国民经济核算提供基础数据。

9—1 人民物质文化生活情况(含枞阳)

指标		2014	2015
就业			
每一农村劳动力负担人数	(人)	1.49	1.47
每一城镇就业者负担人数	(人)	1.82	1.79
收入			
农村常住居民可支配收入	(元)	9024	9854.00
城镇常住居民可支配收入	(元)	22109	23966
农村居民恩格尔系数	(%)	40.0	39.0
城镇居民恩格尔系数	(%)	36.8	36
住房面积	**(平方米)**		
城镇常住居民人均住房建筑面积		38.37	39.3
农村常住居民人均住房建筑面积		41.38	41.86
交通			
城镇每百户拥有摩托车	(辆)	49.5	48.7
文化			
城镇每百户有彩色电视机	(台)	114.56	118.34
农村每百户有彩色电视机	(台)	110.91	113

9—2 城镇居民家庭基本情况（含枞阳）

指　　标		2014	2015
平均每户家庭人口	（人）	**2.89**	**2.83**
平均每户就业人口	（人）	**1.58**	**1.56**
平均每户就业面	（%）	**54.67**	**55.12**
平均每一就业者负担人数（包括就业者本人）	（人）	**1.82**	**1.81**
平均每人全部年收入	（元）	**24375.52**	**26248.82**
#可支配收入		22109.00	23966.17
工资性收入		13429.60	14673.20
经营净收入		3107.33	3278.60
财产净收入		1258.14	1329.80
转移净收入		4313.92	4684.57
家庭人均现金总支出	（元）	**17499.76**	**19725.87**
消费性支出		13047.50	14091.05
财产性支出		71.17	101.01
转移性支出		992.04	988.53
#社会保障支出		777.34	837.16
家庭人均借贷支出	（元）	**1202.10**	**1513.06**
平均每人消费性支出	（元）	**13047.50**	**14091.05**
食　品		4806.56	5061.60
衣　着		963.46	1038.30
居　住		2923.73	3192.02
生活用品及服务		872.53	957.30
交通和通信		1268.47	1359.63
教育文化娱乐服务		787.73	863.60
医疗保健		1320.11	1450.90
其他用品和服务		104.92	167.70
平均每人消费性支出构成（人均消费性支出=100）	（%）		
食　品		36.84	35.92
衣　着		7.38	7.37
居　住		22.41	22.65
生活用品及服务		6.69	6.79
交通和通信		9.72	9.65
教育文化娱乐服务		6.04	6.13
医疗保健		10.12	10.30
其他用品和服务		0.80	1.19

9—3 城镇居民家庭平均每百户年末耐用消费品拥有量（含枞阳）

指　　标		2014	2015
摩 托 车	（辆）	49.50	48.66
助 力 车	（辆）	68.42	69.34
家用汽车	（辆）	10.71	12.45
洗 衣 机	（台）	76.74	77.99
电 冰 箱	（台）	91.40	93.11
彩　　电	（台）	114.56	118.34
家用电脑	（台）	56.31	61.02
组合音响	（套）	17.02	17.89
摄 像 机	（架）	2.48	2.68
照 相 机	（架）	20.53	22.35
微 波 炉	（台）	78.21	78.87
空 调 器	（台）	116.34	118.39
淋浴热水器	（台）	88.53	91.45
消毒碗柜	（台）	8.68	8.81
洗 碗 机	（台）	1.32	1.32
健身器材	（套）	0.79	0.89
普通电话	（部）	77.10	75.40
移动电话	（部）	184.95	189.67

9—4 分县（市、区）城镇居民人均可支配收入情况

地　区	2014	2015
迎 江 区	28553	30723
大 观 区	28007	30248
宜 秀 区	20707	21991
开 发 区	27822	29909
桐 城 市	21953	23841
怀 宁 县	22643	24522
潜 山 县	21896	23735
太 湖 县	19211	20844
宿 松 县	18215	19859
望 江 县	19986	21745
岳 西 县	18531	20217

9—5 农村居民家庭基本情况（含枞阳）

指　　标		2014	2015
平均每户常住人口	**（人）**	**3.04**	**3.01**
平均每户整半劳力	**（人）**	**1.95**	**1.94**
平均每个劳动力负担人口（含本人）	**（人）**	**1.56**	**1.54**
平均每人年收入	**（元）**		
总收入		10454.81	12056.37
＃可支配收入		9024.02	9854.21
工资性收入		3567.32	3681.81
家庭经营收入		3755.71	4581.48
财产性收入		172.98	175.73
转移性收入		2958.80	3617.35
现金收入		9593.51	11753.05
工资性收入		3560.15	3664.72
家庭经营收入		2994.04	4496.52
财产性收入		172.98	175.73
转移性收入		2866.35	3416.08
平均每人年支出	**（元）**		
总支出		11381.99	12162.30
消费支出		7434.06	8051.13
生产经营费用支出		999.91	1780.10
财产性支出		9.61	9.05
转移性支出		215.48	270.83
部分商业保险支出		15.20	15.67
购置资产及非经常性转移支出		1794.97	1845.98
借贷性支出		912.75	189.55
现金支出		9681.93	9763.02
现金消费支出		5812.85	5725.68
生产经营现金费用支出		921.06	1706.27
现金财产性支出		9.61	9.05
现金转移性支出		215.48	270.83
部分商业保险支出		15.20	15.67
购置资产及非经常性转移支出		1794.97	1845.98
借贷性支出		912.75	189.55

9—6 农村居民家庭平均每人生活消费支出（含枞阳）

单位：元

指　　标	2014	2015
生活消费支出	**6785.42**	**7092.28**
按消费类别分		
食　品	1968.65	3140.12
衣　着	320.37	359.58
居　住	1569.51	2001.51
生活用品及服务	466.29	479.73
交通通信	714.05	890.45
教育文化娱乐	957.93	888.11
医疗保健	621.05	559.57
其他用品和服务	167.56	215.90
按消费性质分		
现金消费支出	**5812.85**	**6115.68**
食　品	1961.19	2104.03
衣　着	320.23	331.86
居　住	686.60	733.22
生活用品及服务	461.46	447.69
交通通信	714.04	844.42
教育文化娱乐	957.93	1037.14
医疗保健	543.92	418.91
其他用品和服务	167.48	198.42
实物性消费	**1189.21**	**1121.89**
食　品	345.88	323.10
衣　着	2.42	2.01
居　住	840.91	886.78

9—7 农村居民家庭平均每人主要消费品消费量（含枞阳）

指标		2014	2015
粮食（原粮）	（公斤）	175.62	174.36
#细粮		163.44	161.02
蔬菜	（公斤）	92.54	91.06
食油	（公斤）	13.02	13.14
猪牛羊肉	（公斤）	18.56	19.07
家禽	（公斤）	9.56	10.31
蛋及制品	（公斤）	10.56	10.67
鱼虾	（公斤）	12.44	13.52
食糖	（公斤）	1.32	1.40
酒	（公斤）	16.42	17.54

9—8 农村居民家庭平均每百户年底耐用消费品拥有量（含枞阳）

指标		2014	2015
洗衣机	（台）	28.58	29.69
电冰箱	（台）	81.25	83.14
空调机	（台）	46.38	47.35
抽油烟机	（台）	8.85	10.53
自行车	（台）	35.45	26.09
摩托车	（台）	60.15	61.22
生活用汽车	（台）	7.79	8.24
电话机	（台）	72.86	70.36
移动电话	（台）	176.01	183.45
彩色电视机	（台）	110.92	113.45
照相机	（台）	2.87	2.55
家用计算机	（台）	23.63	26.87
热水器	（台）	59.00	61.10

9—9 农村家庭房屋使用情况(含枞阳)

指　　标		2014	2015
本年新建(购)房屋			
面　　积	(平方米/人)	1.67	1.82
每平方米价值	(元)	1424.32	1551.16
年末使用房屋			
居住面积	(平方米/人)	41.38	41.86

9—10 农村居民人均居住情况(含枞阳)

指　　标		2014	2015
期末住房情况			
住房面积	(平方米)	41.38	41.86
住房价值	(元)	40125.34	41177.27
期内新建(购)住房情况			
新建(购)住房面积	(平方米)	1.67	1.82
新建(购)住房价值	(元)	1612.11	1551.16
期内新建(购)房屋资金来源			
自　筹	(元)	3512.31	3611.01
银行、信用社贷款	(元)	285.12	288.49
其　他	(元)		

9—11　分县（市、区）农村居民家庭人均可支配收入

地　　区	2014	2015
迎 江 区	11723	12696
大 观 区	11501	12433
宜 秀 区	11875	12825
开 发 区		
桐 城 市	10713	11747
怀 宁 县	10457	11349
潜 山 县	8309	9069
太 湖 县	8010	8759
宿 松 县	8074	8845
望 江 县	8177	8933
岳 西 县	8001	8797

主要统计指标解释

可支配收入

指调查户在调查期内获得的、可用于最终消费支出和储蓄的总和，即调查户可以用来自由支配的收入。可支配收入既包括现金，也包括实物收入。按照收入的来源，可支配收入包含五项，分别为：工资性收入、经营净收入、财产净收入、转移净收入和自有住房折算净租金。计算公式为：

可支配收入=工资性收入+经营净收入+财产净收入+转移净收入+自有住房折算净租金

其中：经营净收入=经营收入-经营费用-生产性固定资产折旧－生产税净额（生产税-生产补贴）

财产净收入=财产性收入-财产性支出

转移净收入=转移性收入-转移性支出

工资性收入

指就业人员通过各种途径得到的全部劳动报酬和各种福利，包括受雇于单位或个人、从事各种自由职业、兼职和零星劳动得到的全部劳动报酬和福利。

经营净收入

指住户或住户成员从事生产经营活动所获得的净收入，是全部经营收入中扣除经营费用、生产性固定资产折旧和生产税净额（生产税减去生产补贴）之后得到的净收入。

财产净收入

指住户或住户成员将其所拥有的金融资产和自然资源交由其他机构单位、住户或个人支配而获得的回报并扣除相关的费用之后得到的净收入。财产净收入包括利息净收入、红利收入、储蓄性保险净收益和转让承包土地经营权租金净收入等。

转移性收入

指国家、单位、社会团体对住户的各种经常性转移支付和住户之间的经常性收入转移。包括政府、非行政事业单位、社会团体对居民转移的养老金或退休金、社会救济和补助、政策性生活补贴、救灾款、经常性捐赠和赔偿以及报销医疗费等；住户之间的赡养收入、经常性捐赠和赔偿以及农村地区（村委会）在外（含国外）工作的本住户非常住成员寄回带回的收入等。

消费支出

指住户用于满足家庭日常生活消费需要的全部支出，包括用于消费品的支出和用于服务性消费的支出。根据用途不同，消费支出可划分为食品烟酒、衣着、居住、生活用品及服务、交通通信、教育文化娱乐、医疗保健、其他用品及服务八大类。根据来源不同，消费支出可划分为现金消费支出、实物消费支出（含自产自用、来自单位、来自政府和其他社会组织）。

第十篇

城市概况

简要说明

一、本篇资料反映我市城区社会、经济发展和城市建设的规模、效益及综合水平等基本情况。主要内容：人口、劳动力及土地面积、综合经济指标、固定资产投资、教育、科技、文化、卫生、财政、金融、人民生活、社会福利、劳动保险、市政公用事业情况。

二、安庆市城市基本情况由市统计局综合科根据国家统计局《城市社会经济基本情况统计报表制度》搜集汇总整理提供。

10—1 城市社会经济基本情况（2015年）

指　　标		全　市	#市辖区
行政区划			
所辖行政区数	（个）	3	
所辖行政县（旗）数	（个）	7	
所辖行政县级市数	（个）	1	
土地面积及水资源			
行政区域土地面积	（平方公里）	15402	810
建成区面积	（平方公里）	227	85
城市现状建设用地面积	（平方公里）	223	94
#居住用地面积		70.00	31.92
公共管理与公共服务用地		18.51	8.89
商业服务业设施用地		38.16	26.17
工业用地		38.39	5.80
物流仓储用地		7.83	3.91
道路与交通设施用地		19.35	7.55
公共设施用地		7.63	2.61
绿地与广场用地		22.74	6.67
本年征用土地面积	（平方公里）	9.76	
#耕　地		3.27	
水资源总量	（万立方米）	1235200	
人口与就业			
人　口			
年末户籍人口	（万人）	622.10	73.64
#女		300.08	36.77
#农业人口		468.67	25.54
年平均人口	（万人）	621.88	73.51
年出生人口	（人）	80550	7452
年死亡人口	（人）	33054	2861
年末总户数	（万户）	183.9	25.7
常住人口	（万人）	543.6	81.9
#城镇人口		235.4	
从业人员			
从业人员期末人数（城镇）	（人）	334413	117964
第一产业（农、林、牧、渔业）	（人）	14633	7783
第二产业	（人）	137175	61034
#采矿业		945	59
制造业		89550	43047
电力、热力、燃气及水生产和供应业		8793	2554
建筑业		37887	15374
第三产业	（人）	182605	49147
#批发和零售业		13870	5996
交通运输、仓储和邮政业		10209	4252
住宿、餐饮业		4123	1910
信息传输、计算机服务和软件业		5740	2436
金融业		11032	2775
房地产业		7579	3525
租赁和商务服务业		3073	508
科学研究、技术服务和地质勘查业		4653	1008

10—1 续表1

指　　标		全　市	#市辖区
水利、环境和公共设施管理业		5400	2020
居民服务和其他服务业		1140	348
教　育		51703	8800
卫生、社会保障和社会福利业		20512	5490
文化、体育和娱乐业		2598	655
公共管理和社会组织		40973	9424
城镇私营和个体从业人员	（人）	331992	
城镇登记失业人数	（人）	19002	9188
综合经济			
地区生产总值(当年价格)	（万元）	14174300	4218637
第一产业增加值	（万元）	1859200	135581
第二产业增加值	（万元）	7137900	1880292
第三产业增加值	（万元）	5177200	2202764
地区生产总值（2010年价格）	（万元）	14172800	4189733
人均地区生产总值	（元）	31101	57347
地区生产总值增长率	(%)	7.4	6.1
财　政			
公共财政收入	（万元）	1065708	461599
#税收收入		782571	369512
#企业所得税		54357	25163
个人所得税		15936	8055
公共财政支出	（万元）	3369012	971016
#一般性公共服务支出		294959	62381
科学技术支出		71738	24643
教育支出		628321	110741
文化体育与传媒支出		55576	26122
医疗卫生支出		421890	83217
节能保护支出		65811	13102
城乡社区事务支出		293436	192421
交通运输支出		252600	136694
社会保障和就业支出		407720	85827
住房保障支出		135277	51525
金　融			
年末金融机构各项存款余额	（万元）	25328437	8392569
#住户存款		16675730	3964857
年末金融机构各项贷款余额	（万元）	14283519	6385101
保　险			
保费收入	（万元）	559317	
#财产险		175318	
人身险		383999	
赔款、给付	（万元）	246756	
#财产险		97205	
人身险		149550	
规模以上工业			
工业企业数	（个）	1667	262
#内资企业		1625	244
#国有企业		12	3
私营企业		1160	79

10—1 续表2

指　　标		全　市	#市辖区
港、澳、台商投资企业		15	4
外商投资企业		27	14
工业总产值(当年价)	(万元)	27231650	7281617
#内资企业		25919534	6852970
#国有企业		188254	29860
私营企业		15365476	848097
港、澳、台商投资企业		801474	66376
外商投资企业		510642	362271
企业财务			
从业人员年平均人数	(万人)	25.12	5.53
流动资产合计	(万元)	7395708	2266873
固定资产合计	(万元)	6564009	3160368
主营业务收入	(万元)	26857736	7520878
主营业务成本	(万元)	22352870	5774461
主营业务税金及附加	(万元)	1074450	973734
本年应交增值税	(万元)	691579	303085
利润总额	(万元)	1802935	328257
战略性新兴产业总产值	(万元)	4527312	1621236
交通运输、通讯与能源			
交通运输			
公路客运量（全社会）	(万人)	5853.5	
公路货运量（全社会）	(万吨)	11498.5	
水运客运量（全社会）	(万人)	41.0	
水运货运量（全社会）	(万吨)	5310.0	
民用航空客运量	(万人)	23.3	
民用航空货邮运量	(吨)	846.0	
内河港口货物吞吐量(规模以上)	(万吨)	4002.4	
境内公路总里程	(公里)	20025	
#高速公路里程		416	
民用汽车拥有量	(辆)	362055	
#私人汽车拥有量		329667	
邮电通信			
年末邮政局(所)数	(处)	207	22
邮政业务收入	(万元)	54470	
电信业务收入	(万元)	308689	
固定电话年末用户数	(万户)	68.04	
移动电话年末用户数	(万户)	356.05	
#3G及以上电话用户		58.76	
互联网宽带接入用户数	(万户)	54.89	
能源电力			
规模以上工业能源消费量	(万吨标准煤)	925.51	
#第一产业能源消费量		17.03	
第二产业能源消费量		679.18	
第三产业能源消费量		120.40	
居民生活用能	(万吨标准煤)	108.91	
全社会用电量	(万千瓦时)	947230	372226
#工业用电		625105	277016
城乡居民生活用电		184421	39287

10—1 续表3

指　　标		全　市	#市辖区
贸易、外经与旅游			
贸　易			
社会消费品零售总额	（万元）	6083766	2523088
限额以上批发零售贸易业商品销售总额	（万元）	3349197	2076834
限额以上批发零售企业数（法人数）	（个）	435	136
#零售业		346	86
限额以上批发零售贸易业企业财务			
#从事批发和零售业活动的从业人员平均人数	（万人）	2.25	1.04
流动资产合计	（万元）	1445718	1137859
固定资产合计	（万元）	249261	102902
主营业务收入	（万元）	3191210	1956303
主营业务成本	（万元）	2817749	1733311
主营业务税金及附加	（万元）	56496	49275
本年应交增值税	（万元）	37660	29988
利润总额	（万元）	109009	67184
外　经			
货物进口额（海关数）	（万美元）	26096	
货物出口额（海关数）	（万美元）	215959	
外商直接投资合同项目	（个）	11	5
当年实际使用外资金额	（万美元）	18253	13882
旅　游			
入境游客人数（含一日游游客）	（人次）	212326	
#外国人		143477	
港、澳、台同胞		68849	
国际旅游（外汇）收入	（万美元）	14287	
国内游客	（人次）	44704300	
国内旅游收入	（万元）	4094400	
固定资产投资			
固定资产投资			
全社会固定资产投资	（万元）	13855788	3984117
固定资产投资（不含农户）	（万元）	13855788	3984117
#房地产开发投资		1217211	592991
#住　宅		878437	393191
全年新增固定资产	（万元）	390017	149965
房地产			
商品房屋销售面积	（万平方米）	328.61	141.73
#住　宅		301.38	136.20
#别墅、高档公寓		2.92	1.28
商品房屋销售额	（万元）	1567025	702374
#住　宅		1357261	668328
#别墅、高档公寓		22233	7143
待售面积	（万平方米）	210.30	54.30
保障性住房建设			
保障性住房本年完成投资	（万元）	131770	395894
#公共租赁住房		39109	11125
保障性住房新开工面积	（万平方米）	110.21	6.88
#公共租赁住房		21.86	6.88
保障性住房竣工面积	（万平方米）	23.77	15.12
#公共租赁住房		13.02	7.32

10—1 续表4

指　　标		全　市	#市辖区
教育、科技、体育、文化与卫生			
教　育			
学校数	(所)		
#普通高等学校数		5	4
中等职业教育学校数		37	16
普通中学数		363	42
普通小学数		1125	109
成人高等学校数			
专任教师数	(人)		
#普通高等学校专任教师数		2307	2088
中等职业教育学校专任教师数		3968	805
普通中学专任教师数		24204	3366
普通小学专任教师数		20230	2448
成人高等专任教师数			
在校学生数			
#普通高等学校在校学生数	(人)	41497	37808
中等职业教育学校在校学生数	(人)	65164	11921
普通中学在校学生数	(万人)	27.88	3.92
普通小学在校学生数	(万人)	30.57	3.77
成人高等学校在校学生数	(人)	9647	9647
初中毕业生升学率	(%)	102.78	128.20
科　技			
专利申请受理量	(项)	12645	5573
专利申请授权量	(项)	3500	1494
#发　明		334	132
文　化			
体育场馆数	(个)	34	8
剧场、影剧院数	(个)	27	10
公共图书馆图书总藏量	(千册)	1840.70	649.95
广播节目综合人口覆盖率	(%)	100.00	100.00
电视节目综合人口覆盖率	(%)	100.00	100.00
有线电视入户率	(%)	42.10	32.46
卫　生			
医院、卫生院数	(个)	224	37
医院、卫生院床位数	(张)	18683	6161
医生数（执业医师+执业助理医师）	(人)	8753	2404
注册护士	(人)	9043	3716
人民生活			
在岗职工平均人数	(万人)	28.39	11.59
在岗职工工资总额	(万元)	1413990	582457
在岗职工平均工资	(元)	49802	49676
居民收支			
工资性收入	(元)	14673	
经营净收入	(元)	3279	
财产净收入	(元)	1330	
转移净收入	(元)	4685	
城镇居民人均可支配收入	(元)	23966	

10—1 续表5

指　　标		全　市	#市辖区
城镇居民人均消费支出	(元)	14091.1	
#食品烟酒		5061.6	
衣　着		1038.3	
居　住		3192.0	
生活用品及服务		957.3	
交通和通信		1359.6	
教育文化和娱乐		863.6	
医疗保健		1450.9	
其他用品及服务		167.7	
居民生活			
每百户居民家庭拥有量			
#家用汽车	(辆)	12.4	
消毒碗柜	(台)	8.8	
洗碗机	(台)	1.3	
固定电话	(部)	75.4	
移动电话	(部)	189.7	
#接入互联网		135.6	
计算机	(台)	61.0	
#接入互联网		54.3	
电冰箱（柜）	(台)	93.1	
彩色电视机	(台)	163.4	
中高档乐器	(架)	4.6	
照相机	(架)	22.4	
摄像机	(架)	2.7	
洗衣机	(台)	77.9	
城镇人均住房建筑面积	(平方米)	39.3	
居民消费价格指数（上年为100）	(%)	101.5	
社会保障			
城镇职工基本养老保险参保人数	(人)	432895	203443
城乡居民社会养老保险参保人数	(人)	3383085	188500
城镇职工基本医疗保险参保人数	(人)	461000	252832
城镇居民基本医疗保险参保人数	(人)	794441	300164
失业保险参保人数	(人)	254200	164886
工伤保险参保人数	(人)	385400	154014
生育保险参保人数	(人)	306700	153225
社会福利院数	(个)	8	1
社会福利院床位数	(张)	1235	250
社区服务设施数	(个)	342	125
城镇居民最低生活保障人数	(人)	45931	17752
公共管理			
事　故			
交通事故死亡人数	(人)	266	25
交通事故损失额	(万元)	720	129
火灾事故死亡人数	(人)	2	1
火灾事故损失额	(万元)	1026	255

10—1 续表6

指 标		全 市	#市辖区
社会治安			
刑事案件立案数	(起)	14021	5108
刑事罪犯人数	(人)	3184	711
#青少年人数(年龄14-25周岁)		518	12
市政公用事业			
基础设施			
城市维护建设资金支出	(万元)	236010	133575
年末实有城市道路面积	(万平方米)	3223.59	1168.00
排水管道长度	(公里)	2526.92	1035.00
供水综合生产能力（包括自备水源）	(万立方米/日)	105.73	66.50
供水总量	(万吨)	16273.78	9849.67
售水量	(万吨)	13120.38	7863.85
#居民家庭用水量		5450.96	2380.37
用水人口	(万人)	165.28	70.74
用水普及率	(%)	97.27	100.00
供气总量（人工、天然气）	(万立方米)		6058
#居民家庭用量			1310
用气人口	(人)		665000
液化石油气供气总量	(吨)		597844
#居民家庭用量			1366
用液化气人口	(人)		30000
公共交通			
年末实有公共汽(电)车运营车辆数	(辆)		465
全年公共汽(电)车客运总量	(万人次)		5921
年末实有出租汽车数	(辆)		1782
绿 地			
建成区绿化覆盖面积	(公顷)	18309	11621
#建成区		7821	3666
绿地面积	(公顷)	8909	3664
#建成区		7374	3599
公园绿地面积	(公顷)	1855	937
公园面积	(公顷)	918	247
环境保护			
工业废水排放量	(万吨)	4469.63	
工业废气排放量	(万平方米)	15856700	
工业二氧化硫产生量	(吨)	126564.40	
工业二氧化硫排放量	(吨)	14738.07	
工业氮氧化物产生量	(吨)	68789.52	
工业氮氧化物排放量	(吨)	36467.04	
工业烟（粉）尘产生量	(吨)	3562187.11	
工业烟（粉）尘排放量	(吨)	24977.89	
工业重金属产生量	(吨)	0.0017	
工业重金属排放量	(吨)	0.0017	
一般工业固体废物综合利用率	(%)	96.80	
污水处理率	(%)	92.72	
污水处理厂集中处理率	(%)	88.18	
生活垃圾无害化处理率	(%)	90.16	
空气质量达到及好于二级的天数	(天)	299	

10—2 主要年份城市市政公用基础设施基本情况

指　　标		1995	2000	2005	2010	2014	2015
城市面积							
建成区面积	(平方公里)		29.6	52.1	77.3	85.0	85.3
城市人口密度	(人/平方公里)		1068	1247	1913	2105	2271
供水、供气及供热							
供水管道长度	(公里)	218	398	771	733	957	972
供水总量	(万立方米)	5179	25088	21770	8721	9604	9850
#居民家庭用水量		1608	3358	2526	2423	2554	2380
人均日生活用水	(升)	253.0	285.3	204.4	144.0	106.7	115.0
用水普及率	(%)	99.8	100.0	96.6	91.9	100.0	100.0
人工煤气供气量	(万立方米)	1257	1073	891			
#家庭用量		1234	1067	858			
天然气供气量	(万立方米)				918	6045	6058
#家庭用量					185	1300	1310
液化石油气供气量	(吨)	105400	4634	317396	361594	605744	597844
#家庭用量		12758	4620	17634	15514	9266	1366
供气管道长度	(公里)			251	433	516	614
燃气普及率	(%)		87.44	92.05	91.20	97.62	98.25
集中供热面积	(万平方米)		111	85	1	3	3
市政工程							
道路长度	(公里)	283.5	318.0	470.2	470.0	611.6	620.1
道路面积	(万平方米)	233.1	329.9	685.2	937.0	1116.9	1167.8
每人拥有	(平方米)	7.2	9.0	12.6	15.7	17.0	16.5
排水管道长度	(公里)	159	223	397	624	1080	1035
建成区排水管道密度	(公里/平方公里)	6.7	7.5	7.6	8.1	12.3	12.1
污水排放量	(万立方米)	1199	2673	3431	5596	7156	6895
污水处理厂处理量	(万立方米)		1293	746	5003	6107	6148
城市绿化							
绿化覆盖面积	(公顷)	3929	6058	6798	10783	11480	11621
#建成区		755	979	1991	2975	3587	3666
园林绿地面积	(公顷)	3858	5888	6550	2743	3536	3664
#建成区			866	1831	2735	3480	3599
公园绿地面积	(公顷)	153	261	447	578	865	937
人均公园绿地面积	(平方米)	4.70	7.09	8.20	9.70	13.19	13.25
公园个数	(个)	4	4	5	9	10	10
公园面积	(公顷)	129	133	137	235	247	247
市容环境卫生							
生活垃圾清运量	(万吨)	17	19	22	31	27.48	27.48
生活垃圾无害化处理量	(万吨)	6	7			27.18	27.18
生活垃圾无害化处理率	(%)		41			99	99
公共厕所	(座)	170	150	191	179	180	181
#三类以上					158	159	160

10—3 各县城市建设情况（2015年）

单位：平方公里

地区	城市建设用地面积	#居住用地	公用设施用地	道路与交通设施用地	绿地及广场用地	征用土地面积	城市人口密度(人/平方公里)
桐城市	24.88	5.71	1.02	0.42	2.05	2.14	1832
怀宁县	17.70	4.84	0.19	3.73	1.27	0.86	3100
枞阳县	14.58	3.89	1.36	3.22	1.10	0.44	1266
潜山县	15.96	6.81	0.35	0.47	1.82	2.04	1094
太湖县	13.60	3.85	0.39	0.28	3.98	0.50	2310
宿松县	14.60	4.95	0.56	0.75	3.05	3.00	585
望江县	17.28	5.58	0.50	2.06	1.50	0.78	2464
岳西县	10.99	2.95	0.65	0.87	1.30		1239

10—4 各县城市市政设施水平（2015年）

地区	城市用水普及率(%)	城市燃气普及率(%)	人均城市道路面积(平方米)	人均公园绿地面积(平方米)	生活垃圾无害化处理率(%)	污水处理厂集中处理率(%)
桐城市	95.41	91.23	19.35	13.54	100.00	80.91
怀宁县	94.62	93.55	36.52	8.17	100.00	98.33
枞阳县	98.01	93.92	23.68	13.45	100.00	69.76
潜山县	100.00	88.14	22.02	16.48	100.00	94.43
太湖县	91.53	72.97	12.72	6.82	100.00	93.75
宿松县	92.97	98.92	43.57	8.65	100.00	91.55
望江县	100.00	88.61	20.79	3.04		71.20
岳西县	91.79	75.00	2.79	4.26	100.00	89.08

主要统计指标解释

供水管道长度

指从送水泵至用户水表之间所有管道的长度。不包括新安装尚未使用、水厂内以及用户建筑物内的管道。

供水总量

指报告期供水企业（单位）供出的全部水量。包括有效供水量和漏损水量。

公共服务用水

指为城市社会公共生活服务的用水。包括行政事业单位、部队营区和公共设施服务、社会服务业、批发零售贸易业、旅馆饮食业以及社会服务业等单位的用水。

居民家庭用水

居民家庭用水指城市范围内所有居民家庭的日常生活用水。包括城市居民、农民家庭、公共供水站用水。

用水普及率

指报告期末城区内用水人口与总人口的比率。计算公式：

用水普及率=城区用水人口／（城区人口+城区暂住人口）×100%

供气总量

指报告期燃气企业（单位）向用户供应的燃气数量。包括销售量和损失量。

燃气普及率

指报告期末使用燃气的人口与总人口的比率。计算公式：

燃气普及率=城区用气人口／（城区人口+城区暂住人口）×100%

排水管道长度

指所有排水总管、干管、支管、检查井及连接井进出口等长度之和。

公园绿地

城市中向公众开放的、以游憩为主要功能，有一定的游憩设施和服务设施，同时兼有健全生态、美化景观、防灾减灾等综合作用的绿化用地。

公园面积

指报告期末综合公园、专类公园和带状公园的全部占地总面积。

第十一篇

自然资源和环境保护

简要说明

一、本篇资料主要反映我市气象、环保、林业事业发展情况。

环保资料包括工业污染及治理、工业“三废”排放处理利用量、市区环境质量监测、环保机构人员和生活污染排放情况。

气象资料包括全年及各月平均的平均气温、降水量和日照时数。

林业资料包括市自然保护区和林业综合指标情况。

二、本篇资料来源于市气象局、市林业局和市环保局。

三、本篇资料由局社会科整理。

11—1 全年气象情况（2015年）

月　　份	平均气温（摄氏度）	降水量（毫米）	日照时数（小时）
全　年	**16.8**	**1857.5**	**1721.1**
1 月	5.8	30.9	124.9
2 月	7.0	136.8	114.8
3 月	11.1	68.0	137.4
4 月	16.7	167.8	173.4
5 月	22.5	200.0	155.7
6 月	24.7	419.4	98.1
7 月	26.1	393.4	135.4
8 月	27.2	102.7	248.4
9 月	23.6	52.2	187.0
10 月	18.6	125.7	180.7
11 月	11.1	138.9	62.5
12 月	6.6	21.7	102.8

11—2 自然保护区基本情况（2015年）

保护区名称	面积（公顷）	所属区域	保护区级别
安徽安庆沿江湿地省级自然保护区	42016	桐城市、宿松县、望江县 太湖县、宜秀区	省级
安徽省潜山板仓自然保护区	1523	潜山县	省级
岳西枯井园省级自然保护区	4000	岳西县	省级
岳西鹞落坪国家级自然保护区	12300(环保局管理)	岳西县	国家
安徽宿松华阳河湖群省级自然保护区	50496	宿松县	省级

注：1、“安徽安庆沿江水禽自然保护区”已更名为“安徽安庆沿江湿地省级自然保护区”；
2、原安庆沿江水禽自然保护区已调整为安庆沿江湿地省级自然保护区、宿松华阳河湖群省级自然保护区，并已将桐城的嬉子湖、菜子湖的宜秀区部分划出保护区；
3、岳西鹞落坪国家级自然保护区由市环保局管理。

11—3　主要年份林业综合指标完成情况（含枞阳）

指　　标		2000	2005	2010	2014	2015
森林资源情况						
林业用地面积	（万公顷）	58.85	59.76	59.85	61.08	
有林地面积	（万公顷）	52.96	54.16	54.53	55.44	
活立木蓄积量	（万立方米）	1458.43	2010.4	2462.6	2974.3	
森林蓄积量	（万立方米）	1233.8	2036.9	2300.82	2766.4	
森林覆盖率	（%）	33.70	34.54	35.64	37.19	
自然保护区情况						
个　数	（个）	4	4	4	5	5
面　积	（公顷）	137823	137823	137823	118651	118651
国家级个数	（个）	1	1	1	1	1
林业生产情况						
人工造林面积	（公顷）	12500	7975	9831	16031	13355
按林种用途分类						
用材林		3128.3	4731	2272	3816	4067
经济林		7509.5	364	2642	6209	5462
防护林		464.3	2625	4813	5883	3688
薪炭林			247			
特用林		941.1	8	104	123	138
迹地更新面积	（公顷）	689.1	330	170		
低产林改造面积	（公顷）		40	1953	813	
年末实有封山育林面积	（公顷）	104661	107504	111204	62072	52020
四旁植树	（万株）	1203	1359	1191	1484	1085
林木种子采集量	（吨）	42	21	115	81	
育苗面积	（公顷）	167.9	448	410	2760	3048
当年苗木产量	（万株）	1219.4	3066	4378	8065	7636
幼林抚育面积	（公顷）	19739.4	56885	34089	29303	
成林抚育面积	（公顷）	38086.3	52967	46486	43869	
年末实有母树林面积	（公顷）	5000	333	1000		
年末实有种子园面积	（公顷）	1000	270	343		
林业产业情况						
木材采伐量	（立方米）	239491	238100	329656	520163	432163
竹材采伐量	（万根）	284.7	358.1	470.1	718	542
水果产量	（吨）	5200	10148	45769	73376	88812
干果产量	（吨）	12753	8242	25032	34124	31004
林产饮料（干重）	（吨）	2320	2405	16001	14182	14063
森林食品	（吨）	1623	4590	6332	11523	11131
木本药材	（吨）	2843.5	650	1628	6111	7876
木本油料	（吨）	4933	6520	12533	39653	40456
林业年总产值	（亿元）	12.4	20.5	54.2	276.24	308.04

注：2015年森林资源情况尚无统计数据。

11—3 主要年份林业综合指标完成情况

指标		2010	2011	2012	2013	2014	2015
森林资源情况							
林业用地面积	（万公顷）	56.17	56.17	56.97	58.24	56.89	
有林地面积	（万公顷）	53.22	52.06	53.11	54.51	51.6	
活立木蓄积量	（万立方米）	2332.6	2378.97	2533.4	2717.9	2748.3	
森林蓄积量	（万立方米）	2178.9	2214.9	2357.7	2532	2580.3	
森林覆盖率	（%）	39.44	38.63	39.40	40.46	39.44	
自然保护区情况							
个 数	（个）	4	4	4	5	5	5
面 积	（公顷）	129507	129507	129507	110335	110335	110335
国家级个数	（个）	1	1	1	1	1	1
林业生产情况							
人工造林面积	（公顷）	9440	9905	14211	22254	14604	12521
按林种用途分类							
用材林		2172	1789	3956	6336	3431	3855
经济林		2617	3793	3438	7737	5948	5341
防护林		4547	3203	5777	7999	5102	3187
薪炭林							
特用林		104	53	40	182	123	138
迹地更新面积	（公顷）	170	45				
低产林改造面积	（公顷）	1953	4774	560	167	813	
年末实有封山育林面积	（公顷）	70550	42300	40712	57744	55572	50087
四旁植树	（万株）	1046	977	904	976	1331	905
林木种子采集量	（吨）	115	120	218	184	81	
育苗面积	（公顷）	380	844	2320	2779	2697	2984
当年苗木产量	（万株）	4098	5129	7382	6996	7673	7345
幼林抚育面积	（公顷）	34089	29733	45470	23175	29303	
成林抚育面积	（公顷）	46454	46426	27626	32068	43569	
年末实有母树林面积	（公顷）	1000	100				
年末实有种子园面积	（公顷）	343	344				
林业产业情况							
木材采伐量	（立方米）	275656	407231	438691	484554	482213	392663
竹材采伐量	（万根）	458	579	634	690	700	525
水果产量	（吨）	44809	48524	53653	54014	71066	86412
干果产量	（吨）	24872	21848	32719	29647	31704	28464
林产饮料（干重）	（吨）	15851	22642	9487	8519	13862	13738
森林食品	（吨）	6232	4652	5373	12354	11253	10857
木本药材	（吨）	1628	1608	843	2975	6111	7876
木本油料	（吨）	12533	16576	30490	32529	39653	40456
林业年总产值	（亿元）	51.4	80.6	116.9	186.8	261.93	291.49

11—4 主要年份工业“三废”排放处理利用量

指标		2005*	2010*	2014*	2015*	2015
汇总工业企业数	(个)	144	325	481	478	
工业废水排放量	(万吨)	3973.3	5643.6	4678.1	4469.6	4203.3
工业废水排放量达标量	(万吨)	3790.7	5532.2	4678.1	4469.6	4203.3
工业废水中污染物去除量						
六价铬	(千克)	10.5	20.0	1440.2	1440.2	1440.2
挥发酚	(千克)	1458.0	220.0	113172.7	113167.2	113167.2
铅	(千克)	2.5	30.0	41.2	42.0	41.2
氰化物	(千克)	1098.0	1330.0	14707.4	15397.4	15397.4
石油类	(千克)	43769.0	16230.0	1218.6	1220.1	1219.2
化学需氧量	(吨)	22502.9	16984.0	20717.6	24276.0	23184.7
氨 氮	(吨)		615.4	2880.6	2931.9	2924.1
工业废气排放总量	(亿标立方米)	2984.1	1355.7	1452.9	1585.7	1082.8
燃料燃烧过程中废气气排放量	(亿标立方米)	1641.4	373.7	495.7	523.0	337.0
生产工艺过程中废气排放量	(亿标立方米)	1641.4	982.0	957.2	1062.7	745.8
工业二氧化硫排放量	(吨)	31424.2	17409.0	16014.0	14738.1	13684.4
生产工艺过程中废气排放的	(吨)	4971.3	1876.3			
工业二氧化硫去除量	(吨)	18297.0	88108.6	160675.1	111826.3	111759.8
生产工艺过程中去除的	(吨)	17569.4	50878.7			
工业烟(粉)尘排放量	(吨)	68197.8	8582.1	20440.4	24977.9	21005.4
工业烟(粉)尘去除量	(吨)	76558.3	734522.0	2132912.3	3537209.2	1872207.4
工业固体废物产生量	(万吨)	81.6	147.1	193.1	386.6	196.4
冶炼废渣	(万吨)		8.6			
粉煤灰	(万吨)	43.5	64.5			
炉 渣	(万吨)	21.6	22.8			
煤矸石	(万吨)	1.8	2.6			
工业固体综合利用	(万吨)	70.4	233.9	186.5	374.2	191.9
冶炼废渣	(万吨)		8.6			
粉煤灰	(万吨)	36.2	153.1			
炉 渣	(万吨)	20.1	22.8			
煤矸石	(万吨)	1.8	2.6			
工业固体废物贮存量	(万吨)	10.9	0.6			
工业锅炉	(台)	120	188	180	169	156
#烟尘排放达标			137	180	169	156
工业锅炉蒸吨数	(蒸吨)	3841	2552	5525	10970	10918
烟尘达标		3823	2540	5525	10970	10918
工业窑炉数	(座)	130	150	246	227	193
烟尘排放达标		94	141	246	227	193
汇总企业工业总产值（现价）	(亿元)	331.1	452.4	757.1	764.0	734.0
“三废”综合利用产品产值	(万元)	13147.6	46014.1			

11—5 环保系统机构、人员数（含枞阳）（2015年）

指　　标	环保局		监察机构		监测站		科研院所		宣教中心		信息中心	
	市本级	县　级	市本级	县　级	市本级	县　级	市本级	县　级	市本级	县　级	市本级	县　级
机构数　（个）	1	11	1	11	1	9	1		1	8	1	
机构人数（人）	21	110	27	121	44	90	12		8	22	5	

11—5 环保系统机构、人员数（2015年）

指　　标	环保局		监察机构		监测站		科研院所		宣教中心		信息中心	
	市本级	县　级	市本级	县　级	市本级	县　级	市本级	县　级	市本级	县　级	市本级	县　级
机构数　（个）	1	10	1	10	1	8	1		1	7	1	
机构人数（人）	21	102	27	105	44	79	15		7	22	5	

11—6 主要年份生活污染物排放情况

年　　份	城镇生活污水排　放　量（万吨）	城镇生活污水中化学需氧量排放量（吨）	生活及其他二氧化硫排放量（吨）	生活及其他烟尘排放量（吨）
2010*	9524.30	41843.00	5491.00	4041.00
2011*	12300.00	37450.00	1425.00	169.96
2012*	15239.00	37043.00	1483.00	455.00
2013*	15764.60	36870.65	1533.00	491.75
2014*	15105.30	36314.00	1491.10	511.40
2015*	17023.00	34630.00	2309.00	766.00
2015	15182.00	29349.00	2033.00	673.00

11—7 分县（市、区）工业废水排放及处理（含枞阳）（2015年）

地　区	汇总工业企业个数（个）	工业废水排放总量（万吨）	工业废水中污染物排放量（吨）		
			#化学需氧量	#石油类	#氨　氮
全　市	**478**	**4469.63**	**4698.00**	**37.48**	**239.30**
迎江区	8	692.52	842.42	0.18	67.89
大观区	23	918.76	941.47	18.37	50.64
宜秀区	24	215.68	213.84	0.51	9.00
桐城市	30	253.80	260.37	11.16	2.57
怀宁县	50	261.78	305.66		3.01
枞阳县	66	266.31	304.63	0.51	15.01
潜山县	50	277.35	236.40	6.32	7.65
太湖县	51	283.26	222.62	0.01	16.62
宿松县	79	298.26	287.58	0.28	0.80
望江县	77	949.17	963.64	0.14	64.19
岳西县	20	52.74	119.38		1.92

地　区	工业废水排放达标量（万吨）	废水治理设施数（套）	废水治理设施处理能力（万吨/日）	废水治理设施运行费用（万元）
全　市	**4469.63**	**211**	**35.44**	**23617.10**
迎江区	692.52	18	15.37	5594.60
大观区	918.76	31	4.98	13342.50
宜秀区	215.68	29	1.55	532.10
桐城市	253.80	19	1.32	275.40
怀宁县	261.78	31	3.78	742.90
枞阳县	266.31	26	3.03	279.70
潜山县	277.35	11	1.48	616.00
太湖县	283.26	10	0.96	580.00
宿松县	298.26	3	0.28	34.00
望江县	949.17	16	2.21	1461.60
岳西县	52.74	17	0.47	158.30

11—7 分县（市、区）工业废水排放及处理（2015年）

地　　区	汇总工业企业个数（个）	工业废水排放总量（万吨）	工业废水中污染物排放量（吨）		
			#化学需氧量	#石油类	#氨　　氮
全　　市	**412**	**4203.32**	**4393.37**	**36.97**	**224.28**
迎江区	8	692.52	842.42	0.18	67.89
大观区	23	918.76	941.47	18.37	50.64
宜秀区	24	215.68	213.84	0.51	9.00
桐城市	30	253.80	260.37	11.16	2.57
怀宁县	50	261.78	305.66		3.01
潜山县	50	277.35	236.40	6.32	7.65
太湖县	51	283.26	222.62	0.01	16.62
宿松县	79	298.26	287.58	0.28	0.80
望江县	77	949.17	963.64	0.14	64.19
岳西县	20	52.74	119.38		1.92

地　　区	工业废水排放达标量（万吨）	废水治理设施数（套）	废水治理设施处理能力（万吨/日）	废水治理设施运行费用（万元）
全　　市	**4203.32**	**185**	**32.41**	**23337.40**
迎江区	692.52	18	15.37	5594.60
大观区	918.76	31	4.98	13342.50
宜秀区	215.68	29	1.55	532.10
桐城市	253.80	19	1.32	275.40
怀宁县	261.78	31	3.78	742.90
潜山县	277.35	11	1.48	616.00
太湖县	283.26	10	0.96	580.00
宿松县	298.26	3	0.28	34.00
望江县	949.17	16	2.21	1461.60
岳西县	52.74	17	0.47	158.30

11—8 分县（市、区）工业废气排放及处理（含枞阳）（2015年）

地 区	汇总工业企业个数（个）	工业废气治理设施数（套）	工业废气排放总量（亿立方米）		
				燃料燃烧过程中废气排放量	生产工艺过程中废气排放量
全 市	**478**	**710**	**1585.67**	**523.00**	**1062.67**
迎江区	8	36	367.49	122.00	245.49
大观区	23	69	216.18	68.00	148.18
宜秀区	24	87	22.75	8.10	14.65
桐城市	30	14	22.19	9.00	13.19
怀宁县	50	222	383.78	144.00	239.78
枞阳县	66	201	502.83	186.00	316.83
潜山县	50	13	12.00	5.70	6.30
太湖县	51	27	4.04	1.80	2.24
宿松县	79	6	7.80	3.50	4.30
望江县	77	30	35.45	19.00	16.45
岳西县	20	5	11.16	2.00	9.16

地 区	工业二氧化硫排放量（吨）	工业二氧化硫去除量（吨）	工业烟（粉）尘排放量（吨）	工业烟（粉）尘去除量（吨）	废气治理设备运用运行费用（%）
全 市	**14738.07**	**111826.33**	**24977.89**	**3537209.21**	**31678.00**
迎江区	4293.29	32798.09	3142.86	69358.70	7391.60
大观区	4815.85	78775.39	2078.19	387073.69	6052.80
宜秀区	129.84		1614.82	16803.66	701.30
桐城市	738.57	55.76	2002.85	16852.16	104.10
怀宁县	1028.08		5626.66	1331936.20	6018.90
枞阳县	1053.69	66.52	3972.48	1665001.79	10688.00
潜山县	430.43		1010.23	563.94	107.20
太湖县	265.70		1027.02	3076.18	241.30
宿松县	338.45	34.57	341.43	524.95	27.60
望江县	1595.59	96.00	3259.86	43912.34	222.20
岳西县	48.59		901.51	2105.61	123.00

11—8 分县（市、区）工业废气排放及处理（2015年）

地区	汇总工业企业个数（个）	工业废气治理设施数（套）	工业废气排放总量（亿立方米）	燃料燃烧过程中废气排放量	生产工艺过程中废气排放量
全 市	**412**	**509**	**1082.84**	**337.00**	**745.84**
迎江区	8	36	367.49	122.00	245.49
大观区	23	69	216.18	68.00	148.18
宜秀区	24	87	22.75	8.10	14.65
桐城市	30	14	22.19	9.00	13.19
怀宁县	50	222	383.78	144.00	239.78
潜山县	50	13	12.00	5.70	6.30
太湖县	51	27	4.04	1.80	2.24
宿松县	79	6	7.80	3.50	4.30
望江县	77	30	35.45	19.00	16.45
岳西县	20	5	11.16	2.00	9.16

地区	工业二氧化硫排放量（吨）	工业二氧化硫去除量（吨）	工业烟（粉）尘排放量（吨）	工业烟（粉）尘去除量（吨）	废气治理设备运用运行费用（%）
全 市	**13684.38**	**111759.81**	**21005.41**	**1872207.42**	**20990.00**
迎江区	4293.29	32798.09	3142.86	69358.70	7391.60
大观区	4815.85	78775.39	2078.19	387073.69	6052.80
宜秀区	129.84		1614.82	16803.66	701.30
桐城市	738.57	55.76	2002.85	16852.16	104.10
怀宁县	1028.08		5626.66	1331936.20	6018.90
潜山县	430.43		1010.23	563.94	107.20
太湖县	265.70		1027.02	3076.18	241.30
宿松县	338.45	34.57	341.43	524.95	27.60
望江县	1595.59	96.00	3259.86	43912.34	222.20
岳西县	48.59		901.51	2105.61	123.00

11—9 分县（市、区）工业固体废物产生及处理利用（含枞阳）（2015年）

地区	汇总工业企业个数（个）	工业固体废物产生量（万吨）	危险废物产生量（吨）	工业固体废物综合利用量（万吨）	危险废物综合利用量（吨）
全市	**478**	**386.58**	**13081.05**	**374.20**	**8448.81**
迎江区	8	58.95	20.00	54.61	
大观区	23	59.82	9012.34	59.82	5937.52
宜秀区	24	1.52	9.09	1.52	
桐城市	30	2.35	312.60	2.30	
怀宁县	50	63.39	3525.00	63.38	2500.00
枞阳县	66	190.22	61.20	182.34	
潜山县	50	1.78	3.00	1.78	3.00
太湖县	51	0.97	84.00	0.92	
宿松县	79	0.26		0.26	
望江县	77	7.02	53.81	7.02	8.29
岳西县	20	0.30		0.25	

地区	工业固体废物综合利用率（%）	工业固体废物贮存量（吨）	工业固体废物处置量（吨）	工业固体废物处置率（%）
全市	**96.80**	**35620**	**88158.74**	**2.28**
迎江区	92.64		43371.00	7.36
大观区	100.00			
宜秀区	100.00			
桐城市	97.75		530.00	2.25
怀宁县	99.98		120.00	0.02
枞阳县	95.86	35620	43098.00	2.27
潜山县	99.98		3.00	0.02
太湖县	94.60		525.00	5.40
宿松县	100.00			
望江县	100.00			
岳西县	82.74		511.74	17.26

11—9 分县（市、区）工业固体废物产生及处理利用（2015年）

地　区	汇总工业企业个数（个）	工业固体废物产生量（万吨）	危险废物产生量（吨）	工业固体废物综合利用量（万吨）	危险废物综合利用量（吨）
全　市	**412**	**196.36**	**13019.85**	**191.86**	**8448.81**
迎江区	8	58.95	20.00	54.61	
大观区	23	59.82	9012.34	59.82	5937.52
宜秀区	24	1.52	9.09	1.52	
桐城市	30	2.35	312.60	2.30	
怀宁县	50	63.39	3525.00	63.38	2500.00
潜山县	50	1.78	3.00	1.78	3.00
太湖县	51	0.97	84.00	0.92	
宿松县	79	0.26		0.26	
望江县	77	7.02	53.81	7.02	8.29
岳西县	20	0.30		0.25	

地　区	工业固体废物综合利用率（%）	工业固体废物处置量（吨）	工业固体废物处置率（%）
全　市	**97.71**	**45060.74**	**2.29**
迎江区	92.64	43371.00	7.36
大观区	100.00		
宜秀区	100.00		
桐城市	97.75	530.00	2.25
怀宁县	99.98	120.00	0.02
潜山县	99.98	3.00	0.02
太湖县	94.60	525.00	5.40
宿松县	100.00		
望江县	100.00		
岳西县	82.74	511.74	17.26

主要统计指标解释

森林面积

指生长着乔木和竹林，郁闭度在 0.3 以上（不包括 0.3）的林地面积，即有林地面积。它是反映森林资源总面积的重要指标。森林面积包括天然林面积和人工林面积。但不包括灌木林地和疏林地面积。

森林覆盖率

通常是指森林面积以及四旁树木的覆盖面积与土地总面积之比。森林覆盖率，是反映一个国家或地区森林资源和绿化水平的重要指标。计算公式：

森林覆盖率(%)＝森林面积/土地总面积×100%

活立林总蓄积量

指全部土地上树木蓄积的总量。包括森林蓄积、疏林蓄积、散生木蓄积和四旁树蓄积。

森林蓄积量

指一定森林面积上生长着林木树干材积总量。它是反映一个国家或地区森林资源总规模和水平的重要指标。

降水量

指降水深度，即降水平铺在地域面积上的深度。

水资源总量

一定区域内的水资源总量指当地降水形成的地表和地下产水量，即地表径流量与降水入渗补给量之和，不包括过境水量。

地表水资源量

指河流、湖泊、冰川等地表水体中由当地降水形成的、可以逐年更新的动态水量，即天然河川径流量。

地下水资源量

指当地降水和地表水对饱水岩土层的补给量。

工业废水排放量

指经过企业厂区所有排放口排到企业外部的工业废水量。包括生产废水、外排的直接冷却水、超标排放的矿井地下水和与工业废水混排的厂区生活污水，不包括外排的间接冷却水（清污不分流的间接冷却水应计算在内）。

城镇生活污水排放量

指城镇居民每年排放的生活污水。用人均系数法测算。测算公式为：

城镇生活污水排放量=城镇生活污水排放系数×市镇非农业人口×365

城镇生活污水中化学需氧量（COD）产生量

指城镇居民每年排放的生活污水中的COD的产生量。用人均系数法测算。测算公式为：

城镇生活污水中COD 产生量=城镇生活污水中COD 产生系数×市镇非农业人口×365

化学需氧量（COD）

测量有机和无机物质化学所消耗氧的质量浓度的水污染指数。

工业废气排放量

指报告期内企业厂区内燃料燃烧和生产工艺过程中产生的各种排入大气的含有污染物的气体的总量，以标准状态（273K，101325Pa）计算。测算公式为：

工业废气排放量=燃料燃烧过程中废气排放量+生产工艺过程中废气排放量

生活及其他SO_2排放量

以生活及其他煤炭消费量和其含硫量为基础，根据以下公式计算：

生活及其他SO_2排放量=生活及其他煤炭消费量×含硫量×0.8×2

工业SO_2排放量

指报告期内企业在燃料燃烧和生产工艺过程中排入大气的SO_2总量，计算公式为：

工业SO_2排放量=燃料燃烧过程中SO_2 排放量+生

产工艺过程中SO_2排放量

工业烟(粉)尘排放量

指报告期内企业在燃料燃烧和生产工艺过程中排入大气的烟尘和工业粉尘的质量之和。

生活及其他烟尘排放量

指除工业生产活动以外的所有社会、经济活动及公共设施的经营活动中燃烧所排放的烟尘纯重量。以生活及其他煤炭消费量为基础进行测算。

工业固体废物产生量

指报告期内企业在生产过程中产生的固体状、半固体状和高浓度液体状废弃物的总量，包括危险废物、冶炼废渣、粉煤灰、炉渣、煤矸石、尾矿、放射性废物和其他废物等；不包括矿山开采的剥离废石和掘进废石（煤矸石和呈酸性或碱性的废石除外）。酸性或碱性废石指采掘的废石其流经水、雨淋水的pH值小于4或pH值大于10.5者。

危险废物

指列入国家危险废物名录或根据国家规定的危险废物鉴别标准和鉴别方法认定的，具有爆炸性、易燃性、易氧化性、毒性、腐蚀性、易传染疾病等危险特性之一的废物。

工业固体废物综合利用量

指报告期内企业通过回收、加工、循环、交换等方式，从固体废物中提取或者使其转化为可以利用的资源、能源和其他原材料的固体废物量（包括当年利用往年的工业固体废物贮存量），如用作农业肥料、生产建筑材料、筑路等。综合利用量由原产生固体废物的单位统计。

工业固体废物综合利用率

指工业固体废物综合利用量占工业固体废物产生量（包括综合利用往年贮存量）的百分率。计算公式为：

工业固体废物综合利用率=工业固体废物综合利用量/（工业固体废物产生量+综合利用往年贮存量）×100%

工业固体废物贮存量

指报告期内企业以综合利用或处置为目的，将固体废物暂时贮存或堆存在专设的贮存设施或专设的集中堆存场所内的数量。专设的固体废物贮存场所或贮存设施必须有防扩散、防流失、防渗漏、防止污染大气、水体的措施。

工业固体废物处置量

指报告期内企业将固体废物焚烧或者最终置于符合环境保护规定要求的场所，并不再回取的工业固体废物量（包括当年处置往年的工业固体废物贮存量）。处置方式有填埋（其中危险废物应安全填埋）、焚烧、专业贮存场（库）封场处理、深层灌注、回填矿井及海洋处置（经海洋管理部门同意投海处置）等。

工业固体废物排放量

指报告期内企业将所产生的固体废物排到固体废物污染防治设施、场所以外的数量，不包括矿山开采的剥离废石和掘进废石（煤矸石和呈酸性或碱性的废石除外）。

生活垃圾清运量

指报告期内收集和运送到垃圾处理厂（场）的生活垃圾数量。生活垃圾指城市日常生活或为城市日常生活提供服务的活动中产生的固体废物以及法律行政规定的视为城市生活垃圾的固体废物。包括：居民生活垃圾、商业垃圾、集市贸易市场垃圾、街道清扫垃圾、公共场所垃圾和机关、学校、厂矿等单位的生活垃圾。

生活垃圾无害化处理率

指报告期生活垃圾无害化处理量与生活垃圾产生量比率。在统计上，由于生活垃圾产生量不易取得，可用清运量代替。计算公式为：

生活垃圾无害化处理率=生活垃圾无害化处理量/生活垃圾产生量×100%

造林总面积

指报告期内在荒山、荒地、沙丘、退耕地等一切可以造林的土地上，采用人工播种、飞机播种、植苗造林、分植造林等方法新植成片乔木林和灌木林，经过检查验收符合《造林技术规程》要求的单位面积株数，并按《中华人民共和国森林法实施条例》规定，成活率达85%以上（含85%，年降雨量在400毫米以下且无浇灌条件的地区造林成活率达70%以上）的总面积。四旁植树如一侧在四行以上，连片面积0.066公顷（一亩）以上，应统计在造林面积内。造林面积，通常按所有制（国有、国有集体合作、集体和个人）、造林方式（人工、飞机播种）、主要林种用途（用材林、经济林、防护林、薪炭林、特种用途林）分组进行统计。

用材林

指以生产木材为主要目的的森林和林木，包括以生产竹材为主要目的的竹林。

经济林

指以生产果品，食用油料、饮料、调料，工业原料和药材为主要目的的林木。经济林是人们为了取得林木的果实、叶片、皮层、胶液等产品作为工业原料或者供食用所营造的林木，如油茶、油桐、核桃、樟树、花椒、茶、桑、果等。

防护林

指以防护为主要目的的森林、林木和灌木丛。包括水源涵养林，水土保持林，防风固沙林，农田、牧场防护林，护岸林，护路林等。

特种用途林

指以国防、环境保护、科学实验等为主要目的的森林和林木。包括国防林、实验林、母树林、环境保护林、风景林，名胜古迹和革命纪念地的林木，自然保护区的森林。

第十二篇

农　业

简要说明

一、本篇资料反映我市农业生产和农村经济的基本情况，内容主要包括乡村户数、人口与从业人员、耕地、农业机械拥有量、农林牧渔业产值、主要农产品面积和产量等。

二、本篇资料均来源于《安徽省农村统计调查报表制度》规定的统计年报资料。

农村统计调查的范围包括各县（市、区）辖区内的各种经济类型的全部农林牧渔业以及各非农行业附属的农林牧渔业生产单位。

农村统计调查报表制度是按照国家统计局统一要求，由各县（市、区）统计局收集、汇总上报，采取抽样调查、典型调查、重点调查和其他调查所取得的。林业生产情况、渔业生产情况和农业机械和农产品加工机械拥有量等指标均取自同级业务部门的统计资料。

12—1　主要年份农村基本情况和农业生产条件（含枞阳）

指　　标		2005	2010	2014	2015
乡镇数	（个）	156	147	153	153
#镇个数		94	89	97	97
村民委员会	（个）	1600	1606	1551	1545
乡村户数	（万户）	131.13	139.79	141.86	145.5
乡村从业人员数	（万人）	280.99	290.63	292.76	290.4
农业机械总动力	（万千瓦）	194.90	265.10	328.38	345.1
农作物总播种面积	（公顷）	712609	783255	794798	792726
粮　食		439259	454156	460819	461164
谷　物		412832	429114	433610	427748
#稻　谷		386065	385267	380950	371955
小　麦		21674	36292	40598	42280
玉　米		4578	7116	11201	12632
豆　类		12625	12391	14016	17699
薯　类		13802	12651	13193	15717
油　料		107377	137483	140136	139251
#花　生		3416	3794	4795	5025
油菜籽		101365	124851	131835	129999
芝　麻		2552	3286	3488	4210
棉　花		56163	72649	71565	65427
麻　类		191	138	73	70
糖　料		205	332	318	319
烟　叶		21	42	34	30
蔬　菜		54197	68533	74605	76645
农村用电量	（万千瓦）	75331	128702	181666	184461
农用化肥施用量	（吨）	196973	218826	254688	261562
农用塑料薄膜使用量	（吨）	4144	5104	5341	6366
#地膜使用量	（吨）	2676	3062	3112	3310
地膜覆盖面积	（公顷）	21817	23972	64794	23036
农药使用量	（吨）	13727	14358	12185	12146

12—1　主要年份农村基本情况和农业生产条件

指　　标		2005	2010	2014	2015
乡镇数	（个）	135	126	131	131
#镇个数		82	77	83	83
村民委员会	（个）	1362	1371	1318	1312
乡村户数	（万户）	108.80	116.24	118.27	121
乡村从业人员数	（万人）	236.59	238.68	241.20	239.3
#农林牧渔行业		131.38	111.59	106.47	106.96
农业机械总动力	（万千瓦）	160.20	223.68	280.20	295.24
农作物总播种面积	（公顷）	595673	649719	662475	660336
粮　食		351031	359194	363864	364071
谷　物		328335	336816	339333	333364
#稻　谷		309941	302027	296223	287151
小　麦		14362	28966	32718	34365
玉　米		3574	5519	9531	10967
豆　类		11055	11108	12824	16478
薯　类		11641	11270	11707	14229
油　料		89060	112205	118645	118039
#花　生		2668	3259	4241	4475
油菜籽		84040	105774	111032	109472
芝　麻		2309	3155	3354	4075
棉　花		51463	67349	66177	60027
麻　类		136	133	68	65
糖　料		113	161	141	144
烟　叶		21	42	34	30
蔬　菜		50885	62450	68081	69925
农村用电量	（万千瓦）	64319	110083	156766	151500
农用化肥施用量	（吨）	172531	189379	217230	223594
农用塑料薄膜使用量	（吨）	3635	4623	4946	5897
#地膜使用量	（吨）	2317	2756	2848	3048
地膜覆盖面积	（公顷）	17938	19638	59928	19516
农药使用量	（吨）	12090	11987	10634	10796

12—2　主要年份农林牧渔业生产情况（含枞阳）

指　　标		2005	2010	2014	2015
农产品产量	（吨）				
粮　食		2221719	2619602	2586373	2683472
谷　物		2148861	2531285	2484839	2560951
#稻　谷		2077029	2388642	2313119	2373436
小　麦		49503	108761	118628	125853
玉　米		21078	32250	50495	59241
豆　类		24725	31950	37822	48288
薯　类		48133	56367	63712	74233
油　料		197435	252598	293468	298668
#花　生		6578	10162	14333	14656
油菜籽		187476	229711	274404	278480
芝　麻		3282	5341	4710	5513
棉　花		78793	92131	101595	89484
麻　类		172	199	180	175
烟　叶		35	121	84	77
茶　叶		4514	7374	12302	12801
园林水果		16751	32772	32528	33629
农产品单位面积产量	（公斤/公顷）				
谷　物		5205	5899	5728	5987
棉　花		1403	1268	1442	1367
花　生		1926	2678	2876	2916
油菜籽		1850	1840	2082	2141
芝　麻		1286	1625	1332	1309
麻　类		901	1442	1853	2500
烟　叶		1667	2881	2471	2566
造林面积	（公顷）	45855	13031	16031	13355
茶园面积	（公顷）	19963	23449	29881	30668
果园面积	（公顷）	11776	5479	6807	6381
牛年末存栏头数	（头）	248214	123908	124122	122131
猪年末存栏头数	（头）	1669028	1607790	1698681	1673036
羊年末存栏头数	（只）	77099	41708	76920	96180
肉类产量	（吨）	244692	296123	331431	343564
#猪牛羊肉		184494	213246	238959	244504
猪　肉		174467	202627	228135	233595
牛　肉		9156	9680	9568	9524
羊　肉		871	939	1256	1385
禽　蛋	（吨）	118561	158895	194289	196652
淡水产品产量	（吨）	292150	336870	379258	389651

12—2 主要年份农林牧渔业生产情况

指标		2005	2010	2014	2015
农产品产量	(吨)				
粮食		1875414	2110004	2085767	2179059
谷物		1813037	2031974	1995341	2067726
#稻谷		1762607	1924263	1857375	1914181
小麦		33490	80422	91124	98113
玉米		15862	26435	44245	53011
豆类		20374	28794	34536	44925
薯类		42003	49236	55890	66408
油料		160778	208086	251874	256220
#花生		5278	8923	13041	13366
油菜籽		152393	193871	234236	237457
芝麻		3009	5205	4576	5378
棉花		73153	82248	91507	79374
麻类		158	196	177	172
烟叶		35	121	84	77
茶叶		4447	7187	12046	12546
园林水果		16043	32416	31902	33001
农产品单位面积产量	(公斤/公顷)				
谷物		5205	5899	5728	5985
棉花		1403	1268	1442	1322
花生		1926	2678	2876	2986
油菜籽		1850	1840	2082	2169
芝麻		1286	1625	1332	1319
麻类		901	1442	1853	2646
烟叶		1667	2881	2471	2566
造林面积	(公顷)	44105	12639	14604	12521
茶园面积	(公顷)	19678	23142	29531	30318
果园面积	(公顷)	11563	5109	6645	6219
牛年末存栏头数	(头)	226648	115258	114042	112131
猪年末存栏头数	(头)	1390671	1440632	1516339	1490506
羊年末存栏头数	(只)	75003	38897	73945	93210
肉类产量	(吨)	210160	259488	288522	300324
#猪牛羊肉		166412	195520	216016	221559
猪肉		156776	185343	205675	211135
牛肉		8793	9299	9152	9107
羊肉		843	878	1189	1317
禽蛋	(吨)	100748	131215	163890	166047
淡水产品产量	(吨)	211705	258870	294258	303451

12—3 主要年份农林牧渔业总产值及指数（含枞阳）

本表按当年价格计算。

指 标	2005	2010	2014	2015
农林牧渔业总产值 （万元）	**1509117**	**2709162**	**3945115**	**4086386**
农 业	635273	1169050	1632884	1698033
林 业	93531	160854	307484	319325
牧 业	426967	743672	1062111	1087333
渔 业	252529	454023	676372	705910
农林牧渔服务业	100817	181563	266264	275785
农林牧渔业总产值指数 （%）	**104.8**	**104.3**	**104.7**	**103.9**
农 业	102.5	102.9	104.2	104.4
林 业	101.3	101.8	111.4	103.3
牧 业	105.3	105.3	103.7	102.0
渔 业	104.3	102.8	103.7	106.0
农林牧渔服务业	123.3	118.7	107.2	104.4

注：从2003年年报起，农林牧渔业总产值增加农林牧渔服务业，原农业产值中的家庭兼营商品性工业取消。

12—3 主要年份农林牧渔业总产值及指数

本表按当年价格计算。

指 标	2005	2010	2014	2015
农林牧渔业总产值 （万元）	**1292209**	**2312234**	**3387539**	**3506249**
农 业	566251	1004106	1427224	1485564
林 业	85129	140693	265252	274541
牧 业	368807	652008	928687	945636
渔 业	176791	347000	516212	541758
农林牧渔服务业	95231	168427	250164	258750
农林牧渔业总产值指数 （%）	**104.8**	**104.3**	**104.7**	**103.9**
农 业	102.5	102.9	104.2	104.7
林 业	101.3	101.8	111.4	103.3
牧 业	105.3	105.3	103.7	102.0
渔 业	104.3	102.8	103.7	105.6
农林牧渔服务业	123.3	118.7	107.2	104.0

注：从2003年年报起，农林牧渔业总产值增加农林牧渔服务业，原农业产值中的家庭兼营商品性工业取消。

12—4 主要年份农林牧渔业增加值及构成（含枞阳）

本表按当年价格计算。

指　　标	2005	2010	2014	2015
农林牧渔业增加值　（万元）	**893432**	**1563170**	**2255803**	**2334350**
农　业	374372	662909	923835	951186
林　业	65459	112980	195383	203192
牧　业	251165	426342	591171	614173
渔　业	165202	282122	413464	431262
农林牧渔服务业	37234	78817	131950	134537
农林牧渔业增加值构成　（%）				
农　业	41.90	42.41	40.95	40.75
林　业	7.33	7.23	8.66	8.70
牧　业	28.11	27.27	26.21	26.31
渔　业	18.49	18.05	18.33	18.47
农林牧渔服务业	4.17	5.04	5.85	5.76

12—4 主要年份农林牧渔业增加值及构成

本表按当年价格计算。

指　　标	2005	2010	2014	2015
农林牧渔业增加值　（万元）	**756063**	**1321046**	**1919030**	**1984843**
农　业	333522	568753	810670	834359
林　业	59243	97883	163634	169479
牧　业	215106	368594	509091	527415
渔　业	113583	212910	311181	328001
农林牧渔服务业	34609	72906	124454	125589
农林牧渔业增加值构成　（%）				
农　业	44.11	43.05	42.24	42.04
林　业	7.84	7.41	8.53	8.54
牧　业	28.45	27.90	26.53	26.57
渔　业	15.02	16.12	16.22	16.53
农林牧渔服务业	4.58	5.52	6.49	6.33

12—5　主要年份林业生产情况（含枞阳）

指　　标		2005	2010	2014	2015
当年造林面积	（公顷）	17014	14669	16031	13355
迹地更新面积	（公顷）	45			
低产林改造面积	（公顷）	4774	560	813	1192
年末实有封山育林面积	（公顷）	43367	41712	62072	52020
零星植树	（万株）	1139	1049	1484	1084
林木种子采集量	（吨）	120	218	81	76462
育苗面积	（公顷）	894	2375	2760	3048
当年苗木产量	（万株）	5429	7702	8065	7636
幼林抚育作业面积	（公顷）	50040	45470	29303	
幼林抚育实际面积	（公顷）	29744	29511	35734	
成林抚育面积	（公顷）	55426		43869	27195

12—5　主要年份林业生产情况

指　　标		2013	2014	2015
人工造林面积	（公顷）	22254	14604	12521
森林改培面积	（公顷）	167	813	1192
#低效林改培面积		167	813	1192
森林抚育面积	（公顷）	32068	43569	26862
年末实有封山（沙）育林面积	（公顷）	57744	55572	50087
四旁（零星）植树	（万株）	976	1330	905
林木种苗				
林木种子采集量	（吨）	184	81	76462
当年苗木产量	（万株）	6996	7673	7345
育苗面积	（公顷）	2779	2697	2984

12—6 分县（市、区）农林牧渔业总产值（含枞阳）（2015年）

本表按当年价格计算。 单位：万元

地区	总产值						中间消耗					
	农林牧渔业总产值	农业	林业	牧业	渔业	农林牧渔服务业	农林牧渔业总产值	农业	林业	牧业	渔业	农林牧渔服务业
全市	**4086389**	**1699318**	**319300**	**1086412**	**705877**	**275483**	**1747202**	**735603**	**111854**	**470561**	**288238**	**140946**
迎江区	33756	15905	540	3640	8310	5361	14495	6675	170	807	3110	3733
大观区	97986	49787	4422	15535	21132	7110	43971	26542	1156	7242	7300	1731
宜秀区	115694	29041	5806	29478	44166	7204	46224	11348	2270	11526	17269	3811
开发区	9779	5377		2735	1404	263	6397	3545		1821	918	113
桐城市	488941	182356	39595	182843	72196	11951	213245	72825	23198	75786	32386	9050
怀宁县	380926	178119	18008	117127	44715	22957	162180	73146	4334	58671	13814	12215
枞阳县	580137	212469	44784	141697	164152	17035	230630	95642	11071	54939	60891	8087
潜山县	366193	175366	74354	97241	7902	11330	123972	47202	32837	38001	2354	3578
太湖县	428674	137265	49637	176907	58069	6796	194146	62905	9018	80820	37981	3422
宿松县	781995	326774	25432	124601	170845	134343	338365	147624	9522	53310	64921	62988
望江县	532031	231237	14747	131706	107686	46655	259126	119262	8414	56187	45174	30089
岳西县	270277	155622	41975	62902	5300	4478	114451	68887	9864	31451	2120	2129

12—6 分县（市、区）农林牧渔业总产值（2015年）

本表按当年价格计算。 单位：万元

地区	总产值						中间消耗					
	农林牧渔业总产值	农业	林业	牧业	渔业	农林牧渔服务业	农林牧渔业总产值	农业	林业	牧业	渔业	农林牧渔服务业
全市	**3506252**	**1486849**	**274516**	**944715**	**541725**	**258448**	**1516572**	**639961**	**100783**	**415622**	**227347**	**132859**
迎江区	33756	15905	540	3640	8310	5361	14495	6675	170	807	3110	3733
大观区	97986	49787	4422	15535	21132	7110	43971	26542	1156	7242	7300	1731
宜秀区	115694	29041	5806	29478	44166	7204	46224	11348	2270	11526	17269	3811
开发区	9779	5377		2735	1404	263	6397	3545		1821	918	113
桐城市	488941	182356	39595	182843	72196	11951	213245	72825	23198	75786	32386	9050
怀宁县	380926	178119	18008	117127	44715	22957	162180	73146	4334	58671	13814	12215
潜山县	366193	175366	74354	97241	7902	11330	123972	47202	32837	38001	2354	3578
太湖县	428674	137265	49637	176907	58069	6796	194146	62905	9018	80820	37981	3422
宿松县	781995	326774	25432	124601	170845	134343	338365	147624	9522	53310	64921	62988
望江县	532031	231237	14747	131706	107686	46655	259126	119262	8414	56187	45174	30089
岳西县	270277	155622	41975	62902	5300	4478	114451	68887	9864	31451	2120	2129

12—7　分县（市、区）农林牧渔业增加值（含枞阳）（2015年）

单位：万元

地　区	当年价						可比价					
	农林牧渔业总产值	农　业	林　业	牧　业	渔　业	农林牧渔服务业	农林牧渔业总产值	农　业	林　业	牧　业	渔　业	农林牧渔服务业
全　市	**2334350**	**933393**	**201639**	**629268**	**435513**	**134537**	**2348426**	**952959**	**212026**	**614995**	**428820**	**139626**
迎江区	19261	9230	370	2833	5200	1628	19541	9537	358	2781	5204	1661
大观区	49177	10716	-988	6615	27455	5379	49125	5658	7652	12674	20224	2917
宜秀区	69471	17693	3536	17952	26897	3393	70220	18261	3366	18151	27340	3102
开发区	3382	1832		914	486	150	2943	1510		821	461	151
桐城市	275696	109531	16397	107057	39810	2901	279811	113399	16556	107237	39507	3112
怀宁县	218746	104973	13674	58456	30901	10742	223689	103441	14048	63749	30910	11541
枞阳县	349507	116827	33713	86758	103261	8948	350129	115827	32799	83551	109796	8156
潜山县	242221	128164	41517	59240	5548	7752	244993	130297	41451	59858	5322	8065
太湖县	234528	74360	40619	96087	20088	3374	231894	73314	41961	92953	20033	3633
宿松县	443630	161357	14357	86386	110175	71355	439425	177128	15701	66956	100654	78986
望江县	272905	111975	6333	75519	62512	16566	277660	115177	5365	75052	66212	15854
岳西县	155826	86735	32111	31451	3180	2349	158996	89410	32769	31212	3157	2448

12—7　分县（市、区）农林牧渔业增加值（2015年）

单位：万元

地　区	当年价						可比价					
	农林牧渔业总产值	农　业	林　业	牧　业	渔　业	农林牧渔服务业	农林牧渔业总产值	农　业	林　业	牧　业	渔　业	农林牧渔服务业
全　市	**1984843**	**816566**	**167926**	**542510**	**332252**	**125589**	**1998297**	**837132**	**179227**	**531444**	**319024**	**131470**
迎江区	19261	9230	370	2833	5200	1628	19541	9537	358	2781	5204	1661
大观区	49177	10716	-988	6615	27455	5379	49125	5658	7652	12674	20224	2917
宜秀区	69471	17693	3536	17952	26897	3393	70220	18261	3366	18151	27340	3102
开发区	3382	1832		914	486	150	2943	1510		821	461	151
桐城市	275696	109531	16397	107057	39810	2901	279811	113399	16556	107237	39507	3112
怀宁县	218746	104973	13674	58456	30901	10742	223689	103441	14048	63749	30910	11541
潜山县	242221	128164	41517	59240	5548	7752	244993	130297	41451	59858	5322	8065
太湖县	234528	74360	40619	96087	20088	3374	231894	73314	41961	92953	20033	3633
宿松县	443630	161357	14357	86386	110175	71355	439425	177128	15701	66956	100654	78986
望江县	272905	111975	6333	75519	62512	16566	277660	115177	5365	75052	66212	15854
岳西县	155826	86735	32111	31451	3180	2349	158996	89410	32769	31212	3157	2448

12—8 分县（市、区）农业基本情况（含枞阳）（2015年）

指标		全市	迎江区	大观区	宜秀区	开发区
乡村户数	（户）	1455339	12708	36590	50131	7500
乡村人口数	（人）	5291066	41050	102858	159965	24521
男		2761429	21114	53306	80823	15320
女		2555637	19936	49552	79142	9201
乡村劳动力资源数	（人）	3326522	27232	83268	93875	10252
男		1804847	15279	41331	61481	7102
女		1521675	11953	41937	32394	3150
乡村从业人员数	（人）	2903997	21368	75544	84366	8925
男		1589645	11614	38619	53398	6255
#农业从业人员		743366	4718	26909	20174	4465
女		1314352	9754	36925	30968	2670
#农业从业人员		588156	4573	27022	10503	1328
自来水受益村数	（个）	1614	22	31	40	10
通有线电视村数	（个）	1613	22	31	40	10
通宽带村数	（个）	1649	22	31	42	10
农用化肥施用量（折纯）	（吨）	261562	1851	14095	5040	928
#氮　肥		83741	679	5556	1645	280
磷　肥		36833	182	1065	747	
钾　肥		38813	290	1627	880	350
复合肥		102175	700	5847	1768	298
农用塑料薄膜使用量	（吨）	6366	27	520	210	
#地膜使用量	（吨）	3310	6	395	203	
地膜覆盖面积	（公顷）	23036	87	242	780	
农用柴油使用量	（吨）	59548	189	4500	1294	
农药使用量	（吨）	12146	64	1052	65	9
农村用电量	（万千瓦时）	184462	1248	5620	6488	550

桐城市	怀宁县	枞阳县	潜山县	太湖县	宿松县	望江县	岳西县
181448	174608	245262	142161	142537	209057	150654	102683
689933	649344	865984	528103	524237	748969	584040	372062
357023	336526	451377	276887	270824	402299	300490	195440
332910	312818	414607	251216	253413	372670	283550	176622
426743	428236	579097	319230	316024	438827	363347	240391
230751	231000	320211	175356	172174	228791	190127	131244
195992	197236	258886	143874	143850	210036	173220	109147
389885	365598	511256	270744	279689	360872	338730	197020
212324	198649	290467	150611	151216	190673	177237	108582
88046	64055	149372	57396	84712	107048	70342	66129
177561	166949	220789	120133	128473	170199	161493	88438
50879	52140	112511	47908	70545	99713	60531	50503
242	203	229	175	147	204	129	182
234	199	217	175	167	206	130	182
246	203	229	174	174	207	129	182
15276	13338	37968	28798	30784	66169	35539	11776
5437	4817	10041	9343	11035	19250	11213	4445
2443	1311	7095	4017	4350	7836	6500	1287
1308	1233	8468	3183	3078	12195	5037	1164
6088	5977	12364	12255	12321	26888	12789	4880
533	1579	469	170	366	1633	654	205
260	798	262	119	283	576	284	124
1597	3926	3520	1732	1748	5960	2926	518
8764	5812	4254	3621	9123	13475	6559	1957
1102	1813	1350	721	835	2029	2962	144
39329	10518	32961	19098	12748	29210	16212	10480

12—8 分县（市、区）农业基本情况（2015年）

指标		全市	迎江区	大观区	宜秀区	开发区
乡村户数	（户）	1210077	12708	36590	50131	7500
乡村人口数	（人）	4425082	41050	102858	159965	24521
男		2310052	21114	53306	80823	15320
女		2141030	19936	49552	79142	9201
乡村劳动力资源数	（人）	2747425	27232	83268	93875	10252
男		1484636	15279	41331	61481	7102
女		1262789	11953	41937	32394	3150
乡村从业人员数	（人）	2392741	21368	75544	84366	8925
男		1299178	11614	38619	53398	6255
#农业从业人员		593994	4718	26909	20174	4465
女		1093563	9754	36925	30968	2670
#农业从业人员		475645	4573	27022	10503	1328
自来水受益村数	（个）	1385	22	31	40	10
通有线电视村数	（个）	1396	22	31	40	10
通宽带村数	（个）	1420	22	31	42	10
农用化肥施用量（折纯）	（吨）	223594	1851	14095	5040	928
#氮　肥		73700	679	5556	1645	280
磷　肥		29738	182	1065	747	
钾　肥		30345	290	1627	880	350
复合肥		89811	700	5847	1768	298
农用塑料薄膜使用量	（吨）	5897	27	520	210	
#地膜使用量	（吨）	3048	6	395	203	
地膜覆盖面积	（公顷）	19516	87	242	780	
农用柴油使用量	（吨）	55294	189	4500	1294	
农药使用量	（吨）	10796	64	1052	65	9
农村用电量	（万千瓦时）	151501	1248	5620	6488	550

桐城市	怀宁县	潜山县	太湖县	宿松县	望江县	岳西县
181448	174608	142161	142537	209057	150654	102683
689933	649344	528103	524237	748969	584040	372062
357023	336526	276887	270824	402299	300490	195440
332910	312818	251216	253413	372670	283550	176622
426743	428236	319230	316024	438827	363347	240391
230751	231000	175356	172174	228791	190127	131244
195992	197236	143874	143850	210036	173220	109147
389885	365598	270744	279689	360872	338730	197020
212324	198649	150611	151216	190673	177237	108582
88046	64055	57396	84712	107048	70342	66129
177561	166949	120133	128473	170199	161493	88438
50879	52140	47908	70545	99713	60531	50503
242	203	175	147	204	129	182
234	199	175	167	206	130	182
246	203	174	174	207	129	182
15276	13338	28798	30784	66169	35539	11776
5437	4817	9343	11035	19250	11213	4445
2443	1311	4017	4350	7836	6500	1287
1308	1233	3183	3078	12195	5037	1164
6088	5977	12255	12321	26888	12789	4880
533	1579	170	366	1633	654	205
260	798	119	283	576	284	124
1597	3926	1732	1748	5960	2926	518
8764	5812	3621	9123	13475	6559	1957
1102	1813	721	835	2029	2962	144
39329	10518	19098	12748	29210	16212	10480

12—9 分县（市、区）农业粮食生产情况（含枞阳）（2015年）

指标		全市	迎江区	大观区	宜秀区	开发区
粮食作物合计	播种面积（公顷）	461164	1217	9323	8470	460
	产量（吨）	2683472	5832	49535	51164	3504
谷物	播种面积（公顷）	427748	1217	8983	8284	460
	产量（吨）	2560951	5832	45820	49611	3504
#夏收谷物	播种面积（公顷）	42858	510	4060	310	5
	产量（吨）	126355	1108	13118	705	13
秋收谷物	播种面积（公顷）	309554	682	4723	6866	455
	产量（吨）	2011665	4633	30952	41926	3491
稻谷	播种面积（公顷）	371955	622	4860	7918	445
	产量（吨）	2373436	4235	32560	48584	3455
早稻	播种面积（公顷）	75336	25	200	1108	
	产量（吨）	422931	91	1750	6980	
中稻和一季晚稻	播种面积（公顷）	216636	567	4540	6030	445
	产量（吨）	1479390	3896	30140	37275	3455
双季晚稻	播种面积（公顷）	79983	30	120	780	
	产量（吨）	471115	248	670	4329	
小麦	播种面积（公顷）	42280	510	4060	290	5
	产量（吨）	125853	1108	13118	685	13
冬小麦	播种面积（公顷）	42280	510	4060	290	5
	产量（吨）	125853	1108	13118	685	13
玉米	播种面积（公顷）	12632	85	63	76	10
	产量（吨）	59241	489	142	342	36
谷子	播种面积（公顷）	3				
	产量（吨）	11				
高粱	播种面积（公顷）	686				
	产量（吨）	1993				
其它谷物	播种面积（公顷）	192				
	产量（吨）	417				
#大麦	播种面积（公顷）	57				
	产量（吨）	142				
荞麦	播种面积（公顷）	60				
	产量（吨）	75				
豆类合计	播种面积（公顷）	17699		230	72	
	产量（吨）	48288		2340	218	
#夏收豆类	播种面积（公顷）	3368				
	产量（吨）	8410				
#大豆	播种面积（公顷）	14453		230	57	
	产量（吨）	41095		2340	188	
绿豆	播种面积（公顷）	1998			11	
	产量（吨）	4256			23	
红小豆	播种面积（公顷）	729			4	
	产量（吨）	1348			7	
折粮薯类	播种面积（公顷）	15717		110	114	
	产量（吨）	74233		1375	1335	
#夏收薯类	播种面积（公顷）	548				
	产量（吨）	1901				
马铃薯	播种面积（公顷）	1903			21	
	产量（吨）	6408			83	
甘薯	播种面积（公顷）	13814		110	93	
	产量（吨）	67765		1375	1252	

桐城市	怀宁县	枞阳县	潜山县	太湖县	宿松县	望江县	岳西县
59838	58241	97093	38675	41225	67139	62259	17224
360357	363467	504413	242971	216456	383308	410616	91849
56906	53335	94384	36943	36160	58472	56712	15892
353552	343289	493225	234994	201734	347302	395345	86743
4750	2330	7915	2765	3816	10171	4095	2131
13575	6749	27740	7659	9209	28303	12405	5771
44369	36150	58340	31666	26319	45255	41035	13694
290843	251421	316905	211599	163805	300978	314421	80691
50524	49876	84804	33490	31625	45609	50035	12147
332600	330304	459255	224447	189768	300664	373058	74506
7787	14855	28129	2512	6025	3046	11582	67
49134	85119	148580	15736	28720	18021	68519	281
32229	22191	27815	25377	19790	38919	26685	12048
221996	158582	167152	175105	123855	260127	223712	74095
10508	12830	28860	5601	5810	3644	11768	32
61470	86603	143523	33606	37193	22516	80827	130
4741	1907	7915	2720	3806	10124	4095	2107
13565	6649	27740	7562	9189	28114	12405	5705
4741	1907	7915	2720	3806	10124	4095	2107
13565	6649	27740	7562	9189	28114	12405	5705
1641	1552	1665	688	717	2110	2493	1532
7387	6336	6230	2888	2751	17051	9348	6241
					2		1
					9		2
					591	89	6
					1436	534	23
			45	12	36		99
			97	26	28		266
			23	12	1		21
			55	26	3		58
			22		35		3
			42		25		8
2023	2387	1221	902	1684	3585	4928	667
3247	6423	3363	4524	4178	9808	12458	1729
181	423	850	593	264	538	519	
375	100	2460	1929	604	1471	1471	
1880	1608	1050	703	1536	2564	4214	611
2961	5306	3040	3748	3886	7392	10651	1583
103	402	115	155	143	833	195	41
84	693	170	624	281	1939	336	106
40	377	56	44	5	188		15
84	424	153	152	11	477		40
909	2519	1488	830	3381	5082	619	665
3558	13755	7825	3453	10544	26198	2813	3377
			289	259			
			1127	774			
54	191	605	289	743			
326	600	1820	1127	2452			
855	2328	883	541	2638	5082	619	665
3232	13095	6005	2326	8092	26198	2813	3377

12—9 分县（市、区）农业粮食生产情况（2015年）

指标		全市	迎江区	大观区	宜秀区	开发区
粮食作物合计	播种面积（公顷）	364071	1217	9323	8470	460
	产量（吨）	2179059	5832	49535	51164	3504
谷物	播种面积（公顷）	333364	1217	8983	8284	460
	产量（吨）	2067726	5832	45820	49611	3504
#夏收谷物	播种面积（公顷）	34943	510	4060	310	5
	产量（吨）	98615	1108	13118	705	13
秋收谷物	播种面积（公顷）	251214	682	4723	6866	455
	产量（吨）	1694760	4633	30952	41926	3491
稻谷	播种面积（公顷）	287151	622	4860	7918	445
	产量（吨）	1914181	4235	32560	48584	3455
早稻	播种面积（公顷）	47207	25	200	1108	
	产量（吨）	274351	91	1750	6980	
中稻和一季晚稻	播种面积（公顷）	188821	567	4540	6030	445
	产量（吨）	1312238	3896	30140	37275	3455
双季晚稻	播种面积（公顷）	51123	30	120	780	
	产量（吨）	327592	248	670	4329	
小麦	播种面积（公顷）	34365	510	4060	290	5
	产量（吨）	98113	1108	13118	685	13
冬小麦	播种面积（公顷）	34365	510	4060	290	5
	产量（吨）	98113	1108	13118	685	13
玉米	播种面积（公顷）	10967	85	63	76	10
	产量（吨）	53011	489	142	342	36
谷子	播种面积（公顷）	3				
	产量（吨）	11				
高粱	播种面积（公顷）	686				
	产量（吨）	1993				
其它谷物	播种面积（公顷）	192				
	产量（吨）	417				
#大麦	播种面积（公顷）	57				
	产量（吨）	142				
荞麦	播种面积（公顷）	60				
	产量（吨）	75				
豆类合计	播种面积（公顷）	16478		230	72	
	产量（吨）	44925		2340	218	
#夏收豆类	播种面积（公顷）	2518				
	产量（吨）	5950				
#大豆	播种面积（公顷）	13403		230	57	
	产量（吨）	38055		2340	188	
绿豆	播种面积（公顷）	1883			11	
	产量（吨）	4086			23	
红小豆	播种面积（公顷）	673			4	
	产量（吨）	1195			7	
折粮薯类	播种面积（公顷）	14229		110	114	
	产量（吨）	66408		1375	1335	
#夏收薯类	播种面积（公顷）	548				
	产量（吨）	1901				
马铃薯	播种面积（公顷）	1298			21	
	产量（吨）	4588			83	
甘薯	播种面积（公顷）	12931		110	93	
	产量（吨）	61760		1375	1252	

桐城市	怀宁县	潜山县	太湖县	宿松县	望江县	岳西县
59838	58241	38675	41225	67139	62259	17224
360357	363467	242971	216456	383308	410616	91849
56906	53335	36943	36160	58472	56712	15892
353552	343289	234994	201734	347302	395345	86743
4750	2330	2765	3816	10171	4095	2131
13575	6749	7659	9209	28303	12405	5771
44369	36150	31666	26319	45255	41035	13694
290843	251421	211599	163805	300978	314421	80691
50524	49876	33490	31625	45609	50035	12147
332600	330304	224447	189768	300664	373058	74506
7787	14855	2512	6025	3046	11582	67
49134	85119	15736	28720	18021	68519	281
32229	22191	25377	19790	38919	26685	12048
221996	158582	175105	123855	260127	223712	74095
10508	12830	5601	5810	3644	11768	32
61470	86603	33606	37193	22516	80827	130
4741	1907	2720	3806	10124	4095	2107
13565	6649	7562	9189	28114	12405	5705
4741	1907	2720	3806	10124	4095	2107
13565	6649	7562	9189	28114	12405	5705
1641	1552	688	717	2110	2493	1532
7387	6336	2888	2751	17051	9348	6241
				2		1
				9		2
				591	89	6
				1436	534	23
		45	12	36		99
		97	26	28		266
		23	12	1		21
		55	26	3		58
		22		35		3
		42		25		8
2023	2387	902	1684	3585	4928	667
3247	6423	4524	4178	9808	12458	1729
181	423	593	264	538	519	
375	100	1929	604	1471	1471	
1880	1608	703	1536	2564	4214	611
2961	5306	3748	3886	7392	10651	1583
103	402	155	143	833	195	41
84	693	624	281	1939	336	106
40	377	44	5	188		15
84	424	152	11	477		40
909	2519	830	3381	5082	619	665
3558	13755	3453	10544	26198	2813	3377
		289	259			
		1127	774			
54	191	289	743			
326	600	1127	2452			
855	2328	541	2638	5082	619	665
3232	13095	2326	8092	26198	2813	3377

12—10 分县（市、区）经济作物生产情况（含枞阳）（2015年）

指标		全市	迎江区	大观区	宜秀区	开发区
经济作物合计		**331562**	**5337**	**5576**	**5119**	**1672**
油料播种面积	（公顷）	139251	1802	2108	3012	730
产量	（吨）	298668	3635	2672	8088	1642
#花生播种面积	（公顷）	5025		6	13	
产量	（吨）	14656		30	38	
油菜籽播种面积	（公顷）	129999	1802	2089	2993	730
产量	（吨）	278480	3635	2617	8047	1642
芝麻播种面积	（公顷）	4210		13	6	
产量	（吨）	5513		25	3	
葵花籽播种面积	（公顷）	17				
产量	（吨）	19				
棉花播种面积	（公顷）	65427	1779	1550	320	545
产量	（吨）	89484	1805	3356	516	922
麻类播种面积	（公顷）	70				
产量	（吨）	175				
#生黄红麻播种面积	（公顷）	56				
产量	（吨）	134				
苎麻播种面积	（公顷）	11				
产量	（吨）	35				
糖料播种面积	（公顷）	319				
产量	（吨）	4122				
#甘蔗播种面积	（公顷）	319				
产量	（吨）	4122				
烟叶播种面积	（公顷）	30				
产量	（吨）	77				
#烤烟面积	（公顷）	30				
产量	（吨）	77				
药材类播种面积	（公顷）	3510				
产量	（吨）	12365				
#人参播种面积	（公顷）	205				
产量	（吨）	220				
甘草播种面积	（公顷）	126				
产量	（吨）	119				
枸杞播种面积	（公顷）	74				
产量	（吨）	111				
蔬菜及食用菌播种面积	（公顷）	76645	1684	1918	1711	377
产量	（吨）	1625988	50274	71922	34939	15300
叶菜类播种面积	（公顷）	17060	535	510	518	75
产量	（吨）	365502	18567	19860	10730	3150

桐城市	怀宁县	枞阳县	潜山县	太湖县	宿松县	望江县	岳西县
32700	**50714**	**35297**	**20146**	**26919**	**67267**	**59429**	**21386**
8979	14060	21212	7723	12689	28681	35982	2273
23141	31595	42448	13697	22406	66455	79203	3686
194	480	550	207	155	2844	481	95
393	1332	1290	756	617	8831	1082	287
8665	13335	20527	7276	12227	23607	34620	2128
22616	30004	41023	12675	21528	54286	77064	3343
120	235	135	240	307	2230	881	43
132	247	135	266	261	3338	1057	49
	10						7
	12						7
3266	5711	5400	2816	5402	19661	18869	108
3187	6537	10110	3465	9491	24198	25742	155
	2	5	54		6		3
	5	3	116		45		6
			54		2		
			116		18		
	2	5			4		
	5	3			27		
8	37	175	6	44	26		23
55	1049	1210	64	318	756		670
8	37	175	6	44	26		23
55	1049	1210	64	318	756		670
	2		13		15		
	3		25		49		
	2		13		15		
	3		25		49		
405	476		354	174	41	147	1913
450	821		1395	306	212	313	8868
205							
220							
126							
119							
74							
111							
6994	15350	6720	3603	6459	11218	4153	16458
286851	350451	144566	96669	104485	189419	71743	209369
1921	4768	1800	664	1255	2380	834	1800
71765	109134	35600	16692	20616	31918	14750	12720

12—10 续表1

指标		全市	迎江区	大观区	宜秀区	开发区
#芹菜播种面积	(公顷)	3961	138		232	
产量	(吨)	122065	7127		4493	
油菜播种面积	(公顷)	4236	98			
产量	(吨)	69850	4178			
菠菜播种面积	(公顷)	3224	92		170	
产量	(吨)	58046	4100		3185	
白菜类播种面积	(公顷)	8173	155	54	285	90
产量	(吨)	204273	5177	670	5763	4290
#大白菜播种面积	(公顷)	5180	155		102	
产量	(吨)	147244	5177		3392	
甘蓝类播种面积	(公顷)	2181	30		24	
产量	(吨)	43486	583		412	
#卷心菜播种面积	(公顷)	1394	30		24	
产量	(吨)	27499	583		412	
根茎类播种面积	(公顷)	11031	83	175	165	
产量	(吨)	255466	2347	13920	2791	
#白萝卜播种面积	(公顷)	5822	83		105	
产量	(吨)	155042	2347		1737	
胡萝卜播种面积	(公顷)	1578			43	
产量	(吨)	38348			793	
生姜播种面积	(公顷)	1065			15	
产量	(吨)	15166			193	
榨菜头播种面积	(公顷)	37				
产量	(吨)	563				
瓜菜类播种面积	(公顷)	6981	177	158	95	75
产量	(吨)	177248	3232	15630	3990	3225
#黄瓜播种面积	(公顷)	3372	94		25	
产量	(吨)	88639	1729		993	
南瓜播种面积	(公顷)	939	36		28	
产量	(吨)	21704	680		1469	
冬瓜播种面积	(公顷)	699	45		14	
产量	(吨)	12826	823		526	
豆类(菜用)播种面积	(公顷)	8110	65	310	109	95
产量	(吨)	166189	1159	5670	2534	3225
#豇豆播种面积	(公顷)	3341	46		36	
产量	(吨)	73108	840		897	
四季豆播种面积	(公顷)	3704	19		52	
产量	(吨)	67312	319		1238	
茄果菜类播种面积	(公顷)	7255	235	275	148	
产量	(吨)	161122	9046	5992	2176	

桐城市	怀宁县	枞阳县	潜山县	太湖县	宿松县	望江县	岳西县
560	934	500	420	255	679	145	98
44448	21806	16200	12085	3318	9309	2635	644
1145	345	600	31	298	920	643	156
24358	7790	4000	1027	3952	11868	11235	1442
216	725	500	213	300	781	46	181
2959	16668	11000	3580	3844	10741	880	1089
1417	1275	650	408	586	890	810	1553
73958	29235	14000	13599	13027	14852	13365	16337
827	568	420	408	525	810	680	685
57339	13243	11950	13599	10804	13520	9915	8305
213	1028		154	118	390	124	100
3952	24149		4243	1243	4309	2150	2445
173	661		154	94	141	117	
3123	14561		4243	1068	1559	1950	
895	1455	700	564	1781	2273	860	2080
42850	35978	39340	15779	33357	31159	15010	22935
499	437	470	250	1350	1398	678	552
39966	14712	24650	7785	22898	19185	12942	8820
128	214	210	170	69	512	140	92
1958	5402	14300	5260	1486	6825	1690	634
23	125	20	133	184	363	42	160
296	2180	390	2578	2822	5149	378	1180
	25		11	1			
	391		156	16			
724	1309	485	420	689	1644	455	750
28178	29155	10780	15292	8485	44987	7550	6744
528	623	110	327	393	807	180	285
25530	16255	3000	11289	4003	21083	2750	2007
5	123	100	45	127	326	65	84
60	2535	3000	1533	1651	8845	1205	726
126	52	50	48	67		210	87
2470	1014	780	2470	764		3595	384
541	1235	850	376	616	656	590	2667
15736	28263	20428	8431	7837	11256	8650	53000
247	642	350	201	417	435	300	667
13310	15458	6100	4604	5118	7621	5160	14000
168	351	340	175	153	221	225	2000
1947	6493	6050	3827	1558	3635	3245	39000
618	1609	680	359	646	1474	395	816
28733	42296	17720	10226	7631	25997	5728	5577

12—10 续表2

指标		全市	迎江区	大观区	宜秀区	开发区
#茄子播种面积	(公顷)	2442	100		38	
产量	(吨)	63141	5600		567	
辣椒播种面积	(公顷)	2398	45		40	
产量	(吨)	45480	1395		512	
西红柿播种面积	(公顷)	1809	90		48	
产量	(吨)	33545	1365		828	
葱蒜类播种面积	(公顷)	3219	60	238	81	
产量	(吨)	50427	589	6130	1739	
#大葱播种面积	(公顷)	738	60		30	
产量	(吨)	14678	589		635	
蒜头播种面积	(公顷)	1388			46	
产量	(吨)	14650			982	
水生菜类播种面积	(公顷)	7340	321	148	210	
产量	(吨)	121449	8292	3380	3218	
#莲藕播种面积	(公顷)	1768	309			
产量	(吨)	35897	8100			
其他菜类播种面积	(公顷)	5295	23	50	76	42
产量	(吨)	68463	1210	670	1416	1410
食用菌（干鲜混合）	(吨)	12363	72		170	
#香菇（干品）		1237				
黑木耳（干品）		790				
蘑菇（鲜品）		7927				
瓜果类播种面积	(公顷)	4716	71			20
产量	(吨)	116528	1504			120
#西瓜播种面积	(公顷)	3841	46			
产量	(吨)	103151	870			
甜瓜播种面积	(公顷)	383	5			
产量	(吨)	8068	104			
草莓播种面积	(公顷)	278	20			20
产量	(吨)	5157	530			120
其它农作物	(吨)	31060			76	
青饲料	(吨)	18879			74	
花卉	(公顷)	1145	5			
鲜切花	(枝)	3014371			10000	
盆栽观赏植物（包括盆景）	(盆)	411115			8000	
香料	(吨)	20				
#花椒		18				
八角		2				

桐城市	怀宁县	枞阳县	潜山县	太湖县	宿松县	望江县	岳西县
189	315	480	119	223	594	180	204
18308	7909	10670	3092	2456	10476	2575	1488
252	809	50	109	303	495	85	210
3133	21289	2850	3126	3270	7512	993	1400
145	346	150	131	84	385	130	300
2131	8624	4200	4008	926	8009	2160	1294
245	835	500	265	292	182	12	509
8461	15871	4000	3790	3676	3136	375	2660
129		100	155	118		6	140
6851		2000	2270	1467		180	686
116	420	250	110	132	165	6	143
1610	4046	1500	1520	1349	2712	195	736
128	987	856	169	106	585	50	3780
5680	23433	599	2861	2380	7651	955	63000
91	614	500	169	40		45	
2667	13774	420	2861	487	6718	870	
292	849	199	224	370	744	23	2403
7044	10059	2000	4820	6196	6718	3210	23710
494	2878	99	936	37	7436		241
33	235	27	102		812		28
1	122	26	9		605		27
450	502	25	815	37	5986		112
636	526	235	156	119	2627	218	108
8380	21435	1468	2712	1850	75204	1240	2615
381	411	221	149	102	2210	218	103
7218	19031	1369	2694	1715	66431	1240	2583
37	30	14	2		295		
970	787	99	3		6105		
4	85		5	17	122		5
40	1617		15	135	2668		32
2419	14010	1550	5421	2032	4992	60	500
663	10300	1550	1515	2032	2535	60	150
236	55		451	1	50		347
192300	32055				2780016		
237960	120380		7650	5500	29625		2000
20							
18							
2							

12—10 分县（市、区）经济作物生产情况（2015年）

指标		全市	迎江区	大观区	宜秀区	开发区
经济作物合计		**296265**	**5337**	**5576**	**5119**	**1672**
油料播种面积	（公顷）	118039	1802	2108	3012	730
产量	（吨）	256220	3635	2672	8088	1642
#花生播种面积	（公顷）	4475		6	13	
产量	（吨）	13366		30	38	
油菜籽播种面积	（公顷）	109472	1802	2089	2993	730
产量	（吨）	237457	3635	2617	8047	1642
芝麻播种面积	（公顷）	4075		13	6	
产量	（吨）	5378		25	3	
葵花籽播种面积	（公顷）	17				
产量	（吨）	19				
棉花播种面积	（公顷）	60027	1779	1550	320	545
产量	（吨）	79374	1805	3356	516	922
麻类播种面积	（公顷）	65				
产量	（吨）	172				
#生黄红麻播种面积	（公顷）	56				
产量	（吨）	134				
苎麻播种面积	（公顷）	6				
产量	（吨）	32				
糖料播种面积	（公顷）	144				
产量	（吨）	2912				
#甘蔗播种面积	（公顷）	144				
产量	（吨）	2912				
烟叶播种面积	（公顷）	30				
产量	（吨）	77				
#烤烟面积	（公顷）	30				
产量	（吨）	77				
药材类播种面积	（公顷）	3510				
产量	（吨）	12365				
#人参播种面积	（公顷）	205				
产量	（吨）	220				
甘草播种面积	（公顷）	126				
产量	（吨）	119				
枸杞播种面积	（公顷）	74				
产量	（吨）	111				
蔬菜及食用菌播种面积	（公顷）	69925	1684	1918	1711	377
产量	（吨）	1481422	50274	71922	34939	15300
叶菜类播种面积	（公顷）	15260	535	510	518	75
产量	（吨）	329902	18567	19860	10730	3150

桐城市	怀宁县	潜山县	太湖县	宿松县	望江县	岳西县
32700	**50714**	**20146**	**26919**	**67267**	**59429**	**21386**
8979	14060	7723	12689	28681	35982	2273
23141	31595	13697	22406	66455	79203	3686
194	480	207	155	2844	481	95
393	1332	756	617	8831	1082	287
8665	13335	7276	12227	23607	34620	2128
22616	30004	12675	21528	54286	77064	3343
120	235	240	307	2230	881	43
132	247	266	261	3338	1057	49
	10					7
	12					7
3266	5711	2816	5402	19661	18869	108
3187	6537	3465	9491	24198	25742	155
	2	54		6		3
	5	116		45		6
		54		2		
		116		18		
	2			4		
	5			27		
8	37	6	44	26		23
55	1049	64	318	756		670
8	37	6	44	26		23
55	1049	64	318	756		670
	2	13		15		
	3	25		49		
	2	13		15		
	3	25		49		
405	476	354	174	41	147	1913
450	821	1395	306	212	313	8868
205						
220						
126						
119						
74						
111						
6994	15350	3603	6459	11218	4153	16458
286851	350451	96669	104485	189419	71743	209369
1921	4768	664	1255	2380	834	1800
71765	109134	16692	20616	31918	14750	12720

12—10　续表1

指　　标		全　市	迎江区	大观区	宜秀区	开发区
#芹菜播种面积	(公顷)	3461	138		232	
产　量	(吨)	105865	7127		4493	
油菜播种面积	(公顷)	3636	98			
产　量	(吨)	65850	4178			
菠菜播种面积	(公顷)	2724	92		170	
产　量	(吨)	47046	4100		3185	
白菜类播种面积	(公顷)	7523	155	54	285	90
产　量	(吨)	190273	5177	670	5763	4290
#大白菜播种面积	(公顷)	4760	155		102	
产　量	(吨)	135294	5177		3392	
甘蓝类播种面积	(公顷)	2181	30		24	
产　量	(吨)	43486	583		412	
#卷心菜播种面积	(公顷)	1394	30		24	
产　量	(吨)	27499	583		412	
根茎类播种面积	(公顷)	10331	83	175	165	
产　量	(吨)	216126	2347	13920	2791	
#白萝卜播种面积	(公顷)	5352	83		105	
产　量	(吨)	130392	2347		1737	
胡萝卜播种面积	(公顷)	1368			43	
产　量	(吨)	24048			793	
生姜播种面积	(公顷)	1045			15	
产　量	(吨)	14776			193	
榨菜头播种面积	(公顷)	37				
产　量	(吨)	563				
瓜菜类播种面积	(公顷)	6496	177	158	95	75
产　量	(吨)	166468	3232	15630	3990	3225
#黄瓜播种面积	(公顷)	3262	94		25	
产　量	(吨)	85639	1729		993	
南瓜播种面积	(公顷)	839	36		28	
产　量	(吨)	18704	680		1469	
冬瓜播种面积	(公顷)	649	45		14	
产　量	(吨)	12046	823		526	
豆类（菜用）播种面积	(公顷)	7260	65	310	109	95
产　量	(吨)	145761	1159	5670	2534	3225
#豇豆播种面积	(公顷)	2991	46		36	
产　量	(吨)	67008	840		897	
四季豆播种面积	(公顷)	3364	19		52	
产　量	(吨)	61262	319		1238	
茄果菜类播种面积	(公顷)	6575	235	275	148	
产　量	(吨)	143402	9046	5992	2176	

桐城市	怀宁县	潜山县	太湖县	宿松县	望江县	岳西县
560	934	420	255	679	145	98
44448	21806	12085	3318	9309	2635	644
1145	345	31	298	920	643	156
24358	7790	1027	3952	11868	11235	1442
216	725	213	300	781	46	181
2959	16668	3580	3844	10741	880	1089
1417	1275	408	586	890	810	1553
73958	29235	13599	13027	14852	13365	16337
827	568	408	525	810	680	685
57339	13243	13599	10804	13520	9915	8305
213	1028	154	118	390	124	100
3952	24149	4243	1243	4309	2150	2445
173	661	154	94	141	117	
3123	14561	4243	1068	1559	1950	
895	1455	564	1781	2273	860	2080
42850	35978	15779	33357	31159	15010	22935
499	437	250	1350	1398	678	552
39966	14712	7785	22898	19185	12942	8820
128	214	170	69	512	140	92
1958	5402	5260	1486	6825	1690	634
23	125	133	184	363	42	160
296	2180	2578	2822	5149	378	1180
	25	11	1			
	391	156	16			
724	1309	420	689	1644	455	750
28178	29155	15292	8485	44987	7550	6744
528	623	327	393	807	180	285
25530	16255	11289	4003	21083	2750	2007
5	123	45	127	326	65	84
60	2535	1533	1651	8845	1205	726
126	52	48	67		210	87
2470	1014	2470	764		3595	384
541	1235	376	616	656	590	2667
15736	28263	8431	7837	11256	8650	53000
247	642	201	417	435	300	667
13310	15458	4604	5118	7621	5160	14000
168	351	175	153	221	225	2000
1947	6493	3827	1558	3635	3245	39000
618	1609	359	646	1474	395	816
28733	42296	10226	7631	25997	5728	5577

12—10 续表2

指　　标		全　市	迎江区	大观区	宜秀区	开发区
#茄子播种面积	(公顷)	1962	100		38	
产　量	(吨)	52471	5600		567	
辣椒播种面积	(公顷)	2348	45		40	
产　量	(吨)	42630	1395		512	
西红柿播种面积	(公顷)	1659	90		48	
产　量	(吨)	29345	1365		828	
葱蒜类播种面积	(公顷)	2719	60	238	81	
产　量	(吨)	46427	589	6130	1739	
#大葱播种面积	(公顷)	638	60		30	
产　量	(吨)	12678	589		635	
蒜头播种面积	(公顷)	1138			46	
产　量	(吨)	13150			982	
水生菜类播种面积	(公顷)	6484	321	148	210	
产　量	(吨)	120850	8292	3380	3218	
#莲藕播种面积	(公顷)	1268	309			
产　量	(吨)	35477	8100			
其他菜类播种面积	(公顷)	5096	23	50	76	42
产　量	(吨)	66463	1210	670	1416	1410
食用菌（干鲜混合）	(吨)	12264	72		170	
#香菇（干品）		1210				
黑木耳（干品）		764				
蘑菇（鲜品）		7902				
瓜果类播种面积	(公顷)	4481	71			20
产　量	(吨)	115060	1504			120
#西瓜播种面积	(公顷)	3620	46			
产　量	(吨)	101782	870			
甜瓜播种面积	(公顷)	369	5			
产　量	(吨)	7969	104			
草莓播种面积	(公顷)	278	20			20
产　量	(吨)	5157	530			120
其它农作物	(吨)	29510			76	
青饲料	(吨)	17329			74	
花　卉	(公顷)	1145	5			
鲜切花	(枝)	3014371			10000	
盆栽观赏植物（包括盆景）	(盆)	411115			8000	
香　料	(吨)	20				
#花　椒		18				
八　角		2				

桐城市	怀宁县	潜山县	太湖县	宿松县	望江县	岳西县
189	315	119	223	594	180	204
18308	7909	3092	2456	10476	2575	1488
252	809	109	303	495	85	210
3133	21289	3126	3270	7512	993	1400
145	346	131	84	385	130	300
2131	8624	4008	926	8009	2160	1294
245	835	265	292	182	12	509
8461	15871	3790	3676	3136	375	2660
129		155	118		6	140
6851		2270	1467		180	686
116	420	110	132	165	6	143
1610	4046	1520	1349	2712	195	736
128	987	169	106	585	50	3780
5680	23433	2861	2380	7651	955	63000
91	614	169	40		45	
2667	13774	2861	487	6718	870	
292	849	224	370	744	23	2403
7044	10059	4820	6196	6718	3210	23710
494	2878	936	37	7436		241
33	235	102		812		28
1	122	9		605		27
450	502	815	37	5986		112
636	526	156	119	2627	218	108
8380	21435	2712	1850	75204	1240	2615
381	411	149	102	2210	218	103
7218	19031	2694	1715	66431	1240	2583
37	30	2		295		
970	787	3		6105		
4	85	5	17	122		5
40	1617	15	135	2668		32
2419	14010	5421	2032	4992	60	500
663	10300	1515	2032	2535	60	150
236	55	451	1	50		347
192300	32055			2780016		
237960	120380	7650	5500	29625		2000
20						
18						
2						

12—11 分县（市、区）茶叶、水果及食用坚果生产情况（含枞阳）（2015年）

指标		全市	迎江区	大观区	宜秀区	开发区
茶叶合计	（吨）	12801		5	22	
绿茶		12616			22	
红茶		12				
白料		11				
其它茶叶		162		5		
园林水果		33629	30	573	3728	
苹果	（吨）	290				
#红富士苹果		95				
国光苹果		194				
梨		3489		90	604	
#雪花梨		1255			412	
鸭梨		1522		90	192	
柑桔类		14327	14	198	2396	
#柑		229		198		
橘		14063	8		2396	
橙		29				
柚		6	6			
其它水果		15523	16	285	728	
#桃		6321		22	578	
猕猴桃		120				
葡萄		5970			65	
红枣		462				
柿子		2282	16	263	18	
食用坚果	（吨）	16971				
#核桃		64				
板栗		16907				
年末实有茶园面积	（公顷）	30668		1	22	
#本年采摘面积		26116		1	16	
年末果园面积	（公顷）	6381	2	51	452	
#苹果园		40				
梨园		735		14	114	
柑桔园		2265	1	31	165	
桃园		2342		6	97	
猕猴桃园		160				
葡萄园		465			57	

桐城市	怀宁县	枞阳县	潜山县	太湖县	宿松县	望江县	岳西县
619	252	255	3465	2971	486	46	4680
614	252	255	3453	2971	323	46	4680
			12				
					11		
5					152		
1810	3035	628	2127	5970	8973	6340	415
						289	1
						95	
						194	
351	95	100	87	416	251	1449	46
	72			77		694	
351	23		87	24		755	
415	621	150	1148	4785	2610	1982	8
		25		6			
415	621	120	1148	4755	2610	1982	8
		5		24			
1044	2319	378	892	769	6112	2620	360
586	1710	291	363	603	589	1339	240
			1	13			106
98	210		9	103	5177	303	5
45	71	62	8	20	250	4	2
315	210	25	451	30	96	852	6
295	165		891	7721	2013	101	5785
	28		1				35
295	137		890	7721	2013	101	5750
3358	510	350	7393	6991	1269	234	10540
2750	490	300	6120	6256	895	188	9100
259	1610	162	576	1594	1032	292	351
				36		3	1
51	79	39	47	175	91	72	53
36	65	30	337	945	517	129	9
103	1235	78	164	281	167	61	150
			15	12			133
11	80	15	2	14	257	25	4

12—11　分县（市、区）茶叶、水果及食用坚果生产情况（2015年）

指　　标		全　市	迎江区	大观区	宜秀区	开发区
茶叶合计	（吨）	12546		5	22	
绿　茶		12361			22	
红　茶		12				
白　料		11				
其它茶叶		162		5		
园林水果		33001	30	573	3728	
苹　果	（吨）	290				
#红富士苹果		95				
国光苹果		194				
梨		3389		90	604	
#雪花梨		1255			412	
鸭　梨		1522		90	192	
柑桔类		14177	14	198	2396	
#柑		204		198		
橘		13943	8		2396	
橙		24				
柚		6	6			
其它水果		15145	16	285	728	
#桃		6030		22	578	
猕猴桃		120				
葡　萄		5970			65	
红　枣		400				
柿　子		2257	16	263	18	
食用坚果	（吨）	16971				
#核　桃		64				
板　栗		16907				
年末实有茶园面积	（公顷）	30318		1	22	
#本年采摘面积		25816		1	16	
年末果园面积	（公顷）	6219	2	51	452	
#苹果园		40				
梨　园		696		14	114	
柑桔园		2235	1	31	165	
桃　园		2264		6	97	
猕猴桃园		160				
葡萄园		450			57	

桐城市	怀宁县	潜山县	太湖县	宿松县	望江县	岳西县
619	252	3465	2971	486	46	4680
614	252	3453	2971	323	46	4680
		12				
				11		
5				152		
1810	3035	2127	5970	8973	6340	415
					289	1
					95	
					194	
351	95	87	416	251	1449	46
	72		77		694	
351	23	87	24		755	
415	621	1148	4785	2610	1982	8
			6			
415	621	1148	4755	2610	1982	8
			24			
1044	2319	892	769	6112	2620	360
586	1710	363	603	589	1339	240
		1	13			106
98	210	9	103	5177	303	5
45	71	8	20	250	4	2
315	210	451	30	96	852	6
295	165	891	7721	2013	101	5785
	28	1				35
295	137	890	7721	2013	101	5750
3358	510	7393	6991	1269	234	10540
2750	490	6120	6256	895	188	9100
259	1610	576	1594	1032	292	351
			36		3	1
51	79	47	175	91	72	53
36	65	337	945	517	129	9
103	1235	164	281	167	61	150
		15	12			133
11	80	2	14	257	25	4

12—12 分县（市、区）畜牧业生产情况（含枞阳）（2015年）

指标		全市	迎江区	大观区	宜秀区	开发区
猪当年出栏头数	(头)	2881374	8637	45670	60325	8865
期末存栏头数	(头)	1673036	13098	39890	52800	5341
能繁殖母畜	(头)	164625	309	3310	5382	311
当年生仔畜	(头)	817243				
肉产量	(吨)	233595	639	3780	4816	608
牛当年出栏头数	(头)	68307	157	1260	498	28
期末存栏头数	(头)	122131	1098	3100	998	99
能繁殖母畜	(头)	39734				
当年生仔畜	(头)	28249				
肉牛当年出栏头数	(头)	68297	157	1260	498	28
期末存栏头数	(头)	72327	1098	3100	998	99
能繁殖母畜	(头)	25275				
当年生仔畜	(头)	18488				
肉产量	(吨)	9524	47	212	81	3
羊当年出栏头数	(头)	82389	800	1150	1550	
期末存栏头数	(头)	96180	2150	860	1500	
能繁殖母畜	(头)	35984				
肉产量	(吨)	1385	15	25	27	
山羊当年出栏头数	(头)	76638		1150	1550	
期末存栏头数	(头)	82614	650	860	1500	
能繁殖母畜	(头)	33857				
肉产量	(吨)	1321		25	27	
绵羊当年出栏头数	(头)	5751	800			
期末存栏头数	(头)	13566	1500			
能繁殖母畜	(头)	2127				
肉产量	(吨)	64	15			
家禽当年出栏只数	(万只)	7155	59	95	145	21
期末存栏数	(万只)	3434	59	55	118	16
肉产量	(吨)	97481	210	1385	2138	161
#鸡当年出栏只数	(万只)	4990	54	60	125	19
期末存栏只数	(万只)	1426	31	46	83	4
肉产量	(吨)	63763	210	756	1935	159
蛋鸡当年出栏只数	(万只)					
期末存栏只数	(万只)	1549	20	9	35	9
蛋产量	(吨)	123315	1846	450	4650	717
兔当年出栏只数	(万只)	1.4				
期末存栏只数	(万只)	0.3				
肉产量	(吨)	28				
其他肉产品	(吨)	1551				
山羊毛产量	(吨)	11				
#山羊粗毛		11				
蜂蜜产量	(吨)	1655				
其他禽蛋产量	(吨)	73337		90		91
#鸭鹅蛋		66688				
蚕茧产量	(吨)	6284				
#桑蚕茧		6284				
附记：肉类总产量	(吨)	343564	911	5402	7062	772

桐城市	怀宁县	枞阳县	潜山县	太湖县	宿松县	望江县	岳西县
391860	290969	258325	272579	616025	365249	389455	173415
208810	195796	182530	178400	295018	210800	194664	95889
16824	20900	32563	11244	21510	23106	24766	4400
188250	117345		74115	164034	182694	46220	44585
30999	25535	22460	22570	49280	29316	28852	14740
3480	4811	3000	4835	17503	18701	9524	4510
9180	13710	10000	10771	23607	21800	19216	8552
1910	5010			9372	11500	9648	2294
1218	2801			5044	8500	8923	1763
3480	4811	3000	4825	17503	18701	9524	4510
5620	3396	1020	3669	22010	21800	6387	3130
1441	2011			5684	11500	3544	1095
1018	1317			3233	8500	2843	1577
509	637	417	702	2450	2406	1428	632
4618	3590	2780	10313	21208	11500	9726	15154
3160	13350	2970	8460	32150	9210	7884	14486
1355	8125			12111	4356	5770	4267
106	79	68	184	318	156	195	212
4618	3590	2780	10313	16257	11500	9726	15154
3160	13350	2970	8460	20084	9210	7884	14486
1355	8125			9984	4356	5770	4267
106	79	68	184	269	156	195	212
				4951			
				12066			
				2127			
				49			
584	806	945	530	2131	425	1282	132
314	721	755	192	430	355	329	90
7060	8841	20295	5742	24495	5575	19218	2361
266	642	598	458	1920	281	464	103
154	198		78	388	271	137	36
3478	7383	13210	4888	21502	3280	5108	1854
133	523	436	113	28	84	105	54
21870	26048	20064	10292	4250	13451	17825	1852
1.4							
0.3							
28							
471	350		137	185	400		8
	11						
	11						
1450	196			1			8
34003	1076	10541	1308	3052	4622	18094	460
32105	1076	7800	1276	1255	4622	18094	460
206	17		1850	980	275		2956
206	17		1850	980	275		2956
39173	35442	43240	29335	76728	37853	49693	17953

12—12 分县（市、区）畜牧业生产情况（2015年）

指标		全市	迎江区	大观区	宜秀区	开发区
猪当年出栏头数	（头）	2623049	8637	45670	60325	8865
期末存栏头数	（头）	1490506	13098	39890	52800	5341
能繁殖母畜	（头）	132062	309	3310	5382	311
当年生仔畜	（头）	817243				
肉产量	（吨）	211135	639	3780	4816	608
牛当年出栏头数	（头）	65307	157	1260	498	28
期末存栏头数	（头）	112131	1098	3100	998	99
能繁殖母畜	（头）	39734				
当年生仔畜	（头）	28249				
肉牛当年出栏头数	（头）	65297	157	1260	498	28
期末存栏头数	（头）	71307	1098	3100	998	99
能繁殖母畜	（头）	25275				
当年生仔畜	（头）	18488				
肉产量	（吨）	9107	47	212	81	3
羊当年出栏头数	（头）	79609	800	1150	1550	
期末存栏头数	（头）	93210	2150	860	1500	
能繁殖母畜	（头）	35984				
肉产量	（吨）	1317	15	25	27	
山羊当年出栏头数	（头）	73858		1150	1550	
期末存栏头数	（头）	79644	650	860	1500	
能繁殖母畜	（头）	33857				
肉产量	（吨）	1253		25	27	
绵羊当年出栏头数	（头）	5751	800			
期末存栏头数	（头）	13566	1500			
能繁殖母畜	（头）	2127				
肉产量	（吨）	64	15			
家禽当年出栏只数	（万只）	6210	59	95	145	21
期末存栏数	（万只）	2679	59	55	118	16
肉产量	（吨）	77186	210	1385	2138	161
#鸡当年出栏只数	（万只）	4392	54	60	125	19
期末存栏只数	（万只）	1426	31	46	83	4
肉产量	（吨）	50553	210	756	1935	159
蛋鸡当年出栏只数	（万只）					
期末存栏只数	（万只）	1113	20	9	35	9
蛋产量	（吨）	103251	1846	450	4650	717
兔当年出栏只数	（万只）	1.4				
期末存栏只数	（万只）	0.3				
肉产量	（吨）	28				
其他肉产品	（吨）	1551				
山羊毛产量	（吨）	11				
#山羊粗毛		11				
蜂蜜产量	（吨）	1655				
其他禽蛋产量	（吨）	62796		90		91
#鸭鹅蛋		58888				
蚕茧产量	（吨）	6284				
#桑蚕茧		6284				
附记：肉类总产量	（吨）	300324	911	5402	7062	772

桐城市	怀宁县	潜山县	太湖县	宿松县	望江县	岳西县
391860	290969	272579	616025	365249	389455	173415
208810	195796	178400	295018	210800	194664	95889
16824	20900	11244	21510	23106	24766	4400
188250	117345	74115	164034	182694	46220	44585
30999	25535	22570	49280	29316	28852	14740
3480	4811	4835	17503	18701	9524	4510
9180	13710	10771	23607	21800	19216	8552
1910	5010		9372	11500	9648	2294
1218	2801		5044	8500	8923	1763
3480	4811	4825	17503	18701	9524	4510
5620	3396	3669	22010	21800	6387	3130
1441	2011		5684	11500	3544	1095
1018	1317		3233	8500	2843	1577
509	637	702	2450	2406	1428	632
4618	3590	10313	21208	11500	9726	15154
3160	13350	8460	32150	9210	7884	14486
1355	8125		12111	4356	5770	4267
106	79	184	318	156	195	212
4618	3590	10313	16257	11500	9726	15154
3160	13350	8460	20084	9210	7884	14486
1355	8125		9984	4356	5770	4267
106	79	184	269	156	195	212
			4951			
			12066			
			2127			
			49			
584	806	530	2131	425	1282	132
314	721	192	430	355	329	90
7060	8841	5742	24495	5575	19218	2361
266	642	458	1920	281	464	103
154	198	78	388	271	137	36
3478	7383	4888	21502	3280	5108	1854
133	523	113	28	84	105	54
21870	26048	10292	4250	13451	17825	1852
1.4						
0.3						
28						
471	350	137	185	400		8
	11					
	11					
1450	196		1			8
34003	1076	1308	3052	4622	18094	460
32105	1076	1276	1255	4622	18094	460
206	17	1850	980	275		2956
206	17	1850	980	275		2956
39173	35442	29335	76728	37853	49693	17953

12—13 分县（市、区）渔业生产情况（含枞阳）（2015年）

指　　标		全　市	迎江区	大观区	宜秀区	开发区
水产品产量	（吨）	389651	3457	11287	30102	1010
淡水水域捕捞		31296	538	5348	1530	
鱼　类		19427	453	2443	973	
虾蟹类		5834	64	1298	302	
贝　类		5158	16	1481	215	
其他类		877	5	126	40	
淡水水域养殖		358355	2919	5939	28572	1010
鱼　类		314641	2630	3965	26629	1010
虾蟹类		27971	161	900	1372	
贝　类		13239	92	862	490	
其他类		2504	36	212	81	
淡水水域养殖面积	（公顷）	145049	981	2730	9310	250
池塘养殖		28069	957	376	1270	15
湖泊养殖		102109		2067	7846	202
河沟养殖		10157		12	140	33
水库养殖		2323	24	225	54	
其他养殖		2391		50		
补充材料：稻田养鱼面积	（公顷）	7761			200	

桐城市	怀宁县	枞阳县	潜山县	太湖县	宿松县	望江县	岳西县
35560	27515	86200	4750	34310	85310	68950	1200
2170	1760	6100	600	3010	6080	4160	
1270	715	5350	430	2423	3230	2140	
540	380	470	125	165	2320	170	
320	510	240	43	343	170	1820	
40	155	40	2	79	360	30	
33390	25755	80100	4150	31300	79230	64790	1200
31858	21040	69945	4035	29306	63390	59788	1045
548	3210	2545	35	1829	15010	2256	105
600	810	7435			410	2540	
384	695	175	80	165	420	206	50
10521	6194	25933	1700	13736	49330	23764	600
1811	2116	6333	1080	2767	5530	5574	240
7980	2655	17734	97	5067	41330	17131	
700	1259	320	490	5761	469	613	360
30	164	1546		108	45	127	
			33	33	1956	319	
2100	1333	1100	207	1000	1210	251	360

12—13 分县（市、区）渔业生产情况（2015年）

指标		全市	迎江区	大观区	宜秀区	开发区
水产品产量	（吨）	303451	3457	11287	30102	1010
淡水水域捕捞		25196	538	5348	1530	
鱼类		14077	453	2443	973	
虾蟹类		5364	64	1298	302	
贝类		4918	16	1481	215	
其他类		837	5	126	40	
淡水水域养殖		278255	2919	5939	28572	1010
鱼类		244696	2630	3965	26629	1010
虾蟹类		25426	161	900	1372	
贝类		5804	92	862	490	
其他类		2329	36	212	81	
淡水水域养殖面积	（公顷）	119116	981	2730	9310	250
池塘养殖		21736	957	376	1270	15
湖泊养殖		84375		2067	7846	202
河沟养殖		9837		12	140	33
水库养殖		777	24	225	54	
其他养殖		2391		50		
补充材料：稻田养鱼面积	（公顷）	6661			200	

桐城市	怀宁县	潜山县	太湖县	宿松县	望江县	岳西县
35560	27515	4750	34310	85310	68950	1200
2170	1760	600	3010	6080	4160	
1270	715	430	2423	3230	2140	
540	380	125	165	2320	170	
320	510	43	343	170	1820	
40	155	2	79	360	30	
33390	25755	4150	31300	79230	64790	1200
31858	21040	4035	29306	63390	59788	1045
548	3210	35	1829	15010	2256	105
600	810			410	2540	
384	695	80	165	420	206	50
10521	6194	1700	13736	49330	23764	600
1811	2116	1080	2767	5530	5574	240
7980	2655	97	5067	41330	17131	
700	1259	490	5761	469	613	360
30	164		108	45	127	
		33	33	1956	319	
2100	1333	207	1000	1210	251	360

主要统计指标解释

农林牧渔业总产值

农林牧渔业总产值是以货币表现的农林牧渔业的全部产品总量和对农林牧渔业生产活动进行的各种支持性服务活动的价值。它反映一定时期内农林牧渔业生产总规模和总成果，是观察农林牧渔业生产水平和发展速度，研究农林牧渔业内部比例关系、农林牧渔业与工业、农林牧渔业与国家建设、人民生活比例关系的重要指标，同时也是计算农林牧渔业劳动生产率和农林牧渔业增加值的基础资料。1957 年以前的农业总产值中包括了厩肥和农民自给性手工业（如农民自制衣服、鞋、袜，自己从事粮食初步加工等）。1958 年及以后的农业总产值，林业中增加了村及村以下竹木采伐产值；牧业中取消了厩肥产值；副业中取消了农民自给性手工业产值，增加了村及村以下办的工业产值；渔业中增加了海洋捕捞水产品产值。1980 年及以后的农业总产值，在副业中增加了农民家庭兼营工业商品部分的产值。从 1984 年起村及村以下工业产值划归工业。从 1993 年起取消副业，将野生动物的捕猎划入牧业，野生植物采集和农民家庭兼营商品性工业划归农业。2003 年起，取消农业中的农民家庭兼营商品性工业，增加了农林牧渔服务业。

粮食产量

指全社会的产量。包括国有经济经营的、集体统一经营的和农民家庭经营的粮食产量，还包括工矿企业办的农场和其他生产单位的产量。粮食除包括稻谷、小麦、玉米、高粱、谷子及其他杂粮外，还包括薯类和豆类。其产量计算方法，豆类按去豆荚后的干豆计算；薯类（包括甘薯和马铃薯，不包括芋头和木薯）1963 年以前按每 4 公斤鲜薯折 1 公斤粮食计算，从 1964 年开始改为按 5 公斤鲜薯折 1 公斤粮食计算。城市郊区作为蔬菜的薯类（如马铃薯等）按鲜品计算，并且不作粮食统计。其他粮食一律按脱粒后的原粮计算。

油料产量

指全部油料作物的生产量。包括花生、油菜籽、芝麻、向日葵籽、胡麻籽（亚麻籽）和其他油料。不包括大豆、木本油料和野生油料。花生以带壳干花生计算。

水产品产量

指人工养殖的水产品和天然生长的水产品的捕捞量。包括海水的鱼类、虾蟹类、贝类和藻类以及内陆水域的鱼类、虾蟹类和贝类，不包括淡水生植物。

猪、牛、羊肉产量

指当年出栏并已屠宰、除去头蹄下水后带骨肉（即胴体重）的重量。

期初（末）畜禽存栏头（只）数

指报告期初（末）农村各种合作经济组织和国营农场、农民个人、机关、团体、学校、工矿企业、部队等单位以及城镇居民饲养的大牲畜、猪、羊、家禽等畜禽的存栏数。

耕地面积

指可以用来种植农作物、经常进行耕锄的田地，包括熟地、当年新开荒地、连续撂荒未满三年的耕地和当年的休闲地（轮歇地），还包括以种植农作物为主并附带种植桑树、茶树、果树和其他林木的土地，以及沿海、沿湖地区已围垦利用的“海涂”、“湖田”等面积。不包括属于专业性的桑园、茶园、果园、果木苗圃、林地、芦苇地、天然或人工草地面积。

农作物播种面积

指实际播种或移植有农作物的面积。凡是实际种植有农作物的面积，不论种植在耕地上还是种植在非耕地上，均包括在农作物播种面积中。在播种季节基本结束后，因遭灾而重新改种和补种的农作物面积，也包括在内。

有效灌溉面积

指具有一定的水源，地块比较平整，灌溉工程或设备已经配套，在一般年景下当年能够进行正常灌溉的耕地面积。

农用化肥施用量

指本年内实际用于农业生产的化肥数量，包括氮肥、磷肥、钾肥和复合肥。化肥施用量要求按折纯量计算数量。折纯量是指把氮肥、磷肥、钾肥分别按含氮、含五氧化二磷、含氧化钾的百分之一百成份进行折算后的数量。复合肥按其所含主要成分折算。

农业机械总动力

指主要用于农、林、牧、渔业的各种动力机械的动力总和。包括耕作机械、排灌机械、收获机械、农用运输机械、植物保护机械、牧业机械、林业机械、渔业机械和其他农业机械〔内燃机按引擎马力折成瓦（特）计算、电动机按功率折成瓦（特）计算〕。不包括专门用于乡、镇、村、组办工业、基本建设、非农业运输、科学试验和教学等非农业生产方面用的动力机械与作业机械。

第十三篇

工　业

简要说明

一、本篇主要包括以下几部分汇总资料：

1. 全部主营收入2000万元及以上工业企业按县区和行业分组的主要经济指标和经济效益指标。主要包括工业总产值、工业增加值、资本金、流动资产、固定资产、流动负债、所有者权益、主营业务收入、主营业务税金及附加、利润总额、利税总额、工业增加值率、资金利税率、产值利税率、流动资产周转次数、全员劳动生产率等指标。

2. 大中型工业企业的主要经济指标。

3. 主要工业产品产量。

二、1998年开始工业统计范围为全部国有企业及年产品销售收入在500万元及以上非国有工业企业，2010年变更为年主营业务收入2000万元及以上的工业法人企业，本资料中简称“规模以上工业企业”。

三、1995年及以后年份工业总产值为调整数。

四、资料来源：由市统计局工交科根据国家统计局工业统计报表制度由各县（市）、区统计局收集、汇总、整理提供。

13—1　主要年份工业企业单位数和总产值

指　　标		2015
企业单位数	（个）	**1667**
在总计中：		
国有及国有控股企业		48
在总计中：		
集体企业		6
股份合作企业		2
联营企业		
有限责任公司		401
股份有限公司		42
私营企业		1160
港澳台商投资企业		15
外商投资企业		27
工业总产值	（万元）	**27231650**
在总计中：		
国有及国有控股企业		4931160
在总计中：		
集体企业		98585
股份合作企业		12751
联营企业		
有限责任公司		5575944
股份有限公司		4664840
私营企业		15365476
港澳台商投资企业		804174
外商投资企业		510642

13—2 主要年份规模以上工业增加值

本表按当年价格计算。　　单位：万元

年份	工业增加值	国有及国有控股企业	集体企业	股份制企业	私营企业	外商、港澳台商投资企业
2005*	1055420	606053	73529	361188	179992	72732
2006*	1203053	569790	63156	510458	337690	84253
2007*	1545173	433477	77430	742662	607530	146166
2008*	1942105	719354	111762	1106463	867997	146911
2009*	2500900	667661	48732	1617898	1237777	172680
2010*	3445974	900144	55415	2150292	1630304	187675
2011*	4550677	1024759	63988	2929156	1730598	262207
2012*	4764061	681139	52056	3488190	2502740	228908
2013*	5809112	822613	57277	4267181	2938622	257689
2014*	6868229	1066354	63111	4947216	3479186	304053
2015	6405331	1197942	28543	5896255	3576052	330384

13—3 主要年份各县（市、区）规模以上工业企业工业增加值

单位：万元

地区	2010*	2011*	2012*	2013*	2014*	2015
全市	**3048288**	**4007757**	**4139251**	**5047512**	**5982402**	**6405331**
迎江区	94207	113999	106457	113177	129546	129946
大观区	760768	870344	176756	250434	262483	256149
宜秀区	100279	110064	136601	190371	228001	246936
开发区	260601	310809	648454	768007	994487	1147759
桐城市	548041	767472	960404	1070899	1239661	1319816
怀宁县	372448	499619	625664	784155	934060	964085
潜山县	223299	312814	354601	431017	482796	514437
太湖县	152241	237442	271618	337338	389645	391261
宿松县	178206	282350	325025	422702	535061	584063
望江县	181103	278438	289180	369939	413159	444716
岳西县	177096	224406	244491	309474	373505	406164

13—4　分行业规模以上工业企业工业增加值

单位：万元

行　业	2015
总　计	**6405331**
煤炭开采和洗选业	
黑色金属矿采选业	79815
有色金属矿采选业	19089
非金属矿采选业	48315
其他采矿业	
农副食品加工业	303146
食品制造业	101638
饮料制造业	107906
烟草制品业	
纺织业	558980
纺织服装、鞋、帽制造业	565607
皮革、毛皮、羽毛(绒)及其制品业	110961
木材加工及木、竹、藤、棕、草制品业	125391
家具制造业	60755
造纸及纸制品业	154414
印刷业和记录媒介的复制	104874
文教体育用品制造业	43835
石油加工、炼焦及核燃料加工业	781997
化学原料及化学制品制造业	335096
医药制造业	217093
化学纤维制造业	6456
橡胶和塑料制品业	623185
非金属矿物制品业	415232
黑色金属冶炼及压延加工业	22352
有色金属冶炼及压延加工业	44292
金属制品业	143592
通用设备制造业	373446
专用设备制造业	181317
汽车制造业	234889
铁路、船舶、航空航天和其他运输设备	9738
电气机械及器材制造业	188155
通信设备、计算机及其他电子设备制造业	67510
仪器仪表及文化、办公用机械制造业	7092
其他制造业	96088
废弃资源和废旧材料回收加工业	14764
金属制品、机械和设备修理业	6023
电力、热力的生产和供应业	227630
燃气生产和供应业	6719
水的生产和供应业	17939

13—5 规模以上工业企业主要经济指标（2015年）

行业	企业单位数（个）	工业总产值（当年价格）	工业销售产值（当年价格）	出口交货值	资产总计	流动资产合计
总计	**1667**	**27231650**	**26848621**	**1441872**	**16792342**	**7395708**
按登记注册类型分组：						
内资企业	1625	25919534	25526327	1349720	16056826	7017114
国有企业	12	188254	185694		228350	64783
中央企业						
地方企业	12	188254	185694		228350	64783
集体企业	6	98585	98192		40246	22181
股份合作企业	2	12751	12643		4940	719
有限责任公司	401	5575944	5464439	120882	4763648	1750786
股份有限公司	42	4664840	4641110	286049	4365409	1575969
私营企业	1160	15365476	15110565	942789	6652136	3601137
其他企业	2	13686	13686		2096	1540
港、澳、台商投资企业	15	801474	800033	54226	202025	89286
外商投资企业	27	510642	522261	37926	533491	289308
在总计中：国有控股企业	48	4931160	4923478	103691	4521641	945892
在总计中：轻工业	870	12696071	12561462	1210014	6502870	3003393
重工业	797	14535579	14287159	231858	10289472	4392314
在总计中：大型企业	18	6145235	6134077	492490	4917772	1880557
中型企业	138	5706439	5607345	420255	4190857	1699201
小型企业	1454	15006289	14742027	506068	7499562	3734068
微型企业	57	373687	365172	23059	184151	81881
按行业分						
黑色金属矿采选业	13	204391	206525		41996	19343
有色金属矿采选业	3	71307	70639		57029	17594
非金属矿采选业	22	205736	202178		185109	52881
农副食品加工业	108	1914239	1893317	123	634251	327627
食品制造业	41	438781	435055	4244	211492	100002
酒、饮料和精制茶制造业	23	376096	384346		377802	204655
纺织业	109	2493654	2450431	573645	1884389	653074
纺织服装、服饰业	194	2252167	2245087	148218	626577	374321
皮革、毛皮、羽毛及其制品和制鞋业	19	554587	538565	184291	486358	295592
木材加工和木、竹、藤、棕、草制品业	57	618010	611350	5112	265684	133706
家具制造业	22	251685	250858		90425	40874
造纸和纸制品业	41	763077	758235	22357	414852	154702
印刷和记录媒介复制业	39	401450	398159	5676	189991	110400
文教、工美、体育和娱乐用品制造业	22	181483	178114	59602	131983	67589
石油加工、炼焦和核燃料加工业	6	3373583	3386546		1214238	274007
化学原料和化学制品制造业	82	1370149	1275891	66686	1077366	476620
医药制造业	32	802140	794971	172243	264479	133793
化学纤维制造业	1	27414	27414		74598	28845
橡胶和塑料制品业	223	2762485	2743348	34746	1232481	655185
非金属矿物制品业	138	1617433	1601036	4062	957490	406049
黑色金属冶炼和压延加工业	12	95845	97001		41222	20395
有色金属冶炼和压延加工业	9	274116	274718		46987	19941
金属制品业	59	600906	588300	7153	338333	200531
通用设备制造业	94	1568620	1504204	90127	2156126	1300380
专用设备制造业	70	714136	696927	9896	404280	219174
汽车制造业	44	942193	916827	32189	952378	527792
铁路、船舶、航空航天和其他运输设备制造业	9	44331	42645	2262	43232	25959
电气机械和器材制造业	62	804871	796667	12820	448866	222054
计算机、通信和其他电子设备制造业	24	248148	238713	5418	109741	56682
仪器仪表制造业	3	26554	26533		6756	5433
其他制造业	51	388095	377004	1004	152845	81137
废弃资源综合利用业	5	58396	58263		20336	11506
金属制品、机械和设备修理业	1	21411	21411		39175	12927
电力、热力生产和供应业	17	696025	690091		1428673	108300
燃气生产和供应业	3	29418	28827		56013	17436
水的生产和供应业	9	38720	38425		128791	39204

单位：万元

存　货	产成品	固定资产合　　计	固定资产原　　价	固定资产累计折旧	负债合计	流动负债合　　计	非流动负债合计	所有者权益合计	实收资本	主营业务收　　入
1947222	**847872**	**6564009**	**9571713**	**3290086**	**7946234**	**6049162**	**1424487**	**8779792**	**4045594**	**26857736**
1869650	822539	6267696	9187836	3175480	7653250	5777949	1404696	8338443	3775596	25595090
16252	7475	127318	242112	121557	118932	67311	47771	109318	35282	197338
16252	7475	127318	242112	121557	118932	67311	47771	109318	35282	197338
3022	1837	7362	12629	5839	6869	5060	419	32410	2487	86806
367	78	2759	2838	623	1772	1004		3162	990	11142
470906	207394	2396029	3359452	1081275	2418352	1663547	627259	2363522	1163212	5690706
442393	160909	1446737	2526541	1024864	2267133	1668142	509154	2096109	1203284	4710491
936621	444836	2286934	3043561	941142	2839768	2372661	219894	3732251	1370136	14884922
90	10	556	703	181	424	224	200	1672	206	13686
24140	10553	98340	133974	45092	76337	75717	603	125687	99958	800427
53433	14780	197973	249904	69514	216647	195497	19189	315661	170040	462219
356029	93571	2621927	4236466	1594854	2515509	1633090	851774	2043499	1548336	5089918
900336	424973	2269028	3068600	974624	2818905	2184760	457492	3624385	1152906	12444023
1046885	422899	4294981	6503113	2315462	5127329	3864403	966996	5155406	2892687	14413713
526295	191188	1789459	3173660	1371115	2301749	1835486	388401	2616023	1234439	6482127
385525	150361	1880103	2591050	793960	2274502	1576950	618241	1903572	1045957	5502117
1009424	492488	2873304	3780213	1118638	3276303	2602278	417345	4222948	1751189	14502825
25979	13834	21144	26790	6374	93680	34448	500	37249	14008	370668
4607	1829	18645	25450	9718	16778	15158	240	24350	4898	207052
6859	1227	32088	25947	9636	19679	19434		37351	8689	71493
11843	8792	107919	122753	17184	76115	42481	31947	107556	66098	177176
140633	43476	234673	290584	73859	252423	204308	40240	375823	127231	1866692
34147	19229	84861	111289	34431	100856	95481	4280	109324	35929	429413
35054	8122	146754	158942	29361	136699	126606	6094	241103	100503	343651
209617	119695	578641	827161	291801	777801	516766	241415	1094306	239671	2565099
99802	42214	199332	256325	76489	276257	228408	20758	344391	125729	2159216
124925	69782	69574	96871	28167	269400	165924	25254	216458	40649	532431
49953	20974	86004	99781	38630	103341	98722	1330	157494	63841	604574
10027	4900	35607	47471	12563	38449	35665	730	50849	14074	250690
41824	16523	227950	296816	73529	239274	165980	71683	174969	121811	754553
18930	5472	54456	79323	24950	81320	73409	6723	107719	36096	397844
22983	11643	33441	30067	6188	41402	28464	2083	78600	22363	178626
192339	30222	934512	1760789	741203	829921	825174	1834	382374	852491	3382226
98974	51130	230121	319685	105026	547209	289852	244221	528596	217505	1292104
28233	14375	96929	98477	26236	101122	93718	7214	163086	49908	773688
920		35100	56157	21057	86882	86882		-12284	25000	5673
139858	65452	445977	667790	245678	431146	338122	35482	780645	244457	2720541
95755	50404	480585	700508	238859	478883	407399	14657	470355	223489	1543996
6050	4040	16901	19472	2870	18851	17537	1045	22290	11272	88671
5283	3960	26895	33098	7142	25646	21293	1950	21341	9908	277669
55221	30657	109519	138902	34210	158686	144804	4625	179241	78141	591004
187340	67184	273190	358818	111060	1009290	848119	111171	1145280	437465	1445365
52316	26883	124239	159146	41310	146863	134039	4130	252135	105110	666107
144216	69192	271841	541598	278648	404616	307091	84580	545203	75050	1199495
6694	2632	9193	14125	5142	12108	9204	200	27876	11766	49229
62664	35371	165387	226108	77573	192420	151709	12145	249470	141902	769691
8667	3771	39083	50668	14207	36219	29896	5258	72539	53311	238676
506	380	672	761	184	2150	985		4607	2230	24791
20391	12107	58987	68342	15197	52629	39471	4137	100216	33105	392731
5296	3986	6913	7354	1319	9076	7904		9974	5468	58330
2552		26248	44267	18019	9414	9414		29762	5100	21411
18520	1509	1218997	1705027	523745	881093	411104	418870	584385	411592	710002
913		28492	31550	8605	28774	28373	401	27062	16669	28527
3310	742	54285	100293	46291	53443	30272	19790	75347	27074	39300

13—5 续表

单位：万元

行业	主营业务成本	主营业务税金及附加	利税总额	本年应付职工薪酬	本年应交增值税	全部从业人员年平均人数(人)
总计	**22352870**	**1074450**	**1802935**	**1202540**	**691579**	**251172**
按登记注册类型分组：						
内资企业	21233112	1069113	1728283	1087993	666613	231186
国有企业	168411	683	1647	22001	3596	3282
中央企业						
地方企业	168411	683	1647	22001	3596	3282
集体企业	68480	393	10910	2572	852	621
股份合作企业	9404	89	742	560	219	112
有限责任公司	4757808	28250	472668	275194	133586	57490
股份有限公司	3470096	958512	142088	132517	219619	22578
私营企业	12746172	81165	1099906	654909	308683	147017
其他企业	12740	22	322	240	59	86
港、澳、台商投资企业	752789	1869	17922	57724	6697	12591
外商投资企业	366969	3467	56731	56823	18270	7395
在总计中:国有控股企业	3771996	960199	119866	144291	251698	24310
在总计中:轻工业	10914899	57756	758566	688461	207576	149575
重工业	11437972	1016694	1044370	514079	484003	101597
在总计中:大型企业	5009377	967437	290321	262028	265373	48862
中型企业	4625363	23452	452441	377626	139769	69794
小型企业	12394332	80719	1044565	559845	281765	131853
微型企业	323799	2842	15609	3041	4673	663
按行业分						
黑色金属矿采选业	174226	1800	9688	2784	5330	729
有色金属矿采选业	62485	1456	1105	11296	1947	2314
非金属矿采选业	146261	1827	12289	7850	1276	1524
农副食品加工业	1675988	6174	97253	43764	27970	10673
食品制造业	365680	1520	29520	29795	6712	5779
酒、饮料和精制茶制造业	247024	7547	50520	20307	12496	4291
纺织业	2354619	9436	117124	185916	38161	37108
纺织服装、服饰业	1935897	13050	94579	219726	34184	45811
皮革、毛皮、羽毛及其制品和制鞋业	438991	1669	27290	30604	11710	7011
木材加工和木、竹、藤、棕、草制品业	542017	1971	36615	19937	6325	4762
家具制造业	209455	1658	23079	11184	10653	1967
造纸和纸制品业	689923	2617	23330	19953	1103	4379
印刷和记录媒介复制业	323819	1580	46244	11336	5925	2749
文教、工美、体育和娱乐用品制造业	145601	1170	13764	7225	1960	2648
石油加工、炼焦和核燃料加工业	2347477	953243		47206	191734	4048
化学原料和化学制品制造业	1096711	4409	107621	37094	49733	8307
医药制造业	652275	1918	76533	20071	14858	4590
化学纤维制造业	4745			180		530
橡胶和塑料制品业	2262481	11187	275904	78872	54957	18577
非金属矿物制品业	1286943	11900	102811	64755	68955	13529
黑色金属冶炼和压延加工业	74495	629	6815	3876	1114	1209
有色金属冶炼和压延加工业	250065	1815	22739	6499	12713	984
金属制品业	484066	3072	46294	28422	9992	6188
通用设备制造业	1163858	9088	210562	88480	28371	17551
专用设备制造业	529725	4777	62877	30903	13804	6983
汽车制造业	947819	6351	139603	68300	40307	11043
铁路、船舶、航空航天和其他运输设备制造业	39558	1015	3451	3625	1311	682
电气机械和器材制造业	662718	3049	43198	36246	11616	7661
计算机、通信和其他电子设备制造业	201751	2471	12767	14254	5684	4514
仪器仪表制造业	22312	234	1300	614	329	186
其他制造业	330661	1872	36200	19427	8006	5069
废弃资源综合利用业	52865	992	1754	829	3666	210
金属制品、机械和设备修理业	17024	53	3218	1798	470	397
电力、热力生产和供应业	560124	2421	92847	22707	7067	5273
燃气生产和供应业	24012	133	3623	1525	143	361
水的生产和供应业	29202	345	3150	5182	999	1535

13—6　规模以上工业企业主要经济效益指标（2015年）

行　业	总资产贡献率(%)	资产负债率(%)	流动资产周转天数(次/年)	工业成本费用利润率(%)	产品销售率(%)
总　计	**22.53**	**47.32**	**3.65**	**7.41**	**98.59**
按登记注册类型分组:					
内资企业	22.89	47.66	3.67	7.47	98.48
国有企业	3.21	52.08	3.06	0.83	98.64
中央企业					
地方企业	3.21	52.08	3.06	0.83	98.64
集体企业	32.07	17.07	3.91	14.46	99.60
股份合作企业	22.63	35.87	15.50	7.20	99.15
有限责任公司	14.33	50.77	3.26	9.01	98.00
股份有限公司	31.57	51.93	3.05	3.70	99.49
私营企业	23.94	42.69	4.14	8.00	98.34
其他企业	19.75	20.24	8.89	2.42	100.00
港、澳、台商投资企业	13.56	37.79	8.97	2.29	99.82
外商投资企业	15.23	40.61	1.61	13.82	102.28
在总计中:国有控股企业	30.56	55.63	5.48	2.89	99.84
在总计中:轻工业	17.22	43.35	4.15	6.49	98.94
重工业	25.89	49.83	3.31	8.27	98.29
在总计中:大型企业	32.22	46.80	3.50	5.30	99.82
中型企业	15.74	54.27	3.26	8.90	98.26
小型企业	20.19	43.69	3.89	7.79	98.24
微型企业	14.00	50.87	4.53	4.43	97.72
按行业分					
黑色金属矿采选业	41.02	39.95	10.70	4.95	101.04
有色金属矿采选业	8.63	34.51	4.06	1.60	99.06
非金属矿采选业	9.49	41.12	3.36	7.51	98.27
农副食品加工业	23.05	39.80	5.70	5.51	98.91
食品制造业	20.40	47.69	4.30	7.37	99.15
酒、饮料和精制茶制造业	19.13	36.18	1.70	17.18	102.19
纺织业	10.02	41.28	3.93	4.73	98.27
纺织服装、服饰业	23.92	44.09	5.78	4.60	99.69
皮革、毛皮、羽毛及其制品和制鞋业	10.55	55.39	1.82	5.38	97.11
木材加工和木、竹、藤、棕、草制品业	17.28	38.90	4.52	6.45	98.92
家具制造业	41.02	42.52	6.13	10.21	99.67
造纸和纸制品业	8.78	57.68	4.88	3.19	99.37
印刷和记录媒介复制业	29.69	42.80	3.60	13.19	99.18
文教、工美、体育和娱乐用品制造业	14.14	31.37	2.64	8.39	98.14
石油加工、炼焦和核燃料加工业	94.18	68.35	12.66	-1.19	100.38
化学原料和化学制品制造业	16.07	50.79	2.71	9.05	93.12
医药制造业	36.04	38.23	5.78	11.05	99.11
化学纤维制造业	-3.35	116.47	0.22	-28.15	100.00
橡胶和塑料制品业	29.18	34.98	4.16	11.31	99.31
非金属矿物制品业	20.58	50.01	3.81	7.15	98.99
黑色金属冶炼和压延加工业	22.90	45.73	4.35	8.41	101.21
有色金属冶炼和压延加工业	83.85	54.58	13.92	8.77	100.22
金属制品业	19.22	46.90	2.95	8.48	97.90
通用设备制造业	12.21	46.81	1.13	15.72	95.89
专用设备制造业	21.44	36.33	3.04	10.48	97.59
汽车制造业	21.01	42.48	2.28	12.95	97.31
铁路、船舶、航空航天和其他运输设备制造业	14.41	28.01	1.90	7.66	96.20
电气机械和器材制造业	13.63	42.87	3.48	5.92	98.98
计算机、通信和其他电子设备制造业	19.62	33.00	4.22	5.71	96.20
仪器仪表制造业	28.35	31.82	4.56	5.64	99.92
其他制造业	31.14	34.43	4.84	10.18	97.14
废弃资源综合利用业	34.16	44.63	5.07	3.05	99.77
金属制品、机械和设备修理业	11.44	24.03	1.66	17.74	100.00
电力、热力生产和供应业	7.56	61.67	6.62	14.89	99.15
燃气生产和供应业	7.38	51.37	1.68	13.47	97.99
水的生产和供应业	4.54	41.50	1.02	8.43	99.24

13—7 国有控股工业企业主要经济指标（2015年）

行　　业	企业单位数（个）	工业总产值（当年价格）	工业销售产值（当年价格）	出口交货值	资产总计	流动资产合计
总　　计	**48**	**4931160**	**4923478**	**103691**	**4521641**	**945892**
按登记注册类型分组：						
内资企业	46	4900766	4893089	93915	4465396	920069
国有企业	12	188254	185694		228350	64783
中央企业						
地方企业	12	188254	185694		228350	64783
有限责任公司	27	1006337	998666	1203	1660084	282829
股份有限公司	7	3706176	3708730	92712	2576961	572457
港、澳、台商投资企业	2	30394	30390	9776	56246	25823
外商投资企业						
在总计中：轻工业	18	621456	610869	72270	1267045	335761
重工业	30	4309704	4312609	31422	3254596	610131
在总计中：大型企业	3	3720576	3727816	71066	2323651	452758
中型企业	15	828431	819918	21646	1579708	357028
小型企业	30	382153	375745	10979	618283	136107
按行业分						
有色金属矿采选业	1	3661	3873		11651	711
非金属矿采选业	1	19928	19928		44724	4764
农副食品加工业	5	184216	182470		64686	42862
食品制造业	1	1777	1993	1203	1538	1343
纺织业	4	354989	348120	71066	1052103	220494
纺织服装、服饰业	2	30786	31080		36124	25068
石油加工、炼焦和核燃料加工业	1	3327761	3340339		1188804	259006
化学原料和化学制品制造业	2	83933	78694	21646	344165	111343
非金属矿物制品业	3	108206	110225		123032	41022
通用设备制造业	5	69984	70223	9776	113517	64120
专用设备制造业	1	14600	12201		17212	16074
汽车制造业	1	29471	28512		11342	7248
铁路、船舶、航空航天和其他运输设备制造业	1	5640	4619		3743	3622
电力、热力生产和供应业	13	652420	648299		1355140	98165
燃气生产和供应业	2	23178	22587		50580	15831
水的生产和供应业	5	20612	20316		103281	34219

单位：万元

存货	产成品	固定资产合计	固定资产原价	固定资产累计折旧	负债合计	流动负债合计	非流动负债合计	所有者权益合计	实收资本	主营业务收入
356029	**93571**	**2621927**	**4236466**	**1594854**	**2515509**	**1633090**	**851774**	**2043499**	**1548336**	**5089918**
347586	91075	2595195	4209112	1588802	2480063	1597835	851585	2022699	1531179	5059529
16252	7475	127318	242112	121557	118932	67311	47771	109318	35282	197338
16252	7475	127318	242112	121557	118932	67311	47771	109318	35282	197338
76792	18954	1256829	1770705	553067	939631	524593	388312	757920	543064	1031292
254542	64646	1211049	2196295	914179	1421500	1005931	415501	1155461	952833	3830899
8444	2495	26732	27355	6052	35445	35256	190	20800	17157	30389
100939	33748	346610	561405	230648	456071	241712	214274	810974	109849	735395
255090	59823	2275317	3675061	1364206	2059437	1391379	637500	1232525	1438487	4354523
238948	50557	1279184	2369654	1029787	1201052	1003141	197911	1122598	981596	3858350
92684	31376	932875	1267731	342691	922539	440740	477967	657169	425780	820588
24397	11637	409869	599082	222375	391918	189210	175896	263732	140961	410981
253		3593	6851	3258	11285	11040		366	4000	3847
603		33843	43743	9900	9772	2235	7537	34952	27120	19928
31380	1735	20192	27888	8192	37014	33134	3862	27672	18593	183313
1181	1181	196	265	70	1091	1091		448	300	2006
56574	29110	261610	420225	173450	365249	169435	195746	686854	59294	471543
6254	658	11056	13143	2353	12622	3933	8688	23502	10432	31689
188151	28181	929798	1755074	739374	817891	816298	1594	370913	847637	3338931
16023	13825	16535	35201	18666	220888	26008	194880	123277	68200	78910
5554	2654	70014	133442	64428	65423	60708	4715	57609	32725	110136
26205	11137	37755	46256	14603	56270	50661	2021	57247	46306	87169
916	198	464	1152	689	5922	5922		11290	775	10833
2480	2227	3297	4303	1006	5145	2161	2984	6197	5000	28512
1933	1136	49	131	82	2327	2327		1416	500	10361
15850	1408	1165074	1637614	510254	837990	401709	409556	554517	392829	669134
143		24664	26543	7426	26220	25818	401	24360	15169	22287
2529	122	43788	84636	41103	40400	20610	19790	62880	19456	21322

13—7 续表

单位：万元

行　　业	主营业务成　本	主营业务税金及附加	利税总额	本年应付职工薪酬	本年应交增值税	全部从业人员年平均人数（人）
总　　计	**3771996**	**960199**	**119866**	**144291**	**251698**	**24310**
按登记注册类型分组：						
内资企业	3746141	960199	117620	142859	251661	24020
国有企业	168411	683	1647	22001	3596	3282
中央企业						
地方企业	168411	683	1647	22001	3596	3282
有限责任公司	820966	3768	121344	43834	50940	9858
股份有限公司	2756764	955748	-5371	77025	197126	10880
港、澳、台商投资企业	25854		2247	1432	36	290
外商投资企业						
在总计中：轻工业	674362	3876	22915	47677	12921	11734
重工业	3097634	956323	96951	96614	238777	12576
在总计中：大型企业	2789209	956399	-18558	72161	198985	11815
中型企业	621702	1527	119627	48874	45151	8610
小型企业	361085	2273	18797	23256	7562	3885
按行业分						
有色金属矿采选业	4302	116	-2842	4413	409	585
非金属矿采选业	15441	276	507	1750	271	228
农副食品加工业	172280	284	2258	1905	1617	676
食品制造业	1436	1	110	359	36	127
纺织业	447598	2782	13251	32050	6364	7596
纺织服装、服饰业	22444	287	2910	7499	2274	1866
石油加工、炼焦和核燃料加工业	2312449	953033	-35004	45486	190292	3770
化学原料和化学制品制造业	55327	174	13172	2866	1779	744
非金属矿物制品业	80065	301	18901	8207	36822	1085
通用设备制造业	67792	210	5237	12186	1488	1573
专用设备制造业	2364	153	5203	738	1204	78
汽车制造业	21452	880	2527	822	1208	259
铁路、船舶、航空航天和其他运输设备制造业	9465	22	31	1083	169	158
电力、热力生产和供应业	524225	1412	89869	19312	7085	4192
燃气生产和供应业	19033		3316	1244	36	299
水的生产和供应业	16324	269	422	4372	645	1074

13—8　国有控股工业企业主要经济效益指标（2015年）

行　业	总资产贡献率(%)	资产负债率(%)	流动资产周转天数(次/年)	工业成本费用利润率(%)	产品销售率(%)
总　计	**30.56**	**55.63**	**5.48**	**2.89**	**99.84**
按登记注册类型分组:					
内资企业	30.89	55.54	5.60	2.85	99.84
国有企业	3.21	52.08	3.06	0.83	98.64
中央企业					
地方企业	3.21	52.08	3.06	0.83	98.64
有限责任公司	11.14	56.60	3.68	13.20	99.24
股份有限公司	46.07	55.16	6.85	-0.18	100.07
港、澳、台商投资企业	4.34	63.02	1.20	7.89	99.99
外商投资企业	0.00	0.00	0.00	0.00	0.00
在总计中:轻工业	4.32	35.99	2.20	3.08	98.30
重工业	40.78	63.28	7.29	2.85	100.07
在总计中:大型企业	50.61	51.69	8.71	-0.61	100.19
中型企业	10.83	58.40	2.32	16.77	98.97
小型企业	5.64	63.39	3.03	4.78	98.32
按行业分					
有色金属矿采选业	-18.80	96.86	5.41	-43.21	105.81
非金属矿采选业	3.78	21.85	4.18	2.65	100.00
农副食品加工业	10.78	57.22	4.28	1.25	99.05
食品制造业	10.30	70.90	1.49	5.84	112.14
纺织业	3.20	34.72	2.15	2.70	98.06
纺织服装、服饰业	15.40	34.94	1.27	9.99	100.95
石油加工、炼焦和核燃料加工业	95.62	68.80	13.22	-1.39	100.38
化学原料和化学制品制造业	4.44	64.18	0.71	19.66	93.76
非金属矿物制品业	46.57	53.18	2.69	20.19	101.87
通用设备制造业	6.11	49.57	1.38	6.29	100.34
专用设备制造业	36.26	34.41	0.67	95.09	83.57
汽车制造业	42.89	45.36	3.93	10.07	96.75
铁路、船舶、航空航天和其他运输设备制造业	5.92	62.18	2.88	0.29	81.90
电力、热力生产和供应业	7.55	61.84	6.88	15.37	99.37
燃气生产和供应业	6.94	51.84	1.46	15.73	97.45
水的生产和供应业	2.59	39.12	0.64	1.92	98.57

13—9 外商投资和港澳台投资工业企业主要经济指标（2015年）

行业	企业单位数（个）	工业总产值（当年价格）	工业销售产值（当年价格）	出口交货值	资产总计	流动资产合计
总计	**42**	**1312116**	**1322293**	**92152**	**735516**	**378593**
按登记注册类型分组：						
港、澳、台商投资企业	15	801474	800033	54226	202025	89286
外商投资企业	27	510642	522261	37926	533491	289308
在总计中：轻工业	27	1033145	1044597	44543	500540	251445
重工业	15	278970	277697	47609	234976	127148
在总计中：大型企业	3	728140	740424		253886	133466
中型企业	12	297952	298866	31311	183494	124341
小型企业	26	277484	274463	60841	295031	119788
微型企业	1	8540	8540		3105	999
按行业分						
食品制造业	2	21651	21651	3041	15501	10883
酒、饮料和精制茶制造业	4	216419	228820		272646	151969
纺织业	6	109842	108787	29965	97612	43135
纺织服装、服饰业	9	621717	621421	7795	69906	26433
皮革、毛皮、羽毛及其制品和制鞋业	2	42393	43085		33295	12788
造纸和纸制品业	1	4691	4501	1398	3890	2901
化学原料和化学制品制造业	4	61251	61251	5239	22285	9947
医药制造业	2	7893	7791	2345	4585	2339
非金属矿物制品业	1	37905	37345		52751	9950
金属制品业	3	9704	9701	4810	8791	3022
通用设备制造业	3	68509	68586	22766	81031	66910
铁路、船舶、航空航天和其他运输设备制造业	1	4580	4389	2262	19848	14799
电气机械和器材制造业	1	20530	20530	11200	7969	6137
计算机、通信和其他电子设备制造业	2	63813	63823	1333	8515	5356
燃气生产和供应业	1	21219	20614		36892	12025

单位：万元

存　货	产成品	固定资产合　计	固定资产原　价	固定资产累计折旧	负债合计	流动负债合　计	非流动负债合计	所有者权益合计	实收资本	主营业务收　入
77572	**25333**	**296314**	**383877**	**114607**	**292984**	**271213**	**19791**	**441348**	**269997**	**1262646**
24140	10553	98340	133974	45092	76337	75717	603	125687	99958	800427
53433	14780	197973	249904	69514	216647	195497	19189	315661	170040	462219
47802	14672	210937	268444	77277	184596	165695	18880	314760	184280	991094
29770	10661	85377	115433	37330	108387	105518	911	126589	85718	271552
15870		115506	124962	27254	88272	88272		165614	54399	702834
26356	11348	39394	67818	31271	90005	86490	3498	93489	71964	295043
35036	13985	140114	189549	55833	113747	95492	16293	180101	143424	256229
310		1300	1549	249	960	960		2145	210	8540
1437	182	3593	8711	5120	1318	1276	39	14183	5861	20464
19084	353	113793	123707	24606	97947	94233	3715	174699	76306	183337
15060	9634	45089	65340	20336	45818	33818	12000	51794	53499	108324
6944	2350	38632	53299	18936	19827	19767	42	48896	32772	618136
3496	1338	6349	6473	845	17620	14535	3085	15675	12399	40001
821	460	988	7016	6028	621	621		3269	2650	4501
1926	565	4816	5755	1904	8017	7667	350	14268	8752	61235
650	356	1193	2349	1157	486	486		4099	583	7791
3155		36136	49681	13545	5449	5449		47302	26520	29566
863	304	5477	8130	3532	1633	1447		7158	7066	9462
21523	8790	11872	15628	3756	58995	58995		22036	16337	69759
1053	493	1997	3297	1300	5040	3269		14808	5988	5114
1025	439	1302	2549	1247	2077	1706	371	5892	4283	20530
482	70	2315	9182	6867	2785	2785		5730	9681	63812
53		22762	22762	5429	25352	25162	190	11541	7300	20614

13—9 续表

单位：千元

行业	主营业务成本	主营业务税金及附加	利税总额	本年应付职工薪酬	本年应交增值税	全部从业人员年平均人数（人）
总计	**1119758**	**5336**	**74653**	**114547**	**24967**	**19986**
按登记注册类型分组：						
港、澳、台商投资企业	752789	1869	17922	57724	6697	12591
外商投资企业	366969	3467	56731	56823	18270	7395
在总计中：轻工业	893060	4269	56734	98123	19770	16616
重工业	226699	1068	17918	16425	5197	3370
在总计中：大型企业	633178	2301	46809	42279	10251	9787
中型企业	254518	1112	18284	56646	8494	6911
小型企业	224093	1878	9248	15541	6166	3271
微型企业	7970	46	312	82	55	17
按行业分						
食品制造业	14080	137	4003	2684	1129	592
酒、饮料和精制茶制造业	127988	2238	38916	9737	9894	2235
纺织业	105038	48	356	9768	3267	1717
纺织服装、服饰业	592530	1426	11062	69958	2811	10280
皮革、毛皮、羽毛及其制品和制鞋业	35033	332	1464	5056	2306	1581
造纸和纸制品业	3705	21	248	455	207	90
化学原料和化学制品制造业	54496	196	2463	1124	995	193
医药制造业	6716	20	374	384	102	104
非金属矿物制品业	20760	294	4550	1571	2439	202
金属制品业	6980	8	461	2673	97	793
通用设备制造业	60673	77	6424	1954	156	410
铁路、船舶、航空航天和其他运输设备制造业	3670	36	378	873	50	105
电气机械和器材制造业	17600	60	1253	4047	75	460
计算机、通信和其他电子设备制造业	53074	443	1098	3156	1405	979
燃气生产和供应业	17416		1605	1108	36	245

13—10 外商投资和港澳台投资工业企业主要经济效益指标（2015年）

行 业	总资产贡献率(%)	资产负债率(%)	流动资产周转天数(次/年)	工业成本费用利润率(%)	产品销售率(%)
总 计	**14.77**	**39.83**	**3.35**	**6.26**	**100.78**
按登记注册类型分组：					
港、澳、台商投资企业	13.56	37.79	8.97	2.29	99.82
外商投资企业	15.23	40.61	1.61	13.82	102.28
在总计中：轻工业	16.65	36.88	3.96	6.04	101.11
重工业	10.77	46.13	2.14	7.07	99.54
在总计中：大型企业	23.58	34.77	5.28	7.09	101.69
中型企业	15.85	49.05	2.38	6.63	100.31
小型企业	6.53	38.55	2.16	3.71	98.91
微型企业	13.31	30.92	8.55	3.82	100.00
按行业分					
食品制造业	33.99	8.50	1.92	23.90	100.00
酒、饮料和精制茶制造业	19.04	35.92	1.23	25.92	105.73
纺织业	5.01	46.94	2.52	0.33	99.04
纺织服装、服饰业	22.28	28.36	23.39	1.83	99.95
皮革、毛皮、羽毛及其制品和制鞋业	12.97	52.92	3.13	3.86	101.63
造纸和纸制品业	12.15	15.96	1.56	5.78	95.96
化学原料和化学制品制造业	16.84	35.98	6.16	4.20	100.00
医药制造业	10.78	10.60	3.33	5.04	98.71
非金属矿物制品业	13.98	10.33	2.97	18.39	98.52
金属制品业	6.91	18.58	3.17	4.91	99.97
通用设备制造业	8.84	72.81	1.04	10.12	100.11
铁路、船舶、航空航天和其他运输设备制造业	3.46	25.40	0.35	7.78	95.82
电气机械和器材制造业	17.05	26.06	3.35	6.52	100.00
计算机、通信和其他电子设备制造业	34.95	32.70	11.91	1.77	100.01
燃气生产和供应业	4.88	68.72	1.75	8.38	97.15

13—11 私营工业企业主要经济指标（2015年）

行业	企业单位数（个）	工业总产值（当年价格）	工业销售产值（当年价格）	出口交货值	资产总计	流动资产合计
总计	**1160**	**15365476**	**15110565**	**942789**	**6652136**	**3601137**
按登记注册类型分组：						
私营独资企业	27	279235	275515		77114	21288
私营合伙企业	7	72812	72443		12710	6515
私营有限责任公司	1065	14107814	13864070	912950	6129485	3340262
私营股份有限公司	61	905615	898537	29839	432828	233072
在总计中:轻工业	615	8028737	7953296	835909	2986226	1584491
重工业	545	7336739	7157269	106880	3665910	2016646
在总计中:大型企业	8	966355	963319	365013	330361	129616
中型企业	73	2711830	2658208	246198	1266880	779504
小型企业	1040	11395622	11203228	308838	4946528	2644003
微型企业	39	291669	285810	22740	108368	48014
按行业分						
黑色金属矿采选业	9	142712	145213		32021	12763
有色金属矿采选业	2	67647	66766		45378	16883
非金属矿采选业	15	139904	135919		80409	23038
农副食品加工业	79	1248638	1236610	123	446636	244024
食品制造业	25	302166	300406		97825	48146
酒、饮料和精制茶制造业	14	129116	125440		85013	45021
纺织业	78	1677496	1659807	456918	535623	310451
纺织服装、服饰业	130	1269490	1265284	88202	390490	238708
皮革、毛皮、羽毛及其制品和制鞋业	11	128380	124975	66243	35471	25586
木材加工和木、竹、藤、棕、草制品业	44	512680	507182		229366	114740
家具制造业	19	238819	238123		79464	37257
造纸和纸制品业	30	422299	418245	20960	123779	60311
印刷和记录媒介复制业	28	335277	332113	3476	153448	88195
文教、工美、体育和娱乐用品制造业	15	146841	143160	59602	101276	49468
石油加工、炼焦和核燃料加工业	2	19104	19104		7759	4704
化学原料和化学制品制造业	42	777884	702385	6094	410341	200475
医药制造业	17	306560	309467	131752	114327	60669
橡胶和塑料制品业	186	2279564	2264371	34746	1045505	563371
非金属矿物制品业	94	1066279	1056877	1	496572	227080
黑色金属冶炼和压延加工业	12	95845	97001		41222	20395
有色金属冶炼和压延加工业	8	262553	263155		45850	18850
金属制品业	44	521230	509304	1177	270828	167592
通用设备制造业	62	1090496	1043233	38995	764441	502235
专用设备制造业	44	506257	500320	9577	263999	131317
汽车制造业	32	368813	359739	19606	180293	110647
铁路、船舶、航空航天和其他运输设备制造业	6	33025	32551		16656	5485
电气机械和器材制造业	46	676188	671073	1051	302992	153990
计算机、通信和其他电子设备制造业	17	153762	147621	3953	63353	28512
仪器仪表制造业	3	26554	26533		6756	5433
其他制造业	37	338502	328195	315	126247	68965
废弃资源综合利用业	5	58396	58263		20336	11506
电力、热力生产和供应业	1	7233	6362		22678	2049
水的生产和供应业	3	15769	15769		15784	3276

单位：万元

存　货	产成品	固定资产合　计	固定资产原　价	固定资产累计折旧	负债合计	流动负债合　计	非流动负债合计	所有者权益合计	实收资本	主营业务收　入
936621	**444836**	**2286934**	**3043561**	**941142**	**2839768**	**2372661**	**219894**	**3732251**	**1370136**	**14884922**
5043	2677	47895	52251	6785	45563	44018	841	29410	10056	277791
1500	1002	5545	6888	1743	2819	2005	665	9864	4220	68836
876684	419919	2088623	2777343	843598	2618328	2185773	192327	3435904	1266012	13665952
53395	21238	144872	207079	89017	173058	140865	26061	257074	89847	872344
461607	223753	1055295	1437210	459637	1208572	1038258	89181	1725946	499222	7887362
475014	221083	1231639	1606352	481505	1631196	1334403	130713	2006305	870914	6997560
44451	28558	161690	205792	66038	127839	97652	30187	202522	46188	933040
160963	60032	355591	529855	214275	606838	526385	24833	652310	233862	2641426
717270	352028	1758222	2293463	657589	2065929	1734147	164375	2848366	1083371	11020358
13938	4217	11431	14451	3240	39162	14477	500	29054	6716	290098
3036	1286	15649	21566	8830	12178	11938	240	19843	4458	145740
6606	1227	28495	19096	6378	8394	8394		36984	4689	67647
5974	3823	45429	48201	4519	38141	25526	10937	40840	22222	111154
84146	31843	165549	195467	44974	165547	136860	25774	277252	74692	1247133
13958	6883	39086	48579	15795	48806	47857	329	48708	10381	297391
12067	4849	27969	30707	4531	32326	29752	2100	52687	16946	130227
102186	55655	164236	222081	69007	241706	194589	27810	281669	88694	1656323
66266	30115	112051	139401	41388	184462	153748	9242	201449	62831	1201331
9364	5651	6745	14152	7414	18157	17797		17313	7880	126119
42487	18197	71860	82581	35276	86287	81674	1330	138280	56062	501620
9142	4469	31133	42292	11571	33101	32371	730	46086	13816	237957
19557	7252	55467	76050	24165	42815	39219	1984	80355	19631	414915
15090	4084	41543	57711	16252	63630	59073	3369	89070	29995	330680
14899	8060	25365	21771	4989	29260	16474	1930	60035	18423	144293
343	235	777	1238	461	5601	4361	240	2158	1666	14387
43564	19341	125074	167497	48708	206577	167687	37137	202204	83979	726626
16720	9809	45209	56355	11291	44096	44096		70277	14306	307642
114601	51515	382636	588837	229048	357225	271567	34820	672489	194709	2240940
58859	33197	240276	323969	99575	233617	187728	6629	254672	105959	1035868
6050	4040	16901	19472	2870	18851	17537	1045	22290	11272	88671
5114	3791	26865	32965	7038	24893	20540	1950	20957	9388	266107
43013	22310	79765	102545	25846	122835	112381	3898	147714	59028	509595
96087	33001	158643	209321	58430	384585	318717	20052	378300	174575	966969
36551	16731	100319	123996	28906	99998	96237	2597	162809	81465	489912
31893	18852	50846	80944	32030	96160	79110	5306	81574	47160	348495
2543	864	6215	9870	3654	4135	3003	200	9273	3270	32233
47760	29892	115694	180566	70390	133989	122338	5351	166476	87177	648812
4937	2030	27221	29410	4306	26384	20853	4467	35986	22767	147889
506	380	672	761	184	2150	985		4607	2230	24791
17189	10850	46047	53634	13108	43404	31437	3337	82843	24581	343922
5296	3986	6913	7354	1319	9076	7904		9974	5468	58330
36		19501	23843	4342	12700	5610	7090	9978	8300	5438
781	620	6784	11330	4546	8684	5302		7100	2118	15769

13—11 续表

单位：万元

行业	主营业务成本	主营业务税金及附加	利税总额	本年应付职工薪酬	本年应交增值税	全部从业人员年平均人数（人）
总计	**12746172**	**81165**	**1099906**	**654909**	**308683**	**147017**
按登记注册类型分组：						
私营独资企业	246671	1645	17397	6015	3477	1307
私营合伙企业	62796	56	4578	1536	208	388
私营有限责任公司	11711505	72310	1003031	600703	287079	134244
私营股份有限公司	725201	7154	74900	46656	17920	11078
在总计中：轻工业	6883914	38512	543571	404303	141053	89654
重工业	5862259	42653	556335	250607	167630	57363
在总计中：大型企业	828802	4123	54190	86770	19536	18705
中型企业	2250725	14504	196503	180964	64492	34650
小型企业	9411219	60444	836941	385080	220702	93168
微型企业	255427	2094	12273	2095	3953	494
按行业分						
黑色金属矿采选业	121172	1149	6240	2370	3738	612
有色金属矿采选业	58183	1340	3947	6882	1539	1729
非金属矿采选业	94828	1038	7893	4450	670	947
农副食品加工业	1108095	4957	76338	31890	20503	7524
食品制造业	257340	729	20959	17198	3822	3330
酒、饮料和精制茶制造业	96935	4104	10528	8708	2495	1441
纺织业	1495385	5804	96299	114466	26714	24014
纺织服装、服饰业	1056260	8304	63750	115366	23436	25639
皮革、毛皮、羽毛及其制品和制鞋业	107131	597	6278	5889	2429	1414
木材加工和木、竹、藤、棕、草制品业	449734	1709	32486	16819	5679	3787
家具制造业	199520	1434	21624	10823	10403	1833
造纸和纸制品业	367274	2111	26377	12333	5727	2641
印刷和记录媒介复制业	265827	1206	42437	8055	5080	2019
文教、工美、体育和娱乐用品制造业	117429	1037	10400	4582	1748	1469
石油加工、炼焦和核燃料加工业	10551	93	3016	364	603	71
化学原料和化学制品制造业	641015	2730	42441	14865	40065	3497
医药制造业	257445	746	37767	9827	7568	2140
橡胶和塑料制品业	1882955	9107	231920	59464	45567	14219
非金属矿物制品业	869404	8271	59768	42477	19323	9247
黑色金属冶炼和压延加工业	74495	629	6815	3876	1114	1209
有色金属冶炼和压延加工业	238657	1806	22722	6261	12665	921
金属制品业	414234	2647	42709	22151	8324	4578
通用设备制造业	774798	6047	84202	44544	17372	9774
专用设备制造业	396884	3881	43494	19891	9739	4663
汽车制造业	291654	1317	19390	16344	8482	4102
铁路、船舶、航空航天和其他运输设备制造业	25027	953	3041	1547	1090	374
电气机械和器材制造业	564231	2597	31430	26522	9221	5869
计算机、通信和其他电子设备制造业	127342	1851	8375	8682	2794	2936
仪器仪表制造业	22312	234	1300	614	329	186
其他制造业	291094	1620	30788	15691	6514	4066
废弃资源综合利用业	52865	992	1754	829	3666	210
电力、热力生产和供应业	4238	66	1597	332	-90	118
水的生产和供应业	11860	60	1824	797	354	438

13—12　私营工业企业主要经济效益指标（2015年）

行　　业	总资产贡献率(%)	资产负债率(%)	流动资产周转天数(次/年)	工业成本费用利润率(%)	产品销售率(%)
总　　计	**23.94**	**42.69**	**4.14**	**8.00**	**98.34**
按登记注册类型分组：					
私营独资企业	29.91	59.08	13.05	6.70	98.67
私营合伙企业	39.15	22.18	10.57	7.06	99.49
私营有限责任公司	23.81	42.72	4.10	7.94	98.27
私营股份有限公司	24.28	39.98	3.74	9.44	99.22
在总计中：轻工业	25.83	40.47	4.98	7.43	99.06
重工业	22.40	44.50	3.48	8.64	97.55
在总计中：大型企业	25.12	38.70	7.20	6.18	99.69
中型企业	23.28	47.90	3.41	8.00	98.02
小型企业	24.14	41.77	4.17	8.25	98.31
微型企业	18.86	36.14	6.04	4.45	97.99
按行业分					
黑色金属矿采选业	35.90	38.03	11.42	4.51	101.75
有色金属矿采选业	15.67	18.50	4.01	6.34	98.70
非金属矿采选业	12.67	47.43	4.84	7.69	97.15
农副食品加工业	24.87	37.07	5.11	6.54	99.04
食品制造业	29.62	49.89	6.18	7.59	99.42
酒、饮料和精制茶制造业	21.02	38.02	2.90	9.07	97.15
纺织业	25.62	45.13	5.34	6.19	98.95
纺织服装、服饰业	26.07	47.24	5.04	5.64	99.67
皮革、毛皮、羽毛及其制品和制鞋业	30.06	51.19	4.93	5.40	97.35
木材加工和木、竹、藤、棕、草制品业	17.57	37.62	4.37	6.93	98.93
家具制造业	44.10	41.66	6.39	10.06	99.71
造纸和纸制品业	29.23	34.59	6.89	6.81	99.04
印刷和记录媒介复制业	33.08	41.47	3.75	14.76	99.06
文教、工美、体育和娱乐用品制造业	14.27	28.89	2.92	7.82	97.49
石油加工、炼焦和核燃料加工业	49.46	72.19	3.06	26.19	100.00
化学原料和化学制品制造业	22.89	50.34	3.63	6.19	90.29
医药制造业	40.74	38.57	5.07	14.04	100.95
橡胶和塑料制品业	28.73	34.17	3.98	11.57	99.33
非金属矿物制品业	19.14	47.05	4.56	6.17	99.12
黑色金属冶炼和压延加工业	22.90	45.73	4.35	8.41	101.21
有色金属冶炼和压延加工业	85.77	54.29	14.12	9.17	100.23
金属制品业	21.54	45.36	3.05	9.13	97.71
通用设备制造业	15.07	50.31	1.95	9.44	95.67
专用设备制造业	23.09	37.88	3.73	9.80	98.83
汽车制造业	21.00	53.34	3.15	5.92	97.54
铁路、船舶、航空航天和其他运输设备制造业	31.90	24.83	5.88	10.77	98.57
电气机械和器材制造业	15.23	44.22	4.24	5.06	99.24
计算机、通信和其他电子设备制造业	21.34	41.65	5.19	6.08	96.01
仪器仪表制造业	28.35	31.82	4.56	5.64	99.92
其他制造业	31.89	34.38	4.99	9.86	96.96
废弃资源综合利用业	34.16	44.63	5.07	3.05	99.77
电力、热力生产和供应业	9.06	56.00	2.65	32.76	87.96
水的生产和供应业	14.29	55.02	4.81	13.16	100.00

13—13 大中型工业企业主要经济指标（2015年）

行业	企业单位数（个）	工业总产值（当年价格）	工业销售产值（当年价格）	出口交货值	资产总计	流动资产合计
总计	**156**	**11851673**	**11741422**	**912746**	**9108629**	**3579758**
按登记注册类型分组:						
内资企业	141	10825582	10702131	881435	8671249	3321951
国有企业	4	105334	104705		145366	48593
地方企业	4	105334	104705		145366	48593
集体企业	1	36788	36609		7376	4698
有限责任公司	41	2680873	2630047	55189	2860923	903876
股份有限公司	14	4324401	4309244	215034	4060344	1455664
私营企业	81	3678185	3621527	611211	1597241	909120
港、澳、台商投资企业	8	708467	708467	18320	100156	45961
外商投资企业	7	317625	330824	12990	337224	211846
在总计中:国有控股企业	18	4549007	4547734	92712	3903359	809786
在总计中:轻工业	97	5055514	5017096	798273	3375867	1397274
重工业	59	6796160	6724325	114473	5732763	2182484
在总计中:大型企业	18	6145235	6134077	492490	4917772	1880557
中型企业	138	5706439	5607345	420255	4190857	1699201
按行业分						
有色金属矿采选业	2	59048	58421		48717	15334
农副食品加工业	8	502939	500192		213583	120009
食品制造业	4	118178	116856		46607	27941
酒、饮料和精制茶制造业	2	223128	235413		232716	133576
纺织业	23	1415076	1396782	507948	1453846	421031
纺织服装、服饰业	35	1123213	1123498	66354	266877	156685
皮革、毛皮、羽毛及其制品和制鞋业	5	418983	406975	118049	448174	271045
木材加工和木、竹、藤、棕、草制品业	1	90744	90554		37486	13512
造纸和纸制品业	1	262618	263084		243204	67482
文教、工美、体育和娱乐用品制造业	1	9976	10234		7542	6047
石油加工、炼焦和核燃料加工业	1	3327761	3340339		1188804	259006
化学原料和化学制品制造业	5	265695	258758	21646	413440	150443
医药制造业	5	427586	420473	99042	128420	57333
化学纤维制造业	1	27414	27414		74598	28845
橡胶和塑料制品业	11	508567	509531	5292	195979	102202
非金属矿物制品业	9	434911	427126		318901	83183
有色金属冶炼和压延加工业	1	196796	196796		18863	6643
金属制品业	4	86227	85567	4810	75344	49988
通用设备制造业	15	809558	770980	59003	1674950	1022690
专用设备制造业	3	94037	88850	6668	38500	17897
汽车制造业	4	515453	500856	12523	730062	392163
电气机械和器材制造业	3	207631	207315	11412	72905	31326
计算机、通信和其他电子设备制造业	4	127624	119370		50634	28221
其他制造业	2	85282	77000		24914	18172
金属制品、机械和设备修理业	1	21411	21411		39175	12927
电力、热力生产和供应业	4	483425	479235		1014995	70354
水的生产和供应业	1	8393	8393		49393	15703

单位：万元

存　货	产成品	固定资产合　计	固定资产原　价	固定资产累计折旧	负债合计	流动负债合　计	非流动负债合计	所有者权益合计	实收资本	主营业务收　入
911819	**341550**	**3669561**	**5764710**	**2165075**	**4576251**	**3412436**	**1006642**	**4519595**	**2280396**	**11984244**
869593	330201	3514661	5571931	2106550	4397974	3237675	1003145	4260492	2154034	10986367
14651	7000	83734	163574	86199	72403	47803	20767	72963	22209	113291
14651	7000	83734	163574	86199	72403	47803	20767	72963	22209	113291
852	531	2668	2432	336	2075	2075		5201	700	36609
241904	91622	1598737	2296255	744942	1445242	978676	446726	1410729	733679	2864637
406773	142457	1312242	2374023	994760	2143577	1585083	480632	1916767	1117398	4397363
205413	88591	517281	735647	280313	734677	624037	55019	854832	280049	3574466
7778	3166	47354	75626	32303	30492	30061	413	69665	54769	708534
34448	8182	107547	117153	26222	147786	144701	3085	189438	71593	289343
331632	81933	2212059	3637385	1372478	2123591	1443880	675878	1779768	1407375	4678938
404005	180839	1148369	1578814	527367	1545001	1110873	344794	1822771	522965	5014847
507815	160711	2521192	4185896	1637707	3031250	2301563	661848	2696824	1757431	6969397
526295	191188	1789459	3173660	1371115	2301749	1835486	388401	2616023	1234439	6482127
385525	150361	1880103	2591050	793960	2274502	1576950	618241	1903572	1045957	5502117
5958	326	26035	19504	9246	19227	18982		29490	8089	59234
56086	5314	83225	91366	19414	94956	79242	15713	118628	35854	463901
4067	801	17603	25611	13203	15902	15696	206	30705	8720	114473
16033	952	97131	97473	15035	80758	80758		151958	41402	199199
113538	60335	421081	621922	234496	569931	357997	211933	877915	147564	1519081
35184	12093	95213	129096	45025	112289	92631	14433	154156	68625	1112415
116725	66139	60567	79283	19556	253288	150702	24724	194887	31317	397204
5499	2991	23974	34351	19605	12025	9275	1147	25461	16072	90554
14946	5904	154822	189008	34186	173260	104582	68678	69944	90189	263084
1325	640	186	297	112	3086	3086		4456	320	10234
188151	28181	929798	1755074	739374	817891	816298	1594	370913	847637	3338931
21683	17029	30296	65277	36468	238452	37781	200671	174987	80733	255671
10432	4383	53595	48828	13110	47893	42827	5067	80312	23726	418837
920		35100	56157	21057	86882	86882			25000	5673
22698	10493	67638	142738	77169	56399	54799	500	134744	36710	508162
18606	8805	219988	342745	124556	157019	136119	9047	161882	66695	418332
992	535	12220	15608	3388	12262	9709	150	6601	1168	201980
11496	7473	14103	18422	5407	38943	37909	1033	36401	22253	85586
112873	36795	126680	187122	73755	815510	667376	102368	858139	289975	730388
7590	5806	15903	27020	11340	18391	16858	1533	20110	7814	86929
105404	46383	206756	448856	245916	294991	220401	74590	435072	19418	795240
16349	15259	36640	50605	15331	44996	42631	2365	27910	15051	187577
3355	1668	9957	14295	4378	12035	9838	2197	38600	26846	117116
3770	3231	4136	4464	639	15809	7932	1730	9105	6030	93176
2552		26248	44267	18019	9414	9414		29762	5100	21411
13508	14	868759	1192288	333913	568129	296513	266648	446866	347088	479913
2080		31909	63031	31378	6516	6199	316	42877	11000	9945

13—13 续表

单位：万元

行业	主营业务成本	主营业务税金及附加	利税总额	本年应付职工薪酬	本年应交增值税	全部从业人员年平均人数（人）
总计	**9634740**	**990889**	**742762**	**639654**	**405142**	**118656**
按登记注册类型分组：						
内资企业	8747044	987476	677669	540729	386396	101958
国有企业	90785	286	-1466	17388	1268	2364
地方企业	90785	286	-1466	17388	1268	2364
集体企业	28635	73	4426	1365	204	323
有限责任公司	2333539	11031	307678	139094	88478	26653
股份有限公司	3214559	957459	116340	115148	212419	19263
私营企业	3079526	18627	250692	267734	84028	53355
港、澳、台商投资企业	669365	1795	13198	53613	6010	11739
外商投资企业	218330	1618	51895	45312	12736	4959
在总计中:国有控股企业	3410911	957926	101069	121035	244136	20425
在总计中:轻工业	4460605	18719	272423	371672	82075	75146
重工业	5174134	972170	470339	267982	323067	43510
在总计中:大型企业	5009377	967437	290321	262028	265373	48862
中型企业	4625363	23452	452441	377626	139769	69794
按行业分						
有色金属矿采选业	52883	1319	923	10955	1934	2243
农副食品加工业	408179	1488	32364	17697	7216	3759
食品制造业	90932	315	13666	11134	2800	1639
酒、饮料和精制茶制造业	135883	1818	41719	12678	9964	2187
纺织业	1408908	5505	61423	137288	23666	28382
纺织服装、服饰业	1018887	5598	39891	129785	15981	23221
皮革、毛皮、羽毛及其制品和制鞋业	325539	954	20372	24555	8639	5440
木材加工和木、竹、藤、棕、草制品业	85493	152	3051	2370	1195	522
造纸和纸制品业	256728	2	-7827	2946	-6878	760
文教、工美、体育和娱乐用品制造业	8668	33	1144	836		720
石油加工、炼焦和核燃料加工业	2312449	953033	-35004	45486	190292	3770
化学原料和化学制品制造业	200671	507	38096	11452	4421	2301
医药制造业	351912	899	48232	8012	8115	1972
化学纤维制造业	4745		-2496	180		530
橡胶和塑料制品业	417568	1653	46165	23568	19090	4818
非金属矿物制品业	317523	1626	36343	30136	44744	4919
有色金属冶炼和压延加工业	182934	1724	18819	4634	12156	469
金属制品业	70366	731	8899	9589	1342	1697
通用设备制造业	578427	4726	155367	57804	15385	10803
专用设备制造业	72409	648	2968	8530	2944	1631
汽车制造业	614846	4074	113992	50627	30696	6464
电气机械和器材制造业	166952	415	6056	14327	2324	2327
计算机、通信和其他电子设备制造业	96327	1052	6203	7889	3327	2682
其他制造业	87274	673	2526	2220	410	931
金属制品、机械和设备修理业	17024	53	3218	1798	470	397
电力、热力生产和供应业	342797	1792	86631	11054	4645	3438
水的生产和供应业	8416	98	23	2106	264	634

13—14　大中型工业企业主要经济效益指标（2015年）

行　　业	总资产贡献率(%)	资产负债率(%)	流动资产周转天数(次/年)	工业成本费用利润率(%)	产品销售率(%)
总　　计	**24.64**	**50.24**	**3.39**	**7.03**	**99.07**
按登记注册类型分组：					
内资企业	24.85	50.72	3.35	7.04	98.86
国有企业	0.48	49.81	2.33	-1.28	99.40
地方企业	0.48	49.81	2.33	-1.28	99.40
集体企业	65.13	28.13	7.79	13.78	99.51
有限责任公司	15.06	50.52	3.19	11.86	98.10
股份有限公司	33.02	52.79	3.09	3.28	99.65
私营企业	23.66	46.00	3.95	7.52	98.46
港、澳、台商投资企业	21.38	30.44	15.42	1.90	100.00
外商投资企业	20.03	43.82	1.38	21.39	104.16
在总计中:国有控股企业	34.51	54.40	5.90	2.69	99.97
在总计中:轻工业	12.52	45.77	3.60	5.70	99.24
重工业	31.77	52.88	3.25	8.13	98.94
在总计中:大型企业	32.22	46.80	3.50	5.30	99.82
中型企业	15.74	54.27	3.26	8.90	98.26
按行业分					
有色金属矿采选业	9.13	39.47	3.86	1.62	98.94
农副食品加工业	21.53	44.46	3.87	7.52	99.45
食品制造业	40.80	34.12	4.11	13.51	98.88
酒、饮料和精制茶制造业	23.25	34.70	1.51	25.73	105.51
纺织业	7.39	39.20	3.61	4.13	98.71
纺织服装、服饰业	24.48	42.08	7.11	3.73	100.03
皮革、毛皮、羽毛及其制品和制鞋业	8.73	56.52	1.49	5.32	97.13
木材加工和木、竹、藤、棕、草制品业	8.18	32.08	6.70	3.44	99.79
造纸和纸制品业	-3.41	71.24	3.90	-2.88	100.18
文教、工美、体育和娱乐用品制造业	16.38	40.92	1.69	12.22	102.59
石油加工、炼焦和核燃料加工业	95.62	68.80	13.22	-1.39	100.38
化学原料和化学制品制造业	10.66	57.68	1.70	17.30	97.39
医药制造业	45.21	37.29	7.31	13.06	98.34
化学纤维制造业	-3.35	116.47	0.22	-28.15	100.00
橡胶和塑料制品业	36.33	28.78	4.97	10.03	100.19
非金属矿物制品业	27.84	49.24	5.04	9.36	98.21
有色金属冶炼和压延加工业	180.35	65.00	30.40	10.04	100.00
金属制品业	16.49	51.69	1.71	11.33	99.23
通用设备制造业	11.07	48.69	0.74	22.79	95.23
专用设备制造业	18.90	47.77	4.87	3.53	94.48
汽车制造业	21.07	40.41	2.03	16.23	97.17
电气机械和器材制造业	14.09	61.72	5.99	3.33	99.85
计算机、通信和其他电子设备制造业	21.19	23.77	4.16	5.64	93.53
其他制造业	16.22	63.45	5.13	2.81	90.29
金属制品、机械和设备修理业	11.44	24.03	1.66	17.74	100.00
电力、热力生产和供应业	9.19	55.97	6.91	21.72	99.13
水的生产和供应业	1.15	13.19	0.64	0.23	100.00

13—15 分县（市、区）高新技术工业企业发展情况

地区	当月产值（万元）			累计产值（万元）		
	2013	2014	2015	2013	2014	2015
全　市	**339187**	**371039**	**433233**	**3339429**	**3886159**	**4534728**
迎江区	8707	11962	9450	86009	94143	93105
大观区	9163	11233	15439	77566	107218	163598
宜秀区	11412	15637	20813	132316	156282	173127
开发区	66541	62625	86304	692744	668024	762826
桐城市	59295	71104	69676	622918	807470	881567
怀宁县	34910	37321	45264	386158	428535	505138
潜山县	74036	70092	39340	594526	698692	430849
太湖县	18594	24388	80419	184334	227843	771415
宿松县	22993	21864	31014	166190	207781	357446
望江县	9537	13996	26098	92270	98179	288359
岳西县	23998	30817	13480	304401	391992	121644

13—16　分县（市、区）战略性新兴产业发展情况（2015年）

地　区	企业单位数（个）			产　值（万元）		
	2013	2014	2015	2013	2014	2015
全　市	**139**	**154**	**210**	**2916117**	**3333246**	**4527312**
迎江区	2	3	5	19766	25289	57821
大观区	8	9	14	261896	330240	368874
宜秀区	7	7	18	61026	72356	202705
开发区	22	24	31	600376	567612	991836
桐城市	31	37	50	732996	856684	1065766
怀宁县	19	16	18	331335	390303	396181
潜山县	14	15	24	384387	453710	595491
太湖县	5	8	14	171358	186514	369189
宿松县	10	10	11	114989	144793	139959
望江县	6	8	12	70358	94001	147774
岳西县	15	17	13	167628	211744	191716

13—17 分县（市、区）全部规模以上工业企业单位数和总产值（2015年）

单位：万元

地 区	企业单位数（个）	工业总产值（当年价格）	工业销售产值（当年价格）	工业增加值（当年价）
全 市	**1667**	**27231650**	**26848621**	**6405330**
迎江区	32	616630	606302	129946
大观区	67	1073647	1004496	256149
宜秀区	76	968244	956300	246936
开发区	87	4623096	4606438	1147759
桐城市	389	5778589	5687752	1319816
怀宁县	276	4039057	3972168	964085
潜山县	190	2135714	2111865	514437
太湖县	130	1898424	1863003	391261
宿松县	185	2465894	2443930	584063
望江县	123	1965806	1960325	444716
岳西县	112	1666549	1636042	406164

13—18 分县（市、区）全部规模以上工业总产值（2015年）

单位：万元

地 区	工业总产值（当年价格）	国有及国有控股企业	集体企业	股份有限公司	港澳台商投资企业	外商投资企业	轻工业	重工业
全 市	**27231650**	**4931160**	**98585**	**4664840**	**801474**	**510642**	**12696071**	**14535579**
迎江区	616630	61542		2340	51636	3293	419781	196850
大观区	1073647	342278		393726			423870	649776
宜秀区	968244	59747		38840		275323	641922	326322
开发区	4623096	3808600		3446293	14740	83656	92823	4530273
桐城市	5778589	230166	37661	519937	29070	31957	2601722	3176868
怀宁县	4039057	132997	24135	66019	8203	22741	1840626	2198431
潜山县	2135714	46006	36788	39484	12895		1169017	966697
太湖县	1898424	96571		39019	4810	17393	1042617	855806
宿松县	2465894	104901		25612	64548	74280	1815553	650340
望江县	1965806	26948		52334	554020	2000	1610067	355739
岳西县	1666549	21404		41235	61553		1038073	628477

13—19　分县（市、区）全部规模以上工业企业主要经济指标（2015年）

单位：万元

地　区	企业单位数（个）	工业总产值（当年价）	工业销售产值（当年价）	出品交货值	资产合计	流动资产合计	固定资产合计	固定资产原价	累计折旧
全　市	**1667**	**27231650**	**26848621**	**1441872**	**16792342**	**7395708**	**6564009**	**9571713**	**3290086**
迎江区	32	616630	606302	31454	607617	220407	315223	421524	115147
大观区	67	1073647	1004496	112209	1868564	561118	436012	658120	245685
宜秀区	76	968244	956300	7098	833253	403296	301774	368596	94619
开发区	87	4623096	4606438	76569	3468412	1082052	2107360	3492233	1333734
桐城市	389	5778589	5687752	296707	4583434	2608251	1069069	1513675	517911
怀宁县	276	4039057	3972168	252756	1396256	630296	641517	926517	316520
潜山县	190	2135714	2111865	40484	1048965	501924	405394	494485	134924
太湖县	130	1898424	1863003	52254	587193	277098	245939	332258	108042
宿松县	185	2465894	2443930	30178	981994	462506	421291	528259	133203
望江县	123	1965806	1960325	51833	721473	342999	322527	417501	138970
岳西县	112	1666549	1636042	490330	695182	305762	297905	418546	151332

地　区	负债合计	流动负债	所有者权益	实收资本	主营业务收入	主营业务成本	主营业务税金及附加	利润总额	本年应交增值税
全　市	**7946234**	**6049162**	**8779792**	**4045594**	**26857736**	**22352870**	**1074450**	**1802935**	**691579**
迎江区	366146	265154	241420	213095	598472	560069	1021	-2826	-4453
大观区	886104	422453	979139	196551	1117259	1004253	5934	49642	47497
宜秀区	316735	290244	515759	236824	879116	708981	5463	89473	27077
开发区	1989866	1615801	1470814	1356527	4926031	3501159	961315	191968	232963
桐城市	1936744	1500465	2620835	832849	5563541	4585235	25406	621532	103331
怀宁县	629337	535534	746220	315348	3958724	3487320	23096	253747	103514
潜山县	388843	321838	653624	258649	2082154	1697130	9855	206412	42987
太湖县	309649	219351	260848	104289	1826557	1582394	12876	104362	47630
宿松县	430026	310679	584698	251159	2383984	2084703	15521	140767	48086
望江县	399453	324062	316640	168478	1931578	1772285	6654	61333	20330
岳西县	293332	243582	389795	111824	1590321	1369342	7307	86526	22617

13—20 分县（市、区）国有控股工业企业主要经济指标（2015年）

单位：万元

地区	企业单位数（个）	工业总产值（当年价）	工业销售产值（当年价）	出口交货值	资产合计	流动资产合计	固定资产合计	固定资产原价	累计折旧
全市	**48**	**4931160**	**4923478**	**103691**	**4521641**	**945892**	**2621927**	**4236466**	**1594854**
迎江区	6	61542	61095		149025	55231	67237	111436	50003
大观区	3	342278	331487	92712	1336061	295987	256562	411417	169690
宜秀区	1	59747	59198		46768	21127	23374	39373	16000
开发区	11	3808600	3816716	10979	2262481	393130	1789808	2897632	1038674
桐城市	5	230166	229737		171317	73944	84662	142403	58952
怀宁县	3	132997	133329		133595	31028	83313	189319	106005
潜山县	2	46006	45024		56513	12302	38261	66686	28424
太湖县	5	96571	93962		86258	13454	67047	89333	27231
宿松县	8	104901	104805		208361	45081	154185	191172	49039
望江县	1	26948	26948		33570	2233	31279	46001	25341
岳西县	3	21404	21178		37694	2375	26199	51695	25496

地区	负债合计	流动负债	所有者权益	实收资本	主营业务收入	主营业务成本	主营业务税金及附加	利润总额	本年应交增值税
全市	**2515509**	**1633090**	**2043499**	**1548336**	**5089918**	**3771996**	**960199**	**119866**	**251698**
迎江区	64975	50445	84049	43569	62348	49918	297	3334	1433
大观区	583974	185185	752087	76984	455742	417552	2505	25499	5240
宜秀区	2632	1545	44136	36000	57586	53197	257	670	902
开发区	1415039	1161832	847442	1235839	3838792	2666741	954240	55734	196556
桐城市	113003	84009	58314	25381	228496	198104	313	6746	2220
怀宁县	62072	43195	71524	37581	152309	125121	470	17818	37802
潜山县	34337	13452	22076	12269	49106	45573	139	2100	1335
太湖县	63336	19472	22922	16584	94670	83384	973	3142	3284
宿松县	123096	40523	122732	56274	105427	87273	828	5037	2224
望江县	27639	8451	5931	4668	26935	26476	56	263	-1
岳西县	25407	24982	12287	3188	18508	18659	121	-478	702

13—21　分县（市、区）外商投资和港澳投资工业企业主要经济指标（2015年）

单位：万元

地　区	企业单位数（个）	工业总产值（当年价）	工业销售产值（当年价）	出口交货值	资产合计	流动资产合计	固定资产合计	固定资产原价	累计折旧
全　市	**42**	**1312116**	**1322293**	**92152**	**735516**	**378593**	**296314**	**383877**	**114607**
迎江区	3	54929	53469	27965	84015	21417	54249	58450	9630
大观区									
宜秀区	5	275323	287952	5239	321742	162948	134889	153729	34253
开发区	10	98396	98594	28706	128097	94637	24137	42955	18902
桐城市	5	61027	60875	16517	50216	30197	15345	21097	5753
怀宁县	3	30944	30754	3708	15345	10390	4701	13848	9193
潜山县	1	12895	12895		3215	1915	248	355	108
太湖县	4	22203	21976	8017	11455	3140	8122	8767	1956
宿松县	6	138827	138615		73150	40327	24833	41577	18398
望江县	4	556020	555610	2000	42897	9634	29064	41304	15346
岳西县	1	61553	61553		5386	3989	726	1795	1069

地　区	负债合计	流动负债	所有者权益	实收资本	主营业务收入	主营业务成本	主营业务税金及附加	利润总额	本年应交增值税
全　市	**292984**	**271213**	**441348**	**269997**	**1262646**	**1119758**	**5336**	**74653**	**24967**
迎江区	53765	41575	30250	29501	52744	51005		-37	56
大观区									
宜秀区	102540	99455	219202	85231	238312	168656	1727	48830	14108
开发区	83706	81748	44391	40040	103753	88671	1301	5648	1247
桐城市	13001	8915	36032	27709	49835	44356	146	1956	227
怀宁县	4348	4307	10997	7417	30802	28573	89	732	761
潜山县	1832	1814	1383	1000	12895	11312	3	1314	248
太湖县	1643	1601	9811	10435	21996	18562	42	848	324
宿松县	16956	16606	56193	49253	135266	121599	331	6329	4890
望江县	13061	13061	29836	18640	555491	536305	1256	7436	1708
岳西县	2132	2132	3254	772	61553	50719	443	1598	1398

13—22 分县（市、区）私营工业企业主要经济指标（2015年）

单位：万元

地区	企业单位数（个）	工业总产值（当年价）	工业销售产值（当年价）	出口交货值	资产合计	流动资产合计	固定资产合计	固定资产原价	累计折旧
全市	**1160**	**15365476**	**15110565**	**942789**	**6652136**	**3601137**	**2286934**	**3043561**	**941142**
迎江区	9	88078	78865	337	53662	28001	19622	21755	4748
大观区	18	388081	340501	4105	154962	72870	67726	89854	27353
宜秀区	18	157895	154553		119319	63094	24479	32739	9131
开发区	34	214043	207972	32125	235657	150474	62450	83803	24853
桐城市	345	4673247	4604741	145963	2694550	1572019	808298	1116993	376392
怀宁县	232	3361117	3303324	212731	1022847	507982	424822	554680	158772
潜山县	106	925413	917829	315	545791	274842	193807	240295	60834
太湖县	57	1012189	995609	6705	242279	136430	74860	114789	42439
宿松县	150	2043344	2029221	19311	581506	309854	198083	250550	62274
望江县	101	1104682	1101013	30867	460522	235042	191486	228171	61869
岳西县	90	1397387	1376937	490330	541043	250529	221303	309933	112476

地区	负债合计	流动负债	所有者权益	实收资本	主营业务收入	主营业务成本	主营业务税金及附加	利润总额	本年应交增值税
全市	**2839768**	**2372661**	**3732251**	**1370136**	**14884922**	**12746172**	**81165**	**1099906**	**308683**
迎江区	36860	36328	16751	12169	74031	66683	239	789	499
大观区	113840	74818	40435	43884	337848	320313	1295	3238	35014
宜秀区	50381	45384	70696	24299	146795	118057	1024	15092	4463
开发区	135117	119983	96978	42453	202977	159127	1293	16701	3353
桐城市	1046233	865893	1624221	561545	4511861	3705460	21610	471294	85735
怀宁县	446813	391732	556562	224402	3287006	2904031	19091	210236	55522
潜山县	190320	163090	353810	127088	924010	744718	5752	90705	19674
太湖县	128024	107378	101845	39493	984137	848410	8246	55142	33729
宿松县	257542	228656	319284	105297	1982086	1738037	13216	116126	38072
望江县	211854	156716	245455	95752	1091141	974933	4244	47281	14234
岳西县	222784	182685	306214	93754	1343031	1166405	5153	73300	18388

13—23　分县（市、区）大中型工业企业主要经济指标（2015年）

单位：万元

地　区	企业单位数（个）	工业总产值（当年价）	工业销售产值（当年价）	出口交货值	资产合计	流动资产合计	固定资产合计	固定资产原价	累计折旧
全　市	**156**	**11851673**	**11741422**	**912746**	**9108629**	**3579758**	**3669561**	**5764710**	**2165075**
迎江区	5	333642	331438	3153	363919	113538	222727	308503	86032
大观区	8	429448	418821	94541	1373554	332248	253291	422822	184964
宜秀区	11	455370	454291		540758	262227	193369	229879	58407
开发区	15	4323979	4318370	52231	3056371	862071	1986353	3339295	1287693
桐城市	32	1890757	1849057	181326	2420077	1382229	419649	636001	250083
怀宁县	16	811917	792304	132389	388896	148484	214811	336291	133234
潜山县	12	772751	763271		214988	104717	77936	86692	29148
太湖县	15	641207	633640	46419	125550	60086	55405	81374	29409
宿松县	19	544129	541119	13877	230005	149045	59033	84238	27843
望江县	13	965266	964249	15612	251126	105753	122362	152198	48096
岳西县	10	683208	674863	373199	143386	59360	64624	87419	30167

地　区	负债合计	流动负债	所有者权益	实收资本	主营业务收入	主营业务成本	主营业务税金及附加	利润总额	本年应交增值税
全　市	**4576251**	**3412436**	**4519595**	**2280396**	**11984244**	**9634740**	**990889**	**742762**	**405142**
迎江区	222703	148618	141216	137389	334733	321565	342	-11223	-6252
大观区	607509	217897	765830	84343	541379	494206	3407	26056	8404
宜秀区	185495	173862	355263	163076	410019	316009	2860	61339	17323
开发区	1776345	1448995	1280027	1228312	4613123	3249741	958499	175448	225728
桐城市	1142126	867468	1271951	346463	1786887	1488728	7546	213118	39625
怀宁县	193364	168139	195531	102863	779052	672997	3003	65220	54146
潜山县	76788	69903	132064	54360	734542	598965	1730	77385	14341
太湖县	57700	49199	67850	31107	626867	523668	4579	49537	20681
宿松县	99008	84736	130996	62829	547992	476895	4108	30587	12929
望江县	167601	145476	83093	52582	942663	894333	2136	20890	7513
岳西县	47611	38144	95775	17072	666990	597633	2680	34405	10703

13—24 主要年份主要工业产品产量（含枞阳）

产 品 名 称		2000*	2005*	2010*	2011*
纱	（吨）	50539	82402	194489	216273
布	（万米）	11256	8629	45071	35895
原油加工量	（万吨）	343.9	414.5	476.6	482.5
汽 油	（万吨）	79.4	86.0	97.0	96.3
柴 油	（万吨）	151.8	177.4	196.0	208.2
合成氨（无水氨）	（万吨）	33.2	13.1	15.8	18.1
农用氮、磷、钾化学肥料总计	（万吨）	24.0	12.2	16.3	19.1
合成洗涤剂	（吨）	174365	160694	165849	165788
水 泥	（万吨）	186	257	450	455
发电量	（万千瓦）	97000	434017	446797	479749

产 品 名 称		2012*	2013*	2014*	2015*
纱	（吨）	249057	255526	281647	285586
布	（万米）	23893	23969	27097	27905
原油加工量	（万吨）	420.4	550.8	749.1	689.3
汽 油	（万吨）	83	126.9	230.6	216.6
柴 油	（万吨）	180	224.2	302.4	280
合成氨（无水氨）	（万吨）	21.4	25.9	25.5	20.8
农用氮、磷、钾化学肥料总计	（万吨）	15.9	13.5	3.1	2.8
合成洗涤剂	（吨）	136557	110844	77257	41406
水 泥	（万吨）	561	756	777	767
发电量	（万千瓦）	491252	584611	584055	1169710

13—25　规模以上工业企业主要产品生产销售库存情况（含枞阳）（2015年）

产品名称		年初库存量	本年生产量	本年销售量	本企业自用量	年末库存量
铁矿石原矿	（吨）	29336	387150	361984		54502
磷矿石（折含五氧化二磷30%）	（吨）	12832	784505	779969		17368
配合饲料	（吨）	3614	125954	112990	15318	1260
精制食用植物油	（吨）	5646.8	78406.6	75579.5	52.2	8421.7
乳制品	（吨）	71.0	5155.0	5154.0		72.0
白酒（折65度，商品量）	（千升）	15645.4	11925.7	11486.3	28.8	16056.1
啤　酒	（千升）	898.7	41434.7	41959.1	279.1	95.2
软饮料	（吨）	1987.6	127644.6	128387.6	133.2	1111.5
纱	（吨）	14216.4	285260.6	279210.9	1303.6	18962.5
布	（万米）	1928.81	27905.40	26493.22	657.00	2683.99
棉　布		1539.06	16300.30	15618.22		2221.14
棉混纺布		389.73	11576.00	10845.90	657.00	462.83
化学纤维布		0.02	29.10	29.10		0.02
蚕　丝	（吨）	89.0	2505.9	2341.1	87.0	166.9
蚕丝及交织机织物（含蚕丝≥50%）	（万米）	2.0	976.4	967.4		11.0
服　装	（万件）	456.6	19512.4	19104.2	69.1	795.6
人造板	（立方米）	26366.0	1044498.7	1044060.7		26804.0
机制纸及纸板（外购原纸加工除外）	（吨）	5402.4	335470.0	330830.4	134.0	9908.0
汽　油	（吨）	43019.0	2165535.0	2173178.0	16.0	35360.0
柴　油	（吨）	47088.0	2800195.0	2834833.0	230.0	12220.0
燃料油	（吨）	2654.0	17428.0	8204.0	6090.0	5788.0
合成氨（无水氨）	（吨）	3529.0	208181.0	125753.0	80800.0	5157.0
农用氮、磷、钾化学肥料总计（折纯）	（吨）	8020.0	28216.0	28032.0		8204.0
氮肥（折含N100%）		20.0	6139.0	6142.0		17.0
磷肥（折五氧化二磷100%）		8000.0	22077.0	21890.0		8187.0
化学农药原药（折有效成分100%）	（吨）	2.4	0.2	0.5		2.0
涂　料	（吨）	3593.0	31182.2	25405.0	1736.0	7634.2
初级形态的塑料	（吨）	535.7	6772.0	6599.0		708.7
合成橡胶	（吨）		7877	7877		
合成纤维单体	（吨）	5037	230970	174698	57606	3703
合成洗涤剂	（吨）	4596	41406	43435		2567
化学药品原药	（吨）	117.9	343.0	410.0		50.9
化学纤维用浆粕	（吨）	4597	192267	194928		1936
化学纤维	（吨）	2315	87056	88378		993
合成纤维		2315	64074	65396		993
橡胶轮胎外胎	（条）		203737	203737		
塑料制品	（吨）	26422.7	621829.9	609380.2	5343.0	33529.3
水　泥	（吨）	167485.8	7667171.7	7679970.1		154687.4
钢　材	（吨）	58	13295	13310		43
不锈钢日用制品	（吨）	15637.0	45.6	15649.0		33.6
工业锅炉	（蒸发量吨）		17192	17192		
金属切削机床	（台）	238	2858	2877	1	218
民用钢质船舶	（载重吨）	3775	78725	78813	2575	1112
交流电动机	（千瓦）	97511	1407221	1313454		191278
集成电路	（万块）	29.9	9446.9	9417.6		59.3

主要统计指标解释

工业

指从事自然资源的开采，对采掘品和农产品进行加工和再加工的物质生产部门。具体包括：(1)对自然资源的开采，如采矿、晒盐等(但不包括禽兽捕猎和水产捕捞)；(2)对农副产品的加工、再加工，如粮油加工、食品加工、缫丝、纺织、制革等；(3)对采掘品的加工、再加工，如炼铁、炼钢、化工生产、石油加工、机器制造、木材加工等，以及电力、自来水、煤气的生产和供应等。

工业统计调查单位为独立核算法人工业企业。

独立核算法人工业企业指从事工业生产经营活动的单位。独立核算法人工业企业应同时具备以下条件：①依法成立，有自己的名称、组织机构和场所，能够承担民事责任；②独立拥有和使用资产，承担负债，有权与其他单位签订合同；③独立核算盈亏，并能够编制资产负债表。

国有及国有控股企业

指国有企业加上国有控股企业。国有企业(即原全民所有制工业或国营工业)指企业全部资产归国家所有，并按《中华人民共和国企业法人登记管理条例》规定登记注册的非公司制的经济组织。包括国有企业、国有独资公司和国有联营企业。1957年以前的公私合营和私营工业，后均改造为国营工业，1992年改为国有工业，这部分工业的资料不单独分列时，均包括在国有企业内。国有控股企业是对混合所有制经济的企业进行的“国有控股”分类。它是指这些企业的全部资产中国有资产(股份)相对其他所有者中的任何一个所有者占资(股)最多的企业。该分组反映了国有经济控股情况。

轻工业

指主要提供生活消费品和制作手工工具的工业。按其所使用的原料不同，可分为两大类：(1)以农产品为原料的轻工业，是指直接或间接以农产品为基本原料的轻工业。主要包括食品制造、饮料制造、烟草加工、纺织、缝纫、皮革和毛皮制作、造纸以及印刷等工业；(2)以非农产品为原料的轻工业，是指以工业品为原料的轻工业。主要包括文教体育用品、化学药品制造、合成纤维制造、日用化学制品、日用玻璃制品、日用金属制品、手工工具制造、医疗器械制造、文化和办公用机械制造等工业。

重工业

指为国民经济各部门提供物质技术基础的主要生产资料的工业。按其生产性质和产品用途，可以分为下列三类：(1)采掘(伐)工业，是指对自然资源的开采，包括石油开采、煤炭开采、金属矿开采、非金属矿开采等工业；(2)原材料工业，指向国民经济各部门提供基本材料、动力和燃料的工业。包括金属冶炼及加工、炼焦及焦炭、化学、化工原料、水泥、人造板以及电力、石油和煤炭加工等工业；(3)加工工业，是指对工业原材料进行再加工制造的工业。包括装备国民经济各部门的机械设备制造工业、金属结构、水泥制品等工业，以及为农业提供的生产资料如化肥、农药等工业。

工业总产值

(1)定义：

工业总产值是工业企业在一定时期内生产的以货币形式表现的工业最终产品或提供工业性劳务活动的总价值量。它反映一定时间内工业生产的总规模和总水平。

(2)计算原则：

工业生产的原则，即凡是企业在报告期生产的经检验合格的产品，不管是否在报告期销售，均包括在内。

最终产品的原则，即凡是计入工业总产值的产品，必须是本企业生产的经检验合格的，不需要再进行任何加工的最终产品。如果企业有中间产品(半成品)对外销售，则对外销售的中间产品应视为企业的最终产品。

工厂法原则，即工业总产值是以工业企业作为基本计算(核算)单位，即按企业的最终产品计算工业总产值。按这种方法计算的工业总产值，不允许同一产品价值在企业内部重复计算，不能把企业内部各个车间(分厂)生产的成果相加，但允许企业间的重复计算。

(3)内容及计算方法：

1995年全国工业普查对工业总产值(原规定)的内容及计算原则和方法做了某些修订，修订后的工业总产值(新规定)包括三项内容：即本期生产成品价值、对外加工费收入、在制品半成品期末期初差额价值三部分。

本期生产成品价值：指企业本期生产，并在报告期内不再进行加工，经检验、包装入库的全部工业成品(半成品)价值合计，包括企业生产的自制设备及提供给本企业在建工程、其他非工业部门和福利部门等单位使用的成品价值。本期生产成品价值为按自备原材料生产的产品的数量乘以本期不含增值税(销项税额)的产品实际销售平均单价计算；会计核算中按成本价格转帐的自制设备和自产自用的成品，按成本价格计算生产成品价值。生产成品价值中不包括用定货者来料加工的成品(半成品)价值。

对外加工费收入：指企业在报告期内完成的对外承接的工业品加工(包括用定货者来料加工产品)的加工费收入和对外工业修理作业所取得的加工费收入。对外加工费收入按不含增值税(销项税额)的价格计算，可根据会计“产品销售收入”科目的有关资料取得。

对于本企业对内非工业部门提供的加工修理、设备安装的劳务收入，如果企业会计核算基础较好，能取得这部分资料，而且这部分价值所占比重较大，应包括在对外加工费收入中。

自制半成品在制品期末期初差额价值：指企业报告期在制品期末减期初的差额价值，本指标一般可以从会计核算资料中取得。如果会计产品成本核算中不计算半成品、在制品的成本，则总产值中也不包括这部分价值，反之则包括。

(4)工业总产值统计范围变化和计算方法修订情况：

1984年以前工业总产值不包括村办工业，村办工业总产值划归农业。1984年以后工业总产值包括村办工业。

1995年工业普查对工业总产值计算方法做了修订，即从1995年始按新修订(新规定)方法计算工业总产值。新规定与原规定的区别如下：

全价与加工费的计算原则不同：新规定为凡自备原材料，不论其生产繁简程度如何，一律按全价计算工业总产值；凡来料加工，允许按加工费计算工业总产值。原规定则视生产加工的繁简程度不同，规定哪些行业按全价，哪些行业按加工费计算工业总产值。

自制半成品、在产品期末期初差额价值的计算原则不同：新规定要求，凡会计产品成本核算时计算了成本的差额价值，总产值中就应包括，否则可不包括；原规定则按生产周期六个月的界限区分，凡生产周期六个月以上的企业，总产值计算中应包括这部分差额价值，否则可不包括。

计算价格不同：新规定按不含增值税(销项税额)的价格计算；原规定则按含增值税(销项税额)的价格计算。

工业增加值

指工业企业在报告期内以货币表现的工业生产活动的最终成果。

工业增加值有两种计算方法：一是生产法，即工业总产出减去工业中间投入加上应交增值税；二是收入法，即从收入的角度出发，根据生产要素在生产过程中应得到的收入份额计算，具体构成项目有固定资产折旧、劳动者报酬、生产税净额、营业盈余，这种方法也称要素分配法。

资产总计

指企业拥有或控制的能以货币计量的经济资源，包括各种财产、债权和其他权利。资产按流动性分为流动资产、长期投资、固定资产、无形资产、递延资产和其他资产。该指标根据企业会计“资产负债表”中“资产总计”项目的期末数增列。

流动资产

指企业可以在一年内或者超过一年的一个生产周期内变现或者耗用的资产，包括现金及各种存款、短期投资，应收及预付款项、存货等。

固定资产原价

指企业在建造、购置、安装、改建、扩建、技术改造某项固定资产时所支出的全部货币总额。它一般包括买价、包装费、运杂费和安装费等。

固定资产净值

指固定资产原价减去历年已提折旧额后的净额。计算公式为：

固定资产净值=固定资产原价-累计折旧

负债合计

指企业所承担的能以货币计量，将以资产或劳务偿付的债务，偿还形式包括货币、资产或提供劳务。负债一般按偿还期长短分为流动负债和长期负债。根据会计“资产负债表”中“负债合计”的年末数填列。

所有者权益合计

指企业投资人对企业净资产的所有权。企业净资产为企业全部资产与企业全部负债的差额，包括实收资本、资本公积、盈余公积、未分配利润等。根据会计“资产负债表”中“所有者权益”项的期末数填列。

主营业务收入

指会计“利润表”中对应指标的本年累计数。未执行 2001 年《企业会计制度》的企业，用“产品销售收入”的本期累计数代替。

主营业务成本

指会计“利润表”中对应指标的本年累计数。未执行 2001 年《企业会计制度》的企业，用“产品销售成本”的本期累计数代替。

主营业务税金及附加

指会计“利润表”中对应指标的本年累计数。未执行 2001 年《企业会计制度》的企业，用“产品销售税金及附加” 的本期累计数代替。

利润总额

指企业在生产经营过程中各种收入扣除各种耗费后的盈余，反映企业在报告期内实现的盈亏总额，包括营业利润、补贴收入、投资净收益和营业外收支净额。根据会计“利润表”中的对应指标的本期累计数填列。

本年应交增值税

指企业按税法规定，从事货物销售或提供加工、修理修配劳务等增加货物价值的活动本期应交纳的税金。指企业在报告期应交增值税额。计算公式为：

本年应交增值税=销项税额-（进项税额-进项税额转出）

-出口抵减内销产品应纳税额-减免税款+出口退税

本年进项税额指工业企业在报告期内购入货物或接受应税劳务而支付的、准予从销项税额中抵扣的增值税额。

本年销项税额指工业企业在报告期内销售货物或提供应税劳务应收取的增值税额。

从业人员平均人数

是指报告期内每天拥有的从业人员人数。其计算公式为：

月平均人数=报告月内每天实有人数之和/报告月日历日数

季平均人数=季内各月平均人数之和/3

年平均人数=年内各月平均人数之和/12

总资产贡献率

反映企业全部资产的获利能力，是企业经营业绩和管理水平的集中体现，是评价和考核企业盈利能力的核心指标。计算公式为：

总资产贡献率（%）=（利润总额+税金总额+利息支出）/平均资金总额×100%

公式中：税金总额为产品销售税金及附加与应交增值税之和；平均资产总额为期初期末资产之和的算术平均值。

资产负债率

该指标既反映企业经营风险的大小，也反映企业利用债权人提供的资金从事经营活动的能力。计算公式为：

资产负债率（%）=负债总额/资产总额×100%

资产与负债均为报告期期末数。

流动资产周转次数

指一定时期内流动资产完成的周转次数，反映投入工业企业流动资金的周转速度。计算公式为：

流动资产周转次数产品销售收入/全部流动资产平均余额

公式中：全部流动资产平均余额为期初和期末的流动资产之和的算术平均值。

成本费用利润率

反映企业投入的生产成本及费用的经济效益，同时也反映企业降低成本所取得的经济效益。计算公式为：

成本费用利润率（%）=利润总额/成本费用总额×100%

公式中：成本费用总额为产品销售成本、销售费用、管理费用、财务费用之和。

产品销售率

该指标反映工业产品已实现销售的程度，是分析工业产销衔接情况，研究工业产品满足社会需求的指标。计算公式为：

产品销售率(%)=工业销售产值/工业总产值(现价）×100%

第十四篇

建筑业

简要说明

一、本篇资料反映我市建筑业概况和发展情况，主要包括建筑业企业生产经营情况，指标有企业个数、从业人员数、建筑业总产值、建筑业增加值、房屋建筑面积、机械设备价值、资本金、资产负债、利润税金、劳动生产率、技术装备率等。

二、建筑业企业资料由市统计局投资科提供。建筑业统计范围从 1996 年年报起由原城镇及城镇以上各种经济类型的建筑业企业扩大到凡具有建筑业资质等级三级及三级以上的各种经济类型的建筑业企业，资料来源依据国家统计局制定的《建筑业统计报表制度》收集的有关年报资料。

14—1 主要年份建筑业企业概况

年　份	总　计	内　资			港澳台商投资企业
			#国有经济	集体经济	
企业单位数　（个）					
2000*	173	172	18	114	1
2005*	215	213	17	37	2
2006*	213	206	15	29	2
2007*	218	216	15	24	2
2008*	240	240	13	25	
2009*	242	242	12	23	
2010*	237	237	11	23	
2011*	237	237	10	21	
2012*	243	243	10	19	
2013*	242	242	8	16	
2014*	244	244	8	16	
2015*	268	268	7	16	
2015	240	240	7	12	
从业人员　（万人）					
2000*	6.50	6.48	0.92	4.19	0.02
2005*	10.42	10.34	1.43	1.70	0.09
2006*	10.02	9.94	1.27	1.33	0.08
2007*	10.52	10.42	1.24	0.97	0.10
2008*	11.00	11.00	1.34	0.94	
2009*	11.24	11.24	1.35	0.79	
2010*	11.34	11.34	1.38	0.81	
2011*	10.62	10.62	1.13	0.58	
2012*	9.55	9.55	0.87	0.61	
2013*	10.75	10.75	1.34	0.52	
2014*	10.96		1.34	0.54	
2015*	11.20	10.90	1.33	0.55	
2015	10.00	10.00	1.01	0.32	
总 产 值　（万元）					
2000*	221116	220216	36793	128089	900
2005*	588645	584552	69756	81246	4093
2006*	617295	613251	61398	68972	4043
2007*	713501	707832	69399	60255	5669
2008*	820541	820541	96441	61360	
2009*	968692	968692	110865	56766	
2010*	1112787	1112787	130377	60188	
2011*	1316762	1316762	156116	63013	
2012*	1502550	1502550	197611	58590	
2013*	1698329	1698329	241383	53280	
2014*	1831692	1831692	233229	53319	
2015*	1846539	1846539	190499	53959	
2015	1749377	1749377	190499	34355	

注：1. 附营施工单位的生产活动在整个建筑生产活动中所占份额极小，加之资料不全，因而在总计中已略去。
2. 2004年及以后年份为总承包和专业承包建筑业企业，城镇集体和农村建筑队不作统计。

14—2 主要年份建筑业企业主要经济指标

指标		2000*	2005*	2010*	2014*	2015*	2015
建筑企业单位数	(个)	173	215	237	244	268	240
计算劳动生产率的平均人数	(人)	64963	104245	113448	111963	107447	98179
自有固定资产原价	(万元)	72596	199778	297967	332572	358689	
自有固定资产净值	(万元)	52967	167323	228410			145619
自有机械设备净值	(万元)	23828	67513	113242	159510	155963	
自有机械设备台数	(台)	22465	43945	46957	51202	39109	33186
自有机械设备总功率	(万千瓦)	17.00	49.40	51.13	74.03	75.32	67.34
建筑业总产值	(万元)	221116	588645	1112787	1831692	1846539	1749377
建筑工程		191673	536573	1030405	1690350	1658059	1570091
安装工程		16939	21539	43532	31980	41835	36995
其他		12504	30533	38850	109362	146644	142291
固定资产本年折旧	(万元)	3210	7000	12659	13413	15648	
应付职工薪酬	(万元)				382837	338156	
应付工资总额	(万元)	34666	92037	169121			
应付福利费总额	(万元)	3379	11020	14949			
工程结算税金及附加	(万元)	4091	1269	40801	106013	61075	
管理费用中的税金	(万元)	289	160	4541	6061	5464	
工程结算利润	(万元)	9430	2035	83456			
利润总额	(万元)	3302	15818	37124	69440	65901	
劳动生产率（按总产值计算）	(元/人)	34037	56467	98088	163598	171855	178182
房屋建筑施工面积	(万平方米)	474.42	1004.59	1630.45	2002.88	1801.64	1704.49
房屋建筑竣工面积	(万平方米)	307.80	671.30	960.93	1097.78	1120.32	1054.84
技术装备率	(元/人)	3667.93	6476.38	9981.84	14246.63	14515.34	14831.99
动力装备率	(千瓦/人)	2.62	4.74	4.51	6.61	7.01	6.86
房屋建筑面积竣工率	(%)	64.88	66.82	58.94	54.81	62.20	61.89

14—3 主要年份国有经济建筑业企业主要经济指标

指 标		2000*	2005*	2010*	2014*	2015
建筑企业单位数	(个)	18	17	11	8	7
计算劳动生产率的平均人数	(人)	9153	14284	13807	13406	9965
自有固定资产原价	(万元)	20800	29578	27131	27100	27898
自有固定资产净值	(万元)	14642	29208	22580		
自有机械设备净值	(万元)	3853	5619	10963		4047
自有机械设备台数	(台)	2149	3471	2423		793
自有机械设备总功率	(万千瓦)	2.48	5.65	3.00		1.40
建筑业总产值	(万元)	36793	69756	130377	233229	190499
建筑工程		26825	64793	130339	233031	189519
安装工程		4476	1739			
其 他		5492	3224	38	1974	980
固定资产本年折旧	(万元)	679	679	984	1128	648
应付职工薪酬	(万元)				45875	37645
应付工资总额	(万元)	4499	10952	20733		
应付福利费总额	(万元)	428	1982	767		
工程结算税金及附加	(万元)	982	2454	4915	8647	4460
管理费用中的税金	(万元)	121	211	253	263	223
工程结算利润	(万元)	3713	3649	6528		
利润总额	(万元)	-902	-124	1654	850	1034
劳动生产率(按总产值计算)	(元/人)	40198	48835	94428	173973	191168
房屋建筑施工面积	(万平方米)	85.00	187.34	220.00	300.20	242.94
房屋建筑竣工面积	(万平方米)	39.71	88.81	85.66	118.31	146.41
技术装备率	(元/人)	4209.55	3933.77	7940.18		4061.21
动力装备率	(千瓦/人)	2.71	3.96	2.17		1.40
房屋建筑面积竣工率	(%)	46.72	47.41	38.94		60.30

14—4 主要年份集体经济建筑业企业主要经济指标

指标		2000*	2005*	2010*	2014*	2015*	2015
建筑企业单位数	(个)	114	37	23	16	16	15
计算劳动生产率的平均人数	(人)	41931	16991	8107	5449	5723	3207
自有固定资产原价	(万元)	34081	28763	23319	18542	118143	
自有固定资产净值	(万元)	25182	23733	14214			
自有机械设备净值	(万元)	12502	7758	8138		58498	2195
自有机械设备台数	(台)	15519	7502	5193		3233	2118
自有机械设备总功率	(万千瓦)	10.15	7.15	5.42		2.61	1.51
建筑业总产值	(万元)	128089	81246	60188	53319	53959	343545
建筑工程		113038	66391	52504	43815	43238	
安装工程		9900	4293	3286	2786	2058	478
其　　他		5151	10562	4398	6719	8662	7810
固定资产本年折旧	(万元)	1962	1064	1064	589	390	
应付职工薪酬	(万元)				17522	8534	
应付工资总额	(万元)	21679	15813	13603			
应付福利费总额	(万元)	2200	2284	1463			
工程结算税金及附加	(万元)	4091	2726	2793	2346	1335	
管理费用中的税金	(万元)	289	281	615	329	363	
工程结算利润	(万元)	9430	7157	4842			
利润总额	(万元)	3442	2080	1571	629	197	
劳动生产率（按总产值计算）	(元/人)	30548	47817	74242	97851	94284	1071235
房屋建筑施工面积	(万平方米)	280.36	151.12	94.02	57.93	56.22	38.54
房屋建筑竣工面积	(万平方米)	198.18	102.14	64.04	35.98	38.10	23.31
技术装备率	(元/人)	2981.56	4565.95	10038.24		102215.62	6844.40
动力装备率	(千瓦/人)	2.42	4.21	6.69		4.56	

14—5 主要年份建筑业企业技术装备情况

年份	自有机械设备净值（万元）	自有机械设备总台数（台）	自有机械设备总功率（万千瓦）	#施工机械功率	技术装备率（元/人）	动力装备率（千瓦/人）	年末从业人数（人）
2000*	23828	22465	17.00	14.11	3607	2.57	66052
2001*	54427	38308	32.35	23.76	5586	3.32	97443
2002*	64119	39619	29.87	25.67	6187	2.88	103630
2003*	74274	41041	34.96	28.92	6932	3.26	107150
2004*	62375	38966	40.75		6300	4.12	99005
2005*	67513	43945	49.40		6197	4.53	108948
2006*	72689	41737	42.33		6966	4.06	104354
2007*	79056	42117	43.14		7191	3.92	109936
2008*	97759	46590	54.27		8719	4.84	112121
2009*	105004	42053	45.60		8755	3.80	119938
2010*	113242	46957	51.13		9641	4.35	117454
2011*	104617	45042	52.39		8939	4.48	117037
2012*	114740	44008	54.18		9782	4.62	117303
2013*	116636	44003	54.16		10121	4.70	115242
2014*	159510	51202	74.03		14296	6.63	111574
2015*	155963	39109	75.32		14515.34	7.01	107447
2015	145619	33186	67.34		14831.99	6.86	

14—6 建筑业企业主要生产指标（含枞阳）（2015年）

指　　标		合　计	总 承 包	专业承包
企业单位个数	（个）	268	226	42
签订的合同额	（万元）	2851080	2780851	70229
直接从建设单位承揽工程完成的产值	（万元）	1835855	1776261	59594
自行完成施工产值		1831346	1772259	59087
分包出去工程产值		4509	4002	507
从建设单位以外承揽工程完成的产值	（万元）	15193	13995	1198
建筑业总产值	（万元）	1846539	1786254	60284
#装饰装修产值		28502	20881	7621
在外省完成产值		115033	114688	345
#建筑工程		1658059	1616805	41254
安装工程		41835	32046	9789
其　　他		146644	137403	9241
竣工产值	（万元）	1652911	1603436	49475
房屋建筑施工面积	（平方米）	1802	1778	24
#本年新开工		878	857	21
#投标承包的面积		1371	1350	21
#本年新开工		101	98	3
房屋建筑竣工面积	（平方米）	385	378	7
计算劳动生产率的平均人数	（人）	706266	682155	24111
从业人员	（人）	107447	104392	3055
#工程技术人员	（人）	20978	20519	459
#一级建造师	（人）	637	623	14

内资企业	#集体	私营	国有及国有控股企业	房屋工程建筑业	土木工程建筑业	建筑安装业	建筑装饰业	其他建筑业
268	16	160		181	47	11	22	
2851080	70917	1330260		2381165	382087	50146	16834	
1835855	48935	1026389		1462557	311904	30531	14564	
1831346	48695	1024609		1459780	310172	30531	14564	
4509	241	1780		2777	1733			
15193	5264	5000		12312	2790		36	
1846539	53959	1029609		1472092	312961	30531	14600	
28502	199	18083		16761	4120		7621	
115033	14572	29081		107928	7050		56	
1658059	43238	914327		1385222	241033	21580	6710	
41835	2058	28233		21359	13444	3532	3500	
146644	8662	87049		65511	58485	5419	4391	
1652911	49734	976245		1314970	277145	41287	11611	
1802	56	987		1717	38	45		
878	31	612		835	24	20		
1371	47	714		1299	30	43		
101	2	58		85	14	1		
385	44	200		299	83	2		
706266	13771	519265		589676	102855	1645	11060	
107447	5723	61748		87277	15803	2079	1140	
20978	885	12298		16665	3337	368	203	
637	5	193		247	305	19	2	

14—6　建筑业企业主要生产指标（2015年）

指　　标		合　计	总 承 包	专业承包
企业单位个数	（个）	240	201	39
签订的合同额	（万元）	2714758	2645983	68775
直接从建设单位承揽工程完成的产值	（万元）	1745103	1686942	58162
自行完成施工产值		1741187	1683533	57655
分包出去工程产值		3916	3409	507
从建设单位以外承揽工程完成的产值	（万元）	8190	6992	1198
建筑业总产值	（万元）	1749377	1690525	58852
＃装饰装修产值		28146	20665	7481
在外省完成产值		101523	101177	345
＃建筑工程		1570091	1529765	40326
安装工程		36995	27206	9789
其　　他		142291	133554	8737
竣工产值	（万元）	1569256	1520145	49111
房屋建筑施工面积	（平方米）	17044947	16805768	239179
＃本年新开工		8178530	7971221	207309
＃投标承包的面积		13045596	12834617	210979
＃本年新开工		966703	936545	30158
房屋建筑竣工面积	（平方米）	3311010	3248908	62102
计算劳动生产率的平均人数	（人）	686366	662270	24096
从业人员	（人）	98179	95204	2975
＃工程技术人员	（人）	19610	19162	448
＃一级建造师	（人）	633	619	14

内资企业	#集 体	私 营	国有及国有控股企业	房屋工程建筑业	土木工程建筑业	建筑安装业	建筑装饰业	其他建筑业
240	12	142		160	43	11	20	
2714758	48708	1251679		2262783	365601	50146	16330	
1745103	34355	981627		1387431	297711	30531	14060	
1741187	34355	979847		1384895	296331	30531	14060	
3916		1780		2536	1380			
8190		3681		5729	2370		36	
1749377	34355	983528		1390624	298700	30531	14096	
28146		17925		16545	4120		7481	
101523	3662	26481		94417	7050		56	
1570091	27841	869361		1308571	230644	21580	6710	
36995	1700	27623		20391	9571	3532	3500	
142291	4813	86545		61662	58485	5419	3887	
1569256	31690	936456		1245073	263751	41287	11247	
17044947	385352	9356130		16195251	378047	454902		
8178530	172567	5746750		7745779	235799	196952		
13045596	357072	6820694		12321309	295784	428503		
966703	15829	552030		809553	136610	13249	105	
3311010	64906	1894989		2485511	803557	16795	1205	
686366	10468	504142		569879	102767	1645	11045	
98179	3207	57489		79213	14679	2079	1092	
19610	570	11663		15523	3122	368	196	
633	4	192		244	304	19	2	

14—7 建筑业企业主要财务指标（2015年）

指标	流动资产本期	#存货	固定资产合计	固定资产原价
总计	**1122958**	**289838**	**285598**	**358689**
#国有及国有控股企业				
按登记注册类型分				
内资企业	1122958	289838	285598	358689
国有企业	107576	44612	20904	27898
集体企业	24128	8697	7701	11814
股份合作企业	85		9	11
联营企业	8645	-429	1007	1911
有限责任公司	374121	61062	72908	93777
股份有限公司	44065	12670	6567	8561
私营企业	564339	163226	176503	214718
按国民经济行业分				
房屋和土木工程建筑业	104760	28262	26597	33708
房屋工程建筑业	812377	231290	202204	247808
土木工程建筑业	235225	51325	63767	89272
#铁路、道路、隧道和桥梁工程建筑	185426	36152	52142	73847
建筑安装业	29759	4291	7267	8704
建筑装饰业	28795	1781	6891	5608
其他建筑业				
工程准备	14386	216	5033	6462
按资质等级分				
施工总承包	1040977	280890	269249	339277
一　级	163479	13484	28404	35801
二　级	541751	179778	136102	178604
三级及以下	335747	87627	104744	124872
专业承包	81981	8948	16349	19412
一　级				
二　级	17972	2950	8058	7760
三级及以下	64010	5998	8291	11653

单位：万元

累计折旧	#本年折旧	资产总计	负债本期	所有者权益	#实收资本	#国家资本
109688	**15648**	**1500622**	**657077**	**843545**	**540787**	**47329**
109688	15648	1500622	657077	843545	540787	47329
8265	648	132582	96269	36313	28732	25732
4625	390	36315	22753	13562	9268	
1		94	41	53	50	
904		9652	9384	268	253	148
31449	5535	467134	195688	271446	179020	21450
3337	325	56929	15595	41335	28891	
61108	8749	797917	317348	480569	294574	
10483	1491	139701	60220	79480	51542	4300
70858	10867	1067949	474627	593322	385607	25080
33968	4047	329056	127574	201483	129815	17918
28323	3452	259813	107844	151969	97269	15200
1920	187	42008	19199	22810	11092	2300
1114	305	39268	16839	22429	11580	
1429	218	19439	17087	2352	1933	1531
104211	14931	1394473	601279	793194	505688	45300
8689	1101	196416	104529	91887	64049	33927
62216	8034	711818	295247	416571	249390	4304
33306	5795	486239	201503	284736	192250	7069
5478	717	106149	55798	50351	35098	2029
2039	389	29290	10326	18964	11872	2029
3438	328	76859	45472	31387	23227	

14—7 续表

指　　标	营业收入	营业成本	营业税金及附加	销售费用
总　计	**1631308**	**1416775**	**65154**	**13220**
#国有及国有控股企业				
按登记注册类型分				
内资企业	1631308	1416775	65154	13220
国有企业	169462	157476	6119	
集体企业	33571	29031	1427	414
股份合作企业	209	184	7	
联营企业	8034	7485	268	
有限责任公司	443654	386373	16984	2391
股份有限公司	70056	60897	3649	266
私营企业	906322	775329	36701	10149
按国民经济行业分				
房屋和土木工程建筑业	157035	136918	6259	1260
房屋工程建筑业	1280265	1125042	50793	9887
土木工程建筑业	290085	244143	11792	2716
#铁路、道路、隧道和桥梁工程建筑	224463	189156	9062	2057
建筑安装业	28641	23011	1220	391
建筑装饰业	16111	12899	508	190
其他建筑业				
工程准备	15055	10718	803	32
按资质等级分				
施工总承包	1578833	1374618	63209	12496
一　级	246498	226370	9031	337
二　级	747336	646646	28390	8118
三级及以下	585000	501603	25788	4041
专业承包	52475	42157	1945	724
一　级				
二　级	12300	10030	505	273
三级及以下	40175	32126	1440	451

单位：万元

管理费用	#税　金	财务费用	营业利润	利润总额	应交所得税	应付职工薪酬
57078	**5464**	**13079**	**66933**	**65901**	**16269**	**338156**
57078	5464	13079	66933	65901	16269	338156
4956	223	231	716	1034	295	37645
2461	363	46	193	197	122	8534
15			2	2		81
256			25	11		1767
14942	1252	3864	18965	18967	4982	75861
2296	716	523	2426	2426	480	16800
32152	2909	8416	44606	43264	10390	197468
5396	452	1264	5953	5949	1517	32588
41450	3927	7988	45205	45113	10936	278513
12513	594	4654	14320	14374	4229	47366
10334	489	3689	10185	10235	3129	36255
881	175	94	2900	2849	352	6346
960	62	273	2200	1258	161	2761
1129	704	67	2306	2306	581	3046
54315	5170	11896	62507	62413	15508	328646
7155	98	829	2777	3096	721	47471
22652	1466	7558	33994	33592	8408	163821
24509	3606	3510	25735	25725	6379	117354
2763	295	1183	4426	3488	761	9510
350	69	102	1041	1027	208	2684
2413	226	1081	3385	2461	553	6826

14—8 劳务分包建筑业企业生产经营情况（2015年）

指　标		含 枞 阳	不含枞阳
生产情况			
企业单位数	（个）	268	240
建筑业总产值	（万元）	18465386	1749377
#装饰装修产值		285024	28146
从业人数情况			
计算建筑业劳动生产率的平均人数			
年末从业人员	（人）	107447	98179
#管理人员			
#工程技术人员		20978	19610
#现场施工工人		45937	40439
财务状况			
资产负债			
固定资产原价	（万元）		358689
本年折旧	（万元）		15648
资产总计	（万元）		1500622
负债合计	（万元）		657077
实收资本	（万元）		540787
#国家资本			47329
集体资本			18239
法人资本			93987
个人资本			381231
损益及分配			
营业收入合计	（万元）		1631308
#主营业务收入			1583562
主营营业成本	（万元）		1362220
主营营业税金及附加	（万元）		61075
销售费用	（万元）		13220
管理费用			57078
财务费用			13079
营业利润	（万元）		66933
利润总额	（万元）		65901
从业人员工资总额	（万元）		1730244
全部从业人员年平均人数	（人）		413076

14—9 建筑业企业房屋建筑完成情况（含枞阳）（2015年）

指　　标	房屋建筑竣工面积（万平方米）	#国有及国有控股企业	竣工房屋价值（万元）	#国有及国有控股企业
总　　计	**11203211**	**1510284**	**11662970**	**1347432**
住宅房屋	7126967	1213884	7699423	1137908
商业及服务用房屋	876186	87135	853154	120668
办公用房屋	639946	11837	723511	18739
科研、教育、医疗用房屋	583123	11650	646547	14666
文化、体育和娱乐用房屋	55980		58334	
厂房及建筑物	1691526	185778	1441892	55451
仓　库	73194		77450	
其他未列明的房屋建筑物	156289		162659	

14—9 建筑业企业房屋建筑完成情况（2015年）

指　　标	房屋建筑竣工面积（万平方米）	#国有及国有控股企业	竣工房屋价值（万元）	#国有及国有控股企业
总　　计	**10548375**	**1510284**	**1102830.6**	**1347432**
住宅房屋	6765719	1213884	733304.4	1137908
商业及服务用房屋	777842	87135	76264.1	120668
办公用房屋	584592	11837	67014.3	18739
科研、教育、医疗用房屋	566208	11650	62778.7	14666
文化、体育和娱乐用房屋	27819		3297.2	
厂房及建筑物	1597413	185778	136229	55451
仓　库	73194		7745	
其他未列明的房屋建筑物	155588		16197.9	

14—10 分县（市、区）建筑业企业房屋建筑完成情况（含枞阳）（2015年）

地　　区	房屋建筑竣工面积（万平方米）	#住　　宅	竣工房屋价　值（万元）	#住　　宅
全　　市	**11203211**	**7126967**	**1166297**	**769942**
迎 江 区	769236	625984	103295	84740
大 观 区	1841002	1287267	148204	115394
宜 秀 区	778500	554101	90685	59166
开 发 区	189216	87035	20239	8267
桐 城 市	1688112	990063	177253	111935
怀 宁 县	1100703	764116	120768	88585
枞 阳 县	654836	361248	63466	36638
潜 山 县	1000034	714232	111266	80061
太 湖 县	908535	442983	87965	39636
宿 松 县	1060886	619702	119941	72687
望 江 县	543072	373248	57230	38475
岳 西 县	669079	306988	65984	34359

14—10 分县（市、区）建筑业企业房屋建筑完成情况（2015年）

地　　区	房屋建筑竣工面积（万平方米）	#住　　宅	竣工房屋价　值（万元）	#住　　宅
全　　市	**10548375**	**6765719**	**1102831**	**733304**
迎 江 区	769236	625984	103295	84740
大 观 区	1841002	1287267	148204	115394
宜 秀 区	778500	554101	90685	59166
开 发 区	189216	87035	20239	8267
桐 城 市	1688112	990063	177253	111935
怀 宁 县	1100703	764116	120768	88585
潜 山 县	1000034	714232	111266	80061
太 湖 县	908535	442983	87965	39636
宿 松 县	1060886	619702	119941	72687
望 江 县	543072	373248	57230	38475
岳 西 县	669079	306988	65984	34359

14—11 分县（市、区）按登记注册类型和行业分的建筑业企业单位数（含枞阳）（2015年）

单位：个

地 区	合 计	内资企业	国有及国有控股公司	房屋工程建筑业	土木工程建筑业	建筑安装业	其他建筑业
全 市	**268**	**268**		**181**	**47**	**11**	**29**
迎江区	28	28		16	6	1	5
大观区	30	30		19	3	3	5
宜秀区	10	10		8	1	1	
开发区	13	13		7	5		1
桐城市	53	53		29	11	3	10
怀宁县	18	18		15	1	1	1
枞阳县	28	28		21	4		3
潜山县	19	19		13	5		1
太湖县	18	18		12	4	1	1
宿松县	18	18		16	1		1
望江县	13	13		10	3		
岳西县	20	20		15	3	1	1

14—11 分县（市、区）按登记注册类型和行业分的建筑业企业单位数（2015年）

单位：个

地 区	合 计	内资企业	国有及国有控股公司	房屋工程建筑业	土木工程建筑业	建筑安装业	其他建筑业
全 市	**240**	**240**		**160**	**43**	**11**	**26**
迎江区	28	28		16	6	1	5
大观区	30	30		19	3	3	5
宜秀区	10	10		8	1	1	
开发区	13	13		7	5		1
桐城市	53	53		29	11	3	10
怀宁县	18	18		15	1	1	1
潜山县	19	19		13	5		1
太湖县	18	18		12	4	1	1
宿松县	18	18		16	1		1
望江县	13	13		10	3		
岳西县	20	20		15	3	1	1

14—12 分县（市、区）按经济类型和行业分的建筑业总产值（含枞阳）（2015年）

单位：万元

地　区	合　计	内资企业	国有及国有控股公司	房屋工程建筑业	土木工程建筑业	建筑安装业	建筑装饰和其他建筑业
全　市	**1846539**	**1846539**		**1472092**	**312961**	**30531**	**30954**
迎江区	166168	166168		121777	41649	459	2283
大观区	252793	252793		229280	15209	1934	6370
宜秀区	106108	106108		97664	505	7938	
开发区	73264	73264		40265	32889		110
桐城市	388367	388367		264518	108659	7540	7649
怀宁县	127982	127982		124890	1804	138	1150
枞阳县	97162	97162		81469	14261		1432
潜山县	159647	159647		133734	25143		770
太湖县	140390	140390		112130	24094	4021	145
宿松县	146564	146564		125217	10542		10806
望江县	88218	88218		68010	20208		
岳西县	99879	99879		73138	17999	8502	240

14—12 分县（市、区）按经济类型和行业分的建筑业总产值（2015年）

单位：万元

地　区	合　计	内资企业	国有及国有控股公司	房屋工程建筑业	土木工程建筑业	建筑安装业	建筑装饰和其他建筑业
全　市	**1749377**	**1749377**		**1390624**	**298700**	**30531**	**29522**
迎江区	166168	166168		121777	41649	459	2283
大观区	252793	252793		229280	15209	1934	6370
宜秀区	106108	106108		97664	505	7938	
开发区	73264	73264		40265	32889		110
桐城市	388367	388367		264518	108659	7540	7649
怀宁县	127982	127982		124890	1804	138	1150
潜山县	159647	159647		133734	25143		770
太湖县	140390	140390		112130	24094	4021	145
宿松县	146564	146564		125217	10542		10806
望江县	88218	88218		68010	20208		
岳西县	99879	99879		73138	17999	8502	240

14—13 分县（市、区）建筑业企业生产情况（含枞阳）（2015年）

地　　区	企业单位个数（个）	总产值（万元）	建筑工程	安装工程	其它产值	竣工产值（万元）
全　市	**268**	**1846539**	**1658059**	**41835**	**146644**	**1652911**
迎江区	28	166168	157597	5846	2724	144904
大观区	30	252793	246259	3767	2767	179313
宜秀区	10	106108	106108			91005
开发区	13	73264	62553	5450	5262	64336
桐城市	53	388367	328798	3565	56004	285358
怀宁县	18	127982	120908	3112	3962	254590
枞阳县	28	97162	87968	4840	4353	83655
潜山县	19	159647	143671	2463	13512	142654
太湖县	18	140390	111489	4048	24853	117123
宿松县	18	146564	133124	2181	11259	127289
望江县	13	88218	69661	3169	15387	76727
岳西县	20	99879	89923	3395	6561	85957

地　　区	房屋建筑施工面积（万平方米）	房屋建筑竣工面积（万平方米）	自有施工机械设备			期末从业人数（万人）
			净值（万元）	总台数（台）	总功率（万千瓦）	
全　市	**18016391**	**11203211**	**155.96**	**39109**	**75.32**	**107447**
迎江区	1581358	769236	6.65	937	4.08	6551
大观区	3324687	1841002	12.40	1802	2.66	14299
宜秀区	1840108	778500	6.31	1092	0.39	5539
开发区	469340	189216	2.78	1363	0.72	4514
桐城市	2619368	1688112	49.75	8492	30.40	24806
怀宁县	1550837	1100703	12.08	3185	2.52	9297
枞阳县	971444	654836	10.34	5923	7.98	9268
潜山县	1457827	1000034	13.04	2675	3.96	5435
太湖县	1174254	908535	8.86	2751	1.68	8429
宿松县	1416095	1060886	11.14	2184	12.43	7312
望江县	652330	543072	10.10	5988	5.79	6357
岳西县	958743	669079	12.50	2717	2.74	5640

14—13　分县（市、区）建筑业企业生产情况（2015年）

地　　区	企业单位个数（个）	总产值（万元）	建筑工程	安装工程	其它产值	竣工产值（万元）
全　　市	**240**	**1749377**	**1570091**	**36995**	**142291**	**1569256**
迎江区	28	166168	157597	5846	2724	144904
大观区	30	252793	246259	3767	2767	179313
宜秀区	10	106108	106108			91005
开发区	13	73264	62553	5450	5262	64336
桐城市	53	388367	328798	3565	56004	285358
怀宁县	18	127982	120908	3112	3962	254590
潜山县	19	159647	143671	2463	13512	142654
太湖县	18	140390	111489	4048	24853	117123
宿松县	18	146564	133124	2181	11259	127289
望江县	13	88218	69661	3169	15387	76727
岳西县	20	99879	89923	3395	6561	85957

地　　区	房屋建筑施工面积（万平方米）	房屋建筑竣工面积（万平方米）	自有施工机械设备			期末从业人数（万人）
			净值（万元）	总台数（台）	总功率（万千瓦）	
全　　市	**17044947**	**10548375**	**145.62**	**33186**	**67.34**	**98179**
迎江区	1581358	769236	6.65	937	4.08	6551
大观区	3324687	1841002	12.40	1802	2.66	14299
宜秀区	1840108	778500	6.31	1092	0.39	5539
开发区	469340	189216	2.78	1363	0.72	4514
桐城市	2619368	1688112	49.75	8492	30.40	24806
怀宁县	1550837	1100703	12.08	3185	2.52	9297
潜山县	1457827	1000034	13.04	2675	3.96	5435
太湖县	1174254	908535	8.86	2751	1.68	8429
宿松县	1416095	1060886	11.14	2184	12.43	7312
望江县	652330	543072	10.10	5988	5.79	6357
岳西县	958743	669079	12.50	2717	2.74	5640

14—14 分县（市、区）国有经济建筑业企业生产情况（含枞阳）（2015年）

地　　区	企业单位个数（个）	总产值（万元）			
			建筑工程	安装工程	其它产值
全　市	**7**	**190499**	**189519**		**980**
迎江区	1	45588	45588		
大观区	4	119744	118764		980
宜秀区					
开发区					
桐城市	1	22552	22552		
怀宁县					
枞阳县					
潜山县					
太湖县	1	2616	2616		
宿松县					
望江县					
岳西县					

地　　区	竣工产值（万元）	房屋建筑施工面积（万平方米）	房屋建筑竣工面积（万平方米）	期末从业人数（万人）
全　市	**1652911**	**18016391**	**11203211**	**107447**
迎江区	144904	1581358	769236	6551
大观区	179313	3324687	1841002	14299
宜秀区	91005	1840108	778500	5539
开发区	64336	469340	189216	4514
桐城市	285358	2619368	1688112	24806
怀宁县	254590	1550837	1100703	9297
枞阳县	83655	971444	654836	9268
潜山县	142654	1457827	1000034	5435
太湖县	117123	1174254	908535	8429
宿松县	127289	1416095	1060886	7312
望江县	76727	652330	543072	6357
岳西县	85957	958743	669079	5640

14—14 分县（市、区）国有经济建筑业企业生产情况（2015年）

地　区	企业单位个数（个）	总产值（万元）	建筑工程	安装工程	其它产值
全　市	**7**	**1904994**	**1895194**		**9800**
迎江区	1	455877	455877		
大观区	4	1197438	1187638		9800
宜秀区					
开发区					
桐城市	1	225520	225520		
怀宁县					
潜山县					
太湖县	1	26159	26159		
宿松县					
望江县					
岳西县					

地　区	竣工产值（万元）	房屋建筑施工面积（万平方米）	房屋建筑竣工面积（万平方米）	期末从业人数（万人）
全　市	**1569256**	**17044947**	**10548375**	**98179**
迎江区	144904	1581358	769236	6551
大观区	179313	3324687	1841002	14299
宜秀区	91005	1840108	778500	5539
开发区	64336	469340	189216	4514
桐城市	285358	2619368	1688112	24806
怀宁县	254590	1550837	1100703	9297
潜山县	142654	1457827	1000034	5435
太湖县	117123	1174254	908535	8429
宿松县	127289	1416095	1060886	7312
望江县	76727	652330	543072	6357
岳西县	85957	958743	669079	5640

14—15 分县（市、区）建筑业企业主要财务指标（2015年）

单位：万元

地 区	流动资产合计	固定资产合计	固定资产原价	累计折旧	#本年折旧	资产总计	负债合计	所有者权益	#实收资本
全 市	**11229579**	**2855979**	**3586890**	**1096881**	**156476**	**15006220**	**6570772**	**8435448**	**5407865**
迎江区	1803014	157845	245503	88527	8620	2007041	1150595	856446	664745
大观区	1493223	300645	349288	82390	10234	1897926	989061	908865	694167
宜秀区	595754	108381	183654	86654	24126	753576	340848	412728	257250
开发区	923981	111203	151149	63483	8296	1083025	623904	459121	293401
桐城市	2773561	962305	1127437	329021	39642	3988344	1745384	2242960	1129143
怀宁县	426263	195449	243062	59953	7007	722036	176683	545353	340396
潜山县	1035578	297325	443290	153233	25215	1472498	527184	945314	583891
太湖县	534331	190024	240844	54408	8995	757679	224346	533333	387675
宿松县	514688	173956	178973	25460	5181	719480	305347	414133	310116
望江县	376115	157196	197504	85890	9628	545691	143733	401958	268736
岳西县	753071	201650	226186	67862	9532	1058924	343687	715237	478345

地 区	营业收入	营业成本	主营税金及附加	销售费用	管理费用	#税金	财务费用	营业利润	利润总额	应付职工薪酬
全 市	**16313084**	**14167745**	**610745**	**132195**	**570781**	**54643**	**130794**	**669325**	**659007**	**3381557**
迎江区	1462533	1329400	36447	3547	65547	788	6370	14132	8033	226689
大观区	2193346	2022388	76614	3622	65075	4770	6396	19154	19501	483880
宜秀区	1093381	988018	47303	1353	24588	2727	4633	27486	27486	168634
开发区	754110	633899	25669	2968	33446	4283	15986	42153	38567	112867
桐城市	3561309	2981302	137908	46773	119071	9380	37174	231210	230874	817267
怀宁县	1243506	1111572	50357	7447	33580	5953	5967	29967	29486	276810
潜山县	1537882	1332542	51667	4696	33116	929	26646	89355	89368	304439
太湖县	1382597	1207959	55614	11327	37722	2974	8803	54403	54304	278718
宿松县	1467781	1223448	59939	12828	96563	15349	3874	71129	71075	337995
望江县	663559	550776	29044	22209	28879	4989	4364	25300	25300	203692
岳西县	953080	786441	40183	15425	33194	2501	10581	65036	65013	170566

14—16 分县（市、区）国有经济建筑业企业主要财务指标（含枞阳）（2015年）

单位：万元

地区	流动资产合计	固定资产合计	固定资产原价	累计折旧	#本年折旧	资产总计	负债合计	所有者权益	#实收资本
全市	**1075757**	**209038**	**278978**	**82645**	**6482**	**1325820**	**962689**	**363131**	**287317**
迎江区	239904	19502	29269	10242	408	267658	194518	73140	51143
大观区	404220	171619	191572	30742	2948	590237	402628	187609	147434
宜秀区									
开发区									
桐城市	407180	8872	50370	41498	3126	416052	342603	73449	61560
怀宁县									
枞阳县									
潜山县									
太湖县	24453	9045	7767	163		51873	22940	28933	27180
宿松县									
望江县									
岳西县									

地区	营业收入	营业成本	主营税金及附加	销售费用	管理费用	#税金	财务费用	营业利润	利润总额	应付职工薪酬
全市	**1694622**	**1574755**	**44600**		**49555**	**2233**	**2310**	**7155**	**10342**	**376454**
迎江区	401452	377806			13711	8	-2617	-3107	80	70411
大观区	1038076	973118	35621		26126	670	3205			225663
宜秀区										
开发区										
桐城市	210091	183738	7989		8255	1467	1782	8327	8327	73545
怀宁县										
枞阳县										
潜山县										
太湖县	45003	40093	990		1463	88	-60	1935	1935	6835
宿松县										
望江县										
岳西县										

14—16　分县（市、区）国有经济建筑业企业主要财务指标（2015年）

单位：万元

地　区	流动资产合计	固定资产合计	固定资产原价	累计折旧	#本年折旧	资产总计	负债合计	所有者权益	#实收资本
全　市	**1075757**	**209038**	**278978**	**82645**	**6482**	**1325820**	**962689**	**363131**	**287317**
迎江区	239904	19502	29269	10242	408	267658	194518	73140	51143
大观区	404220	171619	191572	30742	2948	590237	402628	187609	147434
宜秀区									
开发区									
桐城市	407180	8872	50370	41498	3126	416052	342603	73449	61560
怀宁县									
潜山县									
太湖县	24453	9045	7767	163		51873	22940	28933	27180
宿松县									
望江县									
岳西县									

地　区	营业收入	营业成本	主营税金及附加	销售费用	管理费用	#税　金	财务费用	营业利润	利润总额	应付职工薪酬
全　市	**1694622**	**1574755**	**44600**		**49555**	**2233**	**2310**	**7155**	**10342**	**376454**
迎江区	401452	377806			13711	8	-2617	-3107	80	70411
大观区	1038076	973118	35621		26126	670	3205			225663
宜秀区										
开发区										
桐城市	210091	183738	7989		8255	1467	1782	8327	8327	73545
怀宁县										
潜山县										
太湖县	45003	40093	990		1463	88	-60	1935	1935	6835
宿松县										
望江县										
岳西县										

主要统计指标解释

建筑业统计单位

指从事房屋、构筑物建造和设备安装活动的法人企业。建筑业法人企业应同时具备的条件是：①依法成立，有自己的名称、组织机构和场所，能够承担民事责任；②独立拥有和使用资产，承担负债，有权与其他单位签订合同；③独立核算盈亏，能够编制资产负债表。

建筑业总产值

指以货币表现的建筑业企业在一定时期内生产的建筑业产品和服务的总和。建筑业总产值包括建筑工程产值、安装工程产值和其他产值三部分内容。

劳务分包企业建筑业总产值指劳务分包企业与总承包企业或专业承包企业签定劳务分包合同后，从事建筑安装工程取得的所有劳务收入。

自有机械设备年末总台数

指归本企业所有，属于本企业固定资产的生产性机械设备年末总台数。包括施工机械、生产设备、运输设备以及其他设备。

自有机械设备年末总功率

指本企业自有施工机械、生产设备、运输设备以及其他设备等列为在册固定资产的生产性机械设备年末总功率，按设定能力或查定能力计算。包括机械本身的动力和为该机械服务的单独动力设备，如电动机等。计算单位用千瓦，动力换算可按1马力＝0.735千瓦折合成千瓦数。电焊机、变压器、锅炉不计算动力。

主营业务收入

指企业确认的销售商品、提供劳务等主营业务的收入。根据会计“主营业务收入”科目的期末贷方余额填报。执行2006年《企业会计准则》的企业，如未设置该科目，以“营业收入”代替填报。

应付职工薪酬

指企业为获得职工提供的服务而给予各种形式的报酬以及其他相关支出。包括职工工资、奖金、津贴和补贴，职工福利费，医疗保险费、养老保险费、失业保险费、工伤保险费和生育保险费等社会保险费，住房公积金，工会经费和职工教育经费，非货币性福利，因解除与职工的劳动关系给予的补偿，其他与获得职工提供的服务相关的支出。

建筑业企业在境外完成的营业收入

指建筑业企业报告期内在国外及港、澳、台等区域所有经营活动的货币表现。

第十五篇

运输和邮电

简要说明

一、交通运输业资料主要包括：铁路、公路、水路、民航四种运输方式的线路里程、运输设备拥有量，各种运输方式完成的货物运输量等。

邮电通信业资料主要包括：全市邮电局（所）及邮路情况，邮电通信主要电路及设备拥有量，主要邮电业务完成情况，邮电通信发展水平等资料。

二、有关交通运输资料分别来源于合九铁路公司、市交通局、市公安局及本局有关年报资料。邮电通信业资料来源于市邮电通信管理部门。

三、各部门资料调查范围及统计单位。

1、铁路资料：包括国家、地方铁路运营情况。资料来源于有关铁路分局和合九铁路公司。

2、公路、水运、港口资料：公路和水运线路里程为年末通车和通航里程数（不含在建和未正式投入使用的公路和航道）由市交通局提供。民用和公路车辆拥有量分别由市公安局和市交通局提供。

3、民航运输资料：民航运输统计对象为我市境内从事民用航空运输飞行和通用飞行的东方航空公司安庆分公司。

4、邮电通信资料：邮电通信包括邮政和电信业务。邮电业务量按业务范围分为国内业务量和国际及港澳业务量（对台业务量统计在港澳中）。

15—1 主要年份交通运输业基本情况（含枞阳）

指　　标		2000	2005	2014	2015
运输线路长度	（公里）				
铁路营业里程					
公　路		3633	14971	19189	20025
内　河		800	800	673	673
民　航			2787	15157	23347
客运量	（万人）				
铁　路		94	130		
公　路		5235	5907	5922	5854
水　运		107	88	28	41
民　航		2.24	0.59	10.31	23.26
旅客周转量	（万人公里）				
铁　路			38030		
公　路		3017	502328	505215	475064
水　运		283	221	586	965
民　航			5510	156334	543028
货运量	（万吨）				
铁　路		153	494		
公　路		2192	2806	12690	11498
水　运		1259	1195	6240	5310
民　航		0.02	0.02	0.01	0.08
货物周转量	（万吨公里）				
铁　路			79104		
公　路		193341	208278	2116054	1858371
水　运		339171	676835	3218464	2614172
民　航			18	136	1976
民用汽车拥有量	（辆）	138069	518117	270481	327548
载客汽车辆数		12700	29455	227085	284999
载货汽车辆数		6826	17275	42635	41775
私人汽车拥有量				270271	327325
民用运输船舶拥有量	（艘）			1575	1418
机动船				1547	1407
驳　船				28	11
私人运输船舶拥有量	（艘）			239	157
机动船				239	157
驳　船					

15—1 主要年份交通运输业基本情况

指　　标		2000	2005	2010	2011	2012	2013	2014	2015
运输线路长度	（公里）								
铁路营业里程									
公　路		2766	11036	11108	11110	11110	11110	14945	17105
内　河			729.22	742.14	729.22	729.22	672.8	672.8	729.22
民　航			2787	2787	2787	2787	15157	15157	23347
客运量	（万人）								
铁　路									
公　路		2473	3191	3893	4087	4373	4679	4960	4724
水　运		29	23	5	8	14	16	28	41
民　航		2.24	0.59	7.60	7.60	9.06	11.76	10.31	23.26
旅客周转量	（万人公里）								
铁　路									
公　路		223150	287864	351196	368754	394567	422186	447517	426207
水　运		283	221	85	123	217	266	586	965
民　航			5510	7091	7083	8413	178246	156334	543027.9
货运量	（万吨）								
铁　路									
公　路		5288	6927	8866	9310	9961	10559	11087	11330
水　运		538	1667.6	976	1301	1264	1516	6240	5310
民　航		0.02	0.02	0.04	0.03	0.02	0.02	0.01	0.08
货物周转量	（万吨公里）								
铁　路									
公　路		905383	1186052	1518147	1594054	1705638	1807976	1898378	1847122
水　运		339171	880376	619262	971422	785167	807343	3218464	2614172
民　航			18.0	2.4	24.5	23.7	55.7	136.0	1976.0
民用汽车拥有量	（辆）			132997	162824	192306	202912	247952	299299
载客汽车辆数				87689	112455	141430	166031	208124	260742
载货汽车辆数				33702	38360	41029	36218	39126	37850
私人汽车拥有量									
民用运输船舶拥有量	（艘）	1638	1308	1528	1468	1501	1549	1575	1418
机动船		1202	1218	1492	1441	1470	1521	1547	1407
驳　船		436	90	36	27	31	28	28	11
私人运输船舶拥有量	（艘）								
机动船									
驳　船									

15—2　主要年份运输路线长度（含枞阳）

单位：公里

指　　标	2000	2005	2014	2015
铁　路				
营业里程				
公　路				
公路里程	3462	14791	19189	20025
国道、省道	1107	10383	1094	1015
县　道	1756	2446	2499	2202
乡　道	583	1475	1476	1294
村级公路			13543	14932
专用公路	16	257	257	167
高速公路		230	321	416
一级公路			106	101
二级公路	524	847	908	838
三级公路	276	672	1358	1207
四级公路	2325	9111	16456	17456
等外公路	337	3931	40	7
在公路里程中：				
晴雨通车里程	3398	3162	18868	20025
绿化里程	1732	2707	8076	11203
水　运				
内河航道通航里程	800	800	673	673
民　航				
国际航线				
国内航线		2787	15157	23347

15—2 主要年份运输路线长度

单位：公里

指 标	2000	2005	2010	2011	2012	2013	2014	2015
铁 路								
营业里程								
公 路								
公路里程	2766	11036	11108	11110	11110	11110	14945	17105
国道、省道	896	880	880	880	880	880	880	887
县 道	1266	1869	1883	1885	1885	1885	1832	1832
乡 道	479	1143	1143	1143	1143	1143	1143	1143
村级公路		6747	6747	6747	6747	6747	10635	12717
专用公路	16	167	167	167	167	167	167	144
高速公路	109	230	288	288	288	288	288	383
一级公路					97	97	97	97
二级公路	436	680	690	692	621	621	629	636
三级公路	448	590	586	586	576	576	987	987
四级公路	1506	8286	8294	8294	8278	8278	12937	14995
等外公路	267	1250	1250	1250	1250	1250	7	7
在公路里程中：								
晴雨通车里程	2766	11036	11108	11110	11110	11110	14945	17105
绿化里程								
水 运								
内河航道通航里程		729	742	729	729	673	673	729
民 航								
国际航线								
国内航线		2787	2787	2787	2787	15157	15157	23347

15—3 主要年份运输线路质量（含枞阳）

指 标		2000	2005	2014	2015
铁路营业里程	**（公里）**				
公路线路里程	**（公里）**	**3462**	**14791**	**19189**	**20025**
#等级公路里程	（公里）	3125	10860	19149	20018
等级公路里程比重	（%）	90.27	73.42	99.79	99.96
内河航道里程	**（公里）**	**800**	**800**	**673**	**673**
#等级航道里程	（公里）	459	459	666	666
等级航道里程比重	（%）	57.33	57.33	99	99

15—3 主要年份运输线路质量

指 标		2000	2005	2010	2011	2012	2013	2014	2015
铁路营业里程	**（公里）**								
公路线路里程	**（公里）**	**2766**	**11036**	**11108**	**11110**	**11110**	**11110**	**14945**	**17105**
#等级公路里程	（公里）	2499	9786	9858	9860	9860	9860	14938	17099
等级公路里程比重	（%）	90.35	88.67	88.75	88.75	88.75	88.75	99.95	99.96
内河航道里程	**（公里）**		**729.22**	**742.14**	**729.22**	**799.97**	**729.22**	**729.22**	**729.22**
#等级航道里程	（公里）		314.56	327.48	314.56	458.60	314.56	314.56	314.56
等级航道里程比重	（%）		43.14	44.13	43.14	57.32	43.14	43.14	43.14

15—4 主要年份内河港口码头吞吐量（含枞阳）

年 份	旅客吞吐量（万吨）	货物吞吐量（万吨）	#集装箱（万标准箱）
2005	28.00	1834.74	0.75
2009	24.00	2554.15	1.21
2010	4.50	2813.02	1.47
2011		3010.35	1.81
2012		3225.00	2.58
2013	16.00	3506.00	3.50
2014	28.00	3637.04	4.56
2015		4002.38	5.10

15—4 主要年份内河港口码头吞吐量

年 份	货物吞吐量（万吨）	#集装箱（万标准箱）
2000	697.24	0.30
2005	1803.51	0.75
2010	1412.56	1.47
2011	1530.73	1.81
2012	1742.43	2.58
2013	1487.58	3.50
2014	1603.05	4.56
2015	1951.88	5.10

15—5　全社会水路分货类运输量（含枞阳）

指　　标	货运量（万吨）		货物周转量（万吨公里）	
	2014	2015	2014	2015
合　计	**6240**	**5310**	**3218464**	**2614172**
煤炭及制品	237	302	203120	226375
石油天然气及制品	132	136	49097	48672
金属矿石	146	129	60842	49738
钢　铁	238	219	119024	97658
矿建材料	2411	1843	1370234	996204
水　泥	2004	1644	1049613	790432
木　材	26	24	10342	8906
非金属矿石	381	376	14762	94188
#磷　矿				
化肥及农药	104	112	35271	36350
盐	27	24	16007	12803
粮　食	65	61	43608	36690
机械、设备、电器	76	69	34527	28463
化工原料及制品	218	201	128003	110975
有色金属	28	25	12904	10017
轻工、医药产品	59	62	34599	36010
农林牧渔业产品	37	40	11395	12046
其　他	51	43	25116	18645

15—5　全社会水路分货类运输量

指　　标	货运量（万吨）		货物周转量（万吨公里）	
	2014	2015	2014	2015
合　计	**6240**	**2920**	**3218464**	**1437895**
煤炭及制品	237	166	203120	124507
石油天然气及制品	132	75	49097	26770
金属矿石	146	71	60842	27356
钢　铁	238	120	119024	53712
矿建材料	2411	1001	1370234	547912
水　泥	2004	904	1049613	434738
木　材	26	13	10342	4898
非金属矿石	381	207	14762	51803
#磷　矿				
化肥及农药	104	62	16007	19992
盐	27	13	43608	7042
粮　食	65	34	34527	20179
机械、设备、电器	76	40	128003	15655
化工原料及制品	218	118	12904	61036
有色金属	28	14	34599	5509
轻工、医药产品	59	35	11395	19805
农林牧渔业产品	37	22	25116	6625
其　他	51	25	35271	1186633

15—6 主要年份公路线路年底到达数（按技术等级分）（含枞阳）

单位：公里

年　份	公路里程总计	等级路	高速	一级	二级	三、四级公路	等外公路
2000	3571	3234	109		524	2601	337
2005	14791	10860	230		847	9783	3931
2010	14926	14699	321		895	13483	227
2011	14928	14874	321		938	13615	54
2012	15052	14998	321		1001	13676	54
2013	16902	16896	321	102	820	15653	7
2014	19189	19149	321	102	908	17814	7
2015	20025	20019	416	102	839	18663	7

15—6 主要年份公路线路年底到达数（按技术等级分）

单位：公里

年　份	公路里程总计	等级路	高速	一级	二级	三级	四级	等外公路
2000	2766	2499	109		436	224	1730	267
2005	11036	9786	230		680	590	8286	1250
2010	11108	9858	288		690	586	8294	1250
2011	11110	9860	288		692	586	8294	1250
2012	11110	9860	288	97	621	576	8278	1250
2013	11110	9860	288	97	621	576	8278	1250
2014	14945	14938	288	97	629	987	12937	7
2015	17105	17099	383	97	636	987	14995	7

15—7 公路线路年底到达数（按技术等级分）（含枞阳）（2015年）

单位：公里

项目	公路里程总计	等级路	高速	一级	二级	三级	四级	等外公路
上年年底到达数	19189	19149	321	102	820	1022	14631	7
国道	392	392	18	78	173	25	116	
省道	615	615	6	18	386	0	211	
县道	2203	2203		6	238	819	1140	
乡道	1294	1294			6	44	1245	
专用公路	167	167			14	102	51	
村道	13543	13543			3	32	11868	7
本年新建数			105					
国道								
省道								
县道								
乡道								
专用公路								
村道								
本年改建变更数	3029	3029	105	19		186	2824	
国道								
省道	8	8		8				
县道				11		135	-146	
乡道						49	-49	
专用公路						0	0	
村道	3021	3021				1	3020	
本年年底到达数	20025	20019	416	102	839	1207	17456	7
国道	392	392		78	173	25	116	
省道	623	623		18	393		211	
县道	2203	2203		6	250	954	994	
乡道	1294	1294			6	93	1195	
专用公路	167	167			14	102	51	
村道	14932	14925			3	34	14888	7

15—7 公路线路年底到达数（按技术等级分）（2015年）

单位：公里

项目	公路里程							
	总计	等级路	高速	一级	二级	三级	四级	等外公路
上年年底到达数	14443	14436	288	98	636	827	12588	7
国道	392			78	173	25	116	
省道	494			18	267	0	209	
县道	1832	1323		2	189	671	971	
乡道	1143	1143			6	14	1124	
专用公路	144	144			1	91	51	
村道	10149	10143				26	10116	7
本年新建数								
国道								
省道								
县道								
乡道								
专用公路								
村道								
本年改建变更数								
国道								
省道								
县道						110	-110	
乡道						49	-49	
专用公路								
村道	2567	2567				1	2566	
本年年底到达数	17105	17099	383	98	636	987	14995	7
国道	392			78	173	25	116	
省道	494			18	267		209	
县道	1832	1323		2	189	781	861	
乡道	1143	1143			6	63	1074	
专用公路	144	144			1	91	51	
村道	12717	12710				27	12682	7

15—8 分县（市、区）公路线路年底到达数（按技术等级分）（含枞阳）（2015年）

单位：公里

地区	公路里程总计	等级路	高速	一级	二级	三级	四级	等外公路
全市	**20025**	**20019**	**416**	**102**	**839**	**1021**	**17642**	**7**
迎江区	462	460			42	7	411	2
大观区	355	354		5	41		308	1
宜秀区	553	553		26	34	19	474	
桐城市	2822	2822		45	67	157	2554	
怀宁县	2055	2054		4	150	104	1797	1
枞阳县	2888	2888		4	202	220	2461	
潜山县	2980	2980		18	50	184	2728	
太湖县	3172	3172			89	115	2968	
宿松县								
望江县	1869	1866			114	167	1585	3
岳西县	2454	2454			50	48	2356	

注：全市数字不含省直管县宿松县，下同。

15—8 分县（市、区）公路线路年底到达数（按技术等级分）（2015年）

单位：公里

地区	公路里程总计	等级路	高速	一级	二级	三级	四级	等外公路
全市	**17105**	**17099**	**383**	**98**	**636**	**987**	**14995**	**6**
迎江区	462	270			42	7	411	
大观区	355	236		5	41		308	2
宜秀区	553	377		26	34	19	474	1
桐城市	2822	170		45	67	157	2554	
怀宁县	2055	2803		4	150	104	1797	
潜山县	2980	2079		18	50	184	2728	1
太湖县	3172	3110			89	115	2968	
宿松县								
望江县	1869	1866			114	167	1585	3
岳西县	2454	2454			50	48	2356	

15—9 分县（市、区）公路客货运输量（含枞阳）（2015年）

地　　区	客运量（万人）	旅客周转量（万人公里）	货运量（万吨）	货物周转量（万吨公里）
全　市	**5854**	**475064**	**11498**	**1858371**
市辖区	844	76136	7565	1233298
桐城市	573	51739	813	132520
怀宁县	817	73752	861	140299
枞阳县	1129	48856	169	11249
潜山县	634	57241	514	83821
太湖县	767	69165	731	119165
宿松县				
望江县	248	22380	346	56387
岳西县	840	75793	501	81633

注：因宿松县为省直管县，市交通局无法统计运输数据，故宿松县数据空缺。

15—9 分县（市、区）公路客货运输量（2015年）

地　　区	客运量（万人）	旅客周转量（万人公里）	货运量（万吨）	货物周转量（万吨公里）
全　市	**4724**	**426207**	**11330**	**1847122**
市辖区	844	76136	7565	1233298
桐城市	573	51739	813	132520
怀宁县	817	73752	861	140299
潜山县	634	57241	514	83821
太湖县	767	69165	731	119165
宿松县				
望江县	248	22380	346	56387
岳西县	840	75793	501	81633

注：因宿松县为省直管县，市交通局无法统计运输数据，故宿松县数据空缺。

15—10 公路密度及通达情况(含枞阳)

指标		2005	2014	2015
公路密度				
以国土面积计算	(公里/百平方公里)	35.48	127.61	130.02
以人口数量计算	(公里/万人)	9.03	30.77	32.25
公路通达				
乡镇数量	(个)	170	144	144
#不通公路				
不通公路乡镇所占比重	(%)			
行政村数量	(个)	2071	1562	1562
#不通公路		808		
不通公路行政村所占比重	(%)	39.01		

15—10 公路密度及通达情况

指标		2000	2005	2010	2011	2012	2013	2014	2015
公路密度									
以国土面积计算	(公里/百平方公里)	20.43	81.52	82.05	82.07	82.07	82.07	110.39	126.35
以人口数量计算	(公里/万人)							27.57	32.65
公路通达									
乡镇数量	(个)								
#不通公路									
不通公路乡镇所占比重	(%)								
行政村数量	(个)								
#不通公路									
不通公路行政村所占比重	(%)								

15—11　主要年份民用汽车拥有量（含枞阳）

单位：辆

指　　标		2000	2005	2010	2014	2015
汽　车		28890	63099	146036	270481	327548
#载客汽车		12700	29455	95896	227085	284999
载货汽车		6826	17275	36240	42635	41775
#普通载货汽车		6494	11713	20749	25336	25553
其他汽车		9364	16369	13900	761	774
摩托车		109158	454781	769954	443190	445983
机动车驾驶员	（万人）	24.35	66.77	91.74	99.49	108.85
#汽车驾驶员		10.60	23.64	35.40	63.28	76.58

15—11　主要年份民用汽车拥有量

单位：辆

指　　标		2010	2011	2012	2013	2014	2015
汽　车		132997	162833	192306	202912	247951	299297
#载客汽车		87689	112488	141430	166031	208123	260741
载货汽车		33702	38359	41029	36218	39126	37849
#普通载货汽车							
其他汽车		11606	11986	9847	663	732	707
摩托车		683788	726391	718369	396291	403039	405368
机动车驾驶员	（万人）						
#汽车驾驶员							

15—12 民用车辆拥有量（含枞阳）（2015年）

单位：辆

指标	总计			总计中		
		营运	非营运	进口	个人	新注册
汽车	327548	23629	303919	5346	327325	64017
#载客汽车	284999	4173	280826	5334	284818	60421
载货汽车	41775	19145	22630	3	41733	3560
#普通载货汽车	25553	9376	16177	3	25529	2441
其他汽车	774	311	463	9	774	36
摩托车	445983	23594	422387	24	445703	21175
机动车驾驶员（人）	1088468					
#汽车驾驶员	765830					

15—12 民用车辆拥有量（2015年）

单位：辆

指标	总计			总计中		
		营运	非营运	进口	个人	新注册
汽车	299299	22131	277168	5013	299079	57956
#载客汽车	260742	3646	257096	5004	260564	55033
载货汽车	37850	18195	19655	2	37808	2893
#普通载货汽车	22514	8842	13672	2	22490	1853
其他汽车	707	290	417	7	707	30
摩托车	405392	20137	385255	23	405120	20003
机动车驾驶员（人）	992001					
#汽车驾驶员	705141					

15—13 分县（市、区）民用汽车拥有量（含枞阳）（2015年）

单位：辆

地区	民用汽车	载客汽车	载货汽车	其他汽车	摩托车	挂车
全市	**327548**	**284999**	**41775**	**774**	**445983**	**1178**
市辖区	80892	63974	16572	346	52016	1086
桐城市	42632	39473	3064	95	67586	22
怀宁县	32209	28675	3486	48	46963	15
枞阳县	28251	24258	3926	67	40615	11
潜山县	32654	30227	2384	43	47434	
太湖县	31092	27327	3726	39	50516	6
宿松县	28210	25019	3144	47	45704	7
望江县	31392	29326	2036	30	39846	1
岳西县	20216	16720	3437	59	55303	30

15—13 分县（市、区）民用汽车拥有量（2015年）

单位：辆

地区	民用汽车	载客汽车	载货汽车	其他汽车	摩托车	挂车
全市	**299299**	**260742**	**37850**	**707**	**405386**	**1167**
市辖区	80894	63976	16572	346	52016	1086
桐城市	32209	28675	3486	48	46963	15
怀宁县	32655	30228	2384	43	47437	0
潜山县	31092	27327	3726	39	50516	6
太湖县	28210	25019	3144	47	45704	7
宿松县	31391	29325	2036	30	39854	1
望江县	20216	16719	3438	59	55310	30
岳西县	42632	39473	3064	95	67586	22

15—14　分县（市、区）分车型民用汽车拥有量（含枞阳）（2015年）

单位：辆

地　区	汽车总计	载客汽车	大　型	中　型	小　型	载货汽车	中　型	轻　型	其他汽车	挂　车
全　市	**327548**	**284999**	**219**	**700**	**281973**	**41775**	**2293**	**36785**	**774**	**1178**
市辖区	80892	63974	26	105	63198	16572	1779	13080	346	1086
桐城市	42632	39473	1	57	39148	3064	109	2762	95	22
怀宁县	32209	28675	1	69	28442	3486	69	3325	48	15
枞阳县	28251	24258	163	150	23764	3926	71	3686	67	11
潜山县	32654	30227	6	10	30002	2384	49	2215	43	
太湖县	31092	27327		33	27073	3726	83	3538	39	6
宿松县	28210	25019	22	231	24586	3144	38	3019	47	7
望江县	31392	29326		21	29187	2036	12	1949	30	1
岳西县	20216	16720		24	16573	3437	83	3211	59	30

15—14　分县（市、区）分车型民用汽车拥有量（2015年）

单位：辆

地　区	汽车总计	载客汽车	大　型	中　型	小　型	载货汽车	中　型	轻　型	其他汽车	挂　车
全　市	**299299**	**260742**	**56**	**550**	**258211**	**37850**	**2222**	**33100**	**707**	**1167**
市辖区	80894	63976	26	105	63200	16572	1779	13080	346	1086
桐城市	32209	28675	1	69	28441	3486	69	3324	48	15
怀宁县	32655	30228	6	10	30005	2384	49	2215	43	
潜山县	31092	27327		33	27073	3726	83	3539	39	6
太湖县	28210	25019	22	231	24586	3144	38	3019	47	7
宿松县	31391	29325		21	29186	2036	12	1949	30	1
望江县	20216	16719		24	16572	3438	83	3212	59	30
岳西县	42632	39473	1	57	39148	3064	109	2762	95	22

15—15 主要年份营运汽车拥有量（含枞阳）

年份	营运车辆总计(辆)	载客汽车		载货汽车			
		辆数(辆)	客位(客位)	辆数(辆)	#普通载货汽车	吨位(吨)	#普通载货汽车
2000	14925	2917	68230	5707	5387	19803	
2005	33310	5179	116464	15525	10094	53451	
2010	51791	9326	145154	30610	16370	94259	
2011	56537	11812	193510	44417	27049	209226	
2012	73511	6091	114275	67420	54624	341005	
2013	72581	8755	116262	28953	13599	83515	19602
2014	70075	8958	121097	29068	12798	93599	20073
2015	60096	8344	113726	24846	79348	13904	16594

15—15 主要年份营运汽车拥有量

年份	营运车辆总计(辆)	载客汽车		载货汽车			
		辆数(辆)	客位(客位)	辆数(辆)	#普通载货汽车	吨位(吨)	#普通载货汽车
2010	46764	8184	122386	28857	15300	89471	
2011	52424	10549	168501	41567	25035	200096	
2012	69602	5459	101770	64142	52308	330505	
2013	65606	7639	100239	27460	12746	80245	18461
2014	63366	7784	104217	27571	12006	89523	18912
2015	57837	7219	97585	23757	78784	10432	15727

15—16 分县（市、区）营运汽车拥有量（含枞阳）（2015年）

地区	汽车总量（辆）	载客汽车		载货汽车			
		辆数（辆）	客位（客位）	辆数（辆）	#普通载货汽车	吨位（吨）	#普通载货汽车
全市	**60096**	**8344**	**113726**	**24846**	**79348**	**13904**	**16594**
迎江区	5839	720	22257	3212	17326	1080	2447
大观区	2510	569	2874	1276	4949	433	968
宜秀区	5442	567	4082	3894	16370	1134	2554
开发区	4593	521	4885	2176	10283	685	1970
桐城市	7037	858	10670	3141	6672	1479	1915
怀宁县	7355	728	8253	1406	4640	533	704
枞阳县	2259	1125	16141	1089	564	3472	867
潜山县	2917	612	8224	1822	3067	1030	971
太湖县	6899	657	8991	2102	3270	1383	1310
宿松县	4108	886	12014	1079	2301	558	625
望江县	5969	593	8045	568	1517	294	308
岳西县	4105	464	5287	2431	3365	1680	1498
其他	1063	44	2003	650	5024	143	458

15—16 分县（市、区）营运汽车拥有量（2015年）

地区	汽车总量（辆）	载客汽车		载货汽车			
		辆数（辆）	客位（客位）	辆数（辆）	#普通载货汽车	吨位（吨）	#普通载货汽车
全市	**57837**	**7219**	**97585**	**23757**	**78784**	**10432**	**15727**
迎江区	5839	720	22257	3212	17326	1080	2447
大观区	2510	569	2874	1276	4949	433	968
宜秀区	5442	567	4082	3894	16370	1134	2554
开发区	4593	521	4885	2176	10283	685	1970
桐城市	7037	858	10670	3141	6672	1479	1915
怀宁县	7355	728	8253	1406	4640	533	704
潜山县	2917	612	8224	1822	3067	1030	971
太湖县	6899	657	8991	2102	3270	1383	1310
宿松县	4108	886	12014	1079	2301	558	625
望江县	5969	593	8045	568	1517	294	308
岳西县	4105	464	5287	2431	3365	1680	1498
其他	1063	44	2003	650	5024	143	458

15—17 国、省道公路交通量（2015年）

指　　标		国　道	省　道
观测里程	（公里）	370	446
年平均日交通混合当量合计	（辆/日）	8622	7311
机动车（当量数）		8622	7311
汽　车（当量数）		7403	6049
小型货车（自然数）		871	591
中型货车（自然数）		237	680
大型货车（自然数）		302	188
小型客车（自然数）		5216	3559
大型客车（自然数）		310	267
拖拉机（当量数）		40	212
非机动车（当量数）			
行驶量	（万车公里/日）	319	326
适应交通量	（辆/日）	9234	11319
交通拥挤度		0.9	0.6

15—18 民航机场吞吐量（2015年）

项　　目	旅客吞吐量（人）	#发运量	货物吞吐量（吨）	#发运量
合　　计	**232590**	**75037**	**846**	**802**
安庆机场	232590	75037	846	802

15—19 分县（市、区）民用运输船舶拥有量（含枞阳）（2015年）

年　份	总艘数（艘）	机动船				驳　船	
		艘数（艘）	净载重量（吨）	载客量（客位）	功率（千瓦）	艘位（艘）	净载重量（吨）
全　市	**1418**	**1407**	**2055822**	**4053**	**511452**	**11**	**10720**
迎江区	214	214	314006	494	81243		
大观区	538	538	721877	66	176951		
宜秀区							
开发区							
桐城市	157	148	433103	30	96525	9	9580
怀宁县	34	34	74462		17966		
枞阳县	343	341	454463	725	128376	2	1140
潜山县	2	2	9060		1606		
太湖县	114	114	28578	1488	4988		
宿松县	9	9	200	920	490		
望江县	7	7	20073	330	3307		
岳西县							

15—19 分县（市、区）民用运输船舶拥有量（2015年）

年　份	总艘数（艘）	机动船				驳　船	
		艘数（艘）	净载重量（吨）	载客量（客位）	功率（千瓦）	艘位（艘）	净载重量（吨）
全　市	**1075**	**1066**	**1601359**	**3328**	**383076**	**9**	**9580**
迎江区	214	214	314006	494	81243		
大观区	538	538	721877	66	176951		
宜秀区							
开发区							
桐城市	157	148	433103	30	96525	9	9580
怀宁县	34	34	74462		17966		
潜山县	2	2	9060		1606		
太湖县	114	114	28578	1488	4988		
宿松县	9	9	200	920	490		
望江县	7	7	20073	330	3307		
岳西县							

15—20　主要年份邮电业务基本情况（含枞阳）

指　　标		2000	2005	2010	2014	2015
邮电业务总量	（万元）	95465	122434	225141	307712	363159
函　件	（万件）	1851.0	1634.0	1095.0	735.5	523.7
包　件	（万件）	69.82	35.10	12.71	9.52	4.89
快　递	（万件）	19.37	37.25	102.33	1123.51	1586.33
报刊期发数	（万份）	66.04	58.98	61.36	55.00	60.15
集邮业务	（万枚）	2931.40	282.37	43.40	311.45	392.10
长途电话（含移动）	（亿分钟）					
#全年长途通话时长				14.14	9.66	9.79
#移动电话长途通话时长				12.97	13.18	9.30
长途电话交换机容量	（路端）			52051	3354000	3345460
固定电话年末用户	（万户）			121.83	81.57	68.04
城　市				41.39	33.95	28.17
农　村				73.27	44.40	39.87
移动短信业务量	（万条）			206284	148572	132569
营业网点	（处）	219	208	191	459	483
邮路及农村投递路线总长度	（公里）	19475	18082	19437	18374	19436
#汽车邮路		3012	2999	3397	3142	3212
铁路邮路						
本地固定电话局用交换机容量	（万门）			157.55	10.30	31.20
电话机	（万户）			353.40	433.82	474.47
固定电话	（万户）			121.83	7.63	68.05
移动电话				231.57	426.19	406.43

注：1.表中邮政数据均由邮政管理局提供，快递业务包括全市所有取得快递经营许可的企业及其备案分支机构，
与上年统计口径不同。

15—20 主要年份邮电业务基本情况

指　　标		2011	2012	2013	2014	2015
邮电业务总量	(万元)			277775	274434	325037
邮政业务总量		27535	30594	34909	39159	45152
电信业务总量				242866	235275	279885
函　件	(万件)	786.11	647.37	484.01	655	479.13
包　件	(万件)	11.2	11.6	10.97	9.52	4.56
快　递	(万件)	33.25	32.28	27.33	1108.4	1518.28
报刊期发数	(万份)	48.51	48.96	51.29	50	55.31
集邮业务	(万枚)	40.33	191.79	237.63	299.73	374.02
长途电话（含移动）	(亿分钟)					
#全年长途通话时长						8.9
#移动电话长途通话时长						8.5
长途电话交换机容量	(路端)	49618	3009262	3008947	2983192	2975454
固定电话年末用户	(万户)					62
城　市						26
农　村						36
移动短信业务量	(万条)					120257
营业网点	(处)					250
邮路及农村投递路线总长度	(公里)	16731	16563	14796	16082	17086
#汽车邮路		2996	2936	3020	2843	2914
铁路邮路						
本地固定电话局用交换机容量	(万门)	172.33	320.10	326.98	305.99	324.72
移动电话用户	(万户)	301.33	286.27	329.75	374.17	322.58
本地电话年末用户	(万户)	96.30	74.36	83.10	73.84	121.84
城市电话用户		47.04	30.43	35.49	30.91	49.66
#住宅电话						24.01
乡村电话用户		49.23	43.93	47.61	40.05	72.18
#住宅电话						29.14

注：1.表中邮政数据均由邮政管理局提供，快递业务包括全市所有取得快递经营许可的企业及其备案分支机构，与上年统计口径不同。

15—21 主要年份邮电业务量（含枞阳）

年份	邮电业务总量（万元）	邮政业务总量	电信业务总量	函件（万件）	报刊期发数（万份）	快递（万件）	集邮业务（万枚）	移动短信业务量（万条）
2000	8909	8909		1851.00	66.04	19.37	2931.40	
2005	22762	22762		1634.00	58.98	37.25	282.37	
2010	225741	32070	193071	1095.00	61.36	102.33	43.40	206285
2011	244140	32440	211700	869.70	57.91	36.73	44.30	158889
2012	274529	36393	238137	730.07	58.01	36.15	195.38	140216
2013	309700	41783	267917	552.68	60.81	30.38	257.42	180049
2014	307712	47154	260558	735.49	55.00	1123.51	311.45	186677
2015	363159	54470	308689	523.68	60.15	1586.33	392.10	132569

年份	移动电话用户（户）	互联网上网人数（万人）	本地电话年末用户（户）	城市电话用户	#住宅电话	乡村电话用户	#住宅电话
2000							
2005							
2010	2315779	26.88	1218290	413932		732722	
2011	3367254	106.86	1113866	511042		602568	
2012	3175151	281.00	85690	5322229			
2013	3698776	309.43	951072	375483	350263	575589	568358
2014	4177337	347.25	815679	339561	322741	444058	424828
2015	3560474	433.93	1342449	549701	264415	792748	321246

15—22 分县（市、区）邮电业务量（含枞阳）（2015年）

地　　区	邮电业务总　　量（万元）	函　　件（万件）	快　　递（万件）	报刊期发数（万份）	集邮业务（万枚）
全　　市	**363159**	**523.68**	**1586.33**	**60.15**	**392.10**
市 辖 区	92074	230.43	927.95	15.02	278.93
桐 城 市	46288	43.31	214.03	5.42	14.25
怀 宁 县	34361	81.84	139.89	6.49	9.85
枞 阳 县	38122	44.55	68.05	4.85	18.08
潜 山 县	31979	10.37	82.89	4.35	23.28
太 湖 县	29342	23.28	60.34	10.40	9.79
宿 松 县	36603	26.01	49.51	5.76	7.85
望 江 县	31270	30.87	23.76	4.93	10.61
岳 西 县	23121	33.02	19.90	2.94	19.46

地　　区	包　　裹（万件）	移动电话用　　户（户）	本地电话年末用户（户）		
				城市电话用　　户	乡村电话用　　户
全　　市	**4.89**	**3591381**	**1341734**	**546118**	**795616**
市 辖 区	0.96	837199	413860	173088	240773
桐 城 市	1.19	428185	180345	72609	107735
怀 宁 县	0.50	347879	103130	41459	61671
枞 阳 县	0.33	365625	123334	49542	73792
潜 山 县	0.86	335431	124974	50368	74606
太 湖 县	0.25	324340	106139	42583	63555
宿 松 县	0.25	382065	107631	43320	64311
望 江 县	0.21	315186	102177	40967	61211
岳 西 县	0.34	255471	80143	32182	47961

15—22 分县（市、区）邮电业务量（2015年）

地区	邮电业务总量（万元）	函件（万件）	快递（万件）	报刊期发数（万份）	集邮业务（万枚）
全市	**325037**	**479.13**	**1518.28**	**55.31**	**374.02**
市辖区	92074	230.43	927.95	15.02	278.93
桐城市	46288	43.31	214.03	5.42	14.25
怀宁县	34361	81.84	139.89	6.49	9.85
潜山县	31979	10.37	82.89	4.35	23.28
太湖县	29342	23.28	60.34	10.40	9.79
宿松县	36603	26.01	49.51	5.76	7.85
望江县	31270	30.87	23.76	4.93	10.61
岳西县	23121	33.02	19.90	2.94	19.46

地区	包裹（万件）	移动电话用户（户）	本地电话年末用户（户）		
				城市电话用户	乡村电话用户
全市	**4.56**	**3225756**	**1218400**	**496576**	**721824**
市辖区	0.96	837199	413860	173088	240773
桐城市	1.19	428185	180345	72609	107735
怀宁县	0.50	347879	103130	41459	61671
潜山县	0.86	335431	124974	50368	74606
太湖县	0.25	324340	106139	42583	63555
宿松县	0.25	382065	107631	43320	64311
望江县	0.21	315186	102177	40967	61211
岳西县	0.34	255471	80143	32182	47961

15—23 主要年份邮电局所数及邮递线路（含枞阳）（年末数）

年份	邮电局所（处）	邮政信筒信箱（处）	邮路总长度（公里）	汽车邮路	农村投递线路（公里）
1995	287	784	3546	2932	14642
2000	228	560	3298	3012	16177
2005	217	512	3189	2999	14893
2010	200	394	3484	3397	15953
2011	180	393	3431	3369	15567
2012	108	430	337	13309	15590
2013	181	446	3393	3393	13811
2014	203	525	3157	3142	15217
2015	207	386	3265	3212	16171

15—23 主要年份邮电局所数及邮递线路（年末数）

年份	邮电局所（处）	邮政信筒信箱（处）	邮路总长度（公里）	汽车邮路	农村投递线路（公里）
2011	154	339	3058	2996	13673
2012	154	376	2998	2936	13565
2013	155	393	3020	3020	11776
2014	173	459	2858	2843	13224
2015	177	339	2967	2914	14119

15—24 分县（市、区）邮电局所数及邮递线路（含枞阳）（2015年）

地　区	邮电局所（处）	邮　政信筒信箱（处）	邮路总长度（公里）	汽车邮路	农村投递线路（公里）
全　市	**207**	**386**	**3265**	**3212**	**16171**
市辖区	25	74	995	995	1264
桐城市	23	44	330	292	2257
怀宁县	22	39	204	204	1779
枞阳县	30	47	299	299	2052
潜山县	19	38	190	175	1343
太湖县	18	21	328	328	1872
宿松县	26	45	391	391	2071
望江县	20	44	295	295	1470
岳西县	24	34	234	234	2063

15—24 分县（市、区）邮电局所数及邮递线路（2015年）

地　区	邮电局所（处）	邮　政信筒信箱（处）	邮路总长度（公里）	汽车邮路	农村投递线路（公里）
全　市	**177**	**339**	**2967**	**2913**	**14119**
市辖区	25	74	995	995	1264
桐城市	23	44	330	292	2257
怀宁县	22	39	204	204	1779
潜山县	19	38	190	175	1343
太湖县	18	21	328	328	1872
宿松县	26	45	391	391	2071
望江县	20	44	295	295	1470
岳西县	24	34	234	234	2063

15—25　分县（市、区）邮电通信设备年末拥有量（含枞阳）（2015年）

地　　区	接入网光缆线路长度（芯公里）	长途电话交换机容量（路端）	本地固定电话局用交换机容量（门）	#接入设备网容量	用户交换机容量（门）
全　　市	**714796**	**3345460**	**3637157**	**912790**	**3408577**
市辖区	213223	313373	413987	287188	345224
桐城市	96188	342367	377487	110318	346464
怀宁县	55693	292957	314762	68706	296998
枞阳县	66596	369916	393780	87648	372522
潜山县	67187	324202	351002	78116	329523
太湖县	57678	470376	493399	70628	475084
宿松县	58373	336083	359648	84441	341128
望江县	55096	420182	440846	67319	423205
岳西县	44761	476005	492247	58427	478429

15—25　分县（市、区）邮电通信设备年末拥有量（2015年）

地　　区	接入网光缆线路长度（芯公里）	长途电话交换机容量（路端）	本地固定电话局用交换机容量（门）	#接入设备网容量	用户交换机容量（门）
全　　市	**648200**	**2975544**	**3243377**	**825142**	**3036055**
市辖区	213223	313373	413987	287188	345224
桐城市	96188	342367	377487	110318	346464
怀宁县	55693	292957	314762	68706	296998
潜山县	67187	324202	351002	78116	329523
太湖县	57678	470376	493399	70628	475084
宿松县	58373	336083	359648	84441	341128
望江县	55096	420182	440846	67319	423205
岳西县	44761	476005	492247	58427	478429

主要统计指标解释

公路里程

是指凡达到交通部《公路工程技术标准》规定的技术等级公路，并经公路主管部门正式验收交付使用的里程。包括大中城市的郊区公路以及通过城镇街道的里程和桥梁、隧道、渡口的长度，不包括大中城市的街道、厂矿、林区生产用道和农业生产用道的里程。两条或多条公路共同经由同一路段，只计算一次，不得重复计算里程长度。按公路技术等级分：等级公路里程和等外公路里程，等级公路里程可分为高速公路、一级公路、二级公路、三级公路、四级公路里程。

货（客）运量

指在一定时期内，各种运输工具实际运送的货物（旅客）数量。它是反映运输业为国民经济和人民生活服务的数量指标，也是制定和检查运输生产计划、研究运输发展规模和速度的重要指标。货运按吨计算，客运按人计算。货物不论运输距离长短、货物类别，均按实际重量统计。旅客不论行程远近或票价多少，均按一人一次客运量统计；半价票、小孩票也按一人统计。

货物（旅客）周转量

指在一定时期内，由各种运输工具运送的货物（旅客）数量与其相应运输距离的乘积之总和。它是反映运输业生产总成果的重要指标，也是编制和检查运输生产计划，计算运输效率、劳动生产率以及核算运输单位成本的主要基础资料。计算货物周转量通常按发出站与到达站之间的最短距离，也就是计费距离计算。计算公式为：

货物（旅客）周转量＝Σ货物（旅客）运输量×运输距离。

民用汽车拥有量

指报告期末，在公安交通管理部门按照《机动车注册登记工作规范》，已注册登记领有民用车辆牌照的全部汽车数量。汽车拥有量统计的主要分类：根据汽车结构分为载客汽车、载货汽车及其他汽车；根据汽车所有者不同分为个人（私人）汽车、单位汽车；根据汽车的使用性质分为营运汽车、非营运汽车；根据汽车大小规格不同载客汽车分为大型、中型、小型和微型，载货汽车分为重型、中型、轻型和微型。

邮政业务总量

是以货币形式表现的邮政企业为社会提供各类邮政服务的总和。是用于观察邮政业务发展变化总趋势的综合性总量指标。计算公式为：

邮政业务总量＝Σ（各类邮政业务量×不变单价）+出租代维及其他业务收入

电信业务总量

是以货币形式表现的电信企业为社会提供各类通信服务的总和。是用于观察电信业务发展变化总趋势的综合性总量指标。按专业可分为本地网通信业务总量、长途通信业务总量、移动通信业务总量、数据通信业务总量、卫星通信业务总量。按通信范围可分为：国内电信业务总量、国际及港澳台电信业务总量。计算公式为：

电信业务总量＝Σ（各类电信业务量×不变单价）+出租代维及其他业务收入

固定电话用户

指实际已接入国家公众固定电话网的全部电话用户。

移动电话用户

指通过移动电话交换机进入移动电话网、占用移动电话号码的全部电话用户。

第 十六 篇

国内贸易

简要说明

一、本篇资料反映我市国内市场发展情况和批发零售贸易业、餐饮业商品经营情况。主要内容有批发零售贸易业商品流通，限额以上批发零售贸易企业、住宿餐饮企业财务状况，社会消费品零售总额、国内集市贸易等。

二、本篇资料是根据国家统计局的批发零售贸易、住宿餐饮业统计报表制度由市统计局商贸科进行搜集和加工整理。

本资料的调查范围：财务状况报表为各种经济类型的限额以上批发、零售贸易法人企业和住宿餐饮业法人企业。社会消费品零售总额报表为有零售业务的各种经济类型的企业、行政事业单位。以上统计报表从基层起报，自下而上逐级综合上报，主要采取全面调查方法，局部资料有的以抽样调查推算，有的利用工商、税务等部门的有关资料推算。

三、限额以上批发和零售业、住宿和餐饮业统计限额标准：批发业，年主营业务收入 2000 万元；零售业，年主营业务收入 500 万元；住宿业、餐饮业，年主营业务收入 200 万元。

16—1 主要年份国内贸易基本情况

指标		1990	1995	2000	2005	2010	2011	2012	2013	2014	2015
社会消费品零售总额	**（亿元）**	**18.20**	**45.68**	**80.64**	**134.87**	**308.89**	**365.04**	**422.31**	**480.33**	**543.18**	**608.38**
按销售单位所在地分											
城　镇（市+县）			29.00	51.37	84.95	217.25	248.62	287.67	326.43	363.34	406.65
#城　区（市）			16.41	32.13	62.74	150.39	159.48	183.66	215.57	229.71	284.14
乡　村（县以下）			16.68	29.27	49.92	91.64	116.42	134.64	153.9	179.84	201.73
按行业分											
批发和零售业			32.58	60.15	105.31	264.91	311.73	358.94	441.52	498.8	558.48
住宿和餐饮业			3.53	7.82	25.99	43.98	53.31	63.37	38.81	44.38	49.9
其　他			9.57	12.67	3.57						
法人机构	**（个）**		**1339**	**57**		**261**	**330**	**385**	**500**	**567**	**604**
批发零售业			1249			179	240	285	376	436	470
住宿餐饮业			90			82	90	100	124	131	134
法人从业人员	**（人）**		**139730**	**10235**		**20679**	**22260**	**26678**	**26264**	**31341**	**31409**
批发零售业			124193			17546	15266	18153	17787	22389	22682
住宿餐饮业			15537			3133	6994	8525	8477	8952	8727
批发零售贸易法人	**（亿元）**										
商品购进总额			72.39	30.8		121.9	172.87	204.77	262.46	290.45	291.91
商品销售总额			75.66	31.67		142.06	203.66	228.86	282.31	318.24	342.35
商品库存总额			20.73	7.48		9.68	14.4	18.3	23.03	35.67	26.32

注：1．2000年及以后法人机构和从业人员为限额以上企业。
　　2．1995年批发零售业口径为不含个体数据，2000年及以后为包含个体的数据。
　　3．2005年及以后的商品购进总额、库存总额为限额以上口径，住宿业从2005年纳入统计范围。
　　4．1995—2004年、2005—2008年、2009—2014年社会消费品零售总额分别是根据第一次、第二次和第三次经济普查结果重新调整后的数据。
　　5．2009—2014年社会消费品零售总额为扣除其他的新口径数据；行业分组中取消“其他”。
　　6．2009—2014年中按销售单位所在地分组调整为“1.城镇，其中：城区；2.乡村”（城镇+乡村=社会消费品零售额总额）。取消“市、县、县以下”分组。

16—2 限额以上批发零售法人企业基本情况（2015年，按登记注册类型分）

指　　标	法人企业（个）	从业人数（人）
总　　计	**470**	**22682**
批发业合计	**116**	**5946**
国有控股	8	1553
内资企业	**116**	**5946**
国有企业	1	879
有限责任公司	51	2207
股份有限公司	4	225
私营企业	60	2635
零售业合计	**354**	**16736**
国有控股	11	1029
内资企业	**352**	**16422**
国有企业	2	154
集体企业	2	118
有限责任公司	104	5850
股份有限公司	18	1578
私营企业	223	8637
其他企业	3	85
港、澳、台商投资企业	**1**	**262**
港澳台商独资经营企业	1	262
外商投资企业	**1**	**52**
中外合资经营企业	1	52

16—3 限额以上批发零售业法人商品购进销售情况（2015年，按登记注册类型分）

单位：万元

指标	商品购进额	进口	商品销售额	批发额	出口	零售额	期末商品库存额	年末零售营业面积(平方米)
总计	**2919082**	**32498**	**3423505**	**1481312**	**62416**	**1942193**	**263172**	**1385739**
批发业合计	**1056344**	**2492**	**1456581**	**1334312**	**62416**	**122269**	**92656**	**233628**
内资企业	**1056344**	**2492**	**1456581**	**1334312**	**62416**	**122269**	**92656**	**233628**
国有企业	321512		517680	517680			21702	
有限责任公司	339661	2204	498206	438114	31434	60092	35740	113470
国有独资公司	9846		12115	11107		1008	392	600
其他有限责任公司	329816	2204	486091	427008	31434	59084	35348	112870
股份有限公司	36954		39598	34455		5143	3045	1200
私营企业	358217	288	401096	344062	30983	57034	32169	118958
私营有限责任公司	349027	288	384068	333697	30983	50371	31169	116888
私营股份有限公司	9191		8717	6126		2591	746	2020
零售业合计	**1862738**	**30006**	**1966925**	**147001**		**1819924**	**170516**	**1152111**
内资企业	**1842424**	**30006**	**1944253**	**147001**		**1797252**	**165775**	**1145111**
国有企业	24688		25286			25286	18	2484
集体企业	8913		10412	9566		846	128	1800
有限责任公司	636443	22865	651372	39728		611644	75686	237884
其他有限责任公司	636443	22865	651372	39728		611644	75686	237884
股份有限公司	456499	7	488114	33907		454206	6949	288138
私营企业	711272	7135	763302	63799		699503	82120	609455
私营独资企业	31522		33077			33077	1629	34290
私营合伙企业	2209		2518			2518	309	1250
私营有限责任公司	605888	7135	646723	63447		583276	73380	539196
私营股份有限公司	71653		80983	353		80631	6802	34719
其他企业	4610		5767			5767	875	5350
港、澳、台商投资企业	**8415**		**9732**			**9732**	**2766**	**6000**
港澳台商独资经营企业	8415		9732			9732	2766	6000
外商投资企业	**11899**		**12940**			**12940**	**1976**	**1000**
中外合资经营企业	11899		12940			12940	1976	1000

16—4　限额以上批发零售业法人商品购进销售情况（2015年，按行业分）

单位：万元

指　　标	商品购进额	进口	商品销售额	批发额	出口	零售额	期末商品库存额	年末零售营业面积(平方米)
总　计	**2919082**	**32498**	**3423505**	**1481312**	**62416**	**1942193**	**263172**	**1385739**
批发业	**1056344**	**2492**	**1456581**	**1334312**	**62416**	**122269**	**92656**	**233628**
农、林、牧产品批发	119145	2007	141806	139188		2618	14903	70692
谷物、豆及薯类批发	2677	2007	2416	2416			404	3000
种子批发	55522		75350	75350			7086	26400
饲料批发	5269		5277	3166		2111	12	400
棉、麻批发	52061		54772	54769		2	7265	28706
林业产品批发	3617		3990	3486		505	135	12186
食品、饮料及烟草制品批发	451332		659838	621446		38392	38447	31286
米、面制品及食用油批发	58526		58163	40705		17459	7542	13008
糕点、糖果及糖批发	9685		10959	3396		7563	1170	3500
果品、蔬菜批发			10523	6430		4093	862	1050
肉、禽、蛋、奶及水产品批发	2988		5151	5150		1	80	308
盐及调味品批发	9846		12115	11107		1008	392	600
营养和保健品批发	14885		12149	9783		2366	3315	4000
酒、饮料及茶叶批发	33892		33099	27197		5903	3384	8820
烟草制品批发	321512		517680	517680			21702	
纺织、服装及家庭用品批发	44136	288	88816	81763	34037	7053	8557	14258
纺织品、针织品及原料批发	5469	288	5544	5150	2920	394	579	1500
服装批发	2298		33641	32531	31117	1110	121	280
鞋帽批发	2129		2476	1509		967	136	420
家用电器批发	32241		42155	37723		4432	7631	11856
其他家庭用品批发	2000		5000	4850		150	90	100
文化、体育用品及器材批发	9834		13338	11187		2151	2064	3427
图书批发	9834		13338	11187		2151	2064	3427
医药及医疗器材批发	115711		217597	180047		37550	14048	45408
西药批发	71963		115852	101902		13951	5983	41558
中药批发	42318		99730	76937		22793	8025	3250
医疗用品及器材批发	1431		2015	1209		806	40	600

16—4 续表1

单位：万元

指标	商品购进额	进口	商品销售额	批发额	出口	零售额	期末商品库存额	年末零售营业面积(平方米)
矿产品、建材及化工产品批发	222623		235180	215812		19368	11013	43597
煤炭及制品批发	6321		7129	6200		929	544	3510
石油及制品批发	1391		1416	1416			40	1332
建材批发	73976		80331	71529		8802	4554	16558
化肥批发	62541		66855	63482		3374	1837	13320
农药批发	11756		12467	12467			1075	810
其他化工产品批发	66639		66982	60718		6264	2963	8067
机械设备、五金产品及电子产品批发	33317		37781	25722	588	12059	1830	18450
农业机械批发	12216		12135	9394		2741	443	4000
汽车批发	12035		14032	7915		6117	235	6400
汽车零配件批发	5003		6832	3631		3200	624	7050
电气设备批发	2362		3124	3124	588		443	
其他机械设备及电子产品批发	1700		1658	1658			86	1000
贸易经纪与代理	27709	198	28050	28050	27791		95	1000
贸易代理	27709	198	28050	28050	27791		95	1000
其他批发业	32538		34176	31097		3079	1699	5510
再生物资回收与批发	21561		22622	20480		2142	386	3200
其他未列明批发业	10977		11554	10617		937	1313	2310
零售业	**1862738**	**30006**	**1966925**	**147001**		**1819924**	**170516**	**1152111**
综合零售	514612	5641	552101	30891		521210	66765	501736
百货零售	357096	781	383764	28124		355640	38537	372482
超级市场零售	145930	4860	155220	2767		152453	26904	124535
其他综合零售	11586		13117			13117	1325	4719
食品、饮料及烟草制品专门零售	158853	13915	166699	30479		136219	6527	33945
粮油零售	14455	12415	13836			13836	653	3080
果品、蔬菜零售	3106		4446	1081		3365	164	6820
肉、禽、蛋、奶及水产品零售	87706		91090	12442		78649	1910	9785
营养和保健品零售	503		501			501	18	167
酒、饮料及茶叶零售	37581	1500	41698	13669		28030	2978	11000
烟草制品零售	5465		5223	353		4870	519	700
其他食品零售	10037		9905	2936		6969	285	2393

16—4 续表2

单位：万元

指标	商品购进额	进口	商品销售额	批发额	出口	零售额	期末商品库存额	年末零售营业面积(平方米)
纺织、服装及日用品专门零售	29650		33638	9854		23784	10785	23730
纺织品及针织品零售	662		631			631	32	600
服装零售	7364		9620	2340		7280	9275	14450
钟表、眼镜零售	302		1860	1160		700	275	1000
其他日用品零售	21323		21528	6354		15173	1203	7680
文化、体育用品及器材专门零售	42018		46086			46086	5836	8421
文具用品零售	1779		1777			1777	8	105
体育用品及器材零售	1148		1436			1436	16	300
图书、报刊零售	30766		34807			34807	1303	6164
珠宝首饰零售	8325		8067			8067	4509	1852
医药及医疗器材专门零售	41207		50439	147		50293	5047	13210
药品零售	41207		41803	147		41656	4990	13010
医疗用品及器材零售			8636			8636	57	200
汽车、摩托车、燃料及零配件专门零售	799616	10450	819717	40578		779138	51811	357821
汽车零售	355474	10450	363389	2699		360690	46307	101495
摩托车及零配件零售	15359		14965	2033		12932	1249	5000
机动车燃料零售	428783		441363	35846		405517	4255	251326
家用电器及电子产品专门零售	125184		137045	18943		118102	13517	44910
家用视听设备零售	6611		6549			6549	930	4410
日用家电设备零售	106904		114221	11607		102614	10704	36134
计算机、软件及辅助设备零售	4419		7092	3782		3310	554	1709
通信设备零售	5507		7368	1740		5628	567	2515
其他电子产品零售	1743		1814	1814			762	142
五金、家具及室内装饰材料专门零售	132246		138782	5338		133443	8735	161989
五金零售	11804		13204	1382		11823	325	3150
灯具零售	1121		1360			1360	15	100
家具零售	70978		71804	1294		70510	1819	135179
陶瓷、石材装饰材料零售	680		960	850		110	138	200
其他室内装饰材料零售	47663		51453	1812		49640	6438	23360
货摊、无店铺及其他零售业	19353		22418	10770		11648	1493	6349
生活用燃料零售	1976		1957			1957	26	2534
其他未列明零售业	17377		20461	10770		9690	1467	3815

16—5 限额以上批发零售业法人商品购进销售情况（2015年，按控股情况分）

单位：万元

指标	商品购进额	进口	商品销售额	批发额	出口	零售额	期末商品库存额	年末零售营业面积（平方米）
总计	**2919082**	**32498**	**3423505**	**1481312**	**62416**	**1942193**	**263172**	**1385739**
批发业	**1056344**	**2492**	**1456581**	**1334312**	**62416**	**122269**	**92656**	**233628**
国有控股	371441		657625	631344		26282	31675	8635
集体控股	16240		16395	10329		6067	509	1010
私人控股	606365	2294	671573	585743	30983	85830	52782	192985
其他	62298	198	110988	106897	31434	4091	7690	30998
零售业	**1862738**	**30006**	**1966925**	**147001**		**1819924**	**170516**	**1152111**
国有控股	476428		493583	33859		459724	5186	254458
集体控股	165331	7	162407	9897		152510	16668	88470
私人控股	1036462	30000	1124374	94308		1030065	130044	750714
港澳台商控股	8415		9732			9732	2766	6000
其他	176102		176829	8936		167893	15854	52469

16—6 限额以上批发零售业法人商品购进销售情况（2015年，按经营形式分）

单位：万元

指标	商品购进额	进口	商品销售额	批发额	出口	零售额	期末商品库存额	年末零售营业面积（平方米）
总计	**2919082**	**32498**	**3423505**	**1481312**	**62416**	**1942193**	**263172**	**1385739**
批发业	**1056344**	**2492**	**1456581**	**1334312**	**62416**	**122269**	**92656**	**233628**
独立门店	876934	198	1214782	1111092	27791	103690	73225	175273
连锁总店（总部）	17783		17859	12923		4936	1321	1130
连锁门店	40088		57094	55147		1947	7227	26510
其他	121540	2294	166847	155150	34625	11697	10883	30715
零售业	**1862738**	**30006**	**1966925**	**147001**		**1819924**	**170516**	**1152111**
独立门店	1425817	25146	1524180	133274		1390906	125641	805962
连锁总店（总部）	161467		155394	1233		154161	17597	193460
连锁门店	249221	4860	257134	2110		255024	25192	129510
其他	26233		30216	10384		19833	2086	23179

16—7 限额以上零售业法人商品购进销售情况（2015年，按零售业态分）

单位：万元

指标	商品购进额	进口	商品销售额	批发额	零售额	期末商品库存额	年末零售营业面积(平方米)
零售业	**1862738**	**30006**	**1966925**	**147001**	**1819924**	**170516**	**1152111**
有店铺零售	**1854460**	**30006**	**1957045**	**141290**	**1815755**	**161293**	**1140061**
食杂店	2401		2750		2750	20	5120
便利店	7439		8808		8808	769	1713
超　市	261447	7	285181	26425	258757	25528	135705
大型超市	197201	5635	192622		192622	35606	313468
百货店	84445		105866	8037	97828	8170	67915
专业店	782278	10450	831518	63826	767692	34761	328983
专卖店	398380	13915	403767	40777	362990	48458	132628
家居建材商店	53833		57148	1812	55336	7023	37769
购物中心	61494		62498		62498	453	111900
厂家直销中心	5543		6886	412	6473	505	4860
无店铺零售	**8278**		**9880**	**5711**	**4169**	**9223**	**12050**

16—8 限额以上批发零售业主要商品分类销售额（2015年）

单位：万元

指标	合计	批发	零售
合计	**3410835.7**	**1243066.0**	**2167769.7**
粮油、食品类	444671.8	70758.0	373913.8
#粮油类	103757.5	17253.3	86504.2
肉禽蛋类	98997.2	6194.1	92803.1
水产品类	18505.8	49.9	18455.9
蔬菜类	17950.1	8311.3	9638.8
干鲜果品类	25856.0	6441.6	19414.4
饮料类	96593.1	10904.5	85688.6
烟酒类	650015.3	545122.1	104893.2
服装、鞋帽、针纺织品类	135665.7	25443.7	110222.0
服装类	66256.2	2010.9	64245.3
鞋帽类	26114.8	448.9	25665.9
针、纺织品类	43294.7	22983.9	20310.8
化妆品类	31428.4	3311.7	28116.7
金银珠宝类	30994.2		30994.2
日用品类	79720.3	6885.7	72834.6
#儿童玩具类	4356.4	354.2	4002.2
五金、电料类	11647.5		11647.5
体育、娱乐用品类	3817.5		3817.5
书报杂志类	48011.6	12823.9	35187.7
电子出版物及音像制品类	2642.6		2642.6
家用电器和音像器材类	192063.4	16201.1	175862.3
中西药品类	260993.2	215927.1	45066.1
#西药类	116399.9	93585.1	22814.8
中草药及中成药类	20269.3	11891.0	8378.3
文化办公用品类	20905.9	180.7	20725.2
家具类	89292.4		89292.4
通讯器材类	11406.8		11406.8
煤炭及制品类	5876.9	5876.9	
木材及制品类	268.2	266.0	2.2
石油及制品类	458907.9	3750.5	455157.4
化工材料及制品类	137861.0	137239.5	621.5
#化肥类	104203.5	103709.9	493.6
金属材料类	58330.3	58187.3	143.0
建筑及装潢材料类	85232.1	22538.6	62693.5
机电产品及设备类	32019.1	12549.9	19469.2
#农机类	619.6		619.6
汽车类	375014.9	6449.7	368565.2
种子饲料类	30305.9	24819.9	5486.0
棉麻类	30789.3	19314.0	11475.3
其他类	86360.4	44515.2	41845.2

16—9 限额以上批发零售业法人企业主要财务指标情况（2015年，按登记注册类型分）

指标	法人企业数（个）	执行《2006年企业会计准则》企业数	年初存货	流动资产合计	应收帐款
总　计	**470**	**322**	**644664**	**1445718**	**181779**
批发业合计	**116**	**76**	**89346**	**548493**	**132184**
内资企业	**116**	**76**	**89346**	**548493**	**132184**
国有企业	1	1	20263	148299	
有限责任公司	51	37	32327	189149	62110
国有独资公司	2	2	672	2202	446
其他有限责任公司	49	35	31655	186947	61664
股份有限公司	4	3	5547	28239	5608
私营企业	60	35	31209	182807	64466
私营独资企业	1	1	457		
私营有限责任公司	56	32	29675	176220	63467
私营股份有限公司	3	2	1077	6586	999
零售业合计	**354**	**246**	**555318**	**897225**	**49595**
内资企业	**352**	**245**	**552825**	**890928**	**49501**
国有企业	2	1	38	670	57
集体企业	2	2	126	626	111
有限责任公司	104	75	61788	223632	20323
其他有限责任公司	104	75	61788	223632	20323
股份有限公司	18	12	420234	473837	2547
私营企业	223	152	69678	190081	26415
私营独资企业	14	11	1619	3137	274
私营合伙企业	1	1	332	352	5
私营有限责任公司	198	133	61785	173927	22977
私营股份有限公司	10	7	5943	12665	3160
其他企业	3	3	961	2082	48
港、澳、台商投资企业	**1**	**1**		**1028**	**58**
港澳台商独资经营企业	1	1		1028	58
外商投资企业	**1**		**2493**	**5270**	**36**
中外合资经营企业	1		2493	5270	36

单位：万元

存货	固定资产合计	固定资产原价	累计折旧	本年折旧	在建工程	资产总计	流动负债合计	应付帐款	非流动负债合计
275331	**249261**	**340141**	**91407**	**18660**	**32953**	**1896893**	**1141751**	**157271**	**67713**
101103	**79258**	**112165**	**33226**	**6045**	**10104**	**682642**	**343732**	**94085**	**15292**
101103	**79258**	**112165**	**33226**	**6045**	**10104**	**682642**	**343732**	**94085**	**15292**
21737	20377	35735	15358	1541	366	172257	13015	3002	
40558	17594	25164	7718	2222	1193	225317	155062	46758	1949
393	415	1444	1029	112		3997	858	139	216
40165	17179	23720	6689	2111	1193	221320	154205	46619	1733
3945	8696	10971	2275	172		40092	15534	744	8030
34863	32591	40296	7875	2109	8546	244976	160120	43581	5313
	70	70				92	26		36
34303	30634	37873	7397	1904	8546	236411	158449	43376	5277
560	1887	2353	477	205		8473	1646	206	
174229	**170003**	**227975**	**58181**	**12615**	**22849**	**1214251**	**798020**	**63186**	**52421**
172252	**165597**	**222793**	**57262**	**12052**	**22706**	**1202916**	**789166**	**60501**	**52421**
53	601	964	363	10	354	1625	2254	111	21
128	273	410	137	118		1049	269	11	
69497	41230	56916	16036	4352	4138	299966	197152	33937	24657
69497	41230	56916	16036	4352	4138	299966	197152	33937	24657
21485	32366	52807	20187	3683	3358	550748	430422	3472	1379
80057	90508	110555	20019	3816	14857	346316	157485	22667	26365
1781	2790	3040	250	120		6464	1693	712	187
309	32	38	7	4		486	315	35	161
71308	84580	99165	14556	3221	14857	314509	144327	21115	25513
6659	3107	8312	5206	471		24856	11150	805	505
1033	620	1141	521	73		3213	1584	304	
	3689	**4193**	**504**	**504**		**4772**	**3597**	**2644**	
	3689	4193	504	504		4772	3597	2644	
1976	**717**	**990**	**415**	**60**	**142**	**6563**	**5257**	**42**	
1976	717	990	415	60	142	6563	5257	42	

16—9 续表1

指标	负债合计	所有者权益合计	实收资本	国家资本	集体资本	法人资本
总计	**1199717**	**697175**	**256169**	**15908**	**9883**	**96472**
批发业合计	**359161**	**323481**	**87079**	**5303**	**3221**	**28319**
内资企业	**359161**	**323481**	**87079**	**5303**	**3221**	**28319**
国有企业	13015	159242	938	938		
有限责任公司	157136	68181	45373	3592	3102	11948
国有独资公司	1074	2923	681	681		
其他有限责任公司	156062	65258	44692	2911	3102	11948
股份有限公司	23564	16527	9151	763		1200
私营企业	165446	79530	31617	10	119	15171
私营独资企业	62	30	30			20
私营有限责任公司	163725	72685	31122		118	15120
私营股份有限公司	1658	6815	465	10	1	31
零售业合计	**840557**	**373694**	**169090**	**10605**	**6662**	**68154**
内资企业	**831683**	**371233**	**166175**	**10605**	**6662**	**67404**
国有企业	2275	-650	358	358		
集体企业	269	781	348		330	18
有限责任公司	211905	88061	48579	1986	4623	15386
其他有限责任公司	211905	88061	48579	1986	4623	15386
股份有限公司	431800	118948	15098	8261	763	1426
私营企业	183850	162465	100681		945	50069
私营独资企业	1881	4584	2213			118
私营合伙企业	476	11	9			
私营有限责任公司	169839	144670	88633		243	41599
私营股份有限公司	11655	13201	9826		703	8352
其他企业	1584	1630	1111			504
港、澳、台商投资企业	**3597**	**1175**	**1416**			
港澳台商独资经营企业	3597	1175	1416			
外商投资企业	**5277**	**1286**	**1500**			**750**
中外合资经营企业	5277	1286	1500			750

单位：万元

个人资本	港澳台资本	外商资本	营业收入	主营业务收入	营业成本	主营业务成本	营业税金及附加	主营业务税金及附加	其他业务利润
131740	**1416**	**750**	**3217742**	**3191210**	**2834773**	**2817749**	**57037**	**56496**	**14820**
50235	**1**		**1353486**	**1340977**	**1155594**	**1150317**	**47686**	**47388**	**6987**
50235	**1**		**1353486**	**1340977**	**1155594**	**1150317**	**47686**	**47388**	**6987**
			442651	442462	320334	320298	45444	45444	154
26731			488721	482521	457264	453488	699	563	1745
			12149	11970	10036	9952	47	42	61
26731			476572	470551	447228	443536	652	520	1684
7188			38422	37727	36174	35377	139	42	
16316	1		383693	378268	341822	341154	1403	1339	5089
10			4025	4025	3926	3926	10	7	
15884			370871	365536	330462	329973	1371	1309	5088
422	1		8796	8707	7434	7255	23	23	1
81505	**1416**	**750**	**1864256**	**1850233**	**1679179**	**1667432**	**9351**	**9109**	**7833**
81505			**1842295**	**1829442**	**1660479**	**1649254**	**9264**	**9065**	**7684**
			25678	25663	24698	24683	6	6	
			11182	11167	9670	9655	8	8	
26584			659380	656156	603835	600214	2728	2629	4443
26584			659380	656156	603835	600214	2728	2629	4443
4648			440587	436427	411389	407686	1469	1469	72
49666			699892	694452	605729	601858	5039	4939	3169
2095			32812	32662	29630	29501	286	269	663
9			2518	2518	2245	2245	9	9	
46792			583875	578690	501988	498308	4436	4352	2506
771			80687	80582	71866	71805	309	309	
607			5577	5577	5158	5158	14	14	
	1416		**10902**	**9732**	**8084**	**7562**	**63**	**20**	
	1416		10902	9732	8084	7562	63	20	
		750	**11060**	**11060**	**10616**	**10616**	**24**	**24**	**149**
		750	11060	11060	10616	10616	24	24	149

16—9 续表2

指 标	销售费用	管理费用		财务费用		
			税 金		利息收入	利息支出
总 计	**111878**	**81885**	**4629**	**20810**	**7128**	**13961**
批发业合计	**31850**	**35408**	**1112**	**4293**	**6415**	**7622**
内资企业	**31850**	**35408**	**1112**	**4293**	**6415**	**7622**
国有企业	6898	18573	505	-5982	5986	
有限责任公司	11751	8344	167	3951	168	2867
国有独资公司	1303	706	49	-10	10	
其他有限责任公司	10448	7638	118	3961	158	2867
股份有限公司	945	588	35	731	15	699
私营企业	12256	7903	405	5593	245	4056
私营独资企业	16	14	9	11		
私营有限责任公司	11953	7684	381	5543	243	4054
私营股份有限公司	287	206	14	39	3	2
零售业合计	**80028**	**46477**	**3517**	**16517**	**713**	**6339**
内资企业	**76750**	**46106**	**3495**	**16279**	**708**	**6339**
国有企业	530	444	19	3		2
集体企业	519	554	5	3		3
有限责任公司	24919	17578	563	7638	326	2938
其他有限责任公司	24919	17578	563	7638	326	2938
股份有限公司	17545	5442	1644	620	-11	190
私营企业	32899	21996	1257	7931	392	3203
私营独资企业	783	715	92	74		18
私营合伙企业	112	87	9	55		
私营有限责任公司	28446	18606	973	7334	392	3161
私营股份有限公司	3558	2587	183	468		25
其他企业	338	91	7	85	1	4
港、澳、台商投资企业	**2999**			**10**	**6**	
港澳台商独资经营企业	2999			10	6	
外商投资企业	**279**	**371**	**22**	**227**		
中外合资经营企业	279	371	22	227		

单位：万元

资产减值损失	公允价值变动收益	投资收益	营业利润	营业外收入	政府补助	利润总额	应交所得税	本年应付职工薪酬	应交增值税
1354	**36**	**529**	**116262**	**2921**	**882**	**109009**	**20585**	**85178**	**37660**
103	**18**	**356**	**79641**	**515**	**249**	**77425**	**15573**	**34039**	**24318**
103	**18**	**356**	**79641**	**515**	**249**	**77425**	**15573**	**34039**	**24318**
			57383	72	37	57307	14325	18926	21594
85		261	7500	164	31	6530	483	6976	1658
-30		51	147			142	43	613	321
115		210	7353	164	31	6388	440	6363	1337
			-44	20	20	-20		572	-31
18	18	96	14802	258	161	13609	764	7565	1097
			49			56		210	
18	18	96	13955	248	161	12928	725	7066	1024
			798	10		625	39	289	72
1251	**18**	**172**	**36620**	**2406**	**634**	**31584**	**5012**	**51139**	**13343**
1251	**18**	**172**	**37183**	**2402**	**634**	**32144**	**5012**	**50045**	**13014**
			-3	15	10	12	9	304	5
			429			429	4	44	1.2
100		-71	6375	1562	338	6508	652	21513	3420
100		-71	6375	1562	338	6508	652	21513	3420
-24			4144	318	44	3655	1348	8194	3450
1174	18	243	26348	495	232	21511	3000	19692	6137
5		25	1344	4	4	1339	112	692	267
			11			11		48	9
1169	18	218	23095	471	208	18330	2719	17397	5144
			1898	20	20	1832	169	1555	718
			-109	13	10	30		299	1
			-255	**3**		**-252.2**		**877**	**167**
			-255	3		-252.2		877	167
			-309	**1**		**-308**		**217**	**162**
			-309	1		-308		217	162

16—10 限额以上批发零售业法人主要财务指标情况（2015年，按行业分）

指标	法人企业数（个）	执行《2006年企业会计准则》企业数	年初存货	流动资产合计	应收帐款
总　计	**468**	**321**	**644664**	**1445718**	**181779**
批发业	**116**	**76**	**89346**	**548493**	**132184**
农、林、牧产品批发	11	7	14319	63426	15492
谷物、豆及薯类批发	1	1	144	2933	2463
种子批发	3	3	3998	24791	2268
饲料批发	1		20	1429	115
棉、麻批发	5	2	9959	32532	8906
林业产品批发	1	1	199	1741	1741
食品、饮料及烟草制品批发	30	20	34654	202757	10566
米、面制品及食用油批发	9	7	7037	33144	4973
糕点、糖果及糖批发	2	1	1089	1928	90
果品、蔬菜批发	2	2	1189	1406	258
肉、禽、蛋、奶及水产品批发	2	1	115	1916	486
盐及调味品批发	2	2	672	2202	446
营养和保健品批发	1		1324	3511	1135
酒、饮料及茶叶批发	11	6	2965	10351	3178
烟草制品批发	1	1	20263	148299	0
纺织、服装及家庭用品批发	18	12	8805	29736	2734
纺织品、针织品及原料批发	2		490	1336	588
服装批发	2	2	280	3233	775
鞋帽批发	1			240	30
化妆品及卫生用品批发	1	1			
家用电器批发	11	8	7885	24737	1301
其他家庭用品批发	1	1	150	190	40
文化、体育用品及器材批发	2	2	2639	11292	956
图书批发	2	2	2639	11292	956
医药及医疗器材批发	10	8	12007	111680	65023
西药批发	5	3	5271	65206	36493
中药批发	4	4	6724	45878	27975
医疗用品及器材批发	1	1	12	596	556

单位：万元

存　　货	固定资产合　　计	固定资产原　　价	累计折旧	本年折旧	在建工程	资产总计	流动负债合　　计	应付帐款	非流动负债合计
275331	**249261**	**340141**	**91407**	**18660**	**32953**	**1896893**	**1141751**	**157271**	**67713**
101103	**79258**	**112165**	**33226**	**6045**	**10104**	**682642**	**343732**	**94085**	**15292**
20609	17918	22144	4227	514	6	91854	43107	3706	9210
404	11	30	20	2		2943	2746	562	
11416	5742	7063	1321	174	6	36284	19287	2714	1210
12						1429	935	59	
8777	11633	14427	2794	320		48887	19076	20	8000
	533	624	91	18		2311	1063	351	
36754	33124	51821	18708	2204	7721	249989	46363	4651	780
7423	7250	8520	1271	180	5614	45648	21467	182	528
1370	1288	1477	189	80	1739	6031	1702	127	
609	467	546	79	21		2278	698	61	36
80	70	107	37	7		1986	1771		
393	415	1444	1029	112		3997	858	139	216
2376	16	19	3	3	3	3888	2285	524	
2766	3242	3973	742	261		13905	4567	615	
21737	20377	35735	15358	1541	366	172257	13015	3002	
8821	4892	5773	881	216		37431	23767	7246	44
430	179	205	27	9		1519	1036	920	
168	63	83	21	10		3359	995	740	
136	81	88	7	7		320	14	8	
7937	3774	4218	444	155		31247	21572	5578	44
150	796	1180	384	36		986	150		
2064	1043	1885	842	123		15569	3281	1357	
2064	1043	1885	842	123		15569	3281	1357	
14301	11625	15840	4215	1983	1158	132402	109509	47411	3991
6071	7430	10200	2770	823	1158	78966	64012	25347	3911
8189	3930	5340	1410	1145		52576	44697	21496	80
40	265	299	35	15		860	800	568	0

16—10　续表1

指　　标	负债合计	所有者权益合计	实收资本	国家资本	集体资本	法人资本
总　计	**1199717**	**697175**	**256169**	**15908**	**9883**	**96472**
批发业	**359161**	**323481**	**87079**	**5303**	**3221**	**28319**
农、林、牧产品批发	52317	39537	19163	763	680	1940
谷物、豆及薯类批发	2746	197	200			
种子批发	20498	15787	8200		680	
饲料批发	935	494	500			
棉、麻批发	27076	21812	9763	763		1940
林业产品批发	1063	1248	500			
食品、饮料及烟草制品批发	47156	202833	11120	1630	1	861
米、面制品及食用油批发	21995	23653	5996			
糕点、糖果及糖批发	1702	4329	158			50
果品、蔬菜批发	734	1543	230			20
肉、禽、蛋、奶及水产品批发	1771	216	200			150
盐及调味品批发	1074	2923	681	681		
营养和保健品批发	2285	1603	1000			500
酒、饮料及茶叶批发	4580	9324	1917	10	1	141
烟草制品批发	13015	159242	938	938		
纺织、服装及家庭用品批发	23811	13621	6628			2120
纺织品、针织品及原料批发	1036	482	350			
服装批发	995	2364	520			520
鞋帽批发	14	307	200			
化妆品及卫生用品批发						
家用电器批发	21616	9631	5508			1600
其他家庭用品批发	150	836	50			
文化、体育用品及器材批发	3281	12288	2911	2911		
图书批发	3281	12288	2911	2911		
医药及医疗器材批发	113500	18902	17090		2300	8868
西药批发	67923	11042	10300		2300	5500
中药批发	44777	7799	6680			3368
医疗用品及器材批发	800	61	110			

单位：万元

个人资本	港澳台资本	外商资本	营业收入	主营业务收入	营业成本	主营业务成本	营业税金及附加	主营业务税金及附加	其他业务利润
131740	**1416**	**750**	**3217742**	**3191210**	**2834773**	**2817749**	**57037**	**56496**	**14820**
50235	**1**		**1353486**	**1340977**	**1155594**	**1150317**	**47686**	**47388**	**6987**
15780			142351	142351	131012	131012	244	215	50
200			2416	2416	2258	2258	3	3	
7520			75350	75350	68191	68191	80	80	
500			5277	5277	5164	5164	2	2	
7060			55318	55318	51834	51834	145	116	50
500			3990	3990	3564	3564	14	14	
8628	1		582202	581045	441943	441258	46036	45972	270
5996			59146	58986	52787	52626	299	244	
108			13319	13319	11726	11726	37	37	54
210			5148	4609	4588	4262	13	10	
50			5151	5151	4631	4631	6	6	
			12149	11970	10036	9952	47	42	61
500			12149	12149	11035	11035	23	23	
1764	1		32490	32401	26807	26728	167	167	1
			442651	442462	320334	320298	45444	45444	154
4508			86618	86476	80242	80065	139	139	
350			5744	5744	5124	5124	6	6	
			33641	33499	32308	32131	3	3	
200			2464	2464	1993	1993	3	3	
3908			41421	41421	38108	38108	127	127	
50			3349	3349	2710	2710	1	1	
			16368	15054	13616	12689	194	31	
			16368	15054	13616	12689	194	31	
5922			191676	181779	174767	171531	273	242	6655
2500			101400	93125	89399	86163	125	94	5033
3312			88261	86640	83676	83676	137	137	1622
110			2015	2015	1693	1693	11	11	

16—10 续表2

指标	销售费用	管理费用	税金	财务费用	利息收入	利息支出
总计	**111878**	**81885**	**4629**	**20810**	**7128**	**13961**
批发业	**31850**	**35408**	**1112**	**4293**	**6415**	7622
农、林、牧产品批发	3004	2221	73	2123	17	1882
谷物、豆及薯类批发	6	13		122		101
种子批发	1852	1744	31	892	13	896
饲料批发	39	7		73		73
棉、麻批发	761	433	41	1021	4	812
林业产品批发	347	24		14		
食品、饮料及烟草制品批发	12750	22245	688	-4204	6002	690
米、面制品及食用油批发	1510	1268	102	979	3	541
糕点、糖果及糖批发	882	261		367		9
果品、蔬菜批发	159	120	12	93		
肉、禽、蛋、奶及水产品批发	271	105		31		3
盐及调味品批发	1303	706	49	-10	10	
营养和保健品批发	7	501		152		
酒、饮料及茶叶批发	1721	711	20	166	3	138
烟草制品批发	6898	18573	505	-5982	5986	
纺织、服装及家庭用品批发	2238	1467	18	392	127	476
纺织品、针织品及原料批发	411	112	6	14	1	40
服装批发	489	60	2	1		
鞋帽批发	151	97				
化妆品及卫生用品批发						
家用电器批发	1105	999	10	377	126	436
其他家庭用品批发	82	200	1			
文化、体育用品及器材批发	1526	893	25	-13	16	3
图书批发	1526	893	25	-13	16	3
医药及医疗器材批发	4733	3397	102	2485	109	1824
西药批发	3172	1901	88	1612	49	1455
中药批发	1406	1428	11	862	60	369
医疗用品及器材批发	155	68	4	11	1	

单位：万元

资产减值损失	公允价值变动收益	投资收益	营业利润	营业外收入	政府补助	利润总额	应交所得税	本年应付职工薪酬	应交增值税
1354	**36**	**529**	**116262**	**2921**	**882**	**109009**	**20585**	**85178**	**37660**
103	**18**	**356**	**79641**	**515**	**249**	**77425**	**15573**	**34039**	**24318**
		57	3805	167	159	3978	43	2685	80
			14	1	1	15		10	4
			2592			2552	18	977	88
			-8			-8		33	
		57	1180	155	148	1381	25	1409	-12
			28	10	10	38		258	
-12	18	147	63599	101	54	62944	14554	22620	22476
18	18	96	2400	19	17	2040	9	735	190
			47			47	8	490	2
			175			182		306	
			107			70		83	24
-30		51	147			142	43	613	321
			431			431	5	443	110
			2909	10		2726	164	1024	235
			57383	72	37	57307	14325	18926	21594
			2628	37	1	2146	263	1334	200
			77			77	23	221	28
			1268	27		1294	75	346	26
			221			221	15	36	12
			706	10	1	553	151	731	133
			356						
-15			279	32		305	1	609	173
-15			279	32		305	1	609	173
130		153	6044	123	10	6123	404	3083	479
28			5162	66	8	5199	216	1981	208
102		153	804	57	2	846	185	976	186
			78			78	4	126	85

16—10 续表3

指 标	法人企业数（个）	执行《2006年企业会计准则》企业数	年初存货	流动资产合计	应收帐款
矿产品、建材及化工产品批发	33	20	12037	70277	10422
煤炭及制品批发	3	3	555	6043	765
石油及制品批发	1	1	27	557	9
建材批发	12	8	3641	30433	4218
化肥批发	7	2	3885	10765	3090
农药批发	2	1	1711	4776	1630
其他化工产品批发	8	5	2219	17702	710
机械设备、五金产品及电子产品批发	6	2	3268	35942	11986
农业机械批发	2		288	24036	9695
汽车批发	1	1	2158	7296	312
汽车零配件批发	1	1	463	2952	1602
电气设备批发	1		360	1260	208
其他机械设备及电子产品批发	1			399	169
贸易经纪与代理	2	2	190	17417	13251
贸易代理	2	2	190	17417	13251
其他批发业	4	3	1427	5966	1753
再生物资回收与批发	1		297	1792	495
其他未列明批发业	3	3	1131	4174	1258
零售业	**354**	**246**	**555318**	**897225**	**49595**
综合零售	104	68	42515	140425	8232
百货零售	65	43	28673	99480	3990
超级市场零售	32	22	12636	38279	3809
其他综合零售	7	3	1207	2666	433
食品、饮料及烟草制品专门零售	36	30	6126	28125	9509
粮油零售	2	2	637	2660	500
果品、蔬菜零售	3	2	491	1127	417
肉、禽、蛋、奶及水产品零售	9	8	1524	12928	5813
营养和保健品零售	1	1	91	102	
酒、饮料及茶叶零售	16	13	2831	8850	2509
烟草制品零售	2	2	414	869	33
其他食品零售	3	2	139	1590	237

单位：万元

存货	固定资产合计	固定资产原价	累计折旧		在建工程	资产总计	流动负债合计		非流动负债合计
				本年折旧				应付帐款	
13953	8572	12075	3651	928	999	89937	57538	6323	1267
555	217	335	118	15		6260	4113	470	
45	349	466	118	11		1268	1354	77	20
5942	3263	4181	918	190		34263	19960	1585	1217
1975	999	1846	847	160	446	20887	10738	1621	30
2163	422	588	166	34	435	5966	4367	180	
3272	3322	4659	1486	519	118	21294	17006	2392	
3001	924	1303	379	33		40784	38049	7112	
443	384	636	251	27		28300	27839	4536	
1382	132	190	59			7465	6501	18	
502	125	135	10	3		3077	2974	2275	
443	267	326	58	3		1527	700	249	
230	16	16				415	35	34	
95	94	209	115	7		17518	17301	15177	
95	94	209	115	7		17518	17301	15177	
1507	1067	1116	207	37	221	7158	4816	1102	
386	95	135	40	13		1887	1140	94	
1120	972	981	168	24	221	5270	3677	1008	
174229	**170003**	**227975**	**58181**	**12615**	**22849**	**1214251**	**798020**	**63186**	**52421**
49191	76141	90269	14447	4020	15074	262900	153561	26748	13105
34920	27711	37095	9731	2481	4039	151591	86792	15948	12074
12998	47437	52029	4563	1487	11035	107253	65169	10185	897
1273	993	1145	153	52		4056	1601	615	135
6795	16883	19755	2872	425	320	53350	24289	6752	2940
653	169	760	592	43		3126	2297	332	0
322	3628	3731	103	37		5785	1969	504	0
1547	10263	11938	1675	206	320	28640	12568	2792	1707
41	10	12	2			112			
3578	1805	2231	426	119		12208	5661	2598	1104
504	459	487	28	14		1341	631	452	130
149	549	596	47	6		2139	1162	74	

16—10 续表4

指　　标	负债合计	所有者权益合计	实收资本	国家资本	集体资本	法人资本
矿产品、建材及化工产品批发	58929	31008	26009		20	13540
煤炭及制品批发	4113	2147	2350			1850
石油及制品批发	1374	-106	100			
建材批发	21177	13086	12993			3600
化肥批发	10768	10119	7070		20	6700
农药批发	4367	1599	1108			
其他化工产品批发	17130	4164	2389			1390
机械设备、五金产品及电子产品批发	38049	2735	2264			200
农业机械批发	27839	462	840			200
汽车批发	6501	964	964			
汽车零配件批发	2974	103	100			
电气设备批发	700	827	60			
其他机械设备及电子产品批发	35	380	300			
贸易经纪与代理	17301	217	350			340
贸易代理	17301	217	350			340
其他批发业	4816	2341	1544		220	450
再生物资回收与批发	1140	747	600			
其他未列明批发业	3677	1594	944		220	450
零售业	**840557**	**373694**	**169090**	**10605**	**6662**	**68154**
综合零售	166666	96233	52347	50	5243	10786
百货零售	98866	52725	25750	50	5080	7809
超级市场零售	66065	41188	24928			2824
其他综合零售	1735	2321	1669		163	153
食品、饮料及烟草制品专门零售	27229	26121	10366	278	200	2871
粮油零售	2297	829	500			
果品、蔬菜零售	1969	3816	1503			1400
肉、禽、蛋、奶及水产品零售	14275	14365	5828	278		900
营养和保健品零售		112	108			108
酒、饮料及茶叶零售	6765	5443	1712			273
烟草制品零售	761	580	205		200	
其他食品零售	1162	976	510			190

单位：万元

个人资本	港澳台资本	外商资本	营业收入	主营业务收入	营业成本	主营业务成本	营业税金及附加	主营业务税金及附加	其他业务利润
12449			228408	228408	213644	213392	645	634	13
500			6859	6859	6159	6159	6	6	
100			1210	1210	1165	1013	2	2	
9393			78960	78960	72638	72638	493	483	
350			66832	66832	63225	63225	43	43	
1108			12390	12390	10578	10578	0.2	0.2	
999			62158	62158	59880	59780	100	100	13
2064			46925	46925	43781	43781	60	60	
640			12135	12135	11248	11248	1	1	
964			23935	23935	23423	23423	23	23	
100			6073	6073	5331	5331	9	9	
60			3124	3124	2362	2362	17	17	
300			1658	1658	1417	1417	11	11	
10			28049	28049	27750	27750	1	1	
10			28049	28049	27750	27750	1	1	
874			30888	30888	28839	28839	93	93	
600			19335	19335	18428	18428	27	27	
274			11553	11553	10411	10411	66	66	
81505	**1416**	**750**	**1864256**	**1850233**	**1679179**	**1667432**	**9351**	**9109**	**7833**
34853	1416		562879	557680	499883	495916	2204	2036	4386
12812			401494	398152	362024	358578	1397	1276	3184
20689	1416		148802	146945	127360	126838	578	530	964
1353			12583	12583	10500	10500	230	230	239
7017			164739	164608	151747	151084	550	519	43
500			13836	13836	13789	13247	3	3	42
103			4261	4261	3663	3663	71	71	
4650			91412	91386	85482	85424	146	116	
			501	501	450	450	1	1	
1439			39678	39678	35063	35063	181	181	1
5			6307	6201	5457	5396	138	138	
320			8745	8745	7842	7842	12	11	

16—10 续表5

指　　标	销售费用	管理费用		财务费用		
			税　金		利息收入	利息支出
矿产品、建材及化工产品批发	5888	3755	87	2849	28	2168
煤炭及制品批发	557	141	2	24	14	32
石油及制品批发	13	54	5	52		52
建材批发	2206	1416	51	1013	3	884
化肥批发	1918	827	15	536	9	91
农药批发	676	515		287	2	287
其他化工产品批发	516	801	14	938		822
机械设备、五金产品及电子产品批发	886	842	12	460	113	461
农业机械批发	246	182	10	365	105	385
汽车批发	279	177		27		
汽车零配件批发	20	215	1	53	8	61
电气设备批发	255	203	1	15		15
其他机械设备及电子产品批发	85	65				
贸易经纪与代理	115	111	84	77		
贸易代理	115	111	84	77	0.2	
其他批发业	711	478	22	125	2	119
再生物资回收与批发	401	280	4	1		1
其他未列明批发业	310	198	18	124	2	118
零售业	**80028**	**46477**	**3517**	**16517**	**713**	**6339**
综合零售	27947	18960	663	6610	90	1962
百货零售	14272	13927	531	4799	88	1611
超级市场零售	12986	4546	124	1699	2	278
其他综合零售	689	487	8	112		73
食品、饮料及烟草制品专门零售	4843	3523	259	1406	8	894
粮油零售	448	33		108		17
果品、蔬菜零售	130	38	1	11		9
肉、禽、蛋、奶及水产品零售	2405	1929	69	799	3	668
营养和保健品零售	6	4	1			
酒、饮料及茶叶零售	1324	961	106	341	2	169
烟草制品零售	170	349	76	102		1
其他食品零售	360	208	6	45	4	30

单位：万元

资产减值损失	公允价值变动收益	投资收益	营业利润	营业外收入	政府补助	利润总额	应交所得税	本年应付职工薪酬	应交增值税
			1752	50	20	839	41	2975	614
			-29			-29		224	40
			-76			-76		9	6
			1193			805	25	1092	323
			283	32	20	315	13	830	58
			333	16		84		186	
			47	2		-261	2	635	187
			896	1	1	615	149	405	161
			93			93	29	134	44
			6			-4			
			445			445	52	212	20
			272	1	1		68	54	92
			80			80		5	5
			-5	4	4	-77		57	8
			-5	4	4	-77		57	8
			642			555	118	269	127
			199			199	50	131	92
			444			356	68	139	35
1251	**18**	**172**	**36620**	**2406**	**634**	**31584**	**5012**	**51139**	**13343**
48	7	53	11497	529	214	9935	996	17822	4930
17	7	53	8365	428	145	7162	488	10844	2637
31			2567	97	69	2213	471	6490	1936
			565	5		560	37	489	357
2			3271	529	98	3242	301	7966	784
			57			57	2	4177	-54
			349	11	11	360		183	
			651	383	87	1010	45	1148	76
			39			9		43	
2			1806			1302	209	1128	631
			91	1		92		1035	61
			279	134		413	46	252	70

16—10 续表6

指　　标	法人企业数（个）	执行《2006年企业会计准则》企业数	年初存货	流动资产合　　计	应收帐款
纺织、服装及日用品专门零售	11	9	10389	7378	772
纺织品及针织品零售	1	1	101	113	3
服装零售	6	4	9142	2947	385
钟表、眼镜零售	1	1	275	1688	146
其他日用品零售	3	3	871	2630	238
文化、体育用品及器材专门零售	13	10	4663	14836	2272
文具用品零售	1	1	283	176	
体育用品及器材零售	1		15	508	
图书、报刊零售	7	6	1284	10641	2044
珠宝首饰零售	4	3	3081	3510	228
医药及医疗器材专门零售	14	9	4464	19805	4536
药品零售	13	8	3908	15809	1453
医疗用品及器材零售	1	1	556	3996	3084
汽车、摩托车、燃料及零配件专门零售	91	64	460382	596117	12745
汽车零售	77	57	41363	132301	12046
摩托车及零配件零售	8	3	1058	2563	34
机动车燃料零售	6	4	417961	461253	665
家用电器及电子产品专门零售	56	40	13508	49996	5564
家用视听设备零售	4	3	1148	9769	192
日用家电设备零售	40	31	10534	29626	2650
计算机、软件及辅助设备零售	7	3	490	3140	933
通信设备零售	4	2	524	2121	844
其他电子产品零售	1	1	812	5340	945
五金、家具及室内装饰材料专门零售	20	12	12035	35944	5440
五金零售	4	2	454	2068	1695
灯具零售	1	1	14	506	487
家具零售	10	5	5895	22483	523
陶瓷、石材装饰材料零售	1	1		168	30
其他室内装饰材料零售	4	3	5672	10720	2705
货摊、无店铺及其他零售业	9	4	1236	4600	525
生活用燃料零售	2	1	121	218	42
其他未列明零售业	7	3	1115	4382	483

单位：万元

存　　货	固定资产合　　计	固定资产原　　价	累计折旧	本年折旧	在建工程	资产总计	流动负债合　　计	应付帐款	非流动负债合计
3623	5342	6956	1614	358	480	14438	4956	603	454
100	386	474	88	22		499	338	71	
1888	848	1021	173	17		4218	1288	109	8
275	1015	1117	101	101		2815	600		
1359	3093	4345	1252	217	480	6906	2730	423	445
4691	1809	3716	1910	748	16	18304	7225	3601	
57	14	15	1			202			
26						512	205		
1718	1613	3073	1462	707	16	13899	4506	2668	
2891	182	628	447	41		3692	2515	933	
9655	2299	3139	840	266		29196	15539	3524	297
9598	2243	3003	760	252		25145	12192	2272	297
57	56	136	81	15		4051	3347	1252	
70830	49145	75110	25853	5177	6924	702542	547721	15189	14037
52502	18812	27142	8473	2605	3520	164262	118340	14706	12137
1264	391	428	37	8		3061	1390	330	40
17064	29942	47540	17344	2564	3403	535218	427992	153	1860
13148	7215	9373	2158	498		67068	26265	5438	13337
940	1131	1280	149	38		10999	4008	353	5000
10334	5684	7520	1837	432		41874	19324	4407	910
549	191	281	90	23		3413	1854	347	0
563	172	254	82	5		2329	472	307	27
762	38	38				8453	607	24	7400
14950	9824	17912	8088	929	2	60474	15129	778	8107
311	2776	3011	235	37		5764	1069	268	
16	9	23	14	3		515	404	90	
8159	4030	4558	528	193		33164	5840	326	6193
138	680	700	20	20	2	850	18	18	
6326	2330	9621	7291	677		20181	7798	76	1914
1345	1346	1745	400	192	34	5979	3335	554	144
26	275	451	176	14	34	527	175	150	17
1320	1070	1294	224	178		5452	3161	404	127

16—10 续表7

指 标	负债合计	所有者权益合计	实收资本	国家资本	集体资本	法人资本
纺织、服装及日用品专门零售	5409	9029	3441			2080
纺织品及针织品零售	338	161	100			
服装零售	1296	2922	1070			40
钟表、眼镜零售	600	2215	1000			1000
其他日用品零售	3175	3731	1271			1040
文化、体育用品及器材专门零售	7245	11059	6098	3391	100	1920
文具用品零售		202	200			200
体育用品及器材零售	205	307	300			
图书、报刊零售	4525	9373	4918	3391		1360
珠宝首饰零售	2515	1177	680		100	360
医药及医疗器材专门零售	15836	13361	4509	150	260	2810
药品零售	12489	12656	4009	150	260	2310
医疗用品及器材零售	3347	704	500			500
汽车、摩托车、燃料及零配件专门零售	551854	150688	45300	6655	500	14509
汽车零售	120573	43690	34885		500	14238
摩托车及零配件零售	1430	1632	590			133
机动车燃料零售	429852	105366	9824	6655		138.1
家用电器及电子产品专门零售	39602	27466	17292		29	7144
家用视听设备零售	9008	1991	2170			2050
日用家电设备零售	20234	21640	11789		29	3894
计算机、软件及辅助设备零售	1854	1559	1411			500
通信设备零售	499	1830	922			700
其他电子产品零售	8007	446	1000			
五金、家具及室内装饰材料专门零售	23236	37238	28502			25834
五金零售	1069	4695	688			580
灯具零售	404	111	105			105
家具零售	12033	21131	18966			17556
陶瓷、石材装饰材料零售	18	832	600			
其他室内装饰材料零售	9712	10469	8143			7593
货摊、无店铺及其他零售业	3479	2500	1235	80	330	200
生活用燃料零售	192	335	280	80		
其他未列明零售业	3288	2165	955		330	200

单位：万元

个人资本	港澳台资本	外商资本	营业收入	主营业务收入	营业成本	主营业务成本	营业税金及附加	主营业务税金及附加	其他业务利润
1361			35629	33671	29454	28644	294	268	1119
100			616	604	414	414	6	6	13
1030			9529	9499	6831	6831	196	170	
			3599	3599	3016	3016	11	11	
231			21886	19970	19193	18384	82	82	1106
687			44026	43970	36212	36182	302	302	20
			1777	1777	1599	1599	1	1	
300			1241	1241	1182	1182	2	2	
167			33724	33668	27578	27548	47	47	20
220			7284	7284	5853	5853	251	251	
1289			44819	44747	38955	38955	269	269	80
1289			37437	37365	32342	32342	253	253	80
			7381	7381	6613	6613	16	16	
22885		750	768312	761801	715650	709466	2747	2741	2042
19397		750	355555	352793	327923	325093	1620	1614	1848
457			14426	14426	11885	11885	18	18	
3031			398330	394582	375843	372488	1109	1109	194
10120			133324	133244	118804	118804	601	601	143
120			6048	6048	5134	5134	124	124	
7867			111152	111072	98686	98686	440	440	
911			6970	6970	6489	6489	24	24	
222			7340	7340	6828	6828	11	11	143
1000			1814	1814	1667	1667	4	4	
2668			88216	88200	69711	69698	2334	2326	
108			11947	11931	9902	9889	39	39	
			1360	1360	1256	1256	2	2	
1410			22606	22606	15545	15545	157	157	
600			850	850	700	700	1	1	
550			51453	51453	42308	42308	2136	2128	
625			22313	22313	18763	18683	49	47	
200			2219	2219	1651	1651	6	6	
425			20094	20094	17112	17032	43	41	

16—10 续表8

指标	销售费用	管理费用		财务费用		
			税金		利息收入	利息支出
纺织、服装及日用品专门零售	1476	1308	146	339	15	204
纺织品及针织品零售	53	54	1	29		29
服装零售	918	531	97	141	14	84
钟表、眼镜零售	33	30		71		
其他日用品零售	473	693	48	98	1	91
文化、体育用品及器材专门零售	3643	1475	35	37	-2	15
文具用品零售	21	15	1			
体育用品及器材零售	45	11	1	0.4		
图书、报刊零售	2796	1140	31	-9	-3	1
珠宝首饰零售	781	308	2	46	1	14
医药及医疗器材专门零售	2713	1624	80	325	-3	85
药品零售	2270	1385	76	324	-3	85
医疗用品及器材零售	443	239	4	1		
汽车、摩托车、燃料及零配件专门零售	26928	12503	1861	5204	314	2055
汽车零售	11256	7811	237	4462	299	1822
摩托车及零配件零售	1090	917	4	250		17
机动车燃料零售	14582	3775	1620	492	15	216
家用电器及电子产品专门零售	5419	2817	205	1356	26	624
家用视听设备零售	342	221	28	353	1	270
日用家电设备零售	4457	2119	153	728	25	303
计算机、软件及辅助设备零售	221	196	4	68	0.2	46
通信设备零售	292	177	4	6		6
其他电子产品零售	108	104	16	201		
五金、家具及室内装饰材料专门零售	5646	3139	232	1077	264	367
五金零售	987	298	12	37		35
灯具零售	91	10				
家具零售	1007	1021	18	244		49
陶瓷、石材装饰材料零售	47	80	1	0.1		0.1
其他室内装饰材料零售	3513	1730	201	796	264	282
货摊、无店铺及其他零售业	1413	1129	35	163	2	134
生活用燃料零售	248	265	19	6		2
其他未列明零售业	1165	864	16	157	2	132

单位：万元

资产减值损　失	公允价值变动收益	投资收益	营业利润	营业外收入	政府补助	利润总额	应交所得税	本年应付职工薪酬	应交增值税
		12	2769	50		2579	237	1516	248
			61			61		69	4
			913			901	38	661	77
			438			438		60	
		12	1357	50		1179	199	727	167
24			2333	22		2457	13	1371	249
			140			140		37	
								22	3
24			2149	22		2274		1058	60
			44			44	13	255	187
8	11	12	948	12	5	954	63	2086	455
8	11	12	879	12	5	890	42	1970	324
			69			64	21	115	131
34		-71	5326	884	150	4876	2006	14369	5380
80		-70.8	2484	631	146	2193	502	6463	1752
			267			263	32	339	72
-46			2576	253	4	2421	1471	7567	3556
5		60	4381	350	148	1683	620	3671	656
			-126	54	20	-84	19	255	67
5		60	4777	134	128	4348	577	2673	490
			-28	114		68	21	179	66
			26	47		64	3	524	18
			-269			-2713		40	16
1115		107	5301	30	20	5181	753	1700	537
			684			681	34	258	106
			2			2		29	17
1112			3520	30	20	3536	616	587	131
			22	0.1		22	7	43	1
3		107	1073			940	96	782	282
14			795			678	23	639	105
			43			43	11	113	12
14			752			635	12	526	93

16—11　限额以上批发零售业法人主要财务指标情况（2015年，按控股情况分）

单位：万元

指　　标	法人企业数（个）	执行《2006年企业会计准则》企业数	年初存货	流动资产合计	应收帐款	存　货	固定资产合计	固定资产原价
总　计	**470**	**322**	**644664**	**1445718**	**181779**	**275331**	**249261**	**340141**
批发业	**116**	**76**	**89346**	**548493**	**132184**	**101103**	**79258**	**112165**
国有控股	8	8	30093	215074	36626	31628	23663	42249
集体控股	3	2	561	3277	44	736	1990	2264
私人控股	96	59	54088	307111	91946	61395	46500	59329
其　他	9	7	4603	23031	3568	7345	7105	8324
零售业	**354**	**246**	**555318**	**897225**	**49595**	**174229**	**170003**	**227975**
国有控股	11	9	419081	463215	1806	18609	30557	48266
集体控股	17	14	9720	41746	842	10993	8213	10286
私人控股	305	208	113135	348045	43606	129368	117348	150360
港澳台商控股	1	1		1028	58		3689	4193
其　他	20	14	13382	43191	3283	15258	10196	14872

指　　标	累计折旧	本年折旧	在建工程	资产总计	流动负债合计	应付帐款	非流动负债合计	负债合计
总　计	**91407**	**18660**	**32953**	**1896893**	**1141751**	**157271**	**67713**	**1199717**
批发业	**33226**	**6045**	**10104**	**682642**	**343732**	**94085**	**15292**	**359161**
国有控股	18585	2815	366	249735	67025	30765	286	67311
集体控股	423	333	62	5465	6025	280		6149
私人控股	12999	2610	9677	396770	256502	60563	14566	271080
其　他	1219	287		30672	14181	2476	440	14621
零售业	**58181**	**12615**	**22849**	**1214251**	**798020**	**63186**	**52421**	**840557**
国有控股	17454	3148	3727	536803	427931	2676	1181	429112
集体控股	2420	367	742	55559	29640	2244	8780	38420
私人控股	32986	7497	18171	559160	302575	51980	40278	332949
港澳台商控股	504	504		4772	3597	2644		3597
其　他	4818	1099	209	57956	34277	3643	2182	36478

16—11 续表1

单位：万元

指标	所有者权益合计	实收资本	国家资本	集体资本	法人资本	个人资本	港澳台资本	外商资本
总计	**697175**	**256169**	**15908**	**9883**	**96472**	**131740**	**1416**	**750**
批发业	**323481**	**87079**	**5303**	**3221**	**28319**	**50235**	**1**	
国有控股	182425	11110	4530	2300	3368	912		
集体控股	-684	200		122		78		
私人控股	125690	70638	773	119	22621	47125	1	
其他	16051	5130		680	2330	2120		
零售业	**373694**	**169090**	**10605**	**6662**	**68154**	**81505**	**1416**	**750**
国有控股	107692	11241	10555		686			
集体控股	17139	8164	50	5716	1598	800		
私人控股	226211	137814		945	61326	75543		
港澳台商控股	1175	1416					1416	
其他	21478	10456			4544	5162		750

指标	营业收入	主营业务收入	营业成本	主营业务成本	营业税金及附加	主营业务税金及附加	其他业务利润	销售费用
总计	**3217742**	**3191210**	**2834773**	**2817749**	**57037**	**56496**	**14820**	**111878**
批发业	**1353486**	**1340977**	**1155594**	**1150317**	**47686**	**47388**	**6987**	**31850**
国有控股	572082	568772	440002	438955	45821	45622	1836	11493
集体控股	11647	11647	11130	11130	31	31	13	40
私人控股	658483	649283	599069	594839	1783	1684	5138	18541
其他	111275	111275	105392	105392	51	51		1776
零售业	**1864256**	**1850233**	**1679179**	**1667432**	**9351**	**9109**	**7833**	**80028**
国有控股	445561	442153	417913	414712	1058	1058	1	17454
集体控股	163373	162812	152469	152454	755	669	2378	6144
私人控股	1069849	1062004	941415	933605	7157	7043	4790	46596
港澳台商控股	10902	9732	8084	7562	63	20		2999
其他	174571	173532	159298	159100	318	318	665	6835

16—11 续表2

单位：万元

指标	管理费用	税金	财务费用	利息收入	利息支出	资产减值损失	公允价值变动收益
总计	**81885**	**4629**	**20810**	**7128**	**13961**	**1354**	**36**
批发业	**35408**	**1112**	**4293**	**6415**	**7622**	**103**	**18**
国有控股	21575	623	-5332	6034	135	85	
集体控股	416	19	107		36		
私人控股	12088	445	9014	368	7019	18	18
其他	1329	25	504	13	433		
零售业	**46477**	**3517**	**16517**	**713**	**6339**	**1251**	**18**
国有控股	4693	1642	286	3	73	-23	
集体控股	3799	89	1349	4	357	30	
私人控股	34057	1558	13283	703	5621	1238	18
港澳台商控股			10	6			
其他	3929	228	1589	-2	287	5	

指标	投资收益	营业利润	营业外收入	政府补助	利润总额	应交所得税	本年应付职工薪酬	应交增值税
总计	**529**	**116262**	**2921**	**882**	**109009**	**20585**	**85178**	**37660**
批发业	**356**	**79641**	**515**	**249**	**77425**	**15573**	**34039**	**24318**
国有控股	204	58754	165	43	58744	14602	21098	22209
集体控股		47			-263	1	192	101
私人控股	153	18130	299	182	16184	887	11901	1836
其他		2710	51	24	2761	84	848	172
零售业	**172**	**36620**	**2406**	**634**	**31584**	**5012**	**51139**	**13343**
国有控股		4179	281	10	3821	1353	7627	3184
集体控股		1616	213	62	1676	232	4746	1002
私人控股	172	28333	1792	519	24275	3243	33510	7969
港澳台商控股		-255	3		-252		877	167
其他		2747	118	44	2065	184	4379	1020

16—12 限额以上批发零售业法人主要财务指标情况（2015年，按经营形式分）

单位：万元

指标	法人企业数（个）	执行《2006年企业会计准则》企业数	年初存货	流动资产合计	应收帐款	存货	固定资产合计	固定资产原价
总计	**470**	**322**	**644664**	**1445718**	**181779**	**275331**	**249261**	**340141**
批发业	**116**	**76**	**89346**	**548493**	**132184**	**101103**	**79258**	**112165**
独立门店	90	60	71543	466131	112181	81740	62324	90715
连锁总店（总部）	2	2	545	2547	648	816	213	268
连锁门店	3	3	4298	13754	1250	5746	4503	5588
其他	21	11	12961	66061	18105	12800	12218	15594
零售业	**354**	**246**	**555318**	**897225**	**49595**	**174229**	**170003**	**227975**
独立门店	309	214	524946	794060	44500	138755	150461	195016
连锁总店（总部）	14	11	13333	56324	1686	18619	6296	8266
连锁门店	19	12	15383	40983	1499	14695	10007	20960
其他	12	9	1657	5859	1911	2160	3239	3733

指标	累计折旧	本年折旧	在建工程	资产总计	流动负债合计	应付帐款	非流动负债合计	负债合计
总计	**91407**	**18660**	**32953**	**1896893**	**1141751**	**157271**	**67713**	**1199717**
批发业	**33226**	**6045**	**10104**	**682642**	**343732**	**94085**	**15292**	**359161**
独立门店	28561	5260	9489	574577	283549	88271	7193	290755
连锁总店（总部）	55	18		2955	2281	119		2281
连锁门店	1085	179	62	18833	6462	523		6462
其他	3525	587	553	86278	51439	5171	8099	59662
零售业	**58181**	**12615**	**22849**	**1214251**	**798020**	**63186**	**52421**	**840557**
独立门店	44445	9298	22849	1054394	709670	54243	41951	741736
连锁总店（总部）	2317	830		74749	38622	1587	8754	47376
连锁门店	10925	2099		74661	46216	5614	1528	47744
其他	495	387		10447	3513	1743	188	3700

16—12 续表1

单位：万元

指　　标	所有者权益合　　计	实收资本						
			国家资本	集体资本	法人资本	个人资本	港澳台资本	外商资本
总　　计	**697175**	**256169**	**15908**	**9883**	**96472**	**131740**	**1416**	**750**
批发业	**323481**	**87079**	**5303**	**3221**	**28319**	**50235**	**1**	
独立门店	283822	67238	4541	2439	25299	34959	1	
连锁总店（总部）	673	500				500		
连锁门店	12370	1860		782		1078		
其　他	26616	17481	763		3020	13698		
零售业	**373694**	**169090**	**10605**	**6662**	**68154**	**81505**	**1416**	**750**
独立门店	312658	143396	3915	3806	57233	76276	1416	750
连锁总店（总部）	27373	8290		2260	5280	750		
连锁门店	26917	13058	5635		4080	3343		
其　他	6747	4347	1055	595	1561	1137		

指　　标	营业收入	主　　营业务收入	营业成本	主　　营业务成本	营业税金及附加	主营业务税金及附加	其他业务利　　润	销售费用
总　　计	**3217742**	**3191210**	**2834773**	**2817749**	**57037**	**56496**	**14820**	**111878**
批发业	**1353486**	**1340977**	**1155594**	**1150317**	**47686**	**47388**	**6987**	**31850**
独立门店	1124535	1112721	941718	937391	47340	47153	6924	26959
连锁总店（总部）	17859	17859	16582	16582	12	12		503
连锁门店	57093	56398	53107	52310	133	36		1130
其　他	154000	154000	144187	144035	201	187	63	3258
零售业	**1864256**	**1850233**	**1679179**	**1667432**	**9351**	**9109**	**7833**	**80028**
独立门店	1434874	1421937	1281214	1269725	8045	7825	4763	57507
连锁总店（总部）	151836	150959	139340	139211	439	439	2105	6257
连锁门店	248834	248822	234023	234010	790	769	964	14744
其　他	28712	28515	24602	24486	78	77	2	1519

16—12 续表2

单位：万元

指标	管理费用		财务费用			资产减值损失	公允价值变动收益
		税金		利息收入	利息支出		
总计	**81885**	**4629**	**20810**	**7128**	**13961**	**1354**	**36**
批发业	**35408**	**1112**	**4293**	**6415**	**7622**	**103**	**18**
独立门店	31537	1021	1715	6404	5294	103	18
连锁总店（总部）	595	5	85	1	82		
连锁门店	1116	55	380	4	376		
其他	2161	30	2114	6	1870		
零售业	**46477**	**3517**	**16517**	**713**	**6339**	**1251**	**18**
独立门店	38485	3337	13838	704	5812	1212	18
连锁总店（总部）	3615	33	1835	-13	29	2	
连锁门店	3566	86	662	-4	347	31	
其他	811	62	182	26	151	6	

指标	投资收益	营业利润	营业外收入		利润总额	应交所得税	本年应付职工薪酬	应交增值税
				政府补助				
总计	**529**	**116262**	**2921**	**882**	**109009**	**20585**	**85178**	**37660**
批发业	**356**	**79641**	**515**	**249**	**77425**	**15573**	**34039**	**24318**
独立门店	299	75471	303	89	73924	15310	31049	23897
连锁总店（总部）		83	10		93	1	228	
连锁门店		1340			1340		495	73
其他	57	2749	201	160	2069	262	2266	348
零售业	**172**	**36620**	**2406**	**634**	**31584**	**5012**	**51139**	**13343**
独立门店	172	35988	1990	607	31246	4539	38360	9406
连锁总店（总部）		3137	96	3	3155	250	4509	1762
连锁门店		-4019	186	24	-3906	109	6963	1902
其他		1514	134		1090	114	1307	273

16—13 限额以上零售业法人主要财务指标情况（2015年，按零售业态分）

单位：万元

指标	法人企业数（个）	执行《2006年企业会计准则》企业数	年初存货	流动资产合计	应收帐款	存货	固定资产合计	固定资产原价
零售业	**354**	**246**	**555318**	**897225**	**49595**	**174229**	**170003**	**227975**
有店铺零售	**350**	**243**	**546299**	**895423**	**49322**	**172817**	**169379**	**227333**
食杂店	1	1	65	403	185	20	2863	2900
便利店	3	2	645	1826	102	774	232	326
超　市	77	52	25101	55580	7084	27388	20793	26596
大型超市	15	10	15060	56805	1575	15223	48049	52395
百货店	31	21	5822	35667	1709	9506	14008	18505
专业店	72	53	448900	569733	20514	58205	55570	82710
专卖店	136	94	39190	141363	14249	47301	22038	30200
家居建材商店	6	4	5943	11609	2978	6696	2523	9851
购物中心	3	3	4132	19079	177	6342	1155	1555
厂家直销中心	6	3	1440	3358	750	1363	2150	2295
无店铺零售	**4**	**3**	**9020**	**1802**	**273**	**1412**	**624**	**642**

指标	累计折旧	本年折旧	在建工程	资产总计	流动负债合计	应付帐款	非流动负债合计	负债合计
零售业	**58181**	**12615**	**22849**	**1214251**	**798020**	**63186**	**52421**	**840557**
有店铺零售	**58163**	**12605**	**22849**	**1211554**	**796868**	**62688**	**52421**	**839405**
食杂店	37	9		3265	1028	206		1028
便利店	94	15		2060	904	181		904
超　市	5803	1311	675	89329	43056	14930	2298	45354
大型超市	4665	1791	13607	125420	82485	5778	8686	91170
百货店	4497	1036	792	65980	34077	7862	4404	38481
专业店	26886	5226	4237	686051	513409	16477	3328	516737
专卖店	8307	2393	3538	184258	108715	15805	25449	124280
家居建材商店	7328	690		21261	7998	178	1914	9912
购物中心	400	95		27795	3114	195	6134	9247
厂家直销中心	146	40		6134	2082	1078	209	2292
无店铺零售	**18**	**10**		**2697**	**1152**	**498**		**1152**

16—13 续表1

单位：万元

指　　标	所有者权益合计	实收资本	国家资本	集体资本	法人资本	个人资本	港澳台资本	外商资本
零 售 业	**373694**	**169090**	**10605**	**6662**	**68154**	**81505**	**1416**	**750**
有店铺零售	**372149**	**168290**	**10605**	**6662**	**68154**	**80705**	**1416**	**750**
食杂店	2237	400			400			
便利店	1156	870		163	500	207		
超　市	43975	20286	50	1517	6053	12666		
大型超市	34250	25586		2000	4080	18090	1416	
百货店	27499	10769		1563	2783	6423		
专业店	169314	38782	8719	460	16422	13181		
专卖店	59979	43987	1836	959	12567	27875		750
家居建材商店	11349	8733			7573	1160		
购物中心	18548	17326			17226	100		
厂家直销中心	3842	1553			550	1003		
无店铺零售	**1545**	**800**				**800**		

指　　标	营业收入	主营业务收入	营业成本	主营业务成本	营业税金及附加	主营业务税金及附加	其他业务利润	销售费用
零 售 业	**1864256**	**1850233**	**1679179**	**1667432**	**9351**	**9109**	**7833**	**80028**
有店铺零售	**1854377**	**1840353**	**1671099**	**1659352**	**9302**	**9059**	**7833**	**79563**
食杂店	2750	2750	2401	2401	65	65		99
便利店	8564	8564	7232	7232	162	162	239	440
超　市	285833	284152	252544	249937	1201	1061	817	11556
大型超市	193448	190584	172589	171796	595	551	2996	14895
百货店	115388	114708	102100	101477	568	556	478	2788
专业店	779517	772426	717277	710642	3314	3305	1772	30004
专卖店	390767	389072	354961	353871	1031	1022	1519	15600
家居建材商店	57053	57053	46712	46712	2143	2143		3748
购物中心	13411	13399	8468	8468	141	141	13	231
厂家直销中心	7647	7647	6816	6816	82	51		204
无店铺零售	**9880**	**9880**	**8080**	**8080**	**49**	**49**		**465**

16—13 续表2

单位：万元

指标	管理费用	税金	财务费用	利息收入	利息支出	资产减值损失	公允价值变动收益
零售业	**46477**	**3517**	**16517**	**713**	**6339**	**1251**	**18**
有店铺零售	**46073**	**3477**	**16469**	**712**	**6302**	**1251**	**18**
食杂店	6	1	2				
便利店	337	4	103		65		
超市	8336	429	2083	14	1355	2	2
大型超市	5924	95	2834	2	73	31	
百货店	5458	259	2011	88	721	29	5
专业店	13602	1902	4439	34	1782	59	
专卖店	9784	547	3959	309	1906	18	11
家居建材商店	2172	205	809	264	287		
购物中心	249	7	161	1	100	1112	
厂家直销中心	206	27	69		14		
无店铺零售	**404**	**40**	**48**	**1**	**36**		

指标	投资收益	营业利润	营业外收入	政府补助	利润总额	应交所得税	本年应付职工薪酬	应交增值税
零售业	**172**	**36620**	**2406**	**634**	**31584**	**5012**	**51139**	**13343**
有店铺零售	**172**	**35787**	**2406**	**634**	**30992**	**4947**	**50707**	**13315**
食杂店		179			179		5	
便利店		290	7		279		244	170
超市	33	10146	289	103	9512	830	9190	1896
大型超市		333	155	45	453	254	7264	2666
百货店	20	2931	92	77	1424	262	2309	479
专业店	-68	10754	942	40	10387	2123	17566	5657
专卖店	188	6367	912	370	3956	686	12489	1980
家居建材商店		1469	10		1479	175	924	395
购物中心		3049			3054	586	356	36
厂家直销中心		270			270	31	360	37
无店铺零售		**833**			**592**	**65**	**432**	**27**

16—14 限额以上住宿餐饮法人企业基本情况（2015年，按登记注册类型分）

指　　标	法人企业（个）	从业人数（人）
总　　计	**134**	**8727**
住宿业	**44**	**3432**
国有控股	4	234
内资企业	**44**	**3432**
国有企业	4	234
集体企业	1	41
有限责任公司	17	1393
股份有限公司	1	60
私营企业	20	1681
其他企业	1	23
餐饮业	**90**	**5295**
国有控股	2	246
内资企业	**90**	**5295**
国有企业	1	210
有限责任公司	30	1837
股份有限公司	4	283
私营企业	55	2965

16—15 限额以上住宿餐饮法人企业经营情况（2015年，按登记注册类型分）

指标	法人企业数（个）	营业额（万元）					客房数（间）	床位数（张）	餐位数（个）	年末餐饮营业面积（平方米）
			客房收入	餐费收入	商品销售收入	其他收入				
总计	**134**	**8727**	**159976**	**38475**	**103739**	**11503**	**6258**	**9896**	**19689**	**68605**
住宿业	**44**	**3432**	**55609**	**18816**	**32400**	**3070**	**1323**	**5024**	**8502**	**27202**
内资企业	**44**	**3432**	**55609**	**18816**	**32400**	**3070**	**1323**	**5024**	**8502**	**27202**
国有企业	4	234	8317	2195	5393	592	138	220	438	1800
集体企业	1	41	1102	276	716		110	52	89	310
有限责任公司	17	1393	20634	6030	13252	858	494	2101	3493	12941
其他有限责任公司	17	1393	20634	6030	13252	858	494	2101	3493	12941
股份有限公司	1	60	524	389	133		2	150	190	100
私营企业	20	1681	24809	9813	12802	1620	573	2453	4212	11871
私营有限责任公司	17	1367	21100	8119	11040	1368	573	1884	3245	9311
私营股份有限公司	3	314	3709	1695	1762	252		569	967	2560
其他企业	1	23	223	113	104		6	48	80	180
餐饮业	**90**	**5295**	**104367**	**19659**	**71339**	**8433**	**4935**	**4872**	**11187**	**41403**
内资企业	**90**	**5295**	**104367**	**19659**	**71339**	**8433**	**4935**	**4872**	**11187**	**41403**
国有企业	1	210	4635	1714	2920			160	300	750
有限责任公司	30	1837	38796	7156	27748	3719	174	2472	7032	12572
国有独资公司	1	36	764		387	377				160
其他有限责任公司	29	1801	38032	7156	27361	3341	174	2472	7032	12412
股份有限公司	4	283	3214	645	2568		1	181	257	2540
私营企业	55	2965	57723	10145	38103	4715	4760	2059	3598	25541
私营独资企业	4	71	1900		1709	191				760
私营有限责任公司	47	2502	52112	9972	33112	4311	4717	2012	3511	22633
私营股份有限公司	4	392	3711	173	3282	214	43	47	87	2148

16—16　限额以上住宿餐饮法人企业经营情况（2015年，按行业分）

指　　标	法　人企业数（个）	营业额（万元）					客房数（间）	床位数（张）	餐位数（个）	年末餐饮营业面积（平方米）
			客　房收　入	餐　费收　入	商品销售收入	其　他收　入				
总　　计	**134**	**8727**	**159976**	**38475**	**103739**	**11503**	**6258**	**9896**	**19689**	**68605**
住宿业	**44**	**3432**	**55609**	**18816**	**32400**	**3070**	**1323**	**5024**	**8502**	**27202**
旅游饭店	35	2846	37025	11566	22431	1986	1042	4209	7163	23924
一般旅馆	9	586	18584	7250	9969	1084	281	815	1339	3278
餐饮业	**90**	**5295**	**104367**	**19659**	**71339**	**8433**	**4935**	**4872**	**11187**	**41403**
正餐服务	88	5231	103268	19659	70617	8056	4935	4872	11187	41103
快餐服务	1	36	764		387	377				160
饮料及冷饮服务	1	28	335		335					140

16—17　限额以上住宿餐饮法人企业经营情况（2015年，按控股情况分）

指　　标	法　人企业数（个）	营业额（万元）					客房数（间）	床位数（张）	餐位数（个）	年末餐饮营业面积（平方米）
			客　房收　入	餐　费收　入	商品销售收入	其　他收　入				
总　　计	**134**	**8727**	**159976**	**38475**	**103739**	**11503**	**6258**	**9896**	**19689**	**68605**
住宿业	**44**	**3432**	**55609**	**18816**	**32400**	**3070**	**1323**	**5024**	**8502**	**27202**
国有控股	4	234	8317	2195	5393	592	138	220	438	1800
集体控股	1	41	1102	276	716		110	52	89	310
私人控股	33	2830	43986	15054	25528	2335	1069	4293	7259	22782
其　他	6	327	2204	1292	763	143	6	459	716	2310
餐饮业	**90**	**5295**	**104367**	**19659**	**71339**	**8433**	**4935**	**4872**	**11187**	**41403**
国有控股	2	246	5399	1714	3307	377		160	300	910
私人控股	83	4724	88346	16560	60155	6732	4901	4368	10197	36603
其　他	5	325	10622	1386	7877	1325	35	344	690	3890

16—18　限额以上住宿业法人企业经营情况（2015年，按经营形式分）

指　　标	法人企业数（个）	营业额（万元）	客房收入	餐费收入	商品销售收入	其他收入	客房数（间）	床位数（张）	餐位数（个）	年末餐饮营业面积（平方米）
总　计	**134**	**8727**	**159976**	**38475**	**103739**	**11503**	**6258**	**9896**	**19689**	**68605**
住宿业	**44**	**3432**	**55609**	**18816**	**32400**	**3070**	**1323**	**5024**	**8502**	**27202**
独立门店	40	2797	40631	14701	23028	2059	843	4036	6740	20397
连锁总店（总部）	3	595	14535	3934	9122	999	480	922	1682	6500
连锁门店	1	40	443	181	250	12		66	80	305
餐饮业	**90**	**5295**	**104367**	**19659**	**71339**	**8433**	**4935**	**4872**	**11187**	**41403**
独立门店	88	4969	101158	19659	68223	8341	4935	4872	11187	39845
连锁总店（总部）	1	242	2321		2229	93				958
连锁门店	1	84	888		888					600

16—19　限额以上住宿业法人企业经营情况（2015年，按星级分）

指　　标	法人企业数（个）	营业额（万元）	客房收入	餐费收入	商品销售收入	其他收入	客房数（间）	床位数（张）	餐位数（个）	年末餐饮营业面积（平方米）
住 宿 业	**44**	**3432**	**55609**	**18816**	**32400**	**3070**	**1323**	**5024**	**8502**	**27202**
四　星	7	1173	19089	6628	10624	1164	673	1654	2747	8881
三　星	14	887	17831	4376	12253	815	388	1305	2435	5486
二　星	9	449	10710	3005	6701	751	254	534	936	3630
一　星	1	18	160	148	12			60	110	200
其　他	13	905	7819	4660	2811	340	9	1471	2274	9005

16—20 限额以上住宿餐饮法人企业主要财务指标情况（2015年，按注册类型分）

单位：万元

指标	法人企业数（个）	执行《2006年企业会计准则》企业数	年初存货	流动资产合计	应收帐款	存货	固定资产合计	固定资产原价
总计	**134**	**97**	**15348**	**122327**	**18927**	**16072**	**154458**	**194257**
住宿业	**44**	**35**	**3334**	**51203**	**7827**	**2874**	**79843**	**100848**
内资企业	**44**	**35**	**3334**	**51203**	**7827**	**2874**	**79843**	**100848**
国有企业	4	4	60	580	255	95	734	2035
集体企业	1	1	37	683	156	30	94	843
有限责任公司	17	14	1139	12170	1673	1086	9796	20796
其他有限责任公司	17	14	1139	12170	1673	1086	9796	20796
股份有限公司	1	1	8	159		8	224	308
私营企业	20	14	2088	37524	5732	1652	68934	76746
私营有限责任公司	17	13	1989	33710	5622	1484	67944	75473
私营股份有限公司	3	1	100	3814	109	167	990	1273
其他企业	1	1	2	86	10	4	63	120
餐饮业	**90**	**62**	**12013**	**71124**	**11100**	**13198**	**74614**	**93409**
内资企业	**90**	**62**	**12013**	**71124**	**11100**	**13198**	**74614**	**93409**
国有企业	1	1	77	484	153	62	3766	7404
有限责任公司	30	20	1572	13184	1729	1538	31174	38788
国有独资公司	1	1	22	71	49	22	4	4
其他有限责任公司	29	19	1550	13112	1680	1516	31171	38784
股份有限公司	4	4	80	11555	401	92	2113	2496
私营企业	55	37	10285	45902	8817	11506	37561	44722
私营独资企业	4	3	41	463	14	30	684	769
私营有限责任公司	47	30	10174	37212	6525	11374	31749	37534
私营股份有限公司	4	4	70	8227	2278	102	5129	6419

指标	累计折旧	本年折旧	在建工程	资产总计	流动负债合计	应付帐款	非流动负债合计	负债合计
总计	**40889**	**6762**	**28452**	**432840**	**190147**	**36097**	**56480**	**247402**
住宿业	**21004**	**2774**	**22417**	**209027**	**62636**	**14898**	**30293**	**92928**
内资企业	**21004**	**2774**	**22417**	**209027**	**62636**	**14898**	**30293**	**92928**
国有企业	1301	134	2	1855	2626	216	130	2756
集体企业	749	42		779	779	214		779
有限责任公司	11000	680	3956	33395	23059	5220	2018	25078
其他有限责任公司	11000	680	3956	33395	23059	5220	2018	25078
股份有限公司	84	35		383	17			17
私营企业	7812	1883	18459	172453	36122	9248	28144	64266
私营有限责任公司	7529	1861	6872	150685	27930	8916	24144	52074
私营股份有限公司	283	23	11587	21768	8192	332	4000	12192
其他企业	58			162	32			32
餐饮业	**19885**	**3988**	**6035**	**223812**	**127511**	**21199**	**26187**	**154473**
内资企业	**19885**	**3988**	**6035**	**223812**	**127511**	**21199**	**26187**	**154473**
国有企业	3638	422		4250	6407	5537		6407
有限责任公司	8645	1372	841	78321	44555	4436	6379	51174
国有独资公司				75	46	14		46
其他有限责任公司	8644	1372	841	78246	44508	4422	6379	51127
股份有限公司	439	111		15520	9468	252	1237	11240
私营企业	7164	2083	5195	125722	67082	10975	18571	85653
私营独资企业	86	75		1245	236	7	105	341
私营有限责任公司	5785	1739	5195	109411	60503	8285	11166	71669
私营股份有限公司	1293	269		15066	6343	2683	7300	13643

16—20 续表1

单位：万元

指　　标	所有者权益合　　计	实收资本					
			国家资本	集体资本	法人资本	个人资本	港澳台资本
总　　计	**185438**	**83901**	**381**	**648**	**29406**	**53466**	
住宿业	**116099**	**39553**	**329**	**648**	**15449**	**23127**	
内资企业	**116099**	**39553**	**329**	**648**	**15449**	**23127**	
国有企业	-901	305	305				
集体企业							
有限责任公司	8318	12248			8284	3964	
其他有限责任公司	8318	12248			8284	3964	
股份有限公司	366	500				500	
私营企业	108186	26437	25	648	7165	18600	
私营有限责任公司	98611	19213	25	648	3065	15476	
私营股份有限公司	9576	7224			4100	3124	
其他企业	130	64				64	
餐饮业	**69339**	**44349**	**52**		**13957**	**30339**	
内资企业	**69339**	**44349**	**52**		**13957**	**30339**	
国有企业	-2157	50	50				
有限责任公司	27147	18212	2		2361	15849	
国有独资公司	29	2	2				
其他有限责任公司	27119	18210			2361	15849	
股份有限公司	4280	6502			4503	2000	
私营企业	40069	19585			7094	12491	
私营独资企业	904	807				807	
私营有限责任公司	37742	16268			5588	10681	
私营股份有限公司	1423	2510			1506	1004	

指　　标	营业收入	主　　营业务收入	营业成本	主　　营业务成本	营业税金及附加	主营业务税金及附加	其他业务利　　润
总　　计	**161022**	**159791**	**95475**	**94338**	**7355**	**7201**	**205**
住宿业	**56141**	**56001**	**33174**	**33080**	**2801**	**2694**	**6**
内资企业	**56141**	**56001**	**33174**	**33080**	**2801**	**2694**	**6**
国有企业	8317	8317	4528	4528	453	453	1
集体企业	1129	1129	976	976	64	64	
有限责任公司	21080	21080	11078	11078	1267	1267	
其他有限责任公司	21080	21080	11078	11078	1267	1267	
股份有限公司	389	389	27	27	22	22	2
私营企业	25004	24873	16444	16350	983	876	3
私营有限责任公司	21295	21164	14533	14439	769	741	1
私营股份有限公司	3709	3709	1911	1911	214	135	2
其他企业	223	214	122	122	13	13	
餐饮业	**104881**	**103790**	**62301**	**61257**	**4554**	**4507**	**199**
内资企业	**104881**	**103790**	**62301**	**61257**	**4554**	**4507**	**199**
国有企业	4635	4635	3013	3013	260	260	
有限责任公司	38944	38597	23339	22740	1613	1612	199
国有独资公司	764	709	382	374	25	25	
其他有限责任公司	38179	37888	22957	22366	1588	1586	199
股份有限公司	3239	3232	1426	1423	138	137	
私营企业	58064	57326	34523	34082	2544	2499	
私营独资企业	1900	1900	1292	1292	63	63	
私营有限责任公司	52453	51715	31061	30639	2324	2278	
私营股份有限公司	3711	3711	2169	2150	157	157	

16—20 续表2

单位：万元

指　　标	销售费用	管理费用		财务费用			资产减值损失	公允价值变动收益
			税　金		利息收入	利息支出		
总　　计	**29651**	**19662**	**1963**	**6347**	**42**	**4598**	**2**	**1**
住宿业	**12426**	**7073**	**545**	**2033**	**28**	**1543**	**1**	**1**
内资企业	**12426**	**7073**	**545**	**2033**	**28**	**1543**	**1**	**1**
国有企业	2007	667	34	11	3	3	1	1
集体企业		167	64					
有限责任公司	5981	2400	166	673	22	560		
其他有限责任公司	5981	2400	166	673	22	560		
股份有限公司	304	89		1				
私营企业	4082	3717	282	1347	3	981		
私营有限责任公司	2739	2947	248	1052	3	898		
私营股份有限公司	1344	770	35	296		82		
其他企业	53	35						
餐饮业	**17225**	**12588**	**1418**	**4314**	**14**	**3055**	**1**	
内资企业	**17225**	**12588**	**1418**	**4314**	**14**	**3055**	**1**	
国有企业	695	487	20	25				
有限责任公司	7172	5348	222	837	1	528		
国有独资公司	35	35	25					
其他有限责任公司	7136	5314	197	837	1	528		
股份有限公司	1196	369	28	815		806		
私营企业	8162	6385	1147	2637	12	1721		
私营独资企业	32	64	4	5		4		
私营有限责任公司	6371	5826	1120	1973	12	1113		
私营股份有限公司	1759	495	24	660		604		

指　　标	投资收益	营业利润	营业外收入		利润总额	应交所得税	本年应付职工薪酬
				政府补助			
总　　计	**101**	**2673**	**3830**	**96**	**568**	**568**	**22700**
住宿业	**101**	**-1248**	**3631**	**29**	**-425**	**22**	**10379**
内资企业	**101**	**-1248**	**3631**	**29**	**-425**	**22**	**10379**
国有企业	1	651	14		682		321
集体企业		-78			-78		211
有限责任公司		-319	52		-239	6	3879
其他有限责任公司		-319	52		-239	6	3879
股份有限公司		-51			-51		187
私营企业	100	-1452	3565	29	-741	16	5781
私营有限责任公司	100	-628	3521	29	39	16	5259
私营股份有限公司		-825	43		-780		522
其他企业		2			2		
餐饮业		**3921**	**199**	**66**	**993**	**545**	**12322**
内资企业		**3921**	**199**	**66**	**993**	**545**	**12322**
国有企业		156			156		500
有限责任公司		635	41	24	457	168	5217
国有独资公司		287			172	1	114
其他有限责任公司		348	41	24	285	167	5102
股份有限公司		-705	41		-628	2	549
私营企业		3835	117	43	1009	376	6056
私营独资企业		444			312		210
私营有限责任公司		4920	61	43	2270	376	4917
私营股份有限公司		-1529	57		-1574		929

16—21 限额以上住宿餐饮法人企业主要财务指标情况（2015年，按行业分）

单位：万元

指标	法人企业数（个）	执行《2006年企业会计准则》企业数	年初存货	流动资产合计	应收帐款	存货	固定资产合计
总计	**134**	**97**	**15348**	**122327**	**18927**	**16072**	**154458**
住宿业	**44**	**35**	**3334**	**51203**	**7827**	**2874**	**79843**
旅游饭店	35	29	2991	42979	5390	2467	72390
一般旅馆	9	6	343	8224	2436	407	7453
餐饮业	**90**	**62**	**12013**	**71124**	**11100**	**13198**	**74614**
正餐服务	88	61	11987	70976	11051	13168	74511
快餐服务	1	1	22	71	49	22	4
饮料及冷饮服务	1		4	77		9	100

指标	固定资产原价	累计折旧	本年折旧	在建工程	资产总计	流动负债合计	应付帐款
总计	**194257**	**40889**	**6762**	**28452**	**432840**	**190147**	**36097**
住宿业	**100848**	**21004**	**2774**	**22417**	**209027**	**62636**	**14898**
旅游饭店	89494	17104	1743	22413	190668	53072	12140
一般旅馆	11354	3901	1031	4	18360	9564	2759
餐饮业	**93409**	**19885**	**3988**	**6035**	**223812**	**127511**	**21199**
正餐服务	93233	19812	3916	6035	223532	127406	21185
快餐服务	4				75	46	14
饮料及冷饮服务	172	72	72		205	59	

指标	非流动负债合计	负债合计	所有者权益合计	实收资本	国家资本	集体资本	法人资本
总计	**56480**	**247402**	**185438**	**83901**	**381**	**648**	**29406**
住宿业	**30293**	**92928**	**116099**	**39553**	**329**	**648**	**15449**
旅游饭店	29323	82394	108273	37245	43	648	14689
一般旅馆	970	10534	7826	2308	286		760
餐饮业	**26187**	**154473**	**69339**	**44349**	**52**		**13957**
正餐服务	26187	154368	69164	44205	50		13957
快餐服务		46	29	2	2		
饮料及冷饮服务		59	147	142			

16—21 续表

单位：万元

指标	个人资本	港澳台资本	营业收入	主营业务收入	营业成本	主营业务成本	营业税金及附加	主营业务税金及附加
总计	**53466**		**161022**	**159791**	**95475**	**94338**	**7355**	**7201**
住宿业	**23127**		**56141**	**56001**	**33174**	**33080**	**2801**	**2694**
旅游饭店	21865		37597	37457	21156	21062	2161	2133
一般旅馆	1262		18544	18544	12019	12019	640	562
餐饮业	**30339**		**104881**	**103790**	**62301**	**61257**	**4554**	**4507**
正餐服务	30198		103782	102745	61778	60742	4509	4462
快餐服务			764	709	382	374	25	25
饮料及冷饮服务	142		335	335	141	141	20	20

指标	其他业务利润	销售费用	管理费用	税金	财务费用	利息收入	利息支出	资产减值损失
总计	**205**	**29651**	**19662**	**1963**	**6347**	**42**	**4598**	**2**
住宿业	**6**	**12426**	**7073**	**545**	**2033**	**28**	**1543**	**1**
旅游饭店	6	9007	5912	526	1869	28	1491	1
一般旅馆		3419	1162	20	164		52	
餐饮业	**199**	**17225**	**12588**	**1418**	**4314**	**14**	**3055**	**1**
正餐服务	199	17164	12526	1392	4314	14	3055	1
快餐服务		35	35	25				
饮料及冷饮服务		26	28					

指标	公允价值变动收益	投资收益	营业利润	营业外收入	政府补助	利润总额	应交所得税	本年应付职工薪酬
总计	**1**	**101**	**2673**	**3830**	**96**	**568**	**568**	**22700**
住宿业	**1**	**101**	**-1248**	**3631**	**29**	**-425**	**22**	**10379**
旅游饭店	1	101	-2389	3629	29	-1565	17	9125
一般旅馆			1141	2		1140	5	1254
餐饮业			**3921**	**199**	**66**	**993**	**545**	**12322**
正餐服务			3513	199	66	816	545	12145
快餐服务			287			172	1	114
饮料及冷饮服务			120			5		63

16—22　限额以上住宿餐饮法人企业主要财务指标情况（2015年，按控股情况分）

单位：万元

指　　标	法人企业数（个）	执行《2006年企业会计准则》企业数	年初存货	流动资产合计	应收帐款	存货	固定资产合计
总　计	**134**	**97**	**15348**	**122327**	**18927**	**16072**	**154458**
住宿业	**44**	**35**	**3334**	**51203**	**7827**	**2874**	**79843**
国有控股	4	4	60	580	255	95	734
集体控股	1	1	37	683	156	30	94
私人控股	33	25	2900	48482	7383	2618	77979
其　他	6	5	337	1457	32	131	1037
餐饮业	**90**	**62**	**12013**	**71124**	**11100**	**13198**	**74614**
国有控股	2	2	99	555	202	85	3770
私人控股	83	56	11544	68911	10436	12644	61886
其　他	5	4	370	1658	462	470	8958

指　　标	固定资产原价	累计折旧	本年折旧	在建工程	资产总计	流动负债合计	应付帐款
总　计	**194257**	**40889**	**6762**	**28452**	**432840**	**190147**	**36097**
住宿业	**100848**	**21004**	**2774**	**22417**	**209027**	**62636**	**14898**
国有控股	2035	1301	134	2	1855	2626	216
集体控股	843	749	42		779	779	214
私人控股	96565	18586	2543	22415	203466	58424	14465
其　他	1405	368	54		2928	806	3
餐饮业	**93409**	**19885**	**3988**	**6035**	**223812**	**127511**	**21199**
国有控股	7408	3638	422		4325	6454	5550
私人控股	74076	13279	3239	6035	208442	117584	15161
其　他	11926	2968	327		11045	3474	488

指　　标	非流动负债合计	负债合计	所有者权益合计	实收资本	国家资本	集体资本	法人资本
总　计	**56480**	**247402**	**185438**	**83901**	**381**	**648**	**29406**
住宿业	**30293**	**92928**	**116099**	**39553**	**329**	**648**	**15449**
国有控股	130	2756	-901	305	305		
集体控股		779					
私人控股	30163	88587	114879	37911	25	648	14709
其　他		806	2122	1337			740
餐饮业	**26187**	**154473**	**69339**	**44349**	**52**		**13957**
国有控股		6454	-2128	52	52		
私人控股	25167	143526	64916	39873			13957
其　他	1020	4494	6551	4423			

16—22 续表

单位：万元

指　　标			营业收入	主　营 业务收入	营业成本	主　营 业务成本	营业税金 及附加	主营业务 税金及附加
	个人资本	港澳台资本						
总　计	**53466**		**161022**	**159791**	**95475**	**94338**	**7355**	**7201**
住宿业	**23127**		**56141**	**56001**	**33174**	**33080**	**2801**	**2694**
国有控股			8317	8317	4528	4528	453	453
集体控股			1129	1129	976	976	64	64
私人控股	22530		44496	44366	26406	26312	2174	2068
其　他	597		2199	2190	1264	1264	110	110
餐饮业	**30339**		**104881**	**103790**	**62301**	**61257**	**4554**	**4507**
国有控股			5399	5344	3395	3387	285	285
私人控股	25916		88860	87824	51927	50891	3864	3817
其　他	4423		10622	10622	6979	6979	406	406

指　　标	其他业务 利　润	销售费用	管理费用	税　金	财务费用	利息收入	利息支出	资产减值 损　失
总　计	**205**	**29651**	**19662**	**1963**	**6347**	**42**	**4598**	**2**
住宿业	**6**	**12426**	**7073**	**545**	**2033**	**28**	**1543**	**1**
国有控股	1	2007	667	34	11	3	3	1
集体控股			167	64				
私人控股	5	9904	5966	385	1958	25	1535	
其　他		515	274	63	64		5	
餐饮业	**199**	**17225**	**12588**	**1418**	**4314**	**14**	**3055**	**1**
国有控股		730	521	45	25			
私人控股		15166	11050	1239	3917	9	2714	1
其　他	199	1328	1018	134	371	6	342	

指　　标	公允价值 变动收益	投资收益	营业利润	营业外收入	政府补助	利润总额	应　交 所得税	本年应付 职工薪酬
总　计	**1**	**101**	**2673**	**3830**	**96**	**568**	**568**	**22700**
住宿业	**1**	**101**	**-1248**	**3631**	**29**	**-425**	**22**	**10379**
国有控股	1	1	651	14		682		321
集体控股			-78			-78		211
私人控股		100	-1793	3613	29	-1005	19	9158
其　他			-28	4		-24	4	689
餐饮业			**3921**	**199**	**66**	**993**	**545**	**12322**
国有控股			443			328	1	614
私人控股			2957	199	66	147	492	10728
其　他			520			519	53	979

16—23 限额以上住宿餐饮法人企业主要财务指标情况（2015年，按经营形式分）

单位：万元

指标	法人企业数（个）	执行《2006年企业会计准则》企业数	年初存货	流动资产合计	应收帐款	存货	固定资产合计
总计	**134**	**97**	**15348**	**122327**	**18927**	**16072**	**154458**
住宿业	**44**	**35**	**3334**	**51203**	**7827**	**2874**	**79843**
独立门店	40	32	3173	45326	6895	2598	74059
连锁总店（总部）	3	2	161	5757	931	245	5784
连锁门店	1	1		120		30	
餐饮业	**90**	**62**	**12013**	**71124**	**11100**	**13198**	**74614**
独立门店	88	60	11975	70028	10735	13166	69530
连锁总店（总部）	1	1	29	796	72	25	3589
连锁门店	1	1	9	300	293	7	1496

指标	固定资产原价	累计折旧	本年折旧	在建工程	资产总计	流动负债合计	应付帐款
总计	**194257**	**40889**	**6762**	**28452**	**432840**	**190147**	**36097**
住宿业	**100848**	**21004**	**2774**	**22417**	**209027**	**62636**	**14898**
独立门店	88813	14754	2357	22134	191868	48391	12728
连锁总店（总部）	12035	6251	417	283	17009	14215	2150
连锁门店					150	30	20
餐饮业	**93409**	**19885**	**3988**	**6035**	**223812**	**127511**	**21199**
独立门店	86964	18521	3690	6035	216148	125512	20992
连锁总店（总部）	4713	1127	214		5868	1652	155
连锁门店	1732	236	84		1796	347	52

指标	非流动负债合计	负债合计	所有者权益合计	实收资本	国家资本	集体资本	法人资本
总计	**56480**	**247402**	**185438**	**83901**	**381**	**648**	**29406**
住宿业	**30293**	**92928**	**116099**	**39553**	**329**	**648**	**15449**
独立门店	28714	77105	114763	37277	43	648	15271
连锁总店（总部）	1578	15793	1216	2226	286		179
连锁门店		30	120	50			
餐饮业	**26187**	**154473**	**69339**	**44349**	**52**		**13957**
独立门店	17650	143937	72211	42636	52		12245
连锁总店（总部）	7300	8952	-3085	1500			1500
连锁门店	1237	1584	213	213			213

16—23 续表

单位：万元

指　　标			营业收入		营业成本		营业税金及附加	
	个人资本	港澳台资本		主　　营业务收入		主　　营业务成本		主营业务税金及附加
总　　计	**53466**		**161022**	**159791**	**95475**	**94338**	**7355**	**7201**
住宿业	**23127**		**56141**	**56001**	**33174**	**33080**	**2801**	**2694**
独立门店	21315		41110	40980	26685	26593	1692	1585
连锁总店（总部）	1762		14680	14670	6249	6247	1106	1106
连锁门店	50		351	351	240	240	3	3
餐饮业	**30339**		**104881**	**103790**	**62301**	**61257**	**4554**	**4507**
独立门店	30339		101628	100537	60743	59700	4368	4321
连锁总店（总部）			2321	2321	1165	1165	134	134
连锁门店			932	932	393	393	52	52

指　　标	其他业务利　　润	销售费用	管理费用		财务费用			资产减值损　　失
				税　　金		利息收入	利息支出	
总　　计	**205**	**29651**	**19662**	**1963**	**6347**	**42**	**4598**	**2**
住宿业	**6**	**12426**	**7073**	**545**	**2033**	**28**	**1543**	**1**
独立门店	6	6876	5510	534	1526	28	1043	1
连锁总店（总部）		5551	1546	11	506	1	499	
连锁门店			18		1			
餐饮业	**199**	**17225**	**12588**	**1418**	**4314**	**14**	**3055**	**1**
独立门店	199	14932	12098	1385	3432	13	2177	1
连锁总店（总部）		1688	336	21	604		604	
连锁门店		604	155	11	278		275	

指　　标	公允价值变动收益	投资收益	营业利润	营业外收入		利润总额	应　　交所得税	本年应付职工薪酬
					政府补助			
总　　计	**1**	**101**	**2673**	**3830**	**96**	**568**	**568**	**22700**
住宿业	**1**	**101**	**-1248**	**3631**	**29**	**-425**	**22**	**10379**
独立门店	1	101	-1060	3593	29	-270	20	8486
连锁总店（总部）			-277	37		-244	3	1893
连锁门店			89			89		
餐饮业			**3921**	**199**	**66**	**993**	**545**	**12322**
独立门店			6076	139	66	3090	545	11216
连锁总店（总部）			-1605	57		-1550		833
连锁门店			-550	4		-546		273

16—24 限额以上住宿业法人企业主要财务指标情况（2015年，按星级分）

单位：万元

指标	法人企业数（个）	执行《2006年企业会计准则》企业数	年初存货	流动资产合计	应收帐款	存货	固定资产合计
住宿业	**44**	**35**	**3334**	**51203**	**7827**	**2874**	**79843**
四星	7	5	829	29678	3592	890	46986
三星	14	12	1385	11310	3000	705	21877
二星	9	9	474	2133	456	503	1157
一星	1	1		52	2	50	810
其他	13	8	645	8030	778	725	9013

指标	固定资产原价	累计折旧	本年折旧	在建工程	资产总计	流动负债合计	应付帐款
住宿业	**100848**	**21004**	**2774**	**22417**	**209027**	**62636**	**14898**
四星	59796	12810	1041	305	118902	32905	4782
三星	26444	4567	1056	2916	41097	14216	6237
二星	3784	2627	202	65	4284	4581	543
一星	875	65	10		1510	570	570
其他	9948	935	466	19131	43234	10364	2766

指标	非流动负债合计	负债合计	所有者权益合计	实收资本	国家资本	集体资本	法人资本
住宿业	**30293**	**92928**	**116099**	**39553**	**329**	**648**	**15449**
四星	18467	51372	67531	16592			4220
三星	388	14604	26494	9261	25	648	3665
二星	300	4881	-597	757	305		4
一星		570	940	940			
其他	11138	21502	21732	12004			7560

16—24 续表

单位：万元

指标			营业收入	主营业务收入	营业成本	主营业务成本	营业税金及附加	主营业务税金及附加
	个人资本	港澳台资本						
住宿业	**23127**		**56141**	**56001**	**33174**	**33080**	**2801**	**2694**
四星	12372		19107	19107	10404	10404	1104	1104
三星	4924		18416	18295	11066	10974	744	716
二星	448		10737	10728	6271	6271	576	576
一星	940		160	150	90	88	15	15
其他	4444		7721	7721	5344	5344	362	283

指标	其他业务利润	销售费用	管理费用	税金	财务费用	利息收入	利息支出	资产减值损失
住宿业	**6**	**12426**	**7073**	**545**	**2033**	**28**	**1543**	**1**
四星	3	5025	2399	91	1149	2	1055	
三星	2	3536	1834	134	297	22	186	
二星	1	2394	1010	192	23	3	9	1
一星			10	6	4			
其他		1472	1821	123	560	1	293	

指标	公允价值变动收益	投资收益	营业利润	营业外收入	政府补助	利润总额	应交所得税	本年应付职工薪酬
住宿业	**1**	**101**	**-1248**	**3631**	**29**	**-425**	**22**	**10379**
四星			-972	79	25	-1012	3	3704
三星		100	1040	71	4	1123	3	2657
二星	1	1	463	27		506		748
一星			41			41		74
其他			-1820	3454		-1083	17	3195

16—25　分县（市、区）社会消费品零售总额（2015年）

单位：万元

地　　区	社会消费品零售总额（万元）	增　　长（%）
全　　市	**6083766.3**	**12.0**
宜城板块	**2523088.1**	**11.5**
迎江区	1213956.9	11.0
大观区	670459.9	11.9
宜秀区	243889.0	12.3
开发区	394782.3	11.7
七县（市）	**3560678.2**	**12.4**
桐城市	766114.4	12.2
怀宁县	662712.3	12.5
潜山县	549259.9	12.3
太湖县	381377.9	12.4
宿松县	555397.5	12.5
望江县	397681.3	12.2
岳西县	248134.9	12.6

16—26　分县（市、区）限额以上批发零售法人商品购进、销售和库存情况（2015年）

单位：万元

地　　区	法人企业个数（个）	商品购进额		商品销售额				期末商品库存额	年末零售营业面积（平方米）
			进　口		批发额		零售额		
						出　口			
全　　市	**470**	**2919082**	**32498**	**3423505**	**1481312**	**62416**	**1942193**	**263172**	**1385739**
迎江区	45	876902	12709	1123085	628462	30395	494623	46798	359083
大观区	31	359888	216	373256	132141	316	241115	31996	170011
宜秀区	28	193786	10450	245617	126194		119423	35951	47265
开发区	44	357637	6867	410696	201998		208698	52082	195937
桐城市	48	234507	756	263374	90758		172616	23783	137228
怀宁县	47	124862		136982	48758	588	88224	13447	89327
潜山县	35	143188		156357	12781		143576	10542	82841
太湖县	48	197140		206443	62682		143761	8856	68049
宿松县	44	120263		133281	41605		91676	15253	123591
望江县	62	216778	1500	262939	106771	31117	156168	14842	54738
岳西县	38	94131		111475	29162		82313	9622	57669

16—27　分县（市、区）限额以上批发零售贸易法人企业主要财务指标情况（2015年）

单位：万元

地　区	法人企业数（个）	执行《2006年企业会计准则》企业数	年初存货	流动资产合计	应收帐款	存　货	固定资产合计	固定资产原价
全　市	**470**	**322**	**644664**	**1445718**	**181779**	**275331**	**249261**	**340141**
迎江区	45	36	453395	732767	26187	59662	52498	86528
大观区	31	23	30031	104126	16250	33739	18619	29179
宜秀区	28	18	33091	117277	33568	33297	9862	14614
开发区	44	33	39381	183690	42705	50466	21923	30704
桐城市	48	30	21215	68039	9855	24242	56559	69566
怀宁县	47	26	10156	32284	6408	13662	17601	21392
潜山县	35	20	8356	24007	3245	10401	12636	14969
太湖县	48	32	8552	41132	11007	9728	13450	16636
宿松县	44	27	12492	41268	6407	13147	13046	15612
望江县	62	53	17250	70785	21252	16789	24274	30421
岳西县	38	24	10746	30345	4895	10197	8793	10520

地　区	累计折旧	本年折旧	在建工程	资产总计	流动负债合计	应付帐款	非流动负债合计	负债合计
全　市	**91407**	**18660**	**32953**	**1896893**	**1141751**	**157271**	**67713**	**1199717**
迎江区	34272	4665	3723	834839	525875	32440	17137	543137
大观区	10562	2811	2143	149378	104224	15612	946	105190
宜秀区	4751	2441	69	135397	106945	29632	1099	108045
开发区	8895	1982	4139	239523	157333	29000	21209	168638
桐城市	13018	1474	14525	166734	86325	5995	4025	90362
怀宁县	3791	1352		57083	25916	11289	1659	27575
潜山县	2333	662	776	41229	18210	5712	1441	19651
太湖县	3186	1185	77	61608	30485	8241	3482	33967
宿松县	2566	670	123	60760	25267	5552	6387	31654
望江县	6306	1072	1040	101626	43876	9104	8804	52680
岳西县	1728	346	6338	48715	17296	4694	1523	18819

地　区	所有者权益合计	实收资本	国家资本	集体资本	法人资本	个人资本	港澳台资本	外商资本
全　市	**697175**	**256169**	**15908**	**9883**	**96472**	**131740**	**1416**	**750**
迎江区	291703	17501	1511	3060	6314	6616		
大观区	44188	30562	8545	2300	7798	10503	1416	
宜秀区	27353	25582			11068	14514		
开发区	70885	60099		500	31200	27650		750
桐城市	76372	41511	397	681	17055	23378	1	
怀宁县	29507	10808	1055	29	2418	7306		
潜山县	21578	12751	280	2743	4957	4772		
太湖县	27641	12707		330	3877	8499		
宿松县	29106	14379	781	122	6603	6873		
望江县	48947	17405	2782	118	4027	10478		
岳西县	29897	12864	557		1156	11151		

16—27 续表

单位：万元

地　　区	营业收入	主营业务收入	营业成本	主营业务成本	营业税金及附加	主营业务税金及附加	其他业务利润	销售费用
全　　市	**3217742**	**3191210**	**2834773**	**2817749**	**57037**	**56496**	**14820**	**111878**
迎江区	1003056	998680	841924	837670	46870	46757	2832	27530
大观区	382481	378968	364135	363031	667	493	194	15647
宜秀区	236295	232994	218077	215247	1402	1396	2569	6472
开发区	355435	345660	321247	317363	632	630	7002	11628
桐城市	267294	263669	230565	228403	3025	2891	1108	12166
怀宁县	134434	133734	115060	114830	1137	1131	13	5563
潜山县	151988	151702	135400	135264	441	440	693	5956
太湖县	194864	194853	176083	176081	428	428		7607
宿松县	134261	133831	119632	117560	834	758	8	3805
望江县	253960	253960	223162	223162	1142	1142	382	11686
岳西县	103674	103159	89490	89138	460	432	20	3820

地　　区	管理费用	税金	财务费用	利息收入	利息支出	资产减值损失	公允价值变动收益	投资收益
全　　市	**81885**	**4629**	**20810**	**7128**	**13961**	**1354**	**36**	**529**
迎江区	30291	2319	-2937	6053	1095	-56	18	51
大观区	4799	149	1850	65	1437	13		
宜秀区	4660	62	4208	71	1685	152		82
开发区	7079	194	5063	492	3452	1171		117
桐城市	10284	502	3316	329	1306	5		119
怀宁县	4321	227	722	5	592	9		25
潜山县	4066	339	1503	-4	341	2		-10
太湖县	5056	119	1403	3	1069	14		
宿松县	2673	374	1864	17	1065	8	13	29
望江县	5344	73	2619	89	1495	13		
岳西县	3313	269	1200	8	424	22	5	116

地　　区	营业利润	营业外收入	政府补助	利润总额	应交所得税	本年应付职工薪酬	应交增值税
全　　市	**116262**	**2921**	**882**	**109009**	**20585**	**85178**	**37660**
迎江区	63475	713	125	60363	15873	35388	25214
大观区	-4631	146	30	-4210	117	7526	2744
宜秀区	1408	107	2	1395	241	4370	1504
开发区	9849	777	210	9636	798	7387	526
桐城市	8155	84	10	6347	1111	6062	1566
怀宁县	7649	120	5	7400	589	4639	1002
潜山县	4610	56	39	3458	435	3314	1389
太湖县	4288	760	410	4649	259	3989	1079
宿松县	5487	90	35	4807	167	4213	927
望江县	10482	43		10160	569	5237	1269
岳西县	5490	26	17	5004	426	3055	440

16—28 分县（市、区）限额以上住宿和餐饮法人企业主要财务指标情况（2015年）

单位：万元

地区	法人企业数（个）		年初存货	流动资产合计			固定资产合计
		执行《2006年企业会计准则》企业数			应收帐款	存货	
全市	**134**	**97**	**15348**	**122327**	**18927**	**16072**	**154458**
迎江区	14	13	1006	5472	956	734	5244
大观区	9	8	189	1549	23	278	558
宜秀区	7	4	268	5189	503	260	8229
开发区	12	10	900	27875	1116	663	8124
桐城市	17	16	990	9437	834	1649	10136
怀宁县	16	8	818	7731	3658	1239	15641
潜山县	24	11	1680	15714	2710	1768	31700
太湖县	8	7	246	2669	875	400	5872
宿松县	11	9	7886	22131	5121	8169	14302
望江县	4	3	297	2028	513	366	2922
岳西县	12	8	1066	22534	2619	548	51730

地区	固定资产原价	累计折旧		在建工程	资产总计	流动负债合计	
			本年折旧				应付帐款
全市	**154458**	**194257**	**40889**	**6762**	**28452**	**432840**	**190147**
迎江区	5244	8825	3583	466	445	14254	7268
大观区	558	1212	654	81	509	3277	1921
宜秀区	8229	8117	944	269	467	16064	8746
开发区	8124	18582	10458	1198	928	49042	43401
桐城市	10136	15859	5723	922	64	80454	63143
怀宁县	15641	18826	3216	1019	2688	24823	7947
潜山县	31700	39543	7843	1132	12703	67358	14946
太湖县	5872	7660	1788	431		9316	4054
宿松县	14302	17175	2873	529	638	40082	19357
望江县	2922	3710	788	189	4131	11428	1696
岳西县	51730	54750	3021	526	5881	116744	17669

地区	非流动负债合计	负债合计	所有者权益合计				
				实收资本			
					国家资本	集体资本	法人资本
全市	**56480**	**247402**	**185438**	**83901**	**381**	**648**	**29406**
迎江区	7400	14668	-414	2499	18		1504
大观区		1921	1355	1683			400
宜秀区	3527	13048	3016	5200			1700
开发区	1548	44950	4092	12424			11210
桐城市	2558	65701	14753	5114	50		1591
怀宁县	4016	11963	12861	3953			310
潜山县	8419	23365	43993	33346	3		4650
太湖县	1013	5067	4249	823			200
宿松县	6633	25989	14092	5378	286		2200
望江县	7333	9028	2400	620			
岳西县	14033	31703	85043	12864	25	648	5641

16—28 续表

单位：万元

地区	个人资本	港澳台资本	营业收入	主营业务收入	营业成本	主营业务成本	营业税金及附加	主营业务税金及附加
全市	**53466**		**161022**	**159791**	**95475**	**94338**	**7355**	**7201.2**
迎江区	977		14314	14291	7826	7826	733	732
大观区	1283		3302	3287	1927	1919	162	161
宜秀区	3500		7597	7596	4493	4493	224	224
开发区	1214		18181	18180	7936	7936	1146	1146
桐城市	3473		33574	33495	19492	19445	1777	1768
怀宁县	3643		10203	9562	5975	5617	496	461
潜山县	28693		32073	31750	20675	20081	1398	1398
太湖县	623		7014	7014	3619	3619	179	179
宿松县	2892		21697	21665	14604	14568	756	676
望江县	620		1589	1589	1586	1586	60	60
岳西县	6550		11479	11362	7343	7249	424	397

地区	其他业务利润	销售费用	管理费用	税金	财务费用	利息收入	利息支出	资产减值损失
全市	**205**	**29651**	**19662**	**1963**	**6347**	**42**	**4598**	**2**
迎江区		4615	1816	137	706	2	665	
大观区	2	740	455	62	42		3	
宜秀区		1847	1661	5	181	-5	125	
开发区	2	6548	2914	924	1187	22	1133	
桐城市		4030	2863	186	933	12	344	
怀宁县		1395	1146	67	505		127	
潜山县	1	4382	3627	243	1057	10	782	1
太湖县	199	2055	582	80	151		109	
宿松县		2622	2510	88	1051		895	
望江县		125	1026	85	180	1	177	
岳西县	1	1292	1063	89	353	1	239	

地区	公允价值变动收益	投资收益	营业利润	营业外收入	政府补贴	利润总额	应交所得税	本年应付职工薪酬
全市	**1**	**101**	**2673**	**3830**	**96**	**568**	**568**	**22700**
迎江区			-1380	102	15	-1283	31	3246
大观区			-5	4		18	17	596
宜秀区			-808	4		-880	10	1603
开发区			-1529	90	2	-1469	7	4270
桐城市			4479	4		648	195	2407
怀宁县			685	8		692	120	1153
潜山县	1	1	935	59	20	651	60	3001
太湖县			428	42	30	455	53	996
宿松县			152			252	32	2917
望江县			-1387	3420		-670	5	735
岳西县		100	1103	97	29	2153	39	1778

16—29　分县（市、区）限额以上住宿餐饮法人企业经营情况（2015年）

地　区	法人企业数（个）	营业额（万元）	客房收入	餐费收入	商品销售收入	其他收入	客房数（间）	床位数（张）	餐位数（个）	年末餐饮营业面积（平方米）
全　市	**134**	**159976**	**38475**	**103739**	**11503**	**6258**	**9896**	**19689**	**68605**	**440174**
迎江区	14	14208	2535	11260	145	269	630	1015	5456	32647
大观区	9	3548	1280	2098	157	12	525	805	1663	15751
宜秀区	7	7602	1677	5707	214	4	1185	4695	3410	24929
开发区	12	18133	5059	11883	627	564	1721	2954	12016	90104
桐城市	17	32979	5723	20192	3278	3787	710	1243	7884	45715
怀宁县	16	10207	2613	6495	718	383	542	882	5865	36367
潜山县	24	31414	4645	22206	4252	310	1615	2788	10359	34187
太湖县	8	7014	1890	4886	220	18	551	1016	4860	45100
宿松县	11	21917	9072	11215	1299	331	993	1734	6692	56408
望江县	4	1589	831	718	41		405	651	4304	13933
岳西县	12	11363	3152	7079	554	580	1019	1906	6096	45033

16—30　分县（市、区）限额以上批发零售、住宿餐饮法人企业从业人数（2015年）

单位：人

地　区	合　计	批发零售业	零售业	住宿餐饮业
全　市	**31409**	**22682**	**16736**	**8727**
迎江区	4813	3779	2539	1034
大观区	3489	3150	2650	339
宜秀区	1617	1180	698	437
开发区	3543	2177	874	1366
桐城市	3771	2526	1999	1245
怀宁县	2438	1819	1461	619
潜山县	2891	1535	1475	1356
太湖县	2044	1597	1224	447
宿松县	2431	1521	1278	910
望江县	2063	1790	1268	273
岳西县	2309	1608	1270	701

16—31 限额以上批发零售业连锁经营情况（2015年）

指　　标		合　计		直营店		加盟店	
		本　年	上年同期	本　年	上年同期	本　年	上年同期
门店总数	（个）	203	197	203	197		
年末从业人员数	（人）	4431	5267	4431	5267		
年末零售营业面积	（平方米）	447039	421065	447039	421065		
连锁门店商品购进额	（万元）	433314	463882	433314	463882		
#统一配送商品购进额		382625	413712	382625	413712		
连锁门店商品销售额	（万元）	438214	509416	438214	509416		
#零售额		404355	466163	404355	466163		

16—32 限额以上住宿餐饮业连锁经营情况（2015年）

指　　标		合　计		直营店		加盟店	
		本　年	上年同期	本　年	上年同期	本　年	上年同期
门店总数	（个）	4	4	4	4		
年末从业人员数	（人）	235	224	235	224		
年末餐饮营业面积	（平方米）	10000	10000	10000	10000		
客房数	（间）						
床位数	（张）						
餐位数	（位）	1020	1020	1020	1020		
连锁门店商品购进（采购）额	（万元）	1165	1431	1165	1431		
#统一配送商品购进（采购）额							
连锁门店营业额	（万元）	2321	2934	2321	2934		
#餐费收入		2228	2934	2228	2934		
商品销售额		93		93			

16—33 分县（市、区）限额以上批发零售业连锁经营情况（2015年）

地区	门店总数（个）	从业人员（人）	营业面积（平方米）	商品购进总额（万元）	#统一配送商品购进额	商品销售额（万元）	零售额
全市	**203**	**4431**	**447039**	**433314**	**382625**	**438214**	**404355**
迎江区	153	3310	290602	382625	382625	396028	362169
大观区	50	1121	156437	50689		42186	42186
宜秀区							
开发区							
桐城市							
怀宁县							
潜山县							
太湖县							
宿松县							
望江县							
岳西县							

16—34 分县（市、区）限额以上住宿餐饮业连锁经营情况（2015年）

地区	门店总数（个）	从业人员（人）	营业面积（平方米）	客房数（间）	餐位数（位）	商品购进总额（万元）	营业额（万元）
全市	**4**	**235**	**10000**		**1020**	**1165**	**2321**
迎江区	4	235	10000		1020	1165	2321
大观区							
宜秀区							
开发区							
桐城市							
怀宁县							
潜山县							
太湖县							
宿松县							
望江县							
岳西县							

16—35　亿元以上商品交易市场摊位分类情况（2015年）

指　　标	年末出租摊位数（个）	成 交 额（万元）
总　　计	**11168**	**2742090**
粮油、食品类	1035	209954
＃粮油类	137	13258
肉禽蛋类	117	35377
水产品类	69	16622
蔬菜类	324	64948
干鲜果品类	175	34348
饮料类	15	2416
烟酒类	70	12270
服装、鞋帽、针纺织品类	1057	96274
服装类	611	41787
鞋帽类	284	25129
针纺织品类	162	29358
化妆品类	13	823
金银珠宝类	1	15000
日用品类	1092	26265
＃儿童玩具类	7	57
五金、电料类	262	30031
体育、娱乐用品类	25	538
电子出版物及音像制品类	9	256
家用电器和音像器材类	251	100398
中西药品类	3	4013
＃西药类	1	13
文化办公用品类	7	30025
家具类	1142	1015774
通讯器材类	6	4800
煤炭及制品类		
木材及制品类	169	160702
化工材料及制品类	201	160881
金属材料类	218	278469
建筑及装潢材料类	1178	300365
机电产品及设备类	220	50259
＃农机类	4	160
种子饲料类	7	137
其他类	4187	242440

16—36 亿元商品交易市场情况（2015年）

指　　标	市场数（个）	总摊位数（个）	年末出租摊位数（个）	营业面积（平方米）	成交额（万元）
总　　计	**8**	**11385**	**11168**	**1968077**	**2742090**
按市场类别分组					
综合市场	4	10693	10677	1750221	2382790
综合贸易市场	4	10693	10677	1750221	2382790
生产资料综合市场	1	8898	8898	1620000	2214370
其他综合市场	3	1795	1779	130221	168420
专业市场	4	692	491	217856	359300
生产资料市场	1	250	195	101000	278000
金属材料市场	1	250	195	101000	278000
农产品市场	1	188	148	6856	54000
蔬菜市场	1	188	148	6856	54000
家具、五金及装饰材料市场	2	254	148	110000	27300
家具市场	2	254	148	110000	27300
按营业状态分组					
常年营业	8	11385	11168	1968077	2742090
按经营方式分组					
以批发为主	5	9901	9739	1897221	2611254
以零售为主	3	1484	1429	70856	130836
按经营环境分组					
露天式	1	250	195	101000	278000
封闭式	3	904	783	148000	77518
其　他	4	10231	10190	1719077	2386572

16—37　分县（市、区）亿元商品交易市场情况（2015年）

地　区	市 场 数（个）	年末摊位数（个）	营业面积（平方米）	总成交额（万元）
全　市	**8**	**11168**	**1968077**	**2742090**
迎 江 区				
大 观 区				
宜 秀 区	3	343	211000	305300
开 发 区	1	8898	1620000	2214370
桐 城 市				
怀 宁 县				
潜 山 县	1	148	6856	54000
太 湖 县				
宿 松 县				
望 江 县	2	1144	92221	118202
岳 西 县	1	635	38000	50218

主要统计指标解释

社会消费品零售总额

指国民经济各行业直接售给城乡居民和社会集团的消费品总额。它是反映各行业通过多种商品流通渠道向居民和社会集团供应的生活消费品总量，是研究国内零售市场变动情况、反映经济景气程度的重要指标。

社会消费品零售总额包括：⑴售给城乡居民作为生活用的商品和修建房屋用的建筑材料；⑵售给社会集团的各种办公用品和公用消费品；⑶售给机关、团体、学校、部队、企业、事业单位的职工食堂和旅店（招待所）附设专门供本店旅客食用，不对外营业的食堂的各种食品、燃料；企业、单位和国营农场直接售给本单位职工和职工食堂的自己生产的产品；⑷售给部队干部、战士生活用的粮食、副食品、衣着品、日用品、燃料；⑸售给来华的外国人、华侨、港澳台同胞的消费品；⑹居民自费购买的中、西药品、中药材及医疗用品；⑺报社、出版社直接售给居民和社会集团的报纸、图书、杂志，集邮公司出售的新、旧纪念邮票、特种邮票、首日封、集邮册、集邮工具等；⑻旧货寄售商店自购、自销部分的商品；⑼煤气公司、液化石油气站售给居民和社会集团的煤气灶具和罐装液化石油气；⑽农民售给非农业居民和社会集团的商品。不包括售给国民经济各部门企业、事业单位（包括国有经济的农场）生产经营用的各种原材料、燃料、设备、工具等和售给批发零售贸易业、餐饮业作为转卖用的商品，旧货寄售商店受托寄售卖出的商品，服务业的营业收入，邮局出售邮票的收入，自来水、电力、煤气生产（供应）单位的产品供应收入，也不包括农民之间的商品销售。

批发零售业商品购进、销售、库存总额

指各种登记注册类型的批发、零售业（不包括个体）企业（单位）以本企业（单位）为总体的商品购进、销售、库存总额。

商品购进总额

指从本企业（单位）以外的单位和个人购进（包括从境外直接进口）作为转卖或加工后转卖的商品总额。它反映批发零售业从国内、国外市场上购进商品的总量。商品购进总额包括：⑴从工农业生产者购进的商品；⑵从出版社、报社的出版发行部门购进的图书、杂志和报纸；⑶从各种登记注册类型的批发零售贸易企业（单位）购进的商品；⑷从其他单位购进的商品，如从机关、团体、企业等单位购进的剩余物资，从餐饮业、服务业购进的商品，从海关、市场管理部门购进的缉私和没收的商品，从居民手中收购的废旧商品等；⑸从国（境）外直接进口的商品。不包括企业（单位）为自身经营用和未通过买卖行为而收入的商品以及销售退回、商品升溢等。

商品销售总额

指对本企业（单位）以外的单位和个人出售（包括对境外直接出口）的商品总额。它反映批发零售

业在国内市场上销售商品以及出口商品的总量。商品销售总额包括：⑴售给城乡居民和社会集团消费用的商品；⑵售给工业、农业、建筑业、运输邮电业、批发零售业、餐饮业、服务业等作为生产、经营使用的商品；⑶售给批发零售业作为转卖或加工后转卖的商品；⑷对国（境）外直接出口的商品。不包括出售本企业（单位）自用的废旧包装用品；未通过买卖行为付出的商品；经本单位介绍，由买卖双方直接结算，本单位只收取手续费的业务；购货退出的商品以及商品损耗和损失等。

批发零售业库存

指报告期末各种登记注册类型的批发零售企业（单位）已取得所有权的商品。它反映批发零售企业（单位）的商品库存情况和对市场商品供应的保证程度。期末库存包括：⑴存放在批发零售贸易业经营单位（如门市部、批发站、经营处）仓库、货场、货柜和货架中的商品；⑵挑选、整理、包装中的商品；⑶已记入购进而尚未运到本单位的商品，即发货单或银行承兑凭证已到而货未到的部分；⑷寄放他处的商品，如因购货方拒绝承付而暂时存放在购货方的商品和已办完加工成品收回手续而未提回的商品；⑸委托其他单位代销（未作销售或调出）尚未售出的商品；⑹代其他单位购进尚未交付的商品。不包括所有权不属于本单位的商品、拨付除批发零售贸易业以外的其他行业所属独立核算加工厂等加工生产尚未收回成品的商品、代国家物资储备部门保管的商品等。

库存总额采用的计算价格是：农副产品采购单位按购进价计算；批发单位按进货价计算；零售单位按核算价格计算，即按什么价格核算就按什么价格计算。

第十七篇

对外经济贸易

简要说明

一、我市进出口贸易的规模、进出口商品的结构、贸易伙伴国的进出口总额以及三资企业的进出口变化情况，根据安庆海关资料加工整理。

二、利用外资资料。来源于市商务局，是根据国家商务部和国家统计局共同制订的《利用外资统计制度》加工、整理而成。

三、外商投资企业注册登记情况。资料来源于市工商行政管理局，是根据国家工商行政管理局制订的《工商行政管理系统统计报表制度》进行统计、加工、整理而得。凡以工商行政管理机关核准注册，在我市的中外合资经营企业、中外合作经营企业、外商独资企业、中外股份公司、在华从事经营活动的外国及港澳台地区企业及外国公司在我市境内设立的分支机构均列入统计范围。

四、对外承包工程和劳务合作的发展状况。资料来源于市商务局。是根据国家商务部与国家统计局共同制订的《对外承包工程和劳务合作统计制度》通过全面调查方法进行加工、整理而得。

17—1 主要年份对外经济贸易基本情况

单位：万美元

指 标	2010*	2012*	2013*	2014*	2015*	2015
外贸进出口总额	68093	123899	180426	225699	244463	242054
外贸进口总额	17528	23379	30957	30835	26732	215959
外贸出口总额	50565	100520	149469	194864	217731	26096
#“三资”企业出口	5816	6135	7079	9548		
外贸直接投资	22255	32667	45178	12897		
中外合资	9683	10160	15389	1584		
中外合作	13			832		
外资独资	12559	22507	29789	10481		

17—2 主要年份分县（市、区）进出口总额（含枞阳）

单位：万美元

地 区	2010	2012	2013	2014	2015
进出口总额	**68093**	**123899**	**180426**	**225699**	**244463**
市 区	41219	76151	105338	151985	163268
桐 城 市	12652	14301	19031	20463	24011
怀 宁 县	3423	4563	6995	7769	8996
枞 阳 县	761	1884	3096	5661	2408
潜 山 县	1677	5240	7754	7897	8990
太 湖 县	420	1608	3814	5586	8324
宿 松 县	2337	10389	11787	7221	7842
望 江 县		6494	11723	10309	11009
岳 西 县	2533	3270	5379	8808	9614
出 口 总 额	**50565**	**100520**	**149469**	**194864**	**217731**
市 区	27232	56775	82322	127149	140810
桐 城 市	11531	13372	17164	19507	23286
怀 宁 县	2451	3502	5846	6528	8618
枞 阳 县	707	1562	2620	5037	1772
潜 山 县	1659	4867	6990	7092	7969
太 湖 县	365	1304	2852	3943	7299
宿 松 县	2255	10328	11092	6743	7410
望 江 县		5542	9695	10059	10958
岳 西 县	2527	3270	5378	8805	9609

17—2 主要年份分县（市、区）进出口总额

单位：万美元

地　区	2010	2014	2015
进出口总额	**64261**	**220038**	**242054**
市　区	41219	151985	163268
桐城市	12652	20463	24011
怀宁县	3423	7769	8996
潜山县	1677	7897	8990
太湖县	420	5586	8324
宿松县	2337	7221	7842
望江县		10309	11009
岳西县	2533	8808	9614
出口总额	**48020**	**189826**	**215959**
市　区	27232	127149	140810
桐城市	11531	19507	23286
怀宁县	2451	6528	8618
潜山县	1659	7092	7969
太湖县	365	3943	7299
宿松县	2255	6743	7410
望江县		10059	10958
岳西县	2527	8805	9609

17—3 安庆市主要出口商品数量及金额（含枞阳）

主要商品		2014		2015	
		数　量	金　额（万美元）	数　量	金　额（万美元）
羽绒寝具	（千克）	3169008	2514	2689139	1911
服　装	（千克）				
棉　布	（千克）				
绗缝被	（千克）	7223690	4183		
棉纱线	（千克）				
氰化钠	（千克）	15051910	3889	19425030	4058
柴油机零件	（千克）	4127643	1850	13308915	3142
芝　麻	（千克）	2356160	727	58647223	3891
床　单					
塑料制品	（千克）				
二极管	（个）	218134026	360	126622695	230
钢铁制品					
橡胶或塑料鞋	（双）				
纤维板	（千克）				
化纤毛毯	（条）	616865	486		
人造纤维布					
木制画框	（千克）				
药棉纱布	（千克）	863324	388	1263388	546
包装袋					
猪肠衣	（千克）	555500	404	644650	489
灯　泡	（只）	1416480	89	466977	32
棉制浴巾	（条）	1256619	375	1321906	234
乙　腈	（千克）	700617	261	1198970	275
赤　豆	（千克）				
玻璃制品					
窗帘帐幔	（件）	156164	93		

17—3 安庆市主要出口商品数量及金额

主要商品		2014		2015	
		数 量	金 额（万美元）	数 量	金 额（万美元）
羽绒寝具	（千克）				
服 装	（千克）				
棉 布	（千克）				
绗缝被	（千克）				
棉纱线	（千克）				
氰化钠	（千克）	15051910	3889	19425030	4058
柴油机零件	（千克）	4336456	2559	13308915	3142
芝 麻	（千克）				
床 单					
塑料制品	（千克）				
二极管	（个）	219185642	361	126622695	230
钢铁制品					
橡胶或塑料鞋	（双）				
纤维板	（千克）				
化纤毛毯	（条）				
人造纤维布					
木制画框	（千克）				
药棉纱布	（千克）	863324	388	1176244	476
包装袋					
猪肠衣	（千克）	555500	404	644650	489
灯 泡	（只）				
棉制浴巾	（条）	348567	102	345996	87
乙 腈	（千克）	893710	283	1198970	275
赤 豆	（千克）				
玻璃制品					
窗帘帐幔	（件）				

17—4 安庆同各国（地区）出口总额（含枞阳）

国别地区	2014		2015	
	出口总额（万美元）	占总额（%）	出口总额（万美元）	占总额（%）
全市合计	**191717**	**100.0**	**212433**	**100.0**
亚　洲	**111864**	**58.3**	**66179**	**31.2**
孟加拉国	4890	2.6	4889	2.3
香　港	15186	7.9	21793	10.3
印　度	5860	3.1	6326	3.0
伊　朗	7111	3.7	1859	0.9
日　本	6122	3.2	8609	4.1
巴基斯坦	4302	2.2	4867	2.3
沙特阿拉伯	2584	1.3	5166	2.4
韩　国	9029	4.7	4354	2.1
土耳其	2735	1.4	2287	1.1
阿联酋	4337	2.3	4079	1.9
台澎金石关税区	2317	1.2	1950	0.9
东　盟	37536	19.6	28272	13.3
印度尼西亚	5349	2.8	2307	1.1
马来西亚	5106	2.7	9983	4.7
新加坡	11658	6.1	11571	5.5
越　南	7081	3.7	4411	2.1
非　洲	**12022**	**6.3**	**2884**	**1.4**
埃　及	757	0.4	1705	0.8
南　非	2458	1.3	1179	0.6
欧　洲	**35889**	**18.7**	**7352**	**3.5**
阿尔巴尼亚	67		1	
挪　威	1331	0.7	986	0.5
俄罗斯	5633	2.9	6365	3.0
欧　盟	27753	14.5	25032	11.8
比利时	1325	0.7	1654	0.8
英　国	4860	2.5	6688	3.2
德　国	3736	1.9	3741	1.8
法　国	2198	1.1	2547	1.2
意大利	4824	2.5	3353	1.6
荷　兰	3205	1.7	3652	1.7
西班牙	2794	1.5	1803	0.9
波　兰	1357	0.7	1594	0.8
拉丁美洲	**8098**	**4.2**	**3995**	**1.9**
巴　西	2518	1.3	2280	1.1
智　利	946	0.5	1715	0.8
北美洲	**20015**	**10.4**	**27288**	**12.9**
加拿大	1676	0.9	2206	1.0
美　国	18340	9.6	25082	11.8
大洋洲	**3829**	**2.0**	**3561**	**1.7**
澳大利亚	2864	1.5	3561	1.7

17—4　安庆同各国（地区）出口总额

国别地区	2014		2015	
	出口总额（万美元）	占总额（%）	出口总额（万美元）	占总额（%）
全市合计	**186187**	**100.0**	**210661**	**100.0**
亚　洲	**108815**	**58.4**	**116140**	**55.1**
孟加拉国	4574	2.5	4794	2.3
香　港	15105	8.1	21790	10.3
印　度	5545	3.0	6325	3.0
伊　朗	7076	3.8	1859	0.9
日　本	5860	3.2	8388	4.0
巴基斯坦	4252	2.3	4839	2.3
沙特阿拉伯	2410	1.3	5166	2.5
韩　国	8975	4.8	4354	2.1
土耳其	2702	1.5	2271	1.1
阿联酋	4176	2.2	4050	1.9
台澎金石关税区	2284	1.2	1950	0.9
东　盟	36227	19.5	38894	18.5
印度尼西亚	5128	2.8	2299	1.1
马来西亚	4878	2.6	9858	4.7
新加坡	11450	6.2	11568	5.5
越　南	6957	3.7	4395	2.1
非　洲	**11395**	**6.1**	**16823**	**8.0**
埃　及	723	0.4	1705	0.8
南　非	2446	1.3	1156	0.6
欧　洲	**35136**	**18.9**	**35609**	**16.9**
阿尔巴尼亚	67		1	
挪　威	1331	0.7	986	0.5
俄罗斯	5378	2.9	6191	2.9
欧　盟	27277	14.7	27892	13.2
比利时	1305	0.7	1648	0.8
英　国	4749	2.6	6514	3.1
德　国	3697	2.0	3682	1.8
法　国	2170	1.2	2545	1.2
意大利	4766	2.6	3318	1.6
荷　兰	419	0.2	479	0.2
西班牙	2770	1.5	1798	0.9
波　兰	1316	0.7	1567	0.7
拉丁美洲	**7770**	**4.2**	**10548**	**5.0**
巴　西	2423	1.3	2261	1.1
智　利	930	0.5	1657	0.8
北美洲	**19544**	**10.5**	**26931**	**12.8**
加拿大	1645	0.9	2185	1.0
美　国	17899	9.6	24746	11.8
大洋洲	**3527**	**1.9**	**4610**	**2.2**
澳大利亚	2587	1.4	3559	1.7

主要统计指标解释

进出口总额

指实际进出我国国境的货物总金额。包括对外贸易实际进出口货物，来料加工装配进出口货物，国家间、联合国及国际组织无偿援助物资和赠送品，华侨、港澳台同胞和外籍华人捐赠品，租赁期满归承租人所有的租赁货物，进料加工进出口货物，边境地方贸易及边境地区小额贸易进出口货物（边民互市贸易除外），中外合资企业、中外合作经营企业、外商独资经营企业进出口货物和公用物品，到、离岸价格在规定限额以上的进出口货样和广告品（无商业价值、无使用价值和免费提供出口的除外），从保税仓库提取在中国境内销售的进口货物，以及其他进出口货物。进出口总额用以观察一个国家在对外贸易方面的总规模。我国规定出口货物按离岸价格统计，进口货物按到岸价格统计。

利用外资

指我国各级政府、部门、企业和其他经济组织通过对外借款、吸收外商直接投资以及用其他方式筹措的境外现汇、设备、技术等。

外商直接投资

指外国企业和经济组织或个人（包括华侨、港澳台胞以及我国在境外注册的企业）按我国有关政策、法规，用现汇、实物、技术等在我国境内开办外商独资企业、与我国境内的企业或经济组织共同举办中外合资经营企业、合作经营企业或合作开发资源的投资（包括外商投资收益的再投资），以及经政府有关部门批准的项目投资总额内企业从境外借入的资金。

对外借款

是我国利用外资的重要部分。指通过对外正式签订借款协议，从境外筹措的资金，包括外国政府贷款、国际金融组织贷款、外国银行商业贷款、出口信贷以及对外发行债券等。1996 年及以前还包括对外发行股票。

外商其他投资

指除对外借款和外商直接投资以外的各种利用外资的形式。包括企业在境内外股票市场公开发行的以外币计价的股票（目前主要是在香港证券市场发行的 H 股和在境内证券市场发行的 B 股）发行价总额，国际租赁进口设备的应付款，补偿贸易中外商提供的进口设备、技术、物料的价款，加工装配贸易中外商提供的进口设备、物料的价款。

对外承包工程

指各对外承包公司以招标议标承包方式承揽的下列业务：⑴承包国外工程建设项目，⑵承包我国对外经援项目，⑶承包我国驻外机构的工程建设项目，⑷承包我国境内利用外资进行建设的工程项目，⑸与外国承包公司合营或联合承包工程项目时我国公司分包部分，⑹对外承包兼营的房屋开发业务。对外承包工程的营业额是以货币表现的本期内完成的对外承包工程的工作量，包括以前年度签订的合同和本年度新签订的合同在报告期内完成的工作量。

对外劳务合作

指以收取工资的形式向业主或承包商提供技术和劳动服务的活动。我国对外承包公司在境外开办的合营企业，中国公司同时又提供劳务的，其劳务部分也纳入劳务合作统计。劳务合作营业额按报告期内向雇主提交的结算数（包括工资、加班费和奖金等）统计。

第十八篇

旅游

简要说明

旅游业发展情况。入境国际旅游者（外国人、华侨、港澳同胞和台湾同胞）人数、不同经济类型的涉外饭店数量及规模情况的资料来源于市旅游局。

18—1　主要年份旅游事业基本情况

指　　标		2010*	2012*	2013*	2014*	2015
旅行社总数	（个）	103	112	120	118	108
入境旅游人数	（人）	44911	79622	96183	192790	212326
外 国 人		30457	4767	60508	133908	129761
港澳和台湾同胞		14454	3677	35675	58882	82565
国内旅游人数	（万人次）	1931.50	2974.14	3403.14	3793.27	4470.43
旅游收入	（亿元）	127.80	260.37	301.38	348.16	418.26
国际旅游外汇收入	（万美元）	2800.00	6894.38	8722.10	16829.82	14286.64
国内旅游收入	（亿元）	125.00	256.01	295.98	337.82	409.44

18—2　分县（市、区）旅游星级饭店（宾馆）住宿设施情况（2015年）

指　　标		全　市	市　区	桐城市	怀宁县	潜山县	太湖县	宿松县	望江县	岳西县
旅游星级宾馆	（个）	39	14	2	3	8	3	2	1	6
#五星级										
四星级		12	7	1		3				1
三星级		22	6	1	3	5	2			5
二星级		5	1				1	2	1	
一星级										
旅游涉外或星级宾馆										
客　房	（间）	4232	1896	191	226	920	248	158	75	518
床　位	（张）	7419	3054	338	424	1740	469	304	120	970

18—3 主要景区接待游客情况

指　　标		2010	2012	2013	2014	2015
天柱山						
接待人数	(万人次)	194.73	360.00	610.00	469.01	487.48
接待海外游客	(万人次)	4.02	5.76	6.80	7.69	7.77
接待国内游客	(万人次)	190.71	354.24	603.20	461.32	479.71
营业收入	(万元)	71736.00	144000.00	40300.00	38527.00	41683.07
外汇收入	(万美元)	969.96	1443.56	1715.31	1925.15	2310.18
花亭湖、五千年文博园						
接待人数	(万人次)	30.00	337.70	395.70	369.20	370.00
接待海外游客	(万人次)	0.25	0.38	0.40	0.40	0.40
接待国内游客	(万人次)	29.75	337.30	395.30	395.80	369.60
营业收入	(万元)	9000.00	133577.00	158220.00	158427.00	158800.00
外汇收入	(万美元)	140.90	290.00	295.00	298.00	290.00
巨石山						
接待人数	(万人次)	21.00	46.70	26.50	30.00	30.00
接待海外游客	(万人次)	0.04	0.40			0.01
接待国内游客	(万人次)	20.96	46.30	26.50	30.00	29.90
营业收入	(万元)	1600.00	5558.62	6628.60	5500.00	10405.79
外汇收入	(万美元)					

注：花亭湖、五千年文博园2013年以前年度不含五千年文博园。

18—4 风景名胜区

名　称	级别	主　要　特　点	类别	面积(km^2)	地址
天柱山	国家级景　区	“擎天一柱”海拔1450米，道、佛教同存，汉武帝封“南岳”。佛教二、三祖修行地。李白、白居易、苏轼等400余摩崖碑刻。	山岳型	82.0	潜山县
花亭湖	国家级景　区	著名人口湖，有龙山、西风湖、佛图寺、海会寺等六大景区和温泉，沿湖生长方形法华竹而绝名。	湖泊型	250.0	太湖县
五千年文博园	国家级景　区	主题公园景区和休闲度假景区将建设三百六十行文化园、中国地质博物园、华夏农耕文化艺术馆、江南植物园、蔬果长廊、生态科普雕塑群、素质拓展基地、农耕文化体验园、中国水乡文化园以及展示中华56个民族风采的中华民族塔等景区，充分展示“旅游观光、休闲度假、科普教育、健身疗养、生活体验”五大功能。			太湖县
鹞落坪	国家级自　然保护区	大别山区典型代表性的森林生态系统，内有国家珍稀濒危野生动植物，“南北过渡，襟带东西”的地理位置，古老的地质历史，复杂的生态环境，形成了独特多样的生物资源及自然景观。			岳西县
巨石山生态景区	国家级景　区	景区素以龙山、凤水、神石、奇洞、白玉兰“五绝”闻名于世。竹林似海，松风如涛，枫叶胜火，更有满山遍野的野生白玉兰，在华东地区绝无仅有，全国亦属罕见。			安庆市
大别山主峰白马尖	国家级景　区	三岔形奇松走廊，三条游道分别从东、西北和西南方向到主峰的最高点交汇。大别山主峰最高处的松树，因山高风大，基本上为断头松，躯干顺风势而立，枝叶逆风势而伸，苍劲又不失妩媚，造型之别致，罕可伦匹。			岳西县
浮　山	省　级	古火山之一，佛教禅宗鼻祖慧可大师道场，中国禅宗发祥地。有36岩、72洞、26怪石、34奇峰。南宋以来480多摩崖石刻。			枞阳县
白崖寨	省　级	建寨700余年，寨十华里，宽1米，高2.8—5米，大块岩石砌成。有炮台、点将台等，誉称“南国小长城”	山岳型	57.0	宿松县
小孤山	省　级	孤峰如柱，兀立长江，称“长江绝岛”，有古炮台、烽火石等古战场遗迹，古刹启秀寺是长江中唯一“妈祖古庙”。			宿松县
大龙山	省　级	山势雄伟，蜿蜒似龙，有92峰、82岩、72岭、82洞、32壑、108奇石和乌、白、黄、赤四大名溪和6大瀑布等。	山岳型	120.0	安庆市
司空山	省　级	中华佛教禅宗发源地，有“祖禅刹、三祖洞、乌牛古石、南崖瀑布”等，赵朴初题为“禅宗第一山”。	山岳型	46.8	岳西县
明堂山		明堂山气势雄伟，常年云雾飘渺，景色迷人，古人已将天然造化的胜景概括出十二处：有雄鸡唤日、北斗星楼、云崖天堑、牛脊飞渡、雷音寺塔、云外天街、平湖积翠、马尾银瀑、烽火神台、僧尼问道、三星拱月、九瓣莲花。			岳西县
孔雀东南飞文化园		所在地小市镇古称“小吏港”，又名“焦吏港”，因汉乐府叙事长诗《孔雀东南飞》而闻名于世，是《孔雀东南飞》的故事发生地。			怀宁县

主要统计指标解释

入境旅游人数

指来中国（大陆）观光、度假、探亲访友、就医疗养、购物、参加会议或从事经济、文化、体育、宗教等活动的外国人、港澳台同胞的人数。不包括外国在我国的常驻机构，如使领馆、通讯社、企业办事处的工作人员；来我国常住的外国专家、留学生。

国内旅游人数

指在中国（大陆）观光游览、度假、探亲访友、就医疗养、购物、参加会议或从事经济、文化、体育、宗教等活动的中国（大陆）居民，其出游目的不是通过所从事的活动谋取报酬。包括在中国（大陆）境内常住 1 年以上的外国人、港澳台同胞。但不包括到各地巡视工作的部以上领导、驻外地办事机构的临时工作人员、调遣的武装人员、到外地学习的学生、到基层锻炼的干部、到境内其他地区定居的人员和无固定居住地的无业游民。

国际旅游（外汇）收入

指入境游客在中国（大陆）境内旅游、游览过程中用于交通、参观游览、住宿、餐饮、购物、娱乐等全部花费。

国内旅游收入

指国内游客在国内旅行、游览过程中用于交通、参观游览、住宿、餐饮、购物、娱乐等全部花费。

第十九篇

教育和科技

简要说明

一、本篇反映我市的教育、科技的发展基本情况。

二、教育部分包括高等教育、中等教育、初等教育、幼儿教育、特殊教育和各种类型的各级成人教育等，主要指标有各级各类学校的校数、在校学生数、招生数、毕业生数、教职工数和教师数等。

教育统计资料主要由市教育局，高等学校数据根据安庆师范学院、安庆职业技术学院、安庆医科高等专科学校、桐城师范高等专科学校上报数据汇总。技工学校的资料来源于市劳动局。

三、科学技术部分主要包括了我市科技活动的规模、构成、布局和发展状况的资料，收录了市科技局提供的统计数据和 2015 年大中型工业企业科技统计年报数据。

19—1 主要年份教育事业基本情况

指　　标		2009*	2010*	2013*	2014*	2015*	2015
学校数	**(所)**						
普通高等学校		3	4	5	5	5	5
中等专业学校		18	15	15	14	13	11
普通中学		408	388	368	368	363	319
职业中学		28	32	33	29	24	23
技工学校		12	12	6	6	6	6
小　学		1824	1687	1369	1222	1125	980
特殊教育学校		8	8	8	8	8	7
专任教师	**(人)**						
普通高等学校		1504	1653	1959	2100	2176	2176
中等专业学校		985	898	1315	1460	1257	1068
普通中学		24156	24472	24876	24640	24204	21514
职业中学		1400	1730	4440	3006	2711	2670
技工学校		628	583	579	350	506	506
小　学		22917	22509	21142	20764	20230	17564
特殊教育学校		92	94	114	117	120	110
在校学生	**(人)**						
普通高等学校		28158	36401	41064	41623	41811	41811
中等专业学校		36690	35322	25980	25841	18816	16652
普通中学		494026	462974	330561	298713	278838	238320
职业中学		54585	58056	89409	68569	46348	45515
技工学校		8459	8929	5040	3080	2930	2930
小　学		412493	386697	319059	308581	305707	266250
特殊教育学校		1286	1363	686	1037	1551	1466
招生数	**(人)**						
普通高等学校		10457	11454	15925	12719	12071	12071
中等专业学校		12709	4657	6485	9136	7022	6420
普通中学		143978	133784	94159	87557	86235	73547
职业中学		28617	30287	27435	23074	16051	15747
技工学校		3214	3400	1197	1305	1222	1222
小　学		69993	65033	55330	51271	51297	45336
特殊教育学校		182	238	184	239	400	381
毕业生数	**(人)**						
普通高等学校		5904	7872	11262	12044	12082	12082
中等专业学校		12497	11686	9278	13449	12403	10121
普通中学		158058	173474	134497	119587	110522	93604
职业中学		15429	15976	30850	25714	27468	23692
技工学校		3544	3337	1660	1577	1943	1943
小　学		86273	74554	56862	52906	51517	43299
特殊教育学校		87	144	180	89	86	86

19—2 主要年份研究生数

单位：人

年份	研究生数					
	在校人数	#硕士	招生数	#硕士	毕业生数	#硕士
2010	198	198	57	57	43	43
2011	212	212	76	76	62	62
2012	207	207	74	74	79	79
2013	252	252	98	98	52	52
2014	251	251	78	78	79	79
2015	317	317	140	140	67	67

19—3 高等学校分科在校学生数

单位：人

项目	2014			2015		
	合计	本科	专科	合计	本科	专科
合计	**41372**	**21720**	**19652**	**41494**	**19985**	**21509**
法学	1105	1105		995	995	
教育学	5003	1610	3393	4988	1566	3422
文学	3462	3146	316	2887	2840	47
理学	4253	4163	90	4092	3995	97
工学	11222	5614	5608	10482	4745	5737
农学	1003	363	640	924	344	580
管理学	3902	2715	1187	5343	2508	2835
医学	6464		6464	7898		7898
经济学	2621	1034	1587	985	985	
其他	2337	1970	367	2900	2007	893

19—4 高等学校分科招生数

单位：人

项目	2014			2015		
	合计	本科	专科	合计	本科	专科
合计	**12641**	**4917**	**7724**	**11931**	**4028**	**7903**
法学	297	297		257	257	
教育学	1606	347	1259	1520	336	1184
文学	853	729	124	551	541	10
理学	789	768	21	858	825	33
工学	3475	1368	2107	2796	965	1831
农学	328	86	242	211	78	133
管理学	967	519	448	1335	326	1009
医学	2685		2685	3244		3244
经济学	918	311	607	215	215	
其他	675	530	145	944	485	459

19—5　高等学校分科毕业生数

单位：人

项　目	2014			2015		
	合　计	本　科	专　科	合　计	本　科	专　科
合　计	**11965**	**5833**	**6132**	**12015**	**5630**	**6385**
法　学	250	250		407	407	
教育学	1501	568	933	1568	439	1129
文　学	1188	1069	119	867	798	69
理　学	1247	1201	46	1079	1056	23
工　学	3349	1495	1854	3071	1423	1648
农　学	202		202	274	96	178
管理学	1108	733	375	1663	749	914
医　学	1971		1971	2295		2295
经济学	553	123	430	214	214	
其　他	596	394	202	577	448	129

19—6　高等学校分科专任教师数（2015年）

单位：人

项　目	合　计	正高级	副高级	中　级	初　级	无职称
合　计	**2176**	**147**	**564**	**898**	**488**	**79**
哲　学	66	6	18	29	9	4
法　学	128	8	38	63	18	1
教育学	119	16	32	50	20	1
文　学	209	11	53	99	37	9
理　学	388	25	88	212	62	1
工　学	99	12	36	29	21	1
农　学	433	37	148	146	97	5
医　学	233	10	49	96	72	6
经济学	24	1	7	15	1	
历史学	217	2	47	67	75	26
其　他	260	19	48	92	76	25

19—7 成人电大学校分科在校学生数

单位：人

项目	2014*			2015*			2015		
	合计	本科	专科	合计	本科	专科	合计	本科	专科
合计	**3324**	**1676**	**1648**	**6119**	**3046**	**3073**	**5747**	**2877**	**2870**
会计学	640	309	331	1240	549	691	1108	479	629
经济学	183	122	61	301	210	91	297	206	91
法学	296	166	130	1403	616	787	1250	574	676
文学	112	58	54	399	370	29	365	336	29
教育学	67	34	33	59	36	23	52	29	23
理学									
工学	1211	685	526	1786	1000	786	1750	993	757
管理学	815	302	513	931	265	666	925	260	665

19—8 成人电大学校分科招生数

单位：人

项目	2014*			2015*			2015		
	合计	本科	专科	合计	本科	专科	合计	本科	专科
合计	**1200**	**569**	**631**	**2058**	**969**	**1089**	**1944**	**910**	**1034**
会计学	205	105	100	404	188	216	367	168	199
经济学	59	42	17	65	41	24	65	41	24
法学	105	52	53	494	218	276	448	205	243
文学	27	19	8	112	110	2	105	103	2
教育学	15	12	3	22	14	8	15	7	8
理学									
工学	457	236	221	593	317	276	585	313	272
管理学	332	103	229	368	81	287	359	73	286

19—9 分县（市、区）各类学校基本情况（含枞阳）（2015年）

单位：人

指　　标	全　市	迎江区	大观区	宜秀区	桐城市	怀宁县	枞阳县	潜山县	太湖县	宿松县	望江县	岳西县
普通教育												
学校数　（所	1488	37	39	75	229	209	189	122	191	167	108	122
高　中	90	7	9	5	11	7	12	9	8	9	9	4
初　中	273	6	8	7	42	24	32	37	30	40	18	29
小　学	1125	24	22	63	176	178	145	76	153	118	81	89
毕业生数	162039	6003	10403	5369	20802	16934	25136	15022	13719	23585	16344	8722
高　中	51021	2351	3423	1874	7881	5566	7355	4987	4870	5929	4334	2451
初　中	59501	1668	4729	1455	7208	6303	9563	5467	4626	8975	6303	3204
小　学	51517	1984	2251	2040	5713	5065	8218	4568	4223	8681	5707	3067
招生数	137532	5309	8698	4770	14881	13796	18649	12646	12074	24242	13791	8676
高　中	34227	1975	2899	1384	3853	3300	4816	2949	2996	5168	3005	1882
初　中	52008	1447	3748	1178	5995	5215	7872	4739	4226	8796	5710	3082
小　学	51297	1887	2051	2208	5033	5281	5961	4958	4852	10278	5076	3712
在校学生数	584545	22358	33731	20780	66661	59974	79975	54092	49777	98332	63232	35633
高　中	116580	5919	8635	4203	15538	12908	15879	11975	9918	15770	10044	5791
初　中	162258	4647	11883	3891	19436	16327	24639	14714	12079	26640	18634	9368
小　学	305707	11792	13213	12686	31687	30739	39457	27403	27780	55922	34554	20474
专任教师	44434	1783	2408	1623	5680	4900	6076	4271	4248	6220	4434	2791
高　中	9391	574	702	408	1123	1048	1239	951	767	1160	956	463
初　中	14813	398	873	411	2089	1642	2171	1395	1373	2100	1338	1023
小　学	20230	811	833	804	2468	2210	2666	1925	2108	2960	2140	1305
中等职业教育												
学校数　（所）	37	5	10	1	3	3	3	1	4	4	2	1
毕业生数	39871	2087	4939	720	5238	4580	6058	1919	2677	2089	8334	1230
招生数	23073	707	2688	590	3508	2880	906	2635	1030	4253	2772	1104
在校学生数	65164	2079	8035	1807	10802	9132	2997	3493	3672	11023	8421	3703
专任教师	3968	262	519	24	826	207	230	288	171	449	825	167

19—9 分县（市、区）各类学校基本情况（2015年）

单位：人

指　　标	全　市	迎江区	大观区	宜秀区	桐城市	怀宁县	潜山县	太湖县	宿松县	望江县	岳西县
普通教育											
学校数　（所）	1299	37	39	75	229	209	122	191	167	108	122
高　中	78	7	9	5	11	7	9	8	9	9	4
初　中	241	6	8	7	42	24	37	30	40	18	29
小　学	980	24	22	63	176	178	76	153	118	81	89
毕业生数	136903	6003	10403	5369	20802	16934	15022	13719	23585	16344	8722
高　中	43666	2351	3423	1874	7881	5566	4987	4870	5929	4334	2451
初　中	49938	1668	4729	1455	7208	6303	5467	4626	8975	6303	3204
小　学	43299	1984	2251	2040	5713	5065	4568	4223	8681	5707	3067
招生数	118883	5309	8698	4770	14881	13796	12646	12074	24242	13791	8676
高　中	29411	1975	2899	1384	3853	3300	2949	2996	5168	3005	1882
初　中	44136	1447	3748	1178	5995	5215	4739	4226	8796	5710	3082
小　学	45336	1887	2051	2208	5033	5281	4958	4852	10278	5076	3712
在校学生数	504570	22358	33731	20780	66661	59974	54092	49777	98332	63232	35633
高　中	100701	5919	8635	4203	15538	12908	11975	9918	15770	10044	5791
初　中	137619	4647	11883	3891	19436	16327	14714	12079	26640	18634	9368
小　学	266250	11792	13213	12686	31687	30739	27403	27780	55922	34554	20474
专任教师	38358	1783	2408	1623	5680	4900	4271	4248	6220	4434	2791
高　中	8152	574	702	408	1123	1048	951	767	1160	956	463
初　中	12642	398	873	411	2089	1642	1395	1373	2100	1338	1023
小　学	17564	811	833	804	2468	2210	1925	2108	2960	2140	1305
中等职业教育											
学校数　（所）	34	5	10	1	3	3	1	4	4	2	1
毕业生数	33813	2087	4939	720	5238	4580	1919	2677	2089	8334	1230
招生数	22167	707	2688	590	3508	2880	2635	1030	4253	2772	1104
在校学生数	62167	2079	8035	1807	10802	9132	3493	3672	11023	8421	3703
专任教师	3738	262	519	24	826	207	288	171	449	825	167

19—10　分县（市、区）基础教育情况（含枞阳）（2015年）

单位：%

地　　区	小　　学		初　　中	
	学龄人口（人）	入 学 率	小学长初中比例	巩 固 率
全　　市	**294617**	**100.00**	**100.95**	**99.53**
迎 江 区	11471	100.00	72.93	101.80
大 观 区	12978	100.00	166.50	99.42
宜 秀 区	12428	100.00	57.75	100.41
桐 城 市	31403	100.00	104.94	103.80
怀 宁 县	29278	100.00	102.96	95.51
枞 阳 县	38486	100.00	95.79	104.75
潜 山 县	26179	100.00	103.74	97.04
太 湖 县	26537	100.00	100.07	101.24
宿 松 县	53055	100.00	101.32	101.41
望 江 县	33382	100.00	100.05	90.74
岳 西 县	19420	100.00	100.49	98.72

19—10　分县（市、区）基础教育情况（2015年）

单位：%

地　　区	小　　学		初　　中	
	学龄人口（人）	入 学 率	小学长初中比例	巩 固 率
全　　市	**256131**	**100.00**	**101.93**	**98.62**
迎 江 区	11471	100.00	72.93	101.80
大 观 区	12978	100.00	166.50	99.42
宜 秀 区	12428	100.00	57.75	100.41
桐 城 市	31403	100.00	104.94	103.80
怀 宁 县	29278	100.00	102.96	95.51
潜 山 县	26179	100.00	103.74	97.04
太 湖 县	26537	100.00	100.07	101.24
宿 松 县	53055	100.00	101.32	101.41
望 江 县	33382	100.00	100.05	90.74
岳 西 县	19420	100.00	100.49	98.72

19—11　分县（市、区）初中毕业生升学情况（含枞阳）（2015年）

单位：人

地　区	初中阶段毕业生数	高中阶段招生合计	初中升学率(%)
全　市	**59501**	**57050**	**95.88**
迎江区	1668	2662	159.59
大观区	4729	5543	117.21
宜秀区	1455	1862	127.97
桐城市	7208	7361	102.12
怀宁县	6303	6114	97.00
枞阳县	9563	5722	59.83
潜山县	5467	5584	102.14
太湖县	4626	4018	86.86
宿松县	8975	9421	104.97
望江县	6303	5777	91.65
岳西县	3204	2986	93.20

19—11　分县（市、区）初中毕业生升学情况（2015年）

单位：人

地　区	初中阶段毕业生数	高中阶段招生合计	初中升学率(%)
全　市	**49938**	**51328**	**102.78**
迎江区	1668	2662	159.59
大观区	4729	5543	117.21
宜秀区	1455	1862	127.97
桐城市	7208	7361	102.12
怀宁县	6303	6114	97.00
潜山县	5467	5584	102.14
太湖县	4626	4018	86.86
宿松县	8975	9421	104.97
望江县	6303	5777	91.65
岳西县	3204	2986	93.20

19—12 分县（市、区）九年义务教育情况（含枞阳）（2015年）

地　区	九年义务教育巩固率			上学年小学在校生年辍学率			上学年普通初中在校生年辍学率		
	九年前入学时小学一年级在校学	初中毕业生数（人）	九年义务教育完成率（%）	学年初在校学生数（人）	学年内辍学学生数（人）	辍学率（%）	学年初在校学生数（人）	学年内辍学学生数（人）	辍学率（%）
全　市	**70813**	**56501**	**79.79**	**308581**	**-17**	**-0.01**	**169417**	**25**	**0.01**
迎江区	2460	1668	67.80	11728	4	0.03	4844	6	0.12
大观区	2906	4729	162.73	13363	2	0.01	12907	25	0.19
宜秀区	2393	1455	60.80	12696			4164	-5	-0.12
桐城市	6841	7208	105.36	32558	-1		20568	3	0.01
怀宁县	6288	6303	100.24	30552	57	0.19	17623	139	0.79
枞阳县	15809	9563	60.49	42870	-16	-0.04	25775	-99	-0.38
潜山县	6620	5407	81.68	27904	-3	-0.01	15445	-43	-0.28
太湖县	5850	4626	79.08	27295	42	0.15	12446	-16	-0.13
宿松县	11846	8975	75.76	54657	-148	-0.27	26802	-33	-0.12
望江县	6549	6303	96.24	35126	14	0.04	19226	11	0.06
岳西县	3251	3204	98.55	19832	32	0.16	9597	37	0.39

19—12 分县（市、区）九年义务教育情况（2015年）

地　区	九年义务教育巩固率			上学年小学在校生年辍学率			上学年普通初中在校生年辍学率		
	九年前入学时小学一年级在校学	初中毕业生数（人）	九年义务教育完成率（%）	学年初在校学生数（人）	学年内辍学学生数（人）	辍学率（%）	学年初在校学生数（人）	学年内辍学学生数（人）	辍学率（%）
全　市	**55004**	**49878**	**90.68**	**265711**	**-1**		**143622**	**124**	**0.09**
迎江区	2460	1668	67.80	11728	4	0.03	4844	6	0.12
大观区	2906	4729	162.73	13363	2	0.01	12907	25	0.19
宜秀区	2393	1455	60.80	12696			4164	-5	-0.12
桐城市	6841	7208	105.36	32558	-1	0.00	20568	3	0.01
怀宁县	6288	6303	100.24	30552	57	0.19	17623	139	0.79
潜山县	6620	5407	81.68	27904	-3	-0.01	15445	-43	-0.28
太湖县	5850	4626	79.08	27295	42	0.15	12446	-16	-0.13
宿松县	11846	8975	75.76	54657	-148	-0.27	26802	-33	-0.12
望江县	6549	6303	96.24	35126	14	0.04	19226	11	0.06
岳西县	3251	3204	98.55	19832	32	0.16	9597	37	0.39

19—13　主要年份初中学校数、学生数、毕业生数和升学率

年　份	学 校 数 (所)	在校学生数 (人)	毕业生数 (人)	招 生 数 (人)	专任教师 (人)	初中毕业生升学率	
						高级中等学校招生数 (人)	升 学 率 (%)
1995*	425	255732	65997	95207	12149	30439	46.11
2000*	369	329038	97094	109127	15359	42400	43.67
2005*	337	310813	93687	110318	14867	72849	77.76
2010*	264	288413	113719	77302	15427	101426	89.09
2011*	247	240033	106257	65816	15548	105737	99.51
2012*	274	202509	91051	61212	15612	102615	112.70
2013*	274	183215	73768	56823	15347	67001	90.83
2014*	276	169417	63220	52559	15102	67208	94.07
2015*	273	162258	59501	52008	14813	57050	95.88
2015	241	137619	49938	44136	12642	51578	102.78

19—14 主要年份小学学校数、学生数、毕业生数和升学率

年 份	学校数（所）	在校学生数（人）	毕业生数（人）	招生数（人）	专任教师（人）	小学毕业生升学率	
						初级中等学校招生数（人）	升学率（%）
1995*	3751	538271	96188	108827	26049	98129	102.02
2000*	2660	622736	110213	115389	27487	110763	100.50
2005*	2248	529596	111449	60725	24905	110649	99.28
2010*	1687	386697	74554	65033	22509	77395	103.81
2011*	1619	371217	65332	62511	21995	65816	100.74
2012*	1447	331832	62737	53549	21584	61212	97.57
2013*	1369	319059	56862	55330	21142	56823	99.93
2014*	1222	308581	52906	51271	20764	52559	99.34
2015*	1125	305707	51517	51297	20230	52008	100.95
2015	980	266250	43299	45336	17564	44136	101.93

19—15 主要年份幼儿园学校数、儿童数、学生数、毕业生数和升学率

年 份	学校数（所）	在校学生数（人）	毕业生数（人）	专任教师（人）	学龄儿童入学率		
					学龄儿童数（人）	已入学学龄儿童数（人）	升学率（%）
1995*	177	98620	71042	2369	499281	496592	99.50
2000*	109	72147	64299	839	574724	629817	109.60
2005*	100	49225	40150	641	451727	529566	117.24
2010*	140	59053	47160	980	360941	386697	107.14
2011*	192	72567	51899	1377	350813	371217	105.82
2012*	282	112159	78731	1770	314714	314482	99.93
2013*	326	106719	77199	2054	302574	302574	100.00
2014*	402	106706	69761	2485	294953	294953	100.00
2015*	428	110111	69262	2691	294617	294617	100.00
2015	376	96463	60249	2362	256131	256131	100.00

19—16 分县（市、区）幼儿园基本情况（含枞阳）

地区	2014				2015			
	园数（所）	幼儿数（人）	教职工数（人）	教师	园数（所）	幼儿数（人）	教职工数（人）	教师
全市	**402**	**106706**	**4622**	**2485**	**428**	**110111**	**4993**	**2691**
迎江区	31	4876	594	288	31	5147	605	291
大观区	16	5133	398	187	16	5761	444	211
宜秀区	20	5350	379	185	25	5789	464	238
桐城市	19	13389	596	334	20	4951	164	95
怀宁县	53	11833	366	243	50	9447	485	288
枞阳县	59	11043	540	265	52	13648	578	329
潜山县	28	21091	456	248	32	12069	375	215
太湖县	47	11512	498	264	48	11832	605	308
宿松县	57	8160	203	123	66	20686	559	317
望江县	48	4676	133	88	64	12125	654	362
岳西县	24	9643	459	260	24	8656	60	37

19—16 分县（市、区）幼儿园基本情况

地　区	2015			
	园　数（所）	幼儿数（人）	教职工数（人）	教　师
全　市	**376**	**96463**	**4415**	**2362**
迎江区	31	5147	605	291
大观区	16	5761	444	211
宜秀区	25	5789	464	238
桐城市	20	4951	164	95
怀宁县	50	9447	485	288
潜山县	32	12069	375	215
太湖县	48	11832	605	308
宿松县	66	20686	559	317
望江县	64	12125	654	362
岳西县	24	8656	60	37

19—17 主要年份特殊教育情况

年　份	学校数（所）	毕业生数（人）	招生数（人）	在校学生数（人）	专任教师（人）	专任教师
2000*	9	71	101	484	96	70
2005*	9	366	482	2461	89	70
2010*	8	144	238	1363	115	94
2011*	8	104	134	629	129	109
2012*	8	120	167	667	131	113
2013*	8	180	184	686	133	114
2014*	8	89	239	1037	132	117
2015*	8	86	400	1551	133	120
2015	7	86	381	1466	122	110

19—18 各级各类学校教育经费收入情况（含枞阳）（2015年）

单位：千元

指　　标	合　计	预算内事业性教育经费拨　款	基建拨款	教育附加拨　款	事业收入	社会捐赠经　费	其他收入
总　计	**7434664**	**6454553**	**38590**	**191150**	**896116**	**891**	**52783**
中等职业学校	381461	271974		21455	82698	46	12300
中等专业学校	57841	39592		350	18123		125
职业高中	268193	205002		20135	44924	46	10596
成人中等专业学校	47967	22260		160	17310		1579
中　学	3352841	2808600	20870	78757	511222	194	21381
普通中学	3352841	2808600	20870	78757	511222	194	21381
普通高中	1456391	984265	7510	23445	450179	188	10540
农　村	1137852	745916	7510	13271	375616	188	4912
普通初中	1896450	1824334	13360	55312	61043	6	10841
农　村	1627076	1595667	13360	30680	29034	6	2244
小　学	2885965	2866623	12560	56921	12253	459	5945
普通小学	2885965	2866623	12560	56921	12253	459	5945
农　村	2530283	2515819	12560	38982	10181	459	3138
特殊教育学校	20894	20059		15	67	114	54
幼儿园	288252	114344	5160	609	162622	77	8260
教育事业单位	97635	92392		31101	4527		516
其　他	42812	40203			2536		74

19—18　各级各类学校教育经费收入情况（2015年）

单位：千元

指　　标	合　　计	预算内事业性教育经费拨　　款	基建拨款	教育附加拨　　款	事业收入	社会捐赠经　　费	其他收入
总　　计	**6517014**	**5644023**	**25790**	**179740**	**792115**	**841**	**51714**
中等职业学校	345245	240779		21455	77677	46	12300
中等专业学校	24320	8745		350	15449		125
职业高中	265498	204654		20135	42577	46	10596
成人中等专业学校	47967	22260		160	17310		1579
中　学	2910203	2443318	10930	73448	434748	194	20499
普通中学	2910203	2443318	10930	73448	434748	194	20499
普通高中	1297390	888564		23245	387717	188	9701
农　村	978851	650215		13071	313154	188	4073
普通初中	1612813	1554753	10930	50203	47031	6	10797
农　村	1343439	1326086	10930	25571	15022	6	2200
小　学	2498880	2483876	9700	50820	8742	409	5786
普通小学	2498880	2483876	9700	50820	8742	409	5786
农　村	2143198	2133072	9700	32881	6670	409	2961
特殊教育学校	19132	18897		15	67	114	54
幼儿园	246705	90743	5160	609	145286	77	8250
教育事业单位	96992	91949		31101	4527		516
其　他	41078	38619			2385		74

19—19　主要年份科学技术事业基本情况（含枞阳）

指　　标		2005	2010	2014	2015
财政科技拨款	**（万元）**	**1946**	**24815**	**61902**	**71738**
市本级		793	3725	10067	23322
#科技事业费		403	1433	9445	22715
科技三项费		390	580	622	607
县（市）区		1153	21088	51835	48416
#科技事业费		154	1237	46835	16308
科技三项费		998	1214	5000	32108
专利、高新技术发展情况					
专利申请数	（件）		636	5481	12645
专利授权数	（件）	119	366	2456	3500
省高新技术企业数	（个）	32	38	111	155
省高新技术产品数	（个）	40	42	245	310
民营科技企业科技活动情况					
调查单位数	（个）	800	1050	1298	1345
从业人员数	（人）	35940	42985	46236	46665
技工贸总收入	（亿元）	45	160	315	362
从事科技活动人员	（人）	6411	9123	12886	13775
科技活动经费支出	（万元）	11986	32000	57265	62138

19—19 主要年份科学技术事业基本情况

指　　标		2010	2011	2012	2013	2014	2015
财政科技拨款	**(万元)**	**21666**	**31212**	**37386**	**50579**	**55964**	**66798**
市本级		3725	5784	9916	9251	10067	23322
#科技事业费		1433	1778	1764	55274	9445	22715
科技三项费		580	580	580	560	622	607
县(市)区		17939	25428	27470	41328	45897	43476
#科技事业费		1150	1395	1492	37401	43557	12328
科技三项费		1189	1176	1093	3927	4706	31148
专利、高新技术发展情况							
专利申请数	(件)	564	840	1593	3948	5060	11754
专利授权数	(件)	334	532	873	1286	2266	3155
省高新技术企业数	(个)	37	36	50	76	103	143
省高新技术产品数	(个)	41	24	29	130	232	298
民营科技企业科技活动情况							
调查单位数	(个)	1030	1077	1122	1202	1207	1294
从业人员数	(人)	42166	42684	43385	44088	42999	44895
技工贸总收入	(亿元)	150	189	228	256	293	341
从事科技活动人员	(人)	8484	9146	9975	11145	11984	12703
科技活动经费支出	(万元)	29760	37070	44268	48699	53256	57876

19—20 大中型工业企业R&D人员情况（2015年）

指标	研究与试验发展(R&D)人员合计	参加项目人员	科技管理和服务人员	女性
总计	**3082**	**2926**	**156**	**747**
按企业规模分组				
大型	1798	1733	65	404
中型	1284	1193	91	343
按隶属关系分组				
中央	290	273	17	36
地方	2792	2653	139	711
按国民经济行业大类分组				
制造业	**3082**	**2926**	**156**	**747**
农副食品加工业	32	29	3	11
食品制造业	20	20		7
纺织业	425	422	3	175
皮革、毛皮、羽毛及其制品和制鞋业	159	156	3	62
石油加工、炼焦和核燃料加工业	290	273	17	36
化学原料和化学制品制造业	196	194	2	43
医药制造业	51	45	6	19
橡胶和塑料制品业	103	98	5	11
非金属矿物制品业	173	173		36
有色金属冶炼和压延加工业	27	24	3	2
通用设备制造业	665	580	85	208
专用设备制造业	52	52		4
汽车制造业	723	694	29	108
电气机械和器材制造业	144	144		22
计算机、通信和其他电子设备制造业	22	22		3
按企业控股情况分组				
国有控股	762	741	21	217
集体控股	223	202	21	13
私人控股	1551	1453	98	414
外商控股	476	462	14	89
其他	70	68	2	14

单位：人

研究与试验发展(R&D)人员合计	全时人员	非全时人员	R&D人员折合全时当量合计	研究人员	试验发展人员
1003	**2023**	**1059**	**2434**	**1644**	**2421**
643	1226	572	1396	1061	1384
360	797	487	1037	582	1037
106	194	96	278	204	278
897	1829	963	2156	1440	2143
1003	**2023**	**1059**	**2434**	**1644**	**2421**
11	22	10	19	13	19
3	11	9	18	5	18
178	376	49	424	355	424
23	49	110	44	13	44
106	194	96	278	204	278
35	142	54	153	57	153
25	35	16	35	35	35
31	60	43	75	46	75
46	103	70	128	67	128
3	4	23	20	4	20
198	396	269	572	337	572
4	40	12	33	4	33
309	489	234	540	467	528
24	87	57	78	25	78
7	15	7	18	12	18
294	612	150	747	578	747
79	102	121	104	73	104
402	886	665	1149	623	1149
207	371	105	377	335	364
21	52	18	57	34	57

19—21　大中型工业企业R&D经费情况（2015年）

指　　标	R&D经费内部支出合　计	按支出用途分组		
		经常费支　出	人员劳务费	资产性支　出
总　计	**56381.8**	**49505.6**	**16683.3**	**6876.2**
按企业规模分组				
大　型	29314.6	26628.4	9492.8	2686.2
中　型	27067.2	22877.2	7190.5	4190.0
按隶属关系分组				
中　央	196.3	196.3	0.1	
地　方	56185.5	49309.3	16683.2	6876.2
按国民经济行业大类分组				
制造业	**56381.8**	**49505.6**	**16683.3**	**6876.2**
农副食品加工业	721.9	559.0	279.4	162.9
食品制造业	196.5	188.7	114.5	7.8
纺织业	9630.7	9007.1	2935.2	623.6
皮革、毛皮、羽毛及其制品和制鞋业	1339.6	1168.1	832.9	171.5
石油加工、炼焦和核燃料加工业	196.3	196.3	0.1	
化学原料和化学制品制造业	3548.3	2979.4	896.9	568.9
医药制造业	3963.6	3839.9	209.4	123.7
橡胶和塑料制品业	1498.6	1257.7	426.0	240.9
非金属矿物制品业	4886.6	4030.3	1053.5	856.3
有色金属冶炼和压延加工业	467.2	342.1	89.3	125.1
通用设备制造业	11838.2	9810.7	3508.0	2027.5
专用设备制造业	1248.1	875.8	307.3	372.3
汽车制造业	12519.4	11252.6	4926.1	1266.8
电气机械和器材制造业	3833.8	3504.9	907.1	328.9
计算机、通信和其他电子设备制造业	493.0	493.0	197.6	
按企业控股情况分组				
国有控股	11728.9	10967.6	3210.6	761.3
集体控股	2657.5	1988.7	889.5	668.8
私人控股	30662.7	26437.8	9184.6	4224.9
外商控股	10688.9	9617.3	3171.5	1071.6
其　他	643.8	494.2	227.1	149.6

单位：万元

		按资金来源分组			R&D经费外部支出	对境内研究机构支出	对境内学校支出	对境外支出
土建工程	仪器设备	政府资金	企业资金	其他资金				
137.1	**6739.1**	**2096.7**	**53888.7**	**396.4**	**3521.3**	**1248.0**	**766.7**	**172.6**
11.2	2675.0	1247.3	28067.3		2583.1	642.5	520.2	172.6
125.9	4064.1	849.4	25821.4	396.4	938.2	605.5	246.5	
			196.3		304.7	60.3	210.1	
137.1	6739.1	2096.7	53692.4	396.4	3216.6	1187.7	556.6	172.6
137.1	**6739.1**	**2096.7**	**53888.7**	**396.4**	**3521.3**	**1248.0**	**766.7**	**172.6**
0.0	162.9	104.3	617.6		197.1	45.8	151.3	
7.8			196.5		6.6	1.6	5.0	
3.9	619.7	356.0	9274.7		1096.9	475.9	305.8	172.6
7.3	164.2		1339.6		106.3	106.3		
			196.3		304.7	60.3	210.1	
4.2	564.7	270.0	2881.9	396.4	3.2	0.0	3.2	
20.2	103.5	18.0	3945.6		475.0	394.0	0.0	
1.7	239.2	108.5	1390.1		31.5	25.1	3.1	
16.9	839.4	2.0	4884.6		118.6	71.0	47.6	
4.5	120.6		467.2					
66.2	1961.3	624.5	11213.7		1165.8	64.0	38.3	
	372.3	0.3	1247.8					
4.4	1262.4	541.0	11978.4		15.6	4.0	2.3	
	328.9	45.3	3788.5					
		26.8	466.2					
3.9	757.4	576.0	11152.9		1406.6	536.2	520.9	172.6
1.3	667.5	41.0	2616.5		27.4	25.1	2.3	
127.7	4097.2	985.7	29280.6	396.4	2076.7	686.7	240.3	
	1071.6	494.0	10194.9		7.4			
4.2	145.4		643.8		3.2		3.2	

19—22　大中型工业企业全部R&D项目情况（2015年）

指　标	项目数(项)	参加项目人员(人)	项目人员折合全时当量(人年)	全部项目经费内部支出(万元)
总　计	**337**	**2926**	**2273.0**	**53707.8**
按企业规模分组				
大　型	176	1733	1334.0	28092.7
中　型	161	1193	939.0	25615.1
按隶属关系分组				
中　央	18	273	260.0	196.3
地　方	319	2653	2013.0	53511.5
按国民经济行业大类分组				
制造业	**337**	**2926**	**2273.0**	**53707.8**
农副食品加工业	11	29	17.0	721.9
食品制造业	1	20	18.0	188.7
纺织业	58	422	418.0	9591.5
皮革、毛皮、羽毛及其制品和制鞋业	8	156	43.0	1000.0
石油加工、炼焦和核燃料加工业	18	273	260.0	196.3
化学原料和化学制品制造业	24	194	153.0	3264.4
医药制造业	14	45	31.0	3894.1
橡胶和塑料制品业	31	98	66.0	1476.0
非金属矿物制品业	14	173	124.0	4700.4
有色金属冶炼和压延加工业	3	24	18.0	283.0
通用设备制造业	53	580	485.0	11305.5
专用设备制造业	6	52	33.0	1210.7
汽车制造业	52	694	514.0	11645.8
电气机械和器材制造业	42	144	78.0	3736.5
计算机、通信和其他电子设备制造业	2	22	18.0	493.0
按企业控股情况分组				
国有控股	84	741	722.0	11543.4
集体控股	18	202	94.0	2593.4
私人控股	200	1453	1035.0	29309.9
外商控股	29	462	365.0	9643.4
其　他	6	68	57.0	617.7

19—23　大中型工业企业办科技机构情况（2015年）

指　　标	机构数（个）	机构人员合计（人）	博士毕业	硕士毕业	本科毕业	机构经费支出（万元）	仪器和设备原价（万元）	进口
总　计	**55**	**2675**	**57**	**192**	**1654**	**62334**	**62373**	**17861**
按企业规模分组								
大　型	14	1504	25	110	1057	34417	29755	14400
中　型	41	1171	32	82	597	27917	32618	3462
按隶属关系分组								
中　央								
地　方	55	2675	57	192	1654	62334	62373	17861
按国民经济行业大类分组								
制造业	**55**	**2675**	**57**	**192**	**1654**	**62334**	**62373**	**17861**
农副食品加工业	3	87	13	20	35	1714	1315	
食品制造业	1	20			6	267	13	
纺织业	4	574	17	44	401	14016	10767	7289
皮革、毛皮、羽毛及其制品和制鞋业	3	93	1	6	53	2138	3679	1880
造纸和纸制品业	2	15	1		14	2927	1153	
化学原料和化学制品制造业	7	119	5	10	46	2544	5068	
医药制造业	1	84		6	65	1125	3058	1215
橡胶和塑料制品业	4	72	3	3	45	1955	2957	
非金属矿物制品业	3	224	2	9	127	6054	3564	
有色金属冶炼和压延加工业	2	16			7	43	152	
金属制品业	1	10			2	258	61	
通用设备制造业	12	597	6	32	235	9904	12962	1675
汽车制造业	5	608	3	52	532	13595	11487	5039
电气机械和器材制造业	3	77	1		33	4566	3436	
计算机、通信和其他电子设备制造业	2	50	3	2	35	312	557	250
其他制造业	1	25	2	8	15	901	1631	
按企业控股情况分组								
国有控股	6	614	15	46	413	15515	10943	7289
集体控股	3	52	0	5	47	1858	4488	
私人控股	37	1352	33	83	686	30523	36484	5341
港澳台商控股	2	9			8	42	529	514
外商控股	3	607	3	51	477	11150	6569	4718
其　他	4	41	6	7	23	3247	3360	

19—24 大中型工业企业自主知识产权保护情况（2015年）

指　　标	专利申请数（件）	发明专利	有效发明专利数（件）	境外授权	发表科技论文（篇）	拥有注册商标数（件）	境外注册	形成国家或行业标准数（项）
总　　计	**612**	**265**	**430**	**4**	**88**	**212**	**19**	**83**
按企业规模分组								
大　型	347	174	53		59	82	14	69
中　型	265	91	377	4	29	130	5	14
按隶属关系分组								
中　央	5	5	16		25	25		2
地　方	607	260	414	4	63	187	19	81
按国民经济行业大类分组								
制造业	**608**	**264**	**430**	**4**	**83**	**212**	**19**	**83**
农副食品加工业	4		11			36		
食品制造业	2					13		
纺织业	155	78	20		31	8	3	34
纺织服装、服饰业	10	2				1		10
皮革、毛皮、羽毛及其制品和制鞋业	67	19	6		13	42	11	4
造纸和纸制品业			3			1		
石油加工、炼焦和核燃料加工业	5	5	16		25	25		2
化学原料和化学制品制造业	26	3	31			7	2	
医药制造业	10	4	35	4				
橡胶和塑料制品业	48	21	45		1	8		3
非金属矿物制品业	35	8	2			1		
有色金属冶炼和压延加工业	7	6	6			1		
金属制品业						1		
通用设备制造业	128	44	160		6	31	2	5
专用设备制造业	1	1	49			3		
汽车制造业	81	59	23		7	32	1	23
电气机械和器材制造业	7	4	22			1		
计算机、通信和其他电子设备制造业	8	6	1			1		2
其他制造业	14	4						
电力、热力、燃气及水生产和供应业	4	1			5			
电力、热力生产和供应业	4	1			5			
按企业控股情况分组								
国有控股	143	75	30		61	36	5	36
集体控股	25	13	3		3	6		3
私人控股	358	130	373	4	24	162	14	15
港澳台商控股	10	2				1		10
外商控股	56	44	5			3		19
其　他	20	1	19			4		

14—25 分县（市、区）大中型工业企业R&D人员情况（2015年）

单位：人

地　区	研究与试验发展(R&D)人员合计	参加项目人员	科技管理和服务人员	女　性	研究与试验发展(R&D)人员合计
全　市	**3082**	**2926**	**156**	**747**	**1003**
迎江区	55	55		13	17
大观区	752	732	20	217	289
宜秀区	106	106		25	14
开发区	918	835	83	142	375
桐城市	825	791	34	277	199
怀宁县	171	171		26	28
潜山县	150	139	11	28	58
太湖县	62	57	5	6	9
宿松县					
望江县	32	29	3	11	11
岳西县	11	11		2	3

地　区	全时人员	非全时人员	R&D人员折合全时当量合计	研究人员	试验发展人员
全　市	**2023**	**1059**	**2434**	**1644**	**2421**
迎江区	50	5	55	33	55
大观区	603	149	740	571	740
宜秀区	67	39	72	20	72
开发区	600	318	657	544	645
桐城市	454	371	654	335	654
怀宁县	100	71	90	29	90
潜山县	93	57	117	91	117
太湖县	24	38	22	6	22
宿松县					
望江县	22	10	19	13	19
岳西县	10	1	7	3	7

19—26 分县（市、区）大中型工业企业R&D经费情况（2015年）

单位：万元

地　区	R&D经费内部支出合计	按支出用途分组				
		经常费支出	人员劳务费	资产性支出	土建工程	仪器设备
全　市	**56381.8**	**49505.6**	**16683.3**	**6876.2**	**137.1**	**6739.1**
迎江区	590.3	460.7	211.2	129.6		129.6
大观区	11727.9	10966.6	3210.5	761.3	3.9	757.4
宜秀区	1376.6	1135.0	563.7	241.6		241.6
开发区	16543.8	14211.1	5285.8	2332.7	71.1	2261.6
桐城市	13235.4	11689.4	5225.5	1546.0	13.7	1532.3
怀宁县	4361.1	3912.1	1018.6	449.0	1.1	447.9
潜山县	6143.2	5427.2	619.3	716.0	38.6	677.4
太湖县	1273.7	783.7	182.6	490.0	8.7	481.3
宿松县	0.8	0.5	0.3	0.3		0.3
望江县	721.1	558.5	279.1	162.6		162.6
岳西县	407.9	360.8	86.7	47.1		47.1

地　区	按资金来源分组			R&D经费外部支出	对境内研究机构支出	对境内学校支出	对境外支出
	政府资金	企业资金	其他资金				
全　市	**2096.7**	**53888.7**	**396.4**	**3521.3**	**1248.0**	**766.7**	**172.6**
迎江区		590.3					
大观区	576.0	11151.9		1401.6	536.2	515.9	172.6
宜秀区	76.8	903.4	396.4				
开发区	784.5	15759.3		30.9	1.6	18.6	
桐城市	355.6	12879.8		1269.8	174.3	30.1	
怀宁县	73.0	4288.1					
潜山县	126.5	6016.7		618.7	490.1	47.6	
太湖县		1273.7		3.2		3.2	
宿松县	0.1	0.7					
望江县	104.2	616.9		197.1	45.8	151.3	
岳西县		407.9					

19—27 分县（市、区）大中型工业企业全部R&D项目情况（2015年）

地　区	项目数（项）	参加项目人员（人）	项目人员折合全时当量（人年）	全部项目经费内部支出（万元）
全　市	**337**	**2926**	**2273.0**	**53707.8**
迎江区	4	55	55.0	584.6
大观区	82	732	716.0	11542.5
宜秀区	13	106	72.0	1265.0
开发区	82	835	584.0	15374.4
桐城市	55	791	605.0	12644.7
怀宁县	48	171	90.0	4277.8
潜山县	34	139	108.0	5872.5
太湖县	6	57	20.0	1031.7
宿松县	2			0.8
望江县	9	29	17.0	721.1
岳西县	2	11	7.0	392.7

19—28 分县（市、区）大中型工业企业办科技机构情况（2015年）

地　区	机构数（个）	机构人员合计（人）				机构经费支出（万元）	仪器和设备原价（万元）	
			博士毕业	硕士毕业	本科毕业			进　口
全　市	**55**	**2675**	**57**	**192**	**1654**	**62334**	**62373**	**17861**
迎江区	4	70	1	3	33	3167	3282	
大观区	5	569	15	46	398	15405	10931	7289
宜秀区	1	22			13	93	1765	
开发区	8	749	3	56	555	15328	13221	4718
桐城市	16	735	7	35	343	15212	17635	3776
怀宁县	5	82	2	11	56	4440	4903	
潜山县	6	215	5	14	166	4494	6088	1315
太湖县	3	32	5	4	12	233	242	
宿松县	1	36	13	12	5	653	352	
望江县	2	49		8	27	566	1360	514
岳西县	4	116	6	3	46	2743	2594	250

19—29 分县（市、区）大中型工业企业自主知识产权保护情况（2015年）

地 区	专利申请数(件)	发明专利	有效发明专利数(件)	境外授权	发表科技论文(篇)	拥有注册商标数(件)	境外注册	形成国家或行业标准数(项)
全 市	**612**	**265**	**430**	**4**	**88**	**212**	**19**	**83**
迎江区	4		3			3		
大观区	134	74	30		56	36	5	36
宜秀区	5	2	12			2		2
开发区	168	94	244		8	26		19
桐城市	156	46	36		23	96	14	13
怀宁县	34	8	1					
潜山县	38	16	40	4	1	14		3
太湖县	24	8	22			2		
宿松县	4		8			8		
望江县	10	2	3			24		10
岳西县	35	15	31			1		

19—30 主要年份三种专利申请受理、授权量和科技成果

单位：项

指 标	2005	2010	2011	2012	2013	2014	2015
申请受理量合计	**6**	**636**	**914**	**1680**	**4309**	**5481**	**12645**
发 明	4	148	201	295	1253	2560	7254
实用新型	2	348	552	1033	2689	2560	4954
外观设计		140	161	352	367	361	437
申请授权量合计	**27**	**366**	**587**	**934**	**1394**	**2456**	**3500**
发 明	2	17	45	59	78	77	334
实用新型	21	230	419	697	1021	2092	2846
外观设计	4	119	123	178	295	287	320
科技成果		**29**	**30**	**30**	**159**	**208**	**467**

主要统计指标解释

普通高等学校

指按照国家规定的设置标准和审批程序批准举办，通过国家统一招生考试，招收高中毕业生为主要培养对象，实施高等教育的全日制大学、独立设置的学院和高等专科学校、短期职业大学。

成人高等学校

指按照国家有关规定审批，招收通过全国成人高教统一招生考试的具有高中毕业或同等学历的在职从业人员，利用脱产、半脱产、业余或函授等多种形式对其实施高等学历教育，培养高等教育专科或本科毕业水平的专门人才，修业年限、课程设置和总学时数均按高等学历教育要求付诸实施的学校。包括广播电视大学、职工高等学校、农民高等学校、管理干部学院、教育学院、独立设置的函授学院等。

小学学龄儿童入学率

指调查范围内已入小学学习的学龄儿童占校内外学龄儿童总数（包括弱智儿童，不包括盲聋哑儿童）的比重。计算公式为：

小学学龄儿童入学率＝已入学的小学学龄儿童数/校内外小学学龄儿童总数×100%

独立研究与开发机构

指有明确的任务和研究方向，有一定学术水平的业务骨干和一定数量的研究人员，具有研究、开发、开展学术工作的基本条件，主要进行科学研究与技术开发活动，并且在行政上有独立的组织形式，财务上独立核算盈亏，有权与有其他单位签订合同，在银行有单独户头的单位。包括国务院各部门、中国科学院、中国社会科学院和各省、自治区、直辖市以及地（市）以上（含地（市））各部门所属的国有科学研究与技术开发机构。

独立研究与开发机构职工

指在独立研究与开发机构工作，并由其支付工资的人员。包括长期职工、临时职工和招聘人员，不包括编制以外的离休、退休人员和停薪留职人员。

研究与发展经费支出

指用于研究与发展课题活动（基础研究、应用研究、实验发展）的全部实际支出，包括用于研究与发展课题活动的直接支出和间接用于研究与发展活动的支出（如研究院、所管理费，维持研究院、所正常运转的必需费用和与研究发展有关的基本建设支出）。

科学家和工程师

指具有大学本科及以上学历和不具备上述学历但有高、中级职称的人员。

其他科技人员

指大专、中专毕业和具有初级职称的从事科技活动人员。

专业技术人员

指已取得科学技术职称，或大学、中专的理、工、农、医科系毕业，以及国民经济各部门从工作实践中提拔，从事理、工、农、医等自然科学技术的研究、教学、生产的专业人员和在机关、企业、事业中从事科学技术业务管理工作的专业人员。

工程技术人员

指在国民经济各行业中从事工程技术工作的自然科学技术专业人员，包括高级工程师、工程师、助理工程师、技术员和未评定的技术人员。

发明

是专利法及其实施细则所称的发明，指对有关产品、方法或其改进所提出的新的技术方案。

实用新型

是专利法及其实施细则所称的实用新型，指对产品的形状、构造或者其结合所提出的适于实用的新的技术方案。

外观设计

是专利法及其实施细则所称的外观设计，指对产品的形状、图案、色彩或者其结合所作出的富有美感并适于工业上应用的新设计。

第二十篇

文化、体育、卫生
社会福利和其他

简要说明

一、本篇资料主要反映我市文化、体育、卫生、社会福利和其他事业发展情况。

二、文化部分包括文化事业基本情况，广播电视节目制作交易、艺术表演团体演出情况，群众艺术馆、文化馆和公共图书馆业务活动及经费情况，资料来自市文化广电新闻出版局。

三、体育部分包括体育运动概况，体育场地、等级运动员和等级裁判员数量及我市在省十二届运动会上获奖情况。资料主要来自市体育局。

四、卫生部分包括全市及县（市）区卫生机构、床位和人员数，分县（市）区的专业卫生机构分类情况。资料来自市卫生局。

五、社会福利部分包括民政福利事业、残疾人事业情况，全市及分县（市）区企业职工基本养老保险基金参保收支情况，企业职工失业保险基本情况，劳动争议仲裁案件受理及处理情况，离休、退休及退职人员数量和福利费。资料来自市民政局、市人力资源和社会保障局、市残联。

六、其他部分包括历届人大代表、政协委员人数、共青团、妇联和工会组织及工作概况，妇儿事业发展情况，质监、工商、档案、司法、法院、检察院及公安部门工作情况，火灾和交通事故情况。资料来自市人大、市政协、市质量技术监督局、安庆市工商管理局、市档案局、市司法局、市中级人民法院、市检察院、市公安局。

七、本篇资料由局社会科整理。

20—1　主要年份文化事业基本情况（含枞阳）

指　　标		2010	2012	2013	2014	2015
广播、电视事业						
广播电台	（座）	1	1	1		
电视台	（座）	1	1	1	9	1
电视发射台和转播台	（座）	43	29	30	26	18
有线电视用户	（万户）	61.89	66.62	72.95	82.94	90.79
广播人口综合覆盖率	（%）	95.65	96.78	97.60	97.88	0.98
电视人口综合覆盖率	（%）	96.38	97.72	98.17	98.33	0.99
艺术事业						
艺术表演团体	（个）	13				
艺术表演演出场次	（场次）	1780				
艺术表演观众人次	（万人次）	150.60				
艺术企业						
艺术表演团体	（个）		12	12	12	12
艺术表演演出场次	（场次）		1940	2470	2510	2950
艺术表演观众人次	（万人次）		130.16	167.89	228.88	1645.02
其他文化事业						
文化馆	（个）	12	12	12	12	12
文化站	（个）	168	169	168	169	169
＃乡镇文化站		153	153	154	153	153
图书馆	（个）	9	10	10	11	11
图书馆藏书	（万册）	100.38	160.42	383.62	462.56	560.63

20—1 主要年份文化事业基本情况

指　　标		2010	2011	2012	2013	2014	2015
广播、电视事业							
广播电台	（座）						
电视台	（座）						1
电视发射台和转播台	（座）	42	32	28	29	25	17
有线电视用户	（万户）	56.29	58.77	61.92	65.25	75.24	83.07
广播人口综合覆盖率	（%）	95.20	95.76	95.80	97.00	96.60	97.80
电视人口综合覆盖率	（%）	95.80	97.00	97.40	98.00	98.16	98.21
艺术事业							
艺术表演团体	（个）						
艺术表演演出场次	（场次）						
艺术表演观众人次	（万人次）						
艺术企业							
艺术表演团体	（个）			11	11	11	11
艺术表演演出场次	（场次）						2445
艺术表演观众人次	（万人次）						1497.02
其他文化事业							
文化馆	（个）	11	11	11	11	11	11
文化站	（个）	147	147	147	146	147	147
#乡镇文化站		131	131	131	132	131	131
图书馆	（个）	8	9	9	9	10	10
图书馆藏书	（万册）						507.78

20—2 艺术表演团体演出情况（含枞阳）（2015年）

指　　标	演出场所（场）	#到农村演出	国内演出观众人数（千人次）
总　　计	**2950**	**1227**	**1645.02**
戏曲剧类	2950	1227	1645.02

20—2 艺术表演团体演出情况（2015年）

指　　标	演出场所（场）	#到农村演出	国内演出观众人数（千人次）
总　　计	**2445**	**775**	**1497.0**
戏曲剧类	2445	775	1497.0

20—3 群众艺术馆、文化馆站业务活动及经费情况（含枞阳）（2015年）

指　　标		总　　计	市文化馆	县文化馆
单位数	（个）	12	1	11
举办展览	（个）	92	8	84
组织文艺活动	（次）	720	110	610
举办训练班				
班　次	（次）	908	40	868
培训人次	（人次）	42308	3000	39308
群众艺术馆、文化馆负责指导单位				
农村集镇文化中心	（个）			
文化俱乐部、室	（个）			
文化户	（户）			
群众业余演出团（队）	（个）	106	4	102
总支出	（千元）			
公用支出		6393	1550	4843

20—3　群众艺术馆、文化馆站业务活动及经费情况（2015年）

指　标		总　计	市文化馆	县文化馆
单位数	（个）	11	1	10
举办展览	（个）	80	8	72
组织文艺活动	（次）	708	110	598
举办训练班				
班　次	（次）	812	40	772
培训人次	（人次）	36808	3000	33808
群众艺术馆、文化馆负责指导单位				
农村集镇文化中心	（个）			
文化俱乐部、室	（个）			
文化户	（户）			
群众业余演出团（队）	（个）	106	4	102
总支出	（千元）			
公用支出		6003	1550	4453

20—4 公共图书馆业务活动及经费情况（含枞阳）（2015年）

指　标		全　市	市　区	桐城市	怀宁县	枞阳县	潜山县	太湖县	宿松县	望江县	岳西县
公共图书馆	（个）	13	5	1	1	1	1	1	1	1	1
总藏量	（万册）	560.63	164.99	29.85	52.58	52.85	48.63	17.71	70.69	77.06	46.26
古　籍		10.34	8.93	1.06	0.04	0.02	0.08	0.06	0.07	0.00	0.09
图　书		155.66	48.36	12.42	9.19	11.06	8.51	16.08	10.37	34.38	5.31
报　刊		13.40	5.19	1.26	2.67	1.70	0.02	0.03	0.02	2.39	0.13
开架总长度	（米）	19240	6058	5306	2064	0	500	1570	1800	976	966
发放借书证数	（个）	65081	18180	5200	3100	7800	3880	15890	3027	5723	2281
图书流通情况											
总流通人次	（千人次）	2078	648	329	130	134	131	218	122	294	73
书刊外借册次	（千册次）	1757	550	220	140	54	130	193	87	353	30
为读者服务举办各种活动											
次　数	（次）	294	129	38	17	12	8	20	38	8	24
参加人数	（人次）	161164	40530	33540	6920	9600	800	4160	55314	1200	9100
总支出	（千元）	27437	12919	3212	1564	2265	1926	2635	1061	869	986
公用支出		5656	2205	592	41	703	269	892	12	24	225
藏量购置费		3903	2425	470	156	209	70	350	45	48	130
本年新增藏量	（册）	554236	141589	30000	7580	16624	4300	9184	39000	304059	1900
公用房屋建筑面积	（平方米）	33973	13289	3004	2100	3032	1200	4870	2500	2000	1978
书　库		5721	3450	550	200	279	70	400	250	392	130
阅览室		5925	3170	380	400	405	120	300	550	450	150
阅览室坐席数	（个）	2534	762	320	254	250	100	280	120	328	120

20—4 公共图书馆业务活动及经费情况（2015年）

指　标		全 市	市　区	桐城市	怀宁县	潜山县	太湖县	宿松县	望江县	岳西县
公共图书馆	（个）	12	5	1	1	1	1	1	1	1
总藏量	（万册）	370.74	164.99	29.85	52.58	48.63	17.71	70.69	77.06	46.26
古　籍		10.12	8.93	1.06	0.04	0.08	0.06	0.07		0.09
图　书		109.66	48.36	12.42	9.19	8.51	16.08	10.37	34.38	5.31
报　刊		11.63	5.19	1.26	2.67	0.02	0.03	0.02	2.39	0.13
开架总长度	（米）	15370	6058	5306	2064	500	1570	1800	976	966
发放借书证数	（个）	34484	18180	5200	3100	3880	15890	3027	5723	2281
图书流通情况										
总流通人次	（千人次）	1473	648	329	130	131	218	122	294	73
书刊外借册次	（千册次）	1293	550	220	140	130	193	87	353	30
为读者服务举办各种活动										
次　数	（次）	216	129	38	17	8	20	38	8	24
参加人数	（人次）	91290	40530	33540	6920	800	4160	55314	1200	9100
总支出	（千元）	19550	12919	3212	1564	1926	2635	1061	869	986
公用支出		3087	2205	592	41	269	892	12	24	225
藏量购置费		3229	2425	470	156	70	350	45	48	130
本年新增藏量	（册）	485128	141589	30000	7580	4300	9184	39000	304059	1900
公用房屋建筑面积	（平方米）	22371	13289	3004	2100	1200	4870	2500	2000	1978
书　库		4722	3450	550	200	70	400	250	392	130
阅览室		4550	3170	380	400	120	300	550	450	150
阅览室坐席数	（个）	1784	762	320	254	100	280	120	328	120

20—5 广播节目制作交易情况（含枞阳）（2015年）

单位：小时

指　标	全年制作广播节目时　间	新闻资讯类	专题服务类	综 艺 类	广播剧类	广 告 类	其 他 类
总　计	**8173:10**	**1913:00**	**3239:10**	**1968:00**		**670:00**	**383:00**
地市级小计	**4887:10**	**975:00**	**2022:10**	**1290:00**		**600:00**	
安庆新闻频率	2755:30	487:30	1408:00	560:00		300:00	
安庆交通频率	2131:40	487:30	614:10	730:00		300:00	
县级小计	**3286:00**	**938:00**	**1217:00**	**678:00**		**70:00**	**383:00**
桐城市	1874:00	306:00	827:00	508:00			233:00
桐城市广播电视台	1874:00	306:00	827:00	508:00			233:00
怀宁县							
怀宁县广播电视台							
枞阳县	120:00	60:00	20:00	10:00		20:00	10:00
枞阳县广播电视台	120:00	60:00	20:00	10:00		20:00	10:00
潜山县	82:00	52:00	30:00				
潜山县广播电视台	82:00	52:00	30:00				
太湖县	410:00	260:00	90:00	60:00			
太湖县广播电视台	410:00	260:00	90:00	60:00			
宿松县							
宿松县广播电视台							
望江县	800:00	260:00	250:00	100:00		50:00	140:00
望江县广播电视台	800:00	260:00	250:00	100:00		50:00	140:00
岳西县							
岳西县广播电视台							

20—6 电视节目制作交易情况（含枞阳）（2015年）

单位：小时

指　标	全年制作电视节目时间	新闻资讯类	专题服务类	综艺益智类	广告类	其他类	全年电视节目制作投资额（万元）
总　计	**6230:46**	**2206:39**	**1289:45**	**780:30**	**1716:32**	**237:20**	**140**
地市级小计	**1260:57**	**638:45**	**324:00**	**5:00**	**245:12**	48:00	**140**
安庆新闻综合频道	635:55	273:45	152:10	4:00	170:00	36:00	50
安庆经济生活频道	559:00	365:00	111:00	1:00	70:00	12:00	40
安徽皖江传媒公司	66:02				5:12		50
县级小计	**4969:49**	**1567:54**	**965:45**	**775:30**	**1471:20**	**189:20**	
桐城市	459:43	155:48	31:00	212:45	60:10		
桐城市广播电视台	459:43	155:48	31:00	212:45:00	60:10		
怀宁县	580:00	120:00	180:00	120:00	60:00	100:00	
怀宁县广播电视台	580:00	120:00	180:00	120:00	60:00	100:00	
枞阳县	105:00	61:00	5:00	1:00	38:00		
枞阳县广播电视台	105:00	61:00	5:00	1:00	38:00		
潜山县	77:00	62:00	9:00		2:00	4:00	
潜山县广播电视台	77:00	62:00	9:00		2:00	4:00	
太湖县	157:30	94:30	23:45	26:45	9:10	3:20	
太湖县广播电视台	157:30	94:30	23:45	26:45	9:10	3:20	
宿松县	1578:36	472:36	12:00	14:00	1080:00		
宿松县广播电视台	1578:36	472:36	12:00	14:00	1080:00		
望江县	1050:00	250:00	400:00	200:00	180:00	20:00	
望江县广播电视台	1050:00	250:00	400:00	200:00	180:00	20:00	
岳西县	962:00	352:00	305:00	201:00	42:00	62:00	
岳西县广播电视台	962:00	352:00	305:00	201:00	42:00	62:00	

20—6 电视节目制作交易情况（2015年）

单位：小时

指标	全年制作电视节目时间	新闻资讯类	专题服务类	综艺益智类	广告类	其他类	全年电视节目制作投资额（万元）
总计	**6125:46**	**2145:39**	**1284:45**	**779:30**	**1678:32**	**237:20**	**140**
地市级小计	**1260:57**	**638:45**	**324:00**	**5:00**	**245:12**	48:00	**140**
安庆新闻综合频道	635:55	273:45	152:10	4:00	170:00	36:00	50
安庆经济生活频道	559:00	365:00	111:00	1:00	70:00	12:00	40
安徽皖江传媒公司	66:02				5:12		50
县级小计	**4686:49**	**1506:54**	**960:45**	**774:30**	**1433:20**	**189:20**	
桐城市	459:43	155:48	31:00	212:45	60:10		
桐城市广播电视台	459:43	155:48	31:00	212:45	60:10		
怀宁县	580:00	120:00	180:00	120:00	60:00	100:00	
怀宁县广播电视台	580:00	120:00	180:00	120:00	60:00	100:00	
潜山县	77:00	62:00	9:00		2:00	4:00	
潜山县广播电视台	77:00	62:00	9:00		2:00	4:00	
太湖县	157:30	94:30	23:45	26:45	9:10	3:20	
太湖县广播电视台	157:30	94:30	23:45	26:45	9:10	3:20	
宿松县	1578:36	472:36	12:00	14:00	1080:00		
宿松县广播电视台	1578:36	472:36	12:00	14:00	1080:00		
望江县	1050:00	250:00	400:00	200:00	180:00	20:00	
望江县广播电视台	1050:00	250:00	400:00	200:00	180:00	20:00	
岳西县	962:00	352:00	305:00	201:00	42:00	62:00	
岳西县广播电视台	962:00	352:00	305:00	201:00	42:00	62:00	

20—7 主要年份体育活动基本情况

指 标		2010*	2012*	2013*	2014*	2015*	2015
在校学生体育锻炼达标情况							
学校总数	（个）	2271	2155	2119	2043	1961	1716
#小 学		1687	1447	1369	1222	1125	980
在校学生总数	（万人）	100.40	94.63	87.00	81.00	76.00	66.00
#小 学		38.70	33.18	32.00	31.00	31.00	27.00
应参加达标活动人数	（万人）	100.40	94.63	87.00	81.00	76.00	66.00
#小 学		38.70	33.18	32.00	31.00	31.00	27.00
实际应参加达标活动人数	（万人）	100.40	94.63	87.00	81.00	76.00	66.00
举办运动会情况							
举办运动会次数	（次）	27	43	99	105	62	
#体委系统		27	43	99	105	62	
参加运动人员人数	（人）	60870	21827	59598	89826	41900	
#体委系统		60870	21827	59598	89826	41900	
公共体育场所							
体育场所使用个数	（个）	45	46	47	97	45	
使用场次	（场次）	9250	9200	8500	12156	9025	
游泳池	（个）	7	9	9	11	9	
使用场次	（场次）	1450	1600	1800	1680	1585	
有固定台、灯光球场	（个）	6	6	6	6	6	
使用场次	（场次）	1580	1650	1750	1720	1698	
体育学校概况							
体育运动学校	（所）	1	1	1	1	1	
在校学生	（人）	109	188	157	162	158	
教职工人数	（人）	19	22	21	9	9	
#专职教练员		9	10	9	4	4	
业余体校	（所）	3	4	4	4	4	
在校学生	（人）	571	966	1022	958	905	
教职工人数	（人）	59	75	80	79	79	

20—8　全市体育场地数（含枞阳）（2015年）

单位：个

指　标	总　计	体育系统	其他系统
总　计	**5785**	**117**	**5668**
体育场	32	5	27
体育馆	4	4	
游泳池	4	3	1
有固定舞台的灯光球场	1	1	
运动场	52		52
小运动场	373	1	372
蓝、排球场	1874	22	1852
其　他	3445	81	3364

20—9　等级运动员、等级裁判员人数（含枞阳）（2015年）

单位：人

运动项目	等级运动员	等级裁判员
总　计	**56**	
田　径	27	
游　泳	9	
拳　击		
摔　跤	1	
柔　道	1	
乒乓球	2	
武　术		
手　球	5	
网　球		
跆拳道		
赛　艇	1	
足　球		
排　球		
羽毛球		
射　击	1	
篮　球	6	
皮划艇	3	

20—10　全市获国内运动会奖牌数（含枞阳）（2015年）

单位：枚

运动项目	金　牌	银　牌	铜　牌
总　计		**1**	**2**
田　径		1	1
游　泳			
跳　水			
摔　跤			
柔　道			
拳　击			
羽毛球			
网　球			
手　球			
武　术			
体　操			
足　球			
篮　球			
排　球			
跆拳道			
赛　艇			
击　剑			
皮划艇			1
射　击			

20—11 卫生机构数、床位和人员数（含枞阳）（2015年）

单位：人

指标	机构数（个）	床位数（张）	在岗职工人员数	卫生技术人员	执业（助理）医师	执业医师	注册护士
总计	**2497**	**19571**	**30428**	**22438**	**8753**	**6688**	**9043**
医院	**72**	**15004**	**16052**	**13529**	**4247**	**4029**	**7008**
综合医院	47	11152	12253	10386	3184	3042	5602
中医医院	10	2575	2775	2374	812	777	1028
中西医结合医院	1	32	24	18	7	7	4
专科医院	14	1245	1000	751	244	203	374
基层医疗卫生机构	**2228**	**4102**	**11905**	**6985**	**3620**	**1995**	**1704**
社区卫生服务中心(站)	163	353	1231	1085	466	352	370
卫生院	152	3749	4700	4203	1895	1233	1140
村卫生室	1572		5307	1040	978	205	62
门诊部	5		28	25	14	9	9
诊所、卫生所、医务室	336		639	632	267	196	123
专业公共卫生机构	**190**	**465**	**2383**	**1863**	**839**	**628**	**326**
疾病预防控制中心	10		443	355	163	140	30
专科疾病防治院(所、站)	8	208	453	326	146	124	66
妇幼保健院(所、站)	10	257	498	409	169	155	115
急救中心(站)	1		6				
采供血机构	1		55	42	4	2	20
卫生监督所(中心)	10		185	159			
计划生育技术服务机构	150		743	572	357	207	95
其他卫生机构	**7**		**88**	**61**	**47**	**36**	**5**

注：1、本表人员合计中包括乡村医生4038人和卫生员229人。
2、不含乡镇卫生院在村卫生室工作的执业（助理）医师、注册护士数。

20—11 续表

单位：人

指　　标	药　师（士）	技　师（士）	检验师	其　他	见习医师	其　他技术人员	管理人员	工勤技能人　员
总　计	**1258**	**1183**	**784**	**2201**	**577**	**1346**	**995**	**1382**
医　院	**707**	**729**	**450**	**838**	**452**	**936**	**630**	**957**
综合医院	466	525	344	609	330	736	449	682
中医医院	205	162	83	167	96	102	94	205
中西医结合医院	5	1	1	1	0	2	2	2
专科医院	31	41	22	61	26	96	85	68
基层医疗卫生机构	**503**	**263**	**158**	**895**	**106**	**199**	**185**	**269**
社区卫生服务中心(站)	88	39	27	122	8	48	46	52
卫生院	406	223	130	539	54	151	138	208
村卫生室								
门诊部				2			1	2
诊所、卫生所、医务室	9	1	1	232	44			7
专业公共卫生机构	**45**	**191**	**176**	**462**	**19**	**193**	**177**	**150**
疾病预防控制中心	8	85	79	69	4	38	21	29
专科疾病防治院(所、站)	6	37	35	71	5	42	42	43
妇幼保健院(所、站)	17	39	33	69	5	27	30	32
急救中心(站)						4	1	1
采供血机构	0	17	17	1		4	4	5
卫生监督所(中心)				159		9	11	6
计划生育技术服务机构	14	13	12	93	5	69	68	34
其他卫生机构	**3**			**6**		**18**	**3**	**6**

20—11 卫生机构数、床位和人员数（2015年）

单位：人

指标	机构数（个）	床位数（张）	在岗职工人员数	卫生技术人员	执业（助理）医师	执业医师	注册护士
总　计	**2189**	**17469**	**26856**	**20002**	**7777**	**6012**	**8201**
医　院	**65**	**13713**	**14759**	**12409**	**3900**	**3700**	**6474**
综合医院	41	10061	11186	9470	2914	2788	5154
中医医院	9	2375	2549	2170	735	702	942
中西医结合医院	1	32	24	18	7	7	4
专科医院	14	1245	1000	751	244	203	374
基层医疗卫生机构	**1955**	**3385**	**10000**	**5971**	**3135**	**1750**	**1442**
社区卫生服务中心(站)	156	283	1150	1019	439	330	354
卫生院	131	3102	3850	3424	1586	1039	914
村卫生室	1336		4345	883	840	178	43
门诊部	5		28	25	14	9	9
诊所、卫生所、医务室	**327**		**627**	**620**	**256**	**194**	**122**
专业公共卫生机构	163	371	2014	1563	697	528	280
疾病预防控制中心	9		389	315	146	125	24
专科疾病防治院(所、站)	7	138	358	254	115	101	57
妇幼保健院(所、站)	9	233	422	337	136	123	103
急救中心(站)	1		6				
采供血机构	1		55	42	4	2	20
卫生监督所(中心)	**9**		**164**	**144**			
计划生育技术服务机构	127		620	471	296	177	76
其他卫生机构	6		83	59	45	34	5

注：1、本表人员合计中包括乡村医生3302人和卫生员160人。
2、不含乡镇卫生院在村卫生室工作的执业（助理）医师、注册护士数。

20—11 续表

单位：人

指标	药师(士)	技师(士)	检验师	其他	见习医师	其他技术人员	管理人员	工勤技能人员
总计	**1099**	**1051**	**703**	**1874**	**510**	**1182**	**922**	**1288**
医院	**659**	**673**	**415**	**703**	**388**	**827**	**598**	**925**
综合医院	427	484	317	491	276	645	421	650
中医医院	196	147	75	150	86	84	90	205
中西医结合医院	5	1	1	1		2	2	2
专科医院	31	41	22	61	26	96	85	68
基层医疗卫生机构	**403**	**206**	**127**	**785**	**103**	**181**	**160**	**226**
社区卫生服务中心(站)	78	35	24	113	8	44	44	43
卫生院	316	170	102	438	51	137	115	174
村卫生室								
门诊部				2			1	2
诊所、卫生所、医务室	9	1	1	232	44			7
专业公共卫生机构	**34**	**172**	**161**	**380**	**19**	**158**	**162**	**131**
疾病预防控制中心	5	77	72	63	4	28	18	28
专科疾病防治院(所、站)	6	33	31	43	5	24	39	41
妇幼保健院(所、站)	14	33	29	51	5	26	29	30
急救中心(站)						4	1	1
采供血机构	0	17	17	1		4	4	5
卫生监督所(中心)				144		8	8	4
计划生育技术服务机构	9	12	12	78	5	64	63	22
其他卫生机构	**3**			**6**		**16**	**2**	**6**

20—12 分县（市、区）医疗卫生机构数（含枞阳）（2015年）

单位：所、室、站

地区	合计	医院	综合医院	中医医院	中西医结合医院	专科医院	基层医疗卫生机构	社区卫生服务中心	社区卫生服务站	乡镇卫生院	村卫生室	门诊部
全市	**2497**	**72**	**47**	**10**	**1**	**14**	**2228**	**37**	**126**	**152**	**1572**	**5**
迎江区	101	7	4			3	88	7	14	3	23	
大观区	125	11	9	1		1	107	5	20	3	20	
宜秀区	127	7	3			4	110	5	22	6	60	
桐城市	251	6	1	1	1	3	241	4	9	12	205	
怀宁县	330	8	5	1		2	295	4	12	20	204	5
枞阳县	308	7	6	1			273	2	5	21	236	
潜山县	222	5	4	1			194	4	6	16	165	
太湖县	253	4	3	1			228	2	11	15	174	
宿松县	320	7	4	2		1	286	2	7	22	190	
望江县	219	8	7	1			195	1	12	10	120	
岳西县	241	2	1	1			211	1	8	24	175	

地区	诊所卫生所医务室护理站	专业公共卫生机构	疾病预防控制中心(防疫站)	专科疾病防治院(所、站)	妇幼保健院(所、站)	急救中心(站)	采供血机构	卫生监督所	计划生育技术服务机构	其他机构	医学在职培训机构	其他
全市	**336**	**190**	**10**	**8**	**10**	**1**	**1**	**10**	**150**	**7**	**4**	**3**
迎江区	41	6		2	1				3			
大观区	59	7	1				1	1	4			
宜秀区	17	10	1		1	1		1	6			
桐城市	11	3	1		1			1		1		1
怀宁县	50	25	1	1	1			1	21	2	1	1
枞阳县	9	27	1	1	1			1	23	1	1	
潜山县	3	22	1	1	1			1	18	1	1	
太湖县	26	20	1	1	1			1	16	1		1
宿松县	65	27	1	1	1			1	23			
望江县	52	15	1	1	1			1	11	1	1	
岳西县	3	28	1		1			1	25			

20—12　分县（市、区）医疗卫生机构数（2015年）

单位：所、室、站

地　区	合　计	医　院	综合医院	中医医院	中西医结合医院	专科医院	基层医疗卫生机构	社区卫生服务中心	社区卫生服务站	乡镇卫生院	村卫生室	门诊部
全　市	**2189**	**65**	**41**	**9**	**1**	**14**	**1955**	**35**	**121**	**131**	**1336**	**5**
迎江区	101	7	4			3	88	7	14	3	23	
大观区	125	11	9	1		1	107	5	20	3	20	
宜秀区	127	7	3			4	110	5	22	6	60	
桐城市	251	6	1	1	1	3	241	4	9	12	205	
怀宁县	330	8	5	1		2	295	4	12	20	204	5
潜山县	222	5	4	1			194	4	6	16	165	
太湖县	253	4	3	1			228	2	11	15	174	
宿松县	320	7	4	2		1	286	2	7	22	190	
望江县	219	8	7	1			195	1	12	10	120	
岳西县	241	2	1	1			211	1	8	24	175	

地　区	诊所卫生所医务室护理站	专业公共卫生机构	疾病预防控制中心(防疫站)	专科疾病防治院(所、站)	妇幼保健院(所、站)	急救中心(站)	采供血机构	卫生监督所	计划生育技术服务机构	其他机构	医学在职培训机构	其他
全　市	**327**	**163**	**9**	**7**	**9**	**1**	**1**	**9**	**127**	**6**	**3**	**3**
迎江区	41	6		2	1				3			
大观区	59	7	1				1	1	4			
宜秀区	17	10	1		1	1		1	6			
桐城市	11	3	1		1			1		1		1
怀宁县	50	25	1	1	1			1	21	2	1	1
潜山县	3	22	1	1	1			1	18	1	1	
太湖县	26	20	1	1	1			1	16	1		1
宿松县	65	27	1	1	1			1	23			
望江县	52	15	1	1	1			1	11	1	1	
岳西县	3	28	1		1			1	25			

20—13 分县（市、区）医疗卫生机构床位和人员数（含枞阳）（2015年）

单位：人

地区	床位数（张）	在岗职工人员数	卫生技术人员	执业（助理）医师	执业医师	注册护士	药师（士）
全市	**19571**	**30428**	**22438**	**8753**	**6688**	**9043**	**1258**
迎江区	3806	4721	3928	1241	1174	2259	130
大观区	1977	2836	2384	823	741	1122	139
宜秀区	463	1043	802	340	242	335	37
桐城市	2058	2859	2218	998	723	857	137
怀宁县	1968	2975	2212	819	551	711	141
枞阳县	2102	3572	2436	976	676	842	159
潜山县	1499	2552	1833	871	626	588	110
太湖县	1231	2413	1477	569	397	458	119
宿松县	1864	3245	2080	822	633	730	93
望江县	1281	2260	1531	596	433	562	92
岳西县	1322	1952	1537	698	492	579	101

地区	技师（士）	检验师	其他	见习医师	其他技术人员	管理人员	工勤技能人员
全市	**1183**	**784**	**2201**	**577**	**1346**	**995**	**1382**
迎江区	159	95	139	70	355	168	236
大观区	162	117	138	23	148	151	128
宜秀区	43	29	47	7	84	62	33
桐城市	91	65	135	39	138	53	128
怀宁县	113	84	428	103	69	94	131
枞阳县	132	81	327	67	164	73	94
潜山县	114	68	150	57	66	126	141
太湖县	99	57	232	51	102	47	103
宿松县	96	70	339	56	83	124	163
望江县	91	68	190	84	80	43	117
岳西县	83	50	76	20	57	54	108

20—13 分县（市、区）医疗卫生机构床位和人员数（2015年）

单位：人

地　区	床位数（张）	在岗职工人员数	卫生技术人员	执业（助理）医师	执业医师	注册护士	药师（士）
全　市	**17469**	**26856**	**20002**	**7777**	**6012**	**8201**	**1099**
迎江区	3806	4721	3928	1241	1174	2259	130
大观区	1977	2836	2384	823	741	1122	139
宜秀区	463	1043	802	340	242	335	37
桐城市	1968	2975	2212	819	551	711	141
怀宁县	1499	2552	1833	871	626	588	110
潜山县	1231	2413	1477	569	397	458	119
太湖县	1864	3245	2080	822	633	730	93
宿松县	1281	2260	1531	596	433	562	92
望江县	1322	1952	1537	698	492	579	101
岳西县	2058	2859	2218	998	723	857	137

地　区	技师（士）	检验师	其他	见习医师	其他技术人员	管理人员	工勤技能人员
全　市	**1051**	**703**	**1874**	**510**	**1182**	**922**	**1288**
迎江区	159	95	139	70	355	168	236
大观区	162	117	138	23	148	151	128
宜秀区	43	29	47	7	84	62	33
桐城市	113	84	428	103	69	94	131
怀宁县	114	68	150	57	66	126	141
潜山县	99	57	232	51	102	47	103
太湖县	96	70	339	56	83	124	163
宿松县	91	68	190	84	80	43	117
望江县	83	50	76	20	57	54	108
岳西县	91	65	135	39	138	53	128

20—14 主要年份民政福利事业

指　　标		2010*	2012*	2013*	2014*	2015*	2015
机构数							
优抚休（疗）养院	（个）	4	4	4	4	4	3
社会福利事业单位	（个）	9	9	9	9	9	8
#社会福利院		9	9	9	9	9	8
儿童福利院		3	7	7	7	7	7
老年福利机构	（个）	200	211	216	233	210	183
福利生产单位	（个）	15	13	13	15	15	14
收养人数							
优抚休（疗）养院人数	（人）	81	89	95	95	98	88
社会福利事业单位收养	（人）	788	990	1109	1130	901	901
#社会福利院收养		564	596	839	924	675	675
儿童福利院		224	276	270	206	226	226
老年福利机构年末在院人数	（人）	17466	19833	19931	14123	14644	13003
#残疾人数							
救助情况							
社会孤儿人数	（人）	3365	3599	3475	3457	3035	2549
婚姻登记情况							
准予登记结婚数	（对）	50021	51112	53119	54184	53609	47071
#初　婚	（人）	84268	86492	88725	88939	85628	74108
再　婚	（人）	15774	15732	17513	19429	21590	20034
#女	（人）	7138	5282	9214	10223	11410	10531
准予登记离婚数	（对）	4981	6459	8118	8352	8789	7773

20—15 城乡居民最低生活和社会保障网络基本情况

年份	城镇社区服务设施数（个）	城镇便民、利民服务网点（个）	城乡居民最低生活保障			
			城镇低保人数（万人）	保障金额（万元）	农村低保人数（万人）	保障金额（万元）
2011*	255	4783	6.59	20499.9	22.76	25033.4
2012*	262	4883	6.32	22333.8	22.89	33627.2
2013*	262	4883	6.09	22665.6	22.85	40064.0
2014*	249	5334	5.62	22714.2	22.20	41200.6
2015*	239	5334	5.18	21243.21	19.40	40052.53
2015	220	4954	4.59	19164.12	18.06	36043.12

20—16 分县（市、区）城乡居民最低生活和社会保障网络基本情况（含枞阳）（2015年）

地区	城镇社区服务设施数（个）	城镇便民、利民服务网点（个）	城乡居民最低生活保障			
			城镇低保人数（人）	保障金额（万元）	农村低保人数（人）	保障金额（万元）
全市	**239**	**5334**	**51868**	**21243.21**	**194031**	**40052.53**
迎江区	31	850	7267	3453.14	1875	385.82
大观区	32	750	6421	3015.45	2151	430.86
宜秀区	20	760	1708	941.04	5935	1117.76
开发区	20	380	2356	1101.65	1181	216.47
桐城市	26	490	6055	1838.09	18588	4373.87
怀宁县	36	567	2991	1505.68	21615	5354.56
枞阳县	19	380	5937	2079.09	13427	4009.41
潜山县	14	350	3523	1236.27	23322	4689.43
太湖县	11	210	3850	1516.11	27492	5703.07
宿松县	17	300	5076	1919.22	30410	4882.54
望江县	7	176	4099	1603.74	23490	4616.25
岳西县	6	121	2585	1033.71	24545	4272.51

20—16 分县（市、区）城乡居民最低生活和社会保障网络基本情况（2015年）

地区	城镇社区服务设施数（个）	城镇便民、利民服务网点（个）	城乡居民最低生活保障			
			城镇低保人数（人）	保障金额（万元）	农村低保人数（人）	保障金额（万元）
全　市	**220**	**4954**	**45931**	**19164.1**	**180604**	**36043.1**
迎江区	31	850	7267	3453.1	1875	385.8
大观区	32	750	6421	3015.5	2151	430.9
宜秀区	20	760	1708	941.0	5935	1117.8
开发区	20	380	2356	1101.7	1181	216.5
桐城市	26	490	6055	1838.1	18588	4373.9
怀宁县	36	567	2991	1505.7	21615	5354.6
潜山县	14	350	3523	1236.3	23322	4689.4
太湖县	11	210	3850	1516.1	27492	5703.1
宿松县	17	300	5076	1919.2	30410	4882.5
望江县	7	176	4099	1603.7	23490	4616.2
岳西县	6	121	2585	1033.7	24545	4272.5

20—17 分县（市、区）各类优抚对象（2015年）

单位：人

地　　区	合　　计	伤残人员				享受定期抚恤金人员			
		残疾军人	伤残国家机关人员	伤残人民警察	伤残民兵民工	烈士遗属	因公牺牲军人遗属	病故军人遗属	红军失散人员
全　　市	**31312**	**2135**	**126**	**39**	**8**	**352**	**99**	**138**	**9**
市 辖 区	42	6				3	2		
迎 江 区	664	207	19	3		3	4	14	
大 观 区	758	198	19	9		15	1	3	
宜 秀 区	866	48	3	1		6	8	6	
开 发 区	332	66		1		2	1	1	
桐 城 市	5736	367	12	3	1	71	18	25	
怀 宁 县	4747	237	8	1	3	47	16	30	
潜 山 县	4808	260	23	9		57	12	11	1
太 湖 县	4117	170	4	1		36	6	14	
宿 松 县	4861	300	20	3	3	44	17	23	1
望 江 县	2795	193	9	1	1	18	10	9	
岳 西 县	1586	83	9	7		50	4	2	7

地　　区	享受定期补助人员		两参人员			其他人员			
	在乡复员人员	带病回乡退伍军人	参战退役人员	原8023部队退役人员	其他参加核试验退役人员	农村籍退役人员	部分烈士子女	部分错杀被平反人员子女	铀矿开采退役人员
全　　市	**1621**	**8424**	**2859**	**229**	**379**	**14170**	**543**	**3**	**178**
市 辖 区	14		17						
迎 江 区	16	21	127	24	21	202			3
大 观 区	25	101	124	4	28	207	5		19
宜 秀 区	44	273	66		8	391	10		2
开 发 区	3	17	24		10	206	1		
桐 城 市	284	1743	708	91	2	2306	105		
怀 宁 县	324	774	194	38	18	2985	24		48
潜 山 县	315	2184	291	18	116	1343	166	2	
太 湖 县	281	944	285	31	91	2203	51		
宿 松 县	146	845	591	22	75	2714	57		
望 江 县	86	1122	172			1052	16		106
岳 西 县	83	400	260	1	10	561	108	1	

20—18　主要年份劳动部门职业介绍工作情况（含枞阳）

单位：人

年　份	本年登记招聘人数	本年登记求职人次数	失业人员	本年介绍成功人次数	失业人员
2008	41928	56093	11005	32782	5196
2009	167175	119143	44594	66014	16924
2010	250781	144810	44205	62915	23855
2011	235424	183140	40562	60941	12601
2012	213857	165558	20229	51088	12089
2013	188613	151506	18965	33109	11892
2014	191537	151746	17457	33405	10524
2015	189263	159406	18194	34579	12014

20—18　主要年份劳动部门职业介绍工作情况

单位：人

年　份	本年登记招聘人数	本年登记求职人次数	失业人员	本年介绍成功人次数	失业人员
2008	38434	51418	1008845	30050	4763
2009	153244	109214	40878333	60513	15514
2010	229883	132743	40521	57672	21867
2011	215805	167878	3718233	55863	11551
2012	196035	151761	18543	46831	11082
2013	172895	138880	1738533	30349	10901
2014	175575	139101	16002	3062	9647
2015	1734917	1461224	16678	31697	11013

20—19 企业职工基本养老保险基金参保收支情况（含枞阳）（2015年）

项　　目		总　计	国有企业	集体企业	外商投资企　业	其他企业	个人身份机关企业
参保职工	（人）	572120	129472	49383	10020	175249	207996
#企业参保职工		401590	62959	20101	8967	143919	165644
离退休退职人员		170530	66513	29282	1053	31330	42352
当年缴纳基数总额	（万元）	1058400	225811	66477	31988	245823	488301
基金收入				397787			
保费收入				276644			
其　他				121143			
基金支出	（万元）			411930			

注：基金收支为各地上报汇总数，因此系统汇总无分组。

20—19 企业职工基本养老保险基金参保收支情况（2015年）

项　　目		总　计	国有企业	集体企业	外商投资企　业	其他企业	个人身份机关企业
参保职工	（人）	535437	123809	39215	10020	168933	193460
#企业参保职工		377391	60204	14386	8967	139892	153942
离退休退职人员		158046	63605	24829	1053	29041	39518
当年缴纳基数总额	（万元）	997242	222148	52216	31988	235493	455397
基金收入				377226			
保费收入				258117			
其　他				119109			
基金支出	（万元）			388086			

注：基金收支为各地上报汇总数，因此系统汇总无分组。

20—20 分县（市、区）企业职工基本养老保险基本情况（含枞阳）（2015年）

地　区	参保职工（人）	离休、退休退职人员年末人数	基金收支情况（万元）		
			基金收入	基金支出	累计可用结余基金
全　市	**401590**	**170530**	**397787**	**411930**	**99734**
市本级	203443	97371	245704	259673	-99700
桐城市	44932	15894	33393	33642	62404
怀宁县	24638	8016	18756	16884	30644
枞阳县	24199	12484	20561	23844	21104
潜山县	23285	8608	21600	16221	36713
太湖县	19720	6795	14761	15131	14040
宿松县	22495	9907	18543	21073	4226
望江县	23530	7665	14724	16746	12867
岳西县	15348	3790	9745	8716	17436

20—20 分县（市、区）企业职工基本养老保险基本情况（2015年）

地　区	参保职工（人）	离休、退休退职人员年末人数	基金收支情况（万元）		
			基金收入	基金支出	累计可用结余基金
全　市	**377391**	**158046**	**377226**	**388086**	**78630**
市本级	203443	97371	245704	259673	-99700
桐城市	44932	15894	33393	33642	62404
怀宁县	24638	8016	18756	16884	30644
潜山县	23285	8608	21600	16221	36713
太湖县	19720	6795	14761	15131	14040
宿松县	22495	9907	18543	21073	4226
望江县	23530	7665	14724	16746	12867
岳西县	15348	3790	9745	8716	17436

20—21 分县（市、区）新型农村合作医疗基本情况（含枞阳）（2015年）

地　　区	参合人口（万人）	参 合 率（%）	基金总额（万元）	当年筹资（万元）	农民缴纳	本年度基金累计支出（万元）	住　院补偿支出	当年累计受益人次（万人次）	住院率	住院实际补偿比（%）
全　　市	**5058118**	**99.94**	**308974**	**250817**	**50534**	**222260**	**156322**	**895.02**	**9.01**	**56.25**
迎 江 区	77437	125.52	4453	3731	774	3071	2312	16.29	9.27	56.99
大 观 区	66162	100.13	3681	3184	662	2925	1714	13.58	7.45	60.25
宜 秀 区	150127	103.59	8068	7134	1499	5963	4351	29.12	8.71	60.74
桐 城 市	636273	103.16	41297	31051	6318	26116	20459	112.31	8.47	56.57
怀 宁 县	834834	99.18	46699	41027	8348	37030	25490	122.28	9.56	52.17
枞 阳 县	514557	97.65	31617	25742	5146	22698	15958	76.97	9.91	63.98
潜 山 县	500126	99.82	30827	25347	5001	23226	15191	95.93	7.65	59.07
太 湖 县	735750	99.22	52714	38063	7358	30545	21795	130.61	10.14	52.05
宿 松 县	547918	96.99	34767	26971	5479	24845	17412	76.09	7.95	61.97
望 江 县	359429	99.58	20168	17817	3594	16306	10338	76.85	9.63	59.33
岳 西 县	635505	100.18	34684	30750	6355	29535	21302	144.98	8.62	52.50

20—21 分县（市、区）新型农村合作医疗基本情况（2015年）

地　　区	参合人口（万人）	参 合 率（%）	基金总额（万元）	当年筹资（万元）	农民缴纳	本年度基金累计支出（万元）	住　院补偿支出	当年累计受益人次（万人次）	住院率	住院实际补偿比（%）
全　　市	**4543561**		**277357**	**225075**	**45388**	**199562**	**140364**	**818.04**		
迎 江 区	77437	125.52	4453	3731	774	3071	2312	16.29	9.27	56.99
大 观 区	66162	100.13	3681	3184	662	2925	1714	13.58	7.45	60.25
宜 秀 区	150127	103.59	8068	7134	1499	5963	4351	29.12	8.71	60.74
桐 城 市	636273	103.16	41297	31051	6318	26116	20459	112.31	8.47	56.57
怀 宁 县	834834	99.18	46699	41027	8348	37030	25490	122.28	9.56	52.17
潜 山 县	500126	99.82	30827	25347	5001	23226	15191	95.93	7.65	59.07
太 湖 县	735750	99.22	52714	38063	7358	30545	21795	130.61	10.14	52.05
宿 松 县	547918	96.99	34767	26971	5479	24845	17412	76.09	7.95	61.97
望 江 县	359429	99.58	20168	17817	3594	16306	10338	76.85	9.63	59.33
岳 西 县	635505	100.18	34684	30750	6355	29535	21302	144.98	8.62	52.50

20—22 分县（市、区）失业保险基本情况（含枞阳）（2015年）

单位：人

地 区	本年参保人数合计	企 业	国有企业	集体企业	港澳台及外商投资企业	其他企业
全 市	**254179**	**97437**	**38911**	**14938**	**15319**	**28269**
市本级	134257	49080	17626	5306	15203	10945
桐城市	21443	9817	3947	420		5450
怀宁县	18135	9902	1056	989		7857
枞阳县	16159	5979		5979		
潜山县	12284	4534	4534			
太湖县	14159	5879	5879			
宿松县	15684	4601	3589	896	116	
望江县	11255	2803	731	845		1227
岳西县	10803	4842	1549	503		2790

地 区	单 位	事业单位	其他单位	本年领取失业保险金人月数	领取失业保险金年末人数	登记失业人数	当年再就业人数
全 市	**156742**	**94047**	**62695**	**39494**	**2702**	**19002**	**22832**
市本级	85177	24196	60981	25722	1732	9188	7191
桐城市	11626	11626		1871	160	1824	3024
怀宁县	8233	8233		3808	104	1163	1837
枞阳县	10180	10180		284	39	1151	1181
潜山县	7750	7750		717	71	1030	2354
太湖县	8280	8280		62	4	1162	914
宿松县	11083	10546	537	4146	348	1602	1108
望江县	8452	8452		836	67	1454	1885
岳西县	5961	4784	1177	2048	177	428	3338

20—22 分县（市、区）失业保险基本情况（2015年）

单位：人

地区	本年参保人数合计	企业	国有企业	集体企业	港澳台及外商投资企业	其他企业
全市	**238020**	**91458**	**38911**	**8959**	**15319**	**28269**
市本级	134257	49080	17626	5306	15203	10945
桐城市	21443	9817	3947	420		5450
怀宁县	18135	9902	1056	989		7857
潜山县	12284	4534	4534			
太湖县	14159	5879	5879			
宿松县	15684	4601	3589	896	116	
望江县	11255	2803	731	845		1227
岳西县	10803	4842	1549	503		2790

地区	单位	事业单位	其他单位	本年领取失业保险金人月数	领取失业保险金年末人数	登记失业人数	当年再就业人数
全市	**146562**	**83867**	**62695**	**39210**	**2663**	**17851**	**21651**
市本级	85177	24196	60981	25722	1732	9188	7191
桐城市	11626	11626		1871	160	1824	3024
怀宁县	8233	8233		3808	104	1163	1837
潜山县	7750	7750		717	71	1030	2354
太湖县	8280	8280		62	4	1162	914
宿松县	11083	10546	537	4146	348	1602	1108
望江县	8452	8452		836	67	1454	1885
岳西县	5961	4784	1177	2048	177	428	3338

22—23 劳动争议仲裁委员会受理及处理案件情况（含枞阳）（2015年）

单位：件

案件类别	合计	国有企业	城镇集体企业	外商投资及港澳台投资企业	私营企业	其他
上期未结案件数	**839**	**10**			**810**	**19**
案件受理情况						
案件数	893	15			855	23
#集体争议案件数	1368	15			1318	35
劳动者当事人数（人）	18				18	
#集体争议劳动者当事人数	344				344	
案件处理情况	**877**	**15**			839	23
仲裁调解	218	6			202	10
仲裁裁决	624	9			602	13
其他方式	35				35	
处理结果						
用人单位胜诉	101	1			97	3
劳动者胜诉	352	8			335	9
双方部分胜诉	424	6			407	11
本期未结案数	**877**	**15**			**839**	**23**
其他方式调解争议数						

20—23　劳动争议仲裁委员会受理及处理案件情况（2015年）

单位：件

案件类别	合计	国有企业	城镇集体企业	外商投资及港澳台投资企业	私营企业	其他
上期未结案件数	**568**	**10**	**1**		**556**	
案件受理情况						
案件数	500	88	86	5	260	61
#集体争议案件数	785	214	133	5	365	68
劳动者当事人数（人）	11	4	1		6	
#集体争议劳动者当事人数	182	110	10		62	
案件处理情况	**517**	**89**	**87**	**7**	**270**	**64**
仲裁调解	171	26	25	3	98	19
仲裁裁决	301	53	50	4	161	33
其他方式	45	10	12		11	12
处理结果						
用人单位胜诉	84	17	16	1	42	8
劳动者胜诉	309	53	47	6	159	44
双方部分胜诉	124	19	24		69	12
本期未结案数	**517**	**89**	**87**	**7**	**270**	**64**
其他方式调解争议数						

20—24 离休、退休、退职人员人数（含枞阳）（2015年）

单位：人

指　标	合　计	离休人员	退休人员
总　计	**216505**	**1497**	**215008**
企　业	128178	577	127601
内资企业	127125	577	126548
国有企业	66513	553	65960
集体企业	29282	22	29260
其他企业	31330	2	31328
港奥台投资企业	1053		1053
事　业	33302	322	32980
机　关	12673	598	12075
其　他（含自由职业者、个体工商户、社会团体）	42352		42352

注：退休人员数中包含领取定期生活费的退职人员。

20—24 离休、退休、退职人员人数（2015年）

单位：人

指　标	合　计	离休人员	退休人员
总　计	**199044**	**1402**	**197642**
企　业	118528	546	117982
内资企业	117475	546	116929
国有企业	63605	522	63083
集体企业	24829	22	24807
其他企业	29041	2	29039
港奥台投资企业	1053		1053
事　业	29455	288	29167
机　关	11543	568	10975
其　他（含自由职业者、个体工商户、社会团体）	39518		39518

注：退休人员数中包含领取定期生活费的退职人员。

20—25　离休、退休、退职人员福利费（含枞阳）（2015年）

单位：万元

指　标	合　计	离休金	退休金
总　计	**571956**	**9690**	**562266**
企　业	299501	3801	295700
内资企业	297281	3801	293480
国有企业	191505	3617	187888
集体企业	67940	172	67768
其他企业	37836	12	37824
港奥台投资企业	2220		2220
事　业	141638	2090	139548
机　关	52377	3799	48578
其　他（含自由职业者、个体工商户、社会团体）	78440		78440

20—25　离休、退休、退职人员福利费（2015年）

单位：万元

指　标	合　计	离休金	退休金
总　计	**528473**	**9078**	**519395**
企　业	281848	3600	278248
内资企业	279628	3600	276028
国有企业	188098	3416	184682
集体企业	59640	172	59468
其他企业	31890	12	31878
港奥台投资企业	2220		2220
事　业	125284	1870	123414
机　关	47760	3608	44152
其　他（含自由职业者、个体工商户、社会团体）	73581		73581

20—26 主要年份基本医疗保险情况

年份	参保人数（人）			基金收支情况（万元）			
	合计	职工	退休人员	基金收入	基金支出	累计结余	个人帐户
2011*	393373	279904	113469	64725	62508	67633	7736
2012*	417563	299864	117699	77784	80152	65265	8967
2013*	434489	306426	128063	96424	82345	79345	16509
2014*	460493	325463	135030	107011	103958	82398	22147
2015*	464906	327567	137339	107867	112335	77929	26006
2015	434380	303983	130397	99545	105580	65479	25444

注：全市医疗保险基金收入、支出、累计结余项目中包含市本级相应项目基金。

20—27 分县（市、区）基本医疗保险情况（含枞阳）（2015年）

地区	参保人数（人）			基金收支情况（万元）			
	合计	职工	退休人员	基金收入	基金支出	累计结余	个人帐户
全市	**464906**	**327567**	**137339**	**107867**	**112335**	**77929**	**26006**
市本级	252832	174190	78642	53042	60868	21422	11250
桐城市	42407	31422	10985	9438	8870	6948	359
怀宁县	28749	20153	8596	7634	7456	8967	3303
枞阳县	30526	23584	6942	8322	6755	12450	562
潜山县	23574	16318	7256	6364	5637	7423	2457
太湖县	21529	17021	4508	5994	5506	9112	4267
宿松县	29248	18415	10833	7913	8625	3792	251
望江县	19331	13838	5493	4699	4321	5295	2150
岳西县	16710	12626	4084	4461	4297	2520	1407

20—27 分县（市、区）基本医疗保险情况（2015年）

地区	参保人数（人）			基金收支情况（万元）			
	合计	职工	退休人员	基金收入	基金支出	累计结余	个人帐户
全市	**434380**	**303983**	**130397**	**99545**	**105580**	**65479**	**25444**
市本级	252832	174190	78642	53042	60868	21422	11250
桐城市	42407	31422	10985	9438	8870	6948	359
怀宁县	28749	20153	8596	7634	7456	8967	3303
潜山县	23574	16318	7256	6364	5637	7423	2457
太湖县	21529	17021	4508	5994	5506	9112	4267
宿松县	29248	18415	10833	7913	8625	3792	251
望江县	19331	13838	5493	4699	4321	5295	2150
岳西县	16710	12626	4084	4461	4297	2520	1407

20—28 主要年份城镇居民参加医疗保险情况（含枞阳）

年份	参保人数（人）	基金收支情况（万元）		
		基金收入	基金支出	累计结余
2007	347750	4711	409	4280
2008	653627	8837	4938	8179
2009	762821	12470	9587	11062
2010	831829	18787	16240	13609
2011	876868	25389	18663	20335
2012	889579	29712	23076	26602
2013	892055	35677	24863	37416
2014	927481	34440	32572	39283
2015	794441	39742	33407	45618

20—28 主要年份城镇居民参加医疗保险情况

年份	参保人数（人）	基金收支情况（万元）		
		基金收入	基金支出	累计结余
2010	755980	17137	15085	11918
2011	799638	23203	17659	17462
2012	811239	27163	21368	23257
2013	810835	32600	22256	33301
2014	839976	31049	30458	33892
2015	719941	36218	31137	38973

20—29　分县（市、区）城镇居民参加医疗保险情况（含枞阳）（2015年）

地　　区	参保人数（人）	基金收支情况（万元）		
		基金收入	基金支出	累计结余
全　　市	**794441**	**39742**	**33407**	**45618**
市本级	300164	15673	17187	9263
桐城市	80903	4346	2702	5977
怀宁县	59839	3150	2261	4524
枞阳县	74500	3524	2270	6645
潜山县	38453	2427	1824	3340
太湖县	50034	2495	1275	4206
宿松县	80721	3503	2767	5454
望江县	59470	2378	1560	4299
岳西县	50357	2246	1561	1910

20—29　分县（市、区）城镇居民参加医疗保险情况（2015年）

地　　区	参保人数（人）	基金收支情况（万元）		
		基金收入	基金支出	累计结余
全　　市	**719941**	**36218**	**31137**	**38973**
市本级	300164	15673	17187	9263
桐城市	80903	4346	2702	5977
怀宁县	59839	3150	2261	4524
潜山县	38453	2427	1824	3340
太湖县	50034	2495	1275	4206
宿松县	80721	3503	2767	5454
望江县	59470	2378	1560	4299
岳西县	50357	2246	1561	1910

20—30 公共就业人才服务工作情况（含枫阳）（2015年）

单位：人

指　　标	市级以上	区（县）	街　道	乡　镇
本期办理就业登记人数	30000	60000	50000	50000
本期单位登记招聘人数	34476	94256	31029	20685
本期登记招聘人员的单位数	1059	2622	252	1109
本期登记求职人数	28826	63856	25945	17296
#女　性	11905	26372	10715	7143
#城镇登记失业人员	11588	25670	10429	6952
应届高校毕业生	302	670	272	181
农村劳动者	7321	16219	6590	4393
本期接受职业指导人数	5765	63856	25945	17296
#女　性	2363	5236	2127	1418
本期接受创业服务人数	3750	42380	18954	7950
#女　性	1800	20000	7800	3200
期末代理保管人事档案人数	41000			
期末管理流动党员人数	437			
本期介绍成功人数	5765	12771	5189	3459
#女　性	2363	5236	2127	1418
#城镇登记失业人员	3631	8045	3269	2179
应届高校毕业生	1671	3703	15041	1003
农村劳动者	288	1638	1259	2172

20—31 人力资源服务机构综合情况（含枞阳）（2015年）

指 标		市级以上服务机构	公共人才服务机构	国有性质服务企业	私营性质服务企业
服务机构数	（个）	12	12	24	29
从业人员人数	（人）	120	120	240	29
#大专及以下		94	94	188	215
本 科		54	54	108	155
硕士及以上					
#取得职业资格人数		53	53	106	63
设立固定招聘场所	（个）	12	12	24	29
总资产	（万元）	120	120	240	290
建立人力资源服务网站	（个）	12	12	24	29
全年营业总收入	（万元）	240	240	480	580

20—31 人力资源服务机构综合情况（2015年）

指 标		市级以上服务机构	公共人才服务机构	国有性质服务企业	私营性质服务企业
服务机构数	（个）	11	11	22	28
从业人员人数	（人）	110	110	220	280
#大专及以下		90	90	180	210
本 科		50	50	100	150
硕士及以上					
#取得职业资格人数		50	50	100	60
设立固定招聘场所	（个）	11	11	22	28
总资产	（万元）	110	110	220	280
建立人力资源服务网站	（个）	11	11	22	28
全年营业总收入	（万元）	220	220	440	560

20—32 人力资源服务业务基本情况（含枞阳）（2015年）

指 标		市级以上服务机构	公共人才服务机构	国有性质服务企业	私营性质服务企业
服务人员总数	（人）	25000	20000	10000	10000
登记要求流动人员	（人）	800	700	1500	1500
#大专及以下		700	650	1400	1400
本 科		80	40	100	100
硕士及以上		20	10		
实现就业和流动人数	（人）	15000	10000	8000	7000
服务用人单位数	（个）				
#国有企、事业单位		500	400	400	400
私营企业		300	250	250	250
外资企业		200	150	150	150
建立人力资源数据库	（人次）				
现存数据库求职信息总量	（人次）				
#全年入库求职信息					
现场招聘服务					
举办招聘会次数	（次）	5		3	
#毕业生专场		1			
农民工专场		1			
参会用人单位	（家）	200		50	
提供招聘岗位	（个）	1000		100	
参会求职人数	（人）	10000		1500	
网络招聘服务					
发布岗位信息	（条）	1000	1500	500	800
发布求职信息	（条）	500	800	700	700
劳务(人才)派遣服务					
派遣单位	（个）	2		2	310
派遣人员总量	（人）	150		150	4000
登记要求派遣人数	（人）	200		250	5000
人力资源管理咨询					
服务用人单位	（个）				
人力资源外包服务					
服务用人单位	（个）				
流动人员档案管理					
现存档案数量	（人）		41000		
依托档案提供服务	（次）		41000		
培训服务					
举办培训班	（个）	2	2	1	1
参加人数	（人）	100	100	50	50
测评服务					
测评人数	（人）	80	70	56	57
猎头服务					
成功推荐人才	（人）	150	100	200	120

20—33 历届安庆市人民代表大会代表人数

单位：人

届　　别	代表总数	女代表	占代表总数(%)	少数民族代表	占代表总数(%)
第一届1954年	198				
第二届1956年	198				
第三届1958年	197	36	18.30	5	2.50
第四届1961年	265	47	17.70	4	1.50
第五届1963年	229	80	34.90	11	4.80
第六届1966年	211				
第八届1980年	651	185	28.40	24	3.70
第九届1983年	290	72	24.80	15	5.20
第十届1988年	252	55	21.80	11	4.40
第十一届1989年	508	112	22.00	19	3.70
第十二届1994年	528	129	24.40	27	5.10
第十三届一次会议	470	117	24.90	24	5.10
第十三届二次会议	466	118	25.30	24	5.20
第十三届三次会议	465	117	25.20	24	5.20
第十三届四次会议	465	117	25.20	24	5.20
第十三届五次会议	465	117	25.20	24	5.20
第十四届一次会议	473	114	24.10	18	3.80
第十四届二次会议	474	115	24.30	18	3.80
第十四届三次会议	470	116	24.70	18	3.80
第十四届四次会议	471	116	24.60	18	3.80
第十四届五次会议	473	116	24.50	18	3.80
第十五届一次会议	474	114	24.10	16	3.38
第十五届二次会议	474	114	24.05	16	3.38
第十五届三次会议	472	115	24.36	16	3.39
第十五次四次会议	473	114	24.10	16	3.38
第十五届五次会议	469	114	24.30	16	3.41
第十六届一次会议	415	102	24.58	18	4.34
第十六届二次会议	415	102	24.58	18	4.34
第十六届三次会议	412	101	24.51	18	4.37
第十六届四次会议	411	99	24.09	18	4.38
第十六届五次会议	423	100	23.64	18	4.25

注：第十六届一次会议之前的数据是包含枞阳县的，第十六届一次会议以后不含枞阳县数据。

20—34　历届政协安庆市委员会委员人数

单位：人

	委员总数	中国共产党委员	占代表总数(%)	少数民族委员	占代表总数(%)
第一届1955年	51	18	35.30	2	3.90
第二届1957年	107	24	22.40	5	4.70
第三届1959年	129	41	31.80	14	10.90
第四届1963年	129	43	33.30	12	9.30
第五届1966年	129	40	31.00	9	7.00
第六届1980年	240	94	39.20	26	10.80
第七届1983年	270	98	36.30	39	14.40
第八届1988年	500	100	37.00	38	14.10
第九届1989年	511	194	38.80	75	15.00
第十届1994年	528	204	39.90	25	4.90
第十一届一次会议	490	191	39.90	21	4.70
第十一届二次会议	490	197	40.20	21	4.30
第十一届三次会议	490	191	39.00	21	4.30
第十一届四次会议	496	198	39.90	21	4.20
第十一届五次会议	496	198	39.90	21	4.20
第十二届一次会议	498	199	40.00	17	3.40
第十二届二次会议	497	198	39.80	17	3.40
第十二届三次会议	495	198	40.00	17	3.40
第十二届四次会议	498	202	40.60	17	3.40
第十二届五次会议	496	200	40.30	17	3.40
第十三届一次会议	499	199	39.90	12	2.40
第十三届二次会议	479	189	39.46	11	2.30
第十三届三次会议	479	189	39.46	11	2.30
第十三届四次会议	477	187	39.20	12	2.50
第十四届一次会议	481	188	39.08	11	2.30
第十四届二次会议	477	184	38.57	11	2.30
第十四届三次会议	479	186	38.83	11	2.30

注：第十三届二次会议之前的数据是包含枞阳县的，第十三届二次会议以后不含枞阳县数据。

20—35 主要年份共青团、妇联组织及工作概况

指 标		2011*	2013*	2014*	2015*	2015
共青团组织						
团支部	（个）	5042	6840	6953		5485
共青团员	（万人）	25.00	40.43	41.22		42.02
#女团员		10.00	17.93	18.45		19.22
共青团员占总人口的比例	(%)	3.8	6.5	6.5		6.6
团员入党数	（人）	1988	2519	3028		3152
发展新团员	（人）	31052	29864	31781		31520
已建团单位	（个）	3237	2665	2990		7474
专职干部	（人）	421	736	710		536
#女干部		128	277	243		210
妇联组织						
妇联干部	（人）	67	63	63	63	58
#乡、镇、街道妇联干部		159	168	168	168	146
基层妇代会	（个）	1834	1826	1826	1826	1586
双学双比活动						
接受农业技术培训人数	（人）	13630	10551	14500	11420	13120
脱贫妇女数	（人）	1190	770	450	600	500
巾帼建功活动						
巾帼建功标兵数	（人）	35	84	35	40	40
巾帼文明示范岗人数	（人）	25	88	17	30	30

20—36 主要年份工会组织情况

年 份	工会基础组织数（个）	全市已建工会组织的基层单位职工与会人数（人）				工会专职工作人员人数（人）
		职工人数	#女职工	会员人数	#女会员	
2000*	3050	337000	120800	301000	112000	1201
2005*	4006	416000	179500	371000	159000	1076
2010*	6412	650518	241433	561536	208689	1018
2011*	9025	783890	283572	597870	218979	2892
2012*	11458	799774	307402	642124	244084	2009
2013*	12371	835167	314184	678578	258066	2485
2014*	12667	837110	318660	695609	254206	2486
2015*	13375	895373	310538	817626	288402	2518
2015	12112	799017	281672	724238	260040	1817

20—37 主要年份妇女参政议政状况（含枞阳）

单位：人、%

指　　标	2005	2010	2012	2013	2014	2015
市级人大代表数	474	474	475	473	472	423
#女　性	119	113	115	116	115	100
市级政协委员数	497	499	496	500	496	498
#女　性	119	124	118	119	117	117
地（厅）级女干部数	4	5	4	4	4	4
#正　职		1				
县（处）级女干部数	137	185	176	186	168	177
#正　职	18	89	31	33	20	19
公务员人数	13550	18231	18850	18735	20107	20977
#女　性	2047	2857	3259	3468	3755	4067
地级政府领导班子中女干部配备率	100.00	100.00	100.00			
地级党委领导班子中女干部配备率	100.00	100.00		100.00	100.00	100.00
县级政府领导班子中女干部配备率	100.00	90.91	90.91	81.82	81.82	81.82
县级党委领导班子中女干部配备率	100.00	100.00	90.91	81.82	72.72	72.72
乡（镇）级政府领导班子中女干部配备率	58.30	47.71	48.13	39.47	39.22	35.29
乡（镇）级党委领导班子中女干部配备率	58.30	64.71	63.26	76.97	70.59	71.24
地级政府工作部门领导班子中女干部配备率	59.10	51.43	51.15	62.50	52.50	51.69
县办级政府工作部门领导班子中女干部配备率	29.60	42.44	31.91	32.96	44.60	39.60

注：公务员人数不含参公人员数。

20—38 主要年份妇女儿童教育培训情况（含枞阳）

单位：人、%

指　　标	2005	2010	2012	2013	2014	2015
国有事业企业单位各类专业技术人员	89916	72216	63300	93625	93704	100911
#女　性	26178	24603	23250	32083	32123	35321
小学适龄儿童净入学率	99.67	99.80	99.93	100.00	100.00	
#男　生	99.77	99.86	99.93	100.00	100.00	
女　生	99.57	99.73	99.93	100.00	100.00	
小学学生辍学率	0.12	0.11	0.54	0.18	0.08	
#男　生	0.08	0.09	0.56	0.17	0.07	
女　生	0.16	0.13	0.53	0.19	0.09	
初中学生毛入学率	98.90	99.26	122.76	110.23	108.34	
#男　生	99.30	99.42	123.48	111.17	109.14	
女　生	98.50	99.10	121.93	109.08	107.38	
初中学生辍学率	0.45	0.44	1.64	0.29	0.25	
#男　生	0.40	0.40	1.61	0.28	0.24	
女　生	0.50	0.47	1.65	0.30	0.26	

20—38 主要年份妇女儿童教育培训情况

单位：人、%

指　　标	2010	2011	2012	2013	2014	2015
国有事业企业单位各类专业技术人员	63328	65432	55608	83871	84289	91210
#女　性	22164	23152	20143	29355	30344	31023
小学适龄儿童净入学率				100.00	100.00	100.00
#男　生				100.00	100.00	100.00
女　生				100.00	100.00	100.00
小学学生辍学率				0.18	0.08	0.04
#男　生				0.17	0.07	0.03
女　生				0.19	0.09	0.05
初中学生毛入学率				110.23	108.34	118.72
#男　生				111.17	109.14	119.02
女　生				109.08	107.38	117.21
初中学生辍学率				0.29	0.25	
#男　生				0.28	0.24	
女　生				0.30	0.26	

20—39 主要年份妇女卫生保健状况

指　　标		2005*	2010*	2012*	2013*	2014*	2015*	2015
居民合格碘盐食用率	(%)	98.58	97.68	98.59	98.88	98.00	96.94	97.20
农村安全饮水覆盖率	(%)	97.35	96.96	87.10	97.09	82.61	85.26	
农村卫生厕所普及率	(%)	53.64	63.60	66.32	69.05	74.12	75.54	75.54
孕产妇系统管理率	(%)	73.05	50.29	44.85	73.86	80.67	86.78	87.07
住院分娩率	(%)	86.20	99.18	99.99	100.00	99.99	100.00	100.00
孕产妇死亡数	(人)	20	12	8	5	5	4	2
非住院分娩中消毒接生率	(%)	93.82	98.30	100.00	100.00	100.00	100.00	100.00
已婚育龄妇女综合避孕率	(%)	91.31	90.43	98.47	87.59	88.59	89.58	89.44
婚前医学检查率	(%)	0.31	72.86	88.19	88.87	89.21	94.12	95.42

20—40 主要年份儿童卫生保健状况

指　　标		2005*	2010*	2012*	2013*	2014*	2015*	2015
婴儿死亡数	(人)	1074	440	347	256	224	191	158
#城　市		147	59	46	42	48	56	56
农　村		927	381	301	214	176	135	102
5岁以下儿童死亡数	(人)	1223	550	485	328	296	262	217
#城　市		166	76	61	60	64	76	76
农　村		1057	474	424	268	232	186	141
计划免疫（四苗/全程）接种率	(%)	96.10	96.37	96.73	99.02	99.42	96.14	96.37
乙肝疫苗接种率	(%)	97.09	98.70	99.32	99.62	99.69	97.64	97.63
7岁以下儿童保健覆盖率	(%)	71.08	68.33	72.08	91.49	91.78	91.41	91.50
#城　市		76.32	69.37	75.42	91.86	91.42	91.40	
农　村		69.50	68.04	71.37	91.37	91.91	91.41	

20—41 主要年份残疾人事业基本情况（含枞阳）

指 标		2010	2012	2013	2014	2015
康 复						
白内障复明手术						
白内障复明手术	(例)	2298	2521	2304	2413	1175
贫困白内障患者免费复明手术	(%)	2212	830	830	913	820
低视力配用助视器	(人)	548	361	350	350	350
聋儿康复						
年收训聋儿	(人)	121	136	134	132	135
聋儿入谱幼普小率	(%)	56	65	70	75	80
培训家长	(人)	383	418	402	396	405
康复训练与服务						
肢体残疾康复训练数	(人)	122	308	273	434	396
智残儿童康复训练数	(人)	48	34	92	131	213
脑瘫儿童康复训练数	(人)	49	28	94	145	143
教 育						
未入学适龄残疾儿童少年	(人)	689	427	247	301	203
职业教育与训练						
机构数	(个)	3	3	4	4	4
教育与培训人数	(人)	16493	18530	19371	17628	5326
就 业						
城镇残疾人就业状况			2084			
当年安排就业	(人)	2563	5125	2124	2215	1021
#按比例就业		4275	5125	2201	2178	304
集中就业	(人)	1086	860	2476	1454	1265
个体就业	(人)	3152	500	6972	6717	5835
未安排就业	(人)	1367	8037	1977	2748	2586
农村残疾人就业状况						
就 业	(人)	43461	47146	88689	80504	81205
未就业	(人)	11634	17080	10078	17007	16000
残疾人就业服务机构						
市（含县级市）	(个)	2	2	2	2	2
县	(个)	12	10	10	10	9
盲人按摩						
盲人按摩员培训	(人)	46	40	67	87	
医疗按摩员培训	(人)	33	6	39	39	34
扶 贫						
重度贫困残疾人生活救助	(人)	43996	46430	50110	50944	52219

20—41 主要年份残疾人事业基本情况

指标		2010	2011	2012	2013	2014	2015
康复							
白内障复明手术							
白内障复明手术	(例)	2016	2120	2212	2022	1147	1031
贫困白内障患者免费复明手术	(%)	1942	1124	729	729	802	720
低视力配用助视器	(人)	517	16	340	330	330	330
聋儿康复							
年收训聋儿	(人)	99	113	112	110	109	111
聋儿入谱幼普小率	(%)	56	60	65	70	75	80
培训家长	(人)	297	339	336	330	327	333
康复训练与服务							
肢体残疾康复训练数	(人)	105	100	265	235	373	341
智残儿童康复训练数	(人)	43	8	30	82	116	189
脑瘫儿童康复训练数	(人)	44		25	85	131	129
教育							
未入学适龄残疾儿童少年	(人)	321	412	325	187	255	174
职业教育与训练							
机构数	(个)	2	2	2	3	3	3
教育与培训人数	(人)	12548	12547	12658	12587	14233	3120
就业							
城镇残疾人就业状况							
当年安排就业	(人)	1254	859	5012	1254	1045	1114
#按比例就业		2589	2548	3589	1245	1257	211
集中就业	(人)	589	8900	531	1289	1258	890
个体就业	(人)	2014	1896	321	4219	4121	4725
未安排就业	(人)	586	8975	5368	1086	1524	1824
农村残疾人就业状况							
就　业	(人)	31478	31258	31458	71258	7012	7563
未就业	(人)	5869	12587	8969	8690	15003	14000
残疾人就业服务机构							
市（含县级市）	(个)	2	2	2	2	2	2
县	(个)	11	11	9	9	9	8
盲人按摩							
盲人按摩员培训	(人)	30	22	30	50	59	0
医疗按摩员培训	(人)	25	3	4	30	30	24
扶贫							
重度贫困残疾人生活救助	(人)	31996	34020	37430	37500	39691	38116

20—42 主要年份标准计量和质量监督情况

指标		2010*	2012*	2013*	2014*	2015*	2015
国家固定拨款	(万元)	1447	1678	1729	2800	4797	
质量检验	(万元)						
技术监督经费支出	(万元)	4540	5886	6913	3203	5336	
#工 资		1678	1806	2163	1327	1386	
设备费		579	300	2081	257	114	
固定资产总额	(万元)	4785	5487	10136	11671	15914	
办理行政案件	(起)	675	536	603	387	329	273
调解仲裁案件	(起)	17	13	12	21	15	14
为消费者挽回经济损失	(万元)	1463	1170	1185	1090	947	922
企业标准备案	(个)	129	69	75	78	39	39
产品质量监督检验受检企业	(个)	1058	1007	756	928	900	897
国 家		14	7	26	12	24	24
省		179	272	64	65	342	339
市		865	728	666	851	534	534
产品质量监督检验批次	(批次)	1117	1135	915	1142	960	957
国 家		21	8	31	12	24	24
省		205	286	87	70	378	375
市		891	841	797	1060	558	558
产品质量监督检验合格批次	(批次)	1007	1028	860	1065	886	883
国 家		17	3	26	8	18	18
省		195	264	68	57	358	355
市		795	761	766	1040	510	510
产品质量监督检验批次合格率	(%)	90.15	90.60	93.99	93.26	92.29	91.98
国 家		80.95	37.50	83.87	66.67	75.00	75.00
省		95.12	92.30	78.16	81.43	94.71	94.67
市		89.23	90.50	96.11	98.11	91.40	91.40
计量仪器强制检定数量	(台、件)	154500	50988	116501	13683	150331	141715
特种设备定期检验情况							
锅 炉	(台)	897	790	879	606	510	
压力容器	(台)	782	648	724	319	401	
电 梯	(台)	1015	1760	2633	2654	4079	
起重机械	(台)	595	1015	1156	677	526	
气 瓶	(只)	120000	99871	100895	149000	119100	

注：1、2015年市质监局和工商局合并，国家固定拨款、技术监督经费支出、固定资产总额为合并后新单位数据；因区划调整，无法统计不含枞阳的数据。
2、自2015年7月起，不再实行企业标准备案，企业标准备案数据为2015年1—6月数据。
3、因行政区划调整，无法统计不含枞阳的特种设备定期检验情况数。

20—43 工商管理内资企业分行业登记情况（含枞阳）（2015年）

指标	期末实有户数（户）	企业法人			注册资本（万元）	
		期末实有	本期登记	本期注销	期末实有	本期登记
合计	**6440**	**2768**	**243**	**415**	**6054313**	**638863**
农、林、牧、渔业	**322**	**211**	**56**	**22**	**179399**	**46488**
农业	96	82	50	1	44591	41370
林业	47	42	4	1	103494	2318
畜牧业	17	14		5	5161	
渔业	36	35	1		15106	2000
农、林、牧、渔服务业	126	38	1	15	11048	800
采矿业	**27**	**25**	**1**		**69540**	**2000**
煤炭开采和洗选业	1	1			201	
黑色金属矿采选业	3	3			7349	
有色金属矿采选业	6	6			6315	
非金属矿采选业	10	9	1		52490	2000
开采辅助活动	1					
其他采矿业	6	6			3185	
制造业	**690**	**590**	**20**	**29**	**971048**	**51038**
农副食品加工业	91	51	1	6	18537	500
食品制造业	17	15	1		5093	2000
酒、饮料和精制茶制造业	22	19	1		5714	4000
纺织业	46	43	1	4	178175	10000
纺织服装、服饰业	33	28	2	2	15860	1158
皮革、毛皮、羽毛及其制品和制鞋业	13	12	1	1	6871	1200
木材加工和木、竹、藤、棕、草制品业	19	18			17137	
家具制造业	2	2			15	
造纸和纸制品业	21	19		3	5125	
印刷和记录媒介复制业	37	30			1007	
文教、工美、体育和娱乐用品制造业	5	5			1040	
石油加工、炼焦和核燃料加工业	3	2			1688	
化学原料和化学制品制造业	37	35	1	1	271073	100
医药制造业	6	6	1		16258	1000
化学纤维制造业	2	2			480	
橡胶和塑料制品业	60	54	2	2	41228	11000

注：1．期末实有企业注册资本（金）100万以下1319户，100—1000万元754户，1000万—1亿元393户，1亿元以上104户。
2．期末实有企业集团107户，本期登记集团23户，本期注销集团3户。
3．本期国有企业改制为公司2户。

20—43 续表1

指标	期末实有户数（户）	企业法人			注册资本（万元）	
		期末实有	本期登记	本期注销	期末实有	本期登记
非金属矿物制品业	75	66	2	2	129340	6000
黑色金属冶炼和压延加工业	3	3			1735	
有色金属冶炼和压延加工业	4	4	1		10377	3080
金属制品业	41	39		4	27490	
通用设备制造业	37	34		2	29820	
专用设备制造业	24	22	2		69141	3800
汽车制造业	9	6			11618	
铁路、船舶、航空航天和其他运输设备制造业	4	3	1		10600	500
电气机械和器材制造业	28	27		1	72763	
计算机、通信和其他电子设备制造业	6	6			3593	
仪器仪表制造业	3	3			75	
其他制造业	36	33	3	1	17684	6700
废弃资源综合利用业	4	2			1500	
金属制品、机械和设备修理业	2	1			10	
电力、热力、燃气及水生产和供应业	**257**	**163**	**33**	**3**	**217497**	**18104**
电力、热力生产和供应业	189	117	33	1	174185	18104
燃气生产和供应业	13	6		1	12660	
水的生产和供应业	55	40		1	30652	
建筑业	**263**	**200**	**15**	**5**	**635158**	**220746**
房屋建筑业	83	65	1	2	156158	2000
土木工程建筑业	56	43	6		180457	11598
建筑安装业	33	20	1		43900	1228
建筑装饰和其他建筑业	91	72	7	3	254642	205920
批发和零售业	**1871**	**646**	**37**	**236**	**220335**	**21109**
批发业	468	237	8	30	121596	3201
零售业	1403	409	29	206	98738	17908
交通运输、仓储和邮政业	**488**	**127**	**6**	**16**	**67004**	**6610**
铁路运输业	6	1			56	
道路运输业	185	68	4	4	25101	1110
水上运输业	30	25			17785	
航空运输业	3	3			1223	
管道运输业	2	2			248	
装卸搬运和运输代理业	29	17	1		12313	500
仓储业	17	10	1	1	9778	5000
邮政业	216	1		11	500	

20—43 续表2

指标	期末实有户数（户）	企业法人			注册资本（万元）	
		期末实有	本期登记	本期注销	期末实有	本期登记
住宿和餐饮业	**92**	**46**		**8**	**28745**	
住宿业	39	21		3	13084	
餐饮业	53	25		5	15661	
信息传输、软件和信息技术服务业	**378**	**11**	**2**	**23**	**6271**	**5500**
电信、广播电视和卫星传输服务	346	1		22	10	
互联网和相关服务	23	2		1	33	
软件和信息技术服务业	9	8	2		6228	5500
金融业	**1045**	**44**	**3**	**19**	**762341**	**55088**
货币金融服务	746	23	1	12	456037	34088
资本市场服务	19	7	1		159230	20000
保险业	252	3		7	3	
其他金融业	28	11	1		147071	1000
房地产业	**213**	**182**	**8**	**4**	**833695**	**46880**
租赁和商务服务业	**359**	**237**	**35**	**19**	**1730761**	**147303**
租赁业	12	9	2		2292	548
商务服务业	347	228	33	19	1728469	146755
科学研究和技术服务业	**179**	**109**	**12**	**14**	**24377**	**5910**
研究和试验发展	9	6	3		2663	2500
专业技术服务业	112	85	6	8	18714	1810
科技推广和应用服务业	58	18	3	6	3000	1600
水利、环境和公共设施管理业	**45**	**38**	**11**	**6**	**135518**	**11107**
水利管理业	5	3	1	1	32	5
生态保护和环境治理业	5	5	1		9760	2000
公共设施管理业	35	30	9	5	125726	9102
居民服务、修理和其他服务业	**144**	**84**	**3**	**10**	**55231**	**380**
居民服务业	23	13		4	6416	
机动车、电子产品和日用产品修理业	41	19	2	2	20992	300
其他服务业	80	52	1	4	27823	80
教　育	**13**	**8**	**1**		**2396**	**600**
卫生和社会工作	**4**	**4**		**1**	**2257**	
卫　生	4	4		1	2257	
文化、体育和娱乐业	**39**	**34**			**12488**	
新闻和出版业	1	1			3	
广播、电视、电影和影视录音制作业	18	14			1365	
文化艺术业	15	15			7129	
体　育	2	1			800	
娱乐业	3	3			3190	
其　他	**11**	**9**			**100254**	

20—43 工商管理内资企业分行业登记情况（2015年）

指　　标	期末实有户　数（户）	企业法人			注册资本（万元）	
		期末实有	本期登记	本期注销	期末实有	本期登记
合　　计	**5901**	**2536**	**237**	**377**	**5841928.51**	**624005**
农、林、牧、渔业	**297**	**187**	**56**	**22**	**176595.18**	**46488**
农　业	91	77	50	1	43905.00	41370
林　业	46	41	4	1	103443.78	2318
畜牧业	11	8		5	3780.80	
渔　业	27	26	1		14591.10	2000
农、林、牧、渔服务业	122	35	1	15	10874.50	800
采矿业	**19**	**17**	**1**		**57118.54**	**2000**
煤炭开采和洗选业	1	1			201.09	
黑色金属矿采选业	2	2			148.50	
有色金属矿采选业	2	2			4100.00	
非金属矿采选业	9	8	1		52486.95	2000
开采辅助活动	1				0.00	
其他采矿业	4	4			182.00	
制造业	**645**	**550**	**20**	**23**	**951506.51**	**51038**
农副食品加工业	87	47	1	5	18297.47	500
食品制造业	17	15	1		5092.58	2000
酒、饮料和精制茶制造业	22	19	1		5713.93	4000
纺织业	46	43	1	3	178174.52	10000
纺织服装、服饰业	30	25	2	2	14210.36	1158
皮革、毛皮、羽毛及其制品和制鞋业	11	10	1		6359.33	1200
木材加工和木、竹、藤、棕、草制品业	17	17			17057.36	
家具制造业	1	1			7.64	
造纸和纸制品业	16	14		3	4670.20	
印刷和记录媒介复制业	30	25			959.38	
文教、工美、体育和娱乐用品制造业	4	4			1029.88	
石油加工、炼焦和核燃料加工业	3	2			1688.00	
化学原料和化学制品制造业	37	35	1	1	271072.51	100
医药制造业	6	6	1		16258.48	1000
化学纤维制造业	2	2			480.00	
橡胶和塑料制品业	58	52	2	2	41171.47	11000

注：1．期末实有企业注册资本（金）100万以下1138户，100—1000万元826户，1000万—1亿元446户，1亿元以上126户。
2．期末实有企业集团111户，本期登记集团11户。

20—43 续表1

指标	期末实有户数（户）	企业法人			注册资本（万元）	
		期末实有	本期登记	本期注销	期末实有	本期登记
非金属矿物制品业	74	65	2	2	129237.29	6000
黑色金属冶炼和压延加工业	3	3			1735.40	
有色金属冶炼和压延加工业	4	4	1		10377.30	3080
金属制品业	39	37		2	27466.01	
通用设备制造业	37	34		2	29820.17	
专用设备制造业	22	20	2		69102.60	3800
汽车制造业	5	2			27.43	
铁路、船舶、航空航天和其他运输设备制造业	4	3	1		10600.00	500
电气机械和器材制造业	26	25		1	71335.47	
计算机、通信和其他电子设备制造业	6	6			3593.00	
仪器仪表制造业	3	3			75.00	
其他制造业	29	28	3		14383.73	6700
废弃资源综合利用业	4	2			1500.00	
金属制品、机械和设备修理业	2	1			10.00	
电力、热力、燃气及水生产和供应业	**244**	**152**	**33**	**3**	**210880.70**	**18104**
电力、热力生产和供应业	186	115	33	1	168638.79	18104
燃气生产和供应业	10	4		1	12155.30	
水的生产和供应业	48	33		1	30086.61	
建筑业	**229**	**171**	**14**	**4**	**612806.86**	**219518**
房屋建筑业	65	50	1	2	141731.17	2000
土木工程建筑业	51	39	6		177836.25	11598
建筑安装业	31	18			42070.30	
建筑装饰和其他建筑业	82	64	7	2	251169.14	205920
批发和零售业	**1713**	**591**	**36**	**213**	**211533.64**	**19529**
批发业	459	231	8	29	119843.00	3201
零售业	1254	360	28	184	91690.64	16328
交通运输、仓储和邮政业	**434**	**117**	**6**	**15**	**65674.20**	**6610**
铁路运输业	6	1			55.50	
道路运输业	163	63	4	4	24857.76	1110
水上运输业	27	22			16946.96	
航空运输业	3	3			1222.90	
装卸搬运和运输代理业	28	17	1		12313.48	500
仓储业	17	10	1	1	9777.60	5000
邮政业	190	1		10	500.00	

20—43 续表2

指标	期末实有户数（户）	企业法人			注册资本（万元）	
		期末实有	本期登记	本期注销	期末实有	本期登记
住宿和餐饮业	**86**	**42**		**8**	**28509.16**	
住宿业	38	21		3	13084.38	
餐饮业	48	21		5	15424.78	
信息传输、软件和信息技术服务业	**334**	**10**	**2**	**23**	**6206.06**	**5500**
电信、广播电视和卫星传输服务	310	1		22	10.00	
互联网和相关服务	16	2		1	33.00	
软件和信息技术服务业	8	7	2		6163.06	5500
金融业	**961**	**42**	**3**	**17**	**732341.11**	**55088**
货币金融服务	695	23	1	12	456037.23	34088
资本市场服务	19	7	1		159230.00	20000
保险业	222	3		5	3.00	
其他金融业	25	9	1		117070.88	1000
房地产业	**194**	**166**	**7**	**4**	**811236.02**	**36880**
租赁和商务服务业	**346**	**228**	**35**	**18**	**1660242.93**	**147303**
租赁业	12	9	2		2292.00	548
商务服务业	334	219	33	18	1657950.93	146755
科学研究和技术服务业	**175**	**105**	**10**	**14**	**23166.87**	**4860**
研究和试验发展	9	6	3		2663.00	2500
专业技术服务业	108	81	4	8	17504.07	760
科技推广和应用服务业	58	18	3	6	2999.80	1600
水利、环境和公共设施管理业	**43**	**36**	**10**	**5**	**126517.69**	**10107**
水利管理业	5	3	1		32.00	5
生态保护和环境治理业	5	5	1		9760.00	2000
公共设施管理业	33	28	8	5	116725.69	8102
居民服务、修理和其他服务业	**114**	**67**	**3**	**7**	**50198.08**	**380**
居民服务业	22	13		4	6415.80	
机动车、电子产品和日用产品修理业	40	18	2	2	20986.74	300
其他服务业	52	36	1	1	22795.54	80
教　育	**13**	**8**	**1**		**2396.00**	**600**
卫生和社会工作	**4**	**4**		**1**	**2257.24**	
卫　生	4	4		1	2257.24	
文化、体育和娱乐业	**39**	**34**			**12487.57**	
新闻和出版业	1	1			3.00	
广播、电视、电影和影视录音制作业	18	14			1365.47	
文化艺术业	15	15			7129.10	
体　育	2	1			800.00	
娱乐业	3	3			3190.00	
其　他	**11**	**9**			**100254.15**	

20—44　工商管理私营企业分行业登记情况（含枞阳）（2015年）

指　　标	期末实有户数（户）	城　镇	投资者人数（人）	雇工人数（人）	注册资本（万元）	
					期末实有	本期注销
合　　计	**40130**	**32000**	**83493**	**252809**	**16328620**	**195725**
农、林、牧、渔业	4919	3993	9101	28534	1457902	11685
农、林、牧、渔服务业	219	153	506	1078	102465	410
采矿业	151	66	372	1570	107086	740
开采辅助活动	1		1	8	45	
制造业	8822	6126	18384	103659	4472185	42022
金属制品、机械和设备修理业	29	28	55	80	7773	
电力、热力、燃气及水生产和供应业	373	222	2064	3240	119971	365
建筑业	2857	2403	6020	16015	1409958	27544
批发和零售业	12480	10460	24392	48907	2748089	40767
交通运输、仓储和邮政业	884	676	2165	4728	242784	4836
住宿和餐饮业	601	465	1119	4002	177154	2154
信息传输、软件和信息技术服务业	1036	849	1661	3893	161752	1498
金融业	256	230	1486	1595	816019	3669
房地产业	1311	966	2967	9355	1430624	18533
租赁和商务服务业	3999	3527	8776	14293	2510952	36105
科学研究和技术服务业	576	492	1337	3036	275461	2413
水利、环境和公共设施管理业	218	165	496	1376	139445	126
居民服务、修理和其他服务业	1138	927	2190	5628	164636	2349
教　育	98	84	197	570	11199	100
卫生和社会工作	31	28	64	195	17991	320
文化、体育和娱乐业	372	315	684	2155	64246	500
其　他	8	6	18	58	1167	

注：1．本期吊销264户，其中城镇192户。
2．本期安置下岗失业人员506人，其中投资开办私营企业的55人；到私营企业从业的449人。
3．本期高校毕业生从事私营经济718人，其中投资开办私营企业的126人；到私营企业从业的592人。
4．本期出口创汇私营企业2户，出口创汇折合人民币1100万元。
5．期末实有注册资本100—500万元10344户，500—1000万元3287户，1000万元—1亿元2843户，亿元以上147户。

20—44　工商管理私营企业分行业登记情况（2015年）

指　　标	期末实有户　数（户）	城　镇	投资者人数（人）	雇工人数（人）	注册资本（万元）	
					期末实有	本期注销
合　　计	**37080**	**29521**	**78183**	**240078**	**15303256.73**	**175315.82**
农、林、牧、渔业	4201	3341	8090	26531	1339505.31	10755.00
农、林、牧、渔服务业	210	149	492	1038	101124.93	410.00
采矿业	115	53	265	1324	84798.70	720.00
开采辅助活动	1		1	8	45.00	0.00
制造业	8216	5720	17159	99507	4193672.00	28150.73
金属制品、机械和设备修理业	29	28	55	80	7773.10	0.00
电力、热力、燃气及水生产和供应业	338	201	1991	3041	108479.35	345.00
建筑业	2754	2337	5807	15544	1357664.75	27494.00
批发和零售业	11648	9739	23068	46054	2565865.09	38020.20
交通运输、仓储和邮政业	806	617	2007	4411	222180.13	4776.00
住宿和餐饮业	545	426	1019	3733	167317.87	2073.80
信息传输、软件和信息技术服务业	993	817	1613	3616	160351.37	1498.00
金融业	207	183	1438	1474	782919.30	3669.00
房地产业	1197	872	2720	8786	1302694.99	17333.00
租赁和商务服务业	3815	3353	8389	13772	2367440.44	36045.09
科学研究和技术服务业	568	484	1319	2994	274461.14	2313.00
水利、环境和公共设施管理业	214	161	490	1363	139329.38	126.00
居民服务、修理和其他服务业	986	802	1896	5099	144222.91	1077.00
教　育	94	80	185	545	10678.00	100.00
卫生和社会工作	31	28	64	195	17991.00	320.00
文化、体育和娱乐业	344	301	645	2031	62518.50	500.00
其　他	8	6	18	58	1166.50	0.00

注：1．本期安置下岗失业人员214人，其中投资开办私营企业的7人；到私营企业从业的207人。

2．本期高校毕业生从事私营经济457人，其中投资开办私营企业的2人；到私营企业从业的455人。

3．本期出口创汇私营企业5户，出口创汇折合人民币5700万元。

4．期末实有注册资本100—500万元12800户，500—1000万元4806户，1000万元—1亿元3657户，亿元以上170户。

20—45 工商管理个体工商业分行业登记情况（含枞阳）（2015年）

指　　标	期末实有户数(户)	城　镇	从业人员(人)	城　镇	资金数额(万元)	城　镇	本期注销(户)	城　镇
合　　计	**189578**	**159834**	**413693**	**349372**	**1324568**	**1139904**	**17445**	**14134**
农、林、牧、渔业	4506	3569	14293	11194	123584	93679	305	237
农、林、牧、渔服务业	430	311	1055	756	7622	5509	44	27
采矿业	87	57	466	332	2682	1614	11	9
开采辅助活动	1	1	1	1	10	10		
制造业	17439	13770	76369	56969	177714	131359	1190	839
金属制品、机械和设备修理业	53	45	153	139	467	425	17	14
电力、热力、燃气及水生产和供应业	120	79	412	249	6807	5442	9	6
建筑业	427	316	1271	948	5059	4128	37	29
批发和零售业	130420	108925	239629	205047	740562	654358	12193	9898
交通运输、仓储和邮政业	1535	1462	2705	2566	19735	18956	183	129
住宿和餐饮业	13926	12781	34858	32469	118135	109662	1716	1490
信息传输、软件和信息技术服务业	2288	1935	3509	2947	7699	6768	244	207
金融业	16	16	41	41	437	437	1	1
房地产业	280	278	571	568	926	919	15	14
租赁和商务服务业	1287	1224	2863	2734	16221	15199	67	56
科学研究和技术服务业	530	428	1131	934	2463	2124	63	55
水利、环境和公共设施管理业	10	7	25	14	93	55	1	1
居民服务、修理和其他服务业	15829	14152	32121	29142	84483	77873	1336	1091
教　育	38	38	98	98	494	494	2	2
卫生和社会工作	177	172	462	453	2034	2010	12	12
文化、体育和娱乐业	639	605	2820	2622	15179	14584	60	58
其　他	24	20	49	45	260	242		

注：1. 吊销后本期注销17户，其中城镇14户。
2. 本期安置下岗失业人员18人，其中持《就业失业登记证》申办个体工商户9人，享受地方再就业优惠政策7人。
3. 本期高校毕业生从事个体经济83人，其中申办个体工商户30人。
4. 查处违反登记管理法规13件，罚款2.16万元。

20—45 工商管理个体工商业分行业登记情况（2015年）

指　　标	期末实有户数（户）	城镇	从业人员（人）	城镇	资金数额（万元）	城镇	本期注销（户）	城镇
合　　计	**171704**	**143928**	**370020**	**308927**	**1216166**	**1037537**	**14900**	**11889**
农、林、牧、渔业	4195	3276	13553	10490	114701	85080	187	140
农、林、牧、渔服务业	391	273	953	656	6767	4762	38	21
采矿业	79	50	439	307	2630	1572	10	8
开采辅助活动	1	1	1	1	10	10		
制造业	16124	12587	70871	51892	164667	119120	1009	697
金属制品、机械和设备修理业	47	39	136	122	405	363	2	1
电力、热力、燃气及水生产和供应业	99	58	347	184	5153	3788	8	5
建筑业	391	288	1176	866	4710	3860	32	24
批发和零售业	117448	97605	208587	176410	682969	600987	10321	8228
交通运输、仓储和邮政业	1386	1325	2396	2278	14873	14238	155	101
住宿和餐饮业	12621	11500	31965	29639	106904	98486	1643	1426
信息传输、软件和信息技术服务业	2000	1660	3030	2519	6713	5801	173	143
金融业	14	14	37	37	217	217	1	1
房地产业	279	277	568	565	921	914	15	14
租赁和商务服务业	1204	1145	2718	2594	15383	14486	50	41
科学研究和技术服务业	456	367	990	830	2192	1895	52	45
水利、环境和公共设施管理业	10	7	25	14	93	55	1	1
居民服务、修理和其他服务业	14571	12982	30031	27222	77895	71521	1170	944
教　育	38	38	98	98	494	494	2	2
卫生和社会工作	160	157	434	428	2006	1987	12	12
文化、体育和娱乐业	607	574	2710	2513	13395	12801	59	57
其　他	22	18	45	41	251	233		

注：1．吊销后本期注销2户，　其中城镇2户。
2．本期安置下岗失业人员19人。
3．本期高校毕业生从事个体经济31人，其中申办个体工商户12人。

20—46 主要年份档案事业情况（含枞阳）

指 标		2010	2012	2013	2014	2015
机构、人员						
档案事业管理机构	（个）	10	12	12	12	12
档案馆	（个）	10	10	12	13	13
档案事业管理机构工作人员	（人）	81	86	80	88	93
档案馆工作人员	（人）	22	24	29	98	105
档案馆面积	（平方米）	14940	15247	15493	20058	41558
＃库房面积		9210	9270	9367	9804	41558
馆藏档案						
全 宗	（个）	756	798	816	826	839
案 卷	（卷）	656107	728914	952887	1146045	1279608
录音、录像片	（盘）	1106	1755	2079	617	784
照 片	（张）	20082	22551	23124	38306	38802
馆藏资料册数	（册）	138397	143123	143123	134384	161900
档案馆藏资料利用						
利用档案、资料人次	（人次）	7565	8485	8910	10396	13213
利用档案	（卷、件数）	19635	23806	35772	51783	42641
利用资料	（册、份数）	2209	2566	2150	2677	1889

20—46 主要年份档案事业情况

指 标		2010	2011	2012	2013	2014	2015
机构、人员							
档案事业管理机构	(个)	9	9	11	11	11	11
档案馆	(个)	9	9	9	11	12	12
档案事业管理机构工作人员	(人)	70	80	75	69	77	82
档案馆工作人员	(人)	70	80	75	69	87	94
档案馆面积	(平方米)	13840	13861	14147	14393	18958	36759
#库房面积		8722	8722	8782	8879	9316	36759
馆藏档案							
全 宗	(个)	661	683	703	721	731	744
案 卷	(卷)	610889	644240	683696	907669	1096514	1221076
录音、录像片	(盘)	1106	1755	1755	2079	617	784
照 片	(张)	18418	19875	20887	21460	36642	37138
馆藏资料册数	(册)	137011	138821	141737	141737	129338	146000
档案馆藏资料利用							
利用档案、资料人次	(人次)	6633	10446	7418	7805	8081	11461
利用档案	(卷、件数)	17584	16576	20955	32869	41131	36906
利用资料	(册、份数)	2144	1562	2499	2064	2602	1808

20—47　主要年份律师、公证及调解工作概况（含枞阳）

指　　标		2010	2012	2013	2014	2015
律师工作						
行政代理	（件）	148	128	133	99	219
律师事务所	（个）	35	39	40	41	41
律师工作人员	（人）	333	441	381	398	405
#专职律师		227	352	372	382	397
兼　职		6	8	9	7	8
聘请担任常年法律顾问单位	（家）	1506	1538	1432	2009	2032
民　事	（件）	7292	7100	6104	7581	8290
刑事辩护	（件）	1268	838	1143	1125	1222
非诉讼	（件）	834	393	416	340	360
公证工作						
公证处	（个）	9	9	9	9	9
公证人员	（人）	57	58	62	63	63
#公证员		31	30	30	31	33
办理国内公证文书	（件）	15911	17566	22522	23182	23753
#经济合同公证			10291	13874	10676	11191
办理涉外及港奥台公证文书	（件）	2731	3111	2979	3456	3505
人民调解工作						
人民调解委员会	（个）	2253	2407	2147	2108	2125
调解民事纠纷	（件）	30255	53196	46196	49574	49405
人民调解委员	（个）	14988	16949	15174	12939	10592
基层法律工作						
法律服务所	（个）	107	107	104	95	104
调解民间纠纷	（件）	3813	3650	3751	6062	6326
聘请担任法律顾问单位	（家）	1585	1786	1915	1668	1219
代理民事诉讼	（件）	3994	3401	4432	3202	4266
办理非诉讼法律事务	（件）	2592	2819	4201	3078	2212
司法机构、人员						
司法所	（所）	170	171	171	171	171
专职司法助理员	（人）	387	455	365	384	447

20—47 主要年份律师、公证及调解工作概况

指 标		2010	2011	2012	2013	2014	2015
律师工作							
行政代理	(件)	140	142	124	130	99	212
律师事务所	(个)	32	33	35	37	38	38
律师工作人员	(人)	295	323	338	352	360	377
#专职律师		286	318	330	343	353	369
兼 职		9	5	8	9	7	8
聘请担任常年法律顾问单位	(家)	1407	1393	1449	1333	1992	1921
民 事	(件)	6659	6911	6847	5826	7277	8056
刑事辩护	(件)	1133	1100	760	1077	1058	1130
非诉讼	(件)	824	517	389	391	336	324
公证工作							
公证处	(个)		8	8	8	8	8
公证人员	(人)		49	52	56	57	57
#公证员			25	26	27	28	30
办理国内公证文书	(件)		14913	15551	20474	21787	22249
#经济合同公证			7614	9360	12821	10144	10820
办理涉外及港奥台公证文书	(件)		2505	2745	2748	3204	3211
人民调解工作							
人民调解委员会	(个)	1977	1939	2130	1869	1820	1837
调解民事纠纷	(件)	27855	39234	47679	40975	43356	43233
人民调解委员	(个)	13860	13061	15816	14036	11763	9416
基层法律工作							
法律服务所	(个)	98	98	98	95	95	95
调解民间纠纷	(件)	3734	3937	3569	3670	5958	6235
聘请担任法律顾问单位	(家)	1448	2114	1636	1765	1518	1124
代理民事诉讼	(件)	3845	3579	3250	3941	3053	3464
办理非诉讼法律事务	(件)	2532	2576	2759	4139	3016	2057
司法机构、人员							
司法所	(所)	148	148	149	149	149	149
专职司法助理员	(人)	321	359	381	298	311	374

20—48　公安机关受理、查处治安案件情况

单位：起

案件类别	2014*		2015*		2015	
	受　理	查　处	受　理	查　处	受　理	查　处
总　计	**51242**	**50379**	**57868**	**56967**	**52522**	**51621**
扰乱单位秩序	304	300	298	289	259	250
扰乱公共场所秩序	123	122	66	66	59	59
扰乱公共交通工具秩序	33	33	20	20	5	5
妨碍交通工具正常行驶	94	94	64	63	41	40
扰乱大型群众性活动秩序	1	1				
虚构事实扰乱公共秩序			1	1	1	1
寻衅滋事	196	190	154	148	123	117
违反危险物质管理规定	93	90	113	110	98	95
非法携带枪支、弹药、管制刀具	74	74	66	67	59	60
侮辱、诽谤、诬告陷害	1111	1111	829	827	826	824
发送信息干扰他人正常生活	65	63	21	20	19	18
殴打他人	26089	25812	29883	29707	27517	27341
故意伤害	848	825	1039	1043	667	671
盗　窃	3049	2717	5129	4596	5034	4501
诈　骗	495	439	1019	932	1017	930
敲诈勒索	20	20	12	11	11	10
故意损坏财物	2501	2458	2825	2752	1934	1861
阻碍执行职务	112	108	111	111	92	92
违反旅馆业管理	443	443	825	825	795	795
违反房屋出租管理	5	5	6	6	6	6
卖淫嫖娼或拉客招嫖	210	207	197	197	189	189
赌博或为赌博提供备件	1015	1005	777	772	722	717
吸　毒	1263	1237	934	938	876	880

20—49 检察机关直接立案侦查案件情况（含枞阳）（2015年）

案件类别	受案(起)	立案合计 件	立案合计 人	大案(件)	要案(件)
总　计	**223**	**109**	**154**	**7**	
贪污贿赂	175	91	130	7	
渎职侵权	48	18	24		

20—49 检察机关直接立案侦查案件情况（2015年）

案件类别	受案(起)	立案合计 件	立案合计 人	大案(件)	要案(件)
总　计	**203**	**98/138**	**86**	**7**	
贪污贿赂	159	83/118	83	7	
渎职侵权	44	15/20	3		

20—50 检察机关提起公诉和法律监督情况（含枞阳）

案件类别		2012	2013	2014	2015
批准逮捕	（人）	1390	1143	1198	1145
提起公诉	（人）	2718	2835	2936	2929
立案监督	（件）	409	621	327	84
侦查监督	（件）	266	463	197	114
刑罚执行和监管活动监督	（件）				
审查减刑		829	125	287	499
审查假释		46	40	15	22
刑事审判监督		3	14	11	3
民事审判监督		42	37	21	34

20—50 检察机关提起公诉和法律监督情况

案件类别		2011	2012	2013	2014	2015
批准逮捕	（人）	777	1264	1017	1087	1019
提起公诉	（人）	1209	2485	2574	2661	2591
立案监督	（件）	195	365	542	300	84
侦查监督	（件）	166	224	281	79	112
刑罚执行和监管活动监督	（件）					
审查减刑		42	829	125	287	499
审查假释		8	46	40	15	22
刑事审判监督		7		14	11	3
民事审判监督		30		37	21	34

20—51 人民法院合同纠纷一审案件收结案情况（含枞阳）（2015年）

单位：件

指标	收案	结案					
			调解	判决	驳回起诉	撤诉	其他
买卖合同	2547	2386	707	871	19	761	18
房地产开发经营合同	276	256	111	82	3	59	
供用电、水、气、热力合同纠纷	13	14	1	7		6	
赠予合同纠纷	10	9	1	2		6	
借款合同	9816	9607	2757	4743	33	1822	162
建设工程合同	507	466	128	187	7	137	3
租赁合同纠纷	452	412	101	183	3	125	
承揽合同	324	297	105	102	2	85	
运输合同纠纷	66	66	20	32		14	
经营合同	139	127	40	42	2	39	3
农村承包合同	3	2		1			1
电信合同	1	1				1	
服务合同	424	451	93	62		231	65
劳动争议	1163	1152	446	417	15	262	6
劳务合同	669	626	202	154		270	
知识产权							
其　他	409	331	81	132	5	94	15

20—51 人民法院合同纠纷一审案件收结案情况（2015年）

单位：件

指标	收案	结案					
			调解	判决	驳回起诉	撤诉	其他
买卖合同	2478	2314	690	848	19	729	18
房地产开发经营合同	274	252	110	80	3	58	
供用电、水、气、热力合同纠纷	13	14	1	7		6	
赠予合同纠纷	10	9	1	2		6	
借款合同	9558	9276	2695	4589	33	1708	162
建设工程合同	487	443	122	180	7	127	3
租赁合同纠纷	447	407	100	181	3	123	
承揽合同	312	284	103	97	2	79	
运输合同纠纷	66	66	20	32		14	
经营合同	138	123	39	39	2	39	3
农村承包合同	3	2		1			1
电信合同	1	1				1	
服务合同	418	447	91	62		229	65
劳动争议	1161	1151	446	417	15	261	6
劳务合同	655	615	201	151		263	
知识产权							
其　他	400	324	79	129	5	92	15

20—52 人民法院婚姻家庭、继承、权属、侵权纠纷及其他民事一审案件收结案情况（含枞阳）（2015年）

单位：件

指标	收案	结案					
			判决	驳回起诉	撤诉	调解	其他
婚姻家庭	6751	6632	2188	2611	20	1780	8
继　承	84	76	33	20	1	19	3
纷纠权有所	658	631	141	210	22	253	3
票据、证券权益纠纷							
股东权纠纷	79	74	24	28	2	20	
不正当竞争纠纷		1		1			
特殊侵权纠纷	425	397	111	167	1	114	3
人身权纠纷	6109	5856	2615	2158	1	1072	4
不当得利	85	70	16	19		32	1
无因管理		1		1			
适用特别程序案件	2731	2727		68	43	111	2477

20—52 人民法院婚姻家庭、继承、权属、侵权纠纷及其他民事一审案件收结案情况（2015年）

单位：件

指标	收案	结案					
			判决	驳回起诉	撤诉	调解	其他
婚姻家庭	6389	6205	2093	2482	20	1578	7
继　承	82	71	32	18	1	17	3
纷纠权有所	644	610	141	202	21	241	3
票据、证券权益纠纷							
股东权纠纷	77	73	24	28	1	20	
不正当竞争纠纷		1		1			
特殊侵权纠纷	419	388	108	165	1	110	3
人身权纠纷	6011	5739	2562	2110	1	1056	4
不当得利	81	66	16	18		29	1
无因管理		1		1			
适用特别程序案件	2695	2688		67	43	111	2440

20—53 人民法院行政一审案件收结案情况（含枞阳）（2015年）

单位：件

项目	收案	结案	行政赔偿调解	判决	驳回起诉	撤诉	其他
总计	**376**	**320**	**8**	**145**	**41**	**110**	**16**
资源	58	44		16	4	23	1
公安	60	53	1	32	5	13	2
城建	56	37	1	15	6	14	1
交通	6	5		4		1	
工商	7	7		1	1	5	
技术监督	1	1				1	
劳动和社会保障	58	58	5	39	3	17	
教育	1	1		1		0	
卫生	1	1				1	
其他	127	112	1	36	22	35	12
计划生育	1	1		1			

20—53 人民法院行政一审案件收结案情况（2015年）

单位：件

项目	收案	结案	行政赔偿调解	判决	驳回起诉	撤诉	其他
总计	**371**	**313**	**8**	**139**	**41**	**108**	**16**
资源	58	44		16	4	23	1
公安	59	51	1	30	5	12	2
城建	56	37	1	15	6	14	1
交通	6	5		4		1	
工商	7	7		1	1	5	
技术监督	1	1				1	
劳动和社会保障	57	57	5	38	3	17	
教育	1	1		1			
卫生	1	1				1	
其他	124	108	1	33	22	34	12
计划生育	1	1		1			

20—54　人民法院刑事一审案件收结案情况（含枞阳）（2015年）

单位：件

案件类别	收　案	结　案
总　计	**2463**	**2320**
危害公共安全罪	799	780
破坏社会主义市场经济秩序罪	117	93
侵犯公民人身权利、民主权利罪	370	354
侵犯财产罪	543	521
妨碍社会管理秩序罪	485	474
危害国防利益罪		
贪污贿赂罪	135	86
渎职罪	13	11
其　他	1	1

20—54　人民法院刑事一审案件收结案情况（2015年）

单位：件

案件类别	收　案	结　案
总　计	**2145**	**2021**
危害公共安全罪	677	660
破坏社会主义市场经济秩序罪	107	85
侵犯公民人身权利、民主权利罪	303	290
侵犯财产罪	472	454
妨碍社会管理秩序罪	457	448
危害国防利益罪		
贪污贿赂罪	119	74
渎职罪	9	9
其　他	1	1

20—55 主要年份交通和火灾发生情况（含枞阳）

指标		2005	2010	2012	2013	2014	2015
交通事故发生数	（起）	1694	1268	1583	1696	1558	1435
一次性死亡三人以上事故		7	5	1	3	2	2
重　大			268	265	255	252	257
一　般		1295	1090	1317	1438	1304	1176
交通事故损失	（万元）	311	250	511	617	857	734
一次性死亡三人以上事故				2	80	1	3
重　大				162	143	175	284
一　般				347	393	681	448
火灾事故发生数	（起）	469	472	304	539	326	234
特　大							
重　大							
较　大					1		
一　般		469	472	304	538	326	234
火灾事故损失	（万元）	306	1161	964	4125	1402	1130
特　大							
重　大							
较　大					2099		
一　般		306	1161	964	2026	1402	1130

注：按安全生产事故新的划分标准，一次性死亡3—5人事故为较大事故，一次性死亡5—10人事故为重大事故，一次性死亡10人以上事故为特大事故。

20—55 主要年份交通和火灾发生情况

指标	2010	2011	2012	2013	2014	2015
交通事故发生数 (起)	1288	1362	1514	1643	1504	1383
一次性死亡三人以上事故	5	5	1	3	1	2
重大	229	222	231	222	218	222
一般	1054	1135	1282	1418	1285	1159
交通事故损失 (万元)	243	319	487	598	839	723
一次性死亡三人以上事故	4	16	2	8	0	3
重大	107	92	152	132	165	276
一般	133	211	333	459	675	444
火灾事故发生数 (起)	406	342	289	513	209	213
特大						
重大						
较大				1		
一般	406	342	289	512	209	213
火灾事故损失 (万元)	1098	559	962	4090	1327	1097
特大						
重大						
较大				169		
一般	1098	559	962	3921	1327	1097

注：按安全生产事故新的划分标准，一次性死亡3—5人事故为较大事故，一次性死亡5—10人事故为重大事故，一次性死亡10人以上事故为特大事故。

20—56 交通事故情况（含枞阳）（2015年）

指　　标	发生数（起）	死亡人数（人）	受伤人数（人）	损失折款（万元）
总　计	**1435**	**275**	**1814**	**734.40**
#一次性死亡三人以上事故	2	8	4	2.50
重大事故	257	267	108	283.90
机动车	1219	248	1539	704.00
汽　车	808	185	975	564.10
摩托车	358	40	521	117.70
拖拉机	38	16	30	6.10
农业运输车	8	4	9	5.20
非机动车	202	17	270	20.80
自行车	5	0	7	0.38
其它非机动车	197	17	263	20.42
行人、乘车人	14	10	5	9.60

注：机动车其中数的受伤人数及损失折款有重复计算。

20—56 交通事故情况（2015年）

指　　标	发生数（起）	死亡人数（人）	受伤人数（人）	损失折款（万元）
总　计	**1383**	**239**	**1780**	**722.80**
#一次性死亡三人以上事故	2	8	4	2.50
重大事故	222	231	95	275.90
机动车	1174	217	1507	693.40
汽　车	775	161	954	554.90
摩托车	352	37	513	116.80
拖拉机	33	13	28	5.60
农业运输车	7	3	8	5.20
非机动车	198	15	268	20.40
自行车	5		7	0.38
其它非机动车	193	15	261	20.02
行人、乘车人	11	7	5	9.00

注：机动车其中数的受伤人数及损失折款有重复计算。

20—57 分县（市、区）交通事故情况（含枞阳）（2015年）

地　　区	发 生 数 （起）	死亡人数 （人）	受伤人数 （人）	损失折款 （万元）
全　　市	**1404**	**251**	**1761**	**640.86**
迎 江 区	36	11	40	38.40
大 观 区	67	12	73	89.30
宜 秀 区	30	18	23	176.40
开 发 区	47	8	62	17.60
桐 城 市	207	39	273	60.20
怀 宁 县	310	40	403	131.70
枞 阳 县	52	36	34	11.70
潜 山 县	161	25	197	17.50
太 湖 县	235	24	316	41.80
宿 松 县	142	15	205	39.50
望 江 县	36	11	37	3.96
岳 西 县	81	12	98	12.80

注：本表数据不含高速交通事故在内。

20—57 分县（市、区）交通事故情况（2015年）

地　　区	发 生 数 （起）	死亡人数 （人）	受伤人数 （人）	损失折款 （万元）
全　　市	**1352**	**215**	**1727**	**629.16**
迎 江 区	36	11	40	38.40
大 观 区	67	12	73	89.30
宜 秀 区	30	18	23	176.40
开 发 区	47	8	62	17.60
桐 城 市	207	39	273	60.20
怀 宁 县	310	40	403	131.70
潜 山 县	161	25	197	17.50
太 湖 县	235	24	316	41.80
宿 松 县	142	15	205	39.50
望 江 县	36	11	37	3.96
岳 西 县	81	12	98	12.80

注：本表数据不含高速交通事故在内。

20—58　全市城区道路交通事故同期比较情况（含枞阳）（2015年）

指　　标	次数（次）			死亡人数（人）		
	数　量	比上年同期增减	增减百分比(%)	数　量	比上年同期增减	增减百分比(%)
大观区（一大队）	67	13	24.07	12	-6	-33.33
迎江区（二大队）	36	4	12.50	11	-3	-21.43
宜秀区（三大队）	30	-6	-16.67	18	2	12.50
开发区（四大队）	47			8	4	100.00
迎江区（港口大队）	5	-5	-50.00	2	1	100.00
高界高速（高速一大队）	7	-6	-46.15	7	1	16.67
高界高速（高速二大队）	5	-2	-28.57	3		
合安高速（高速三大队）	5	-5	-50.00	3	-2	-40.00
庐铜高速（高速四大队）	3			3	2	200.00
六潜高速（高速五大队）	6	3	100.00	6	5	500.00

指　　标	受伤人数（次）			直接经济损失（元）		
	数　量	比上年同期增减	增减百分比(%)	数　量	比上年同期增减	增减百分比(%)
大观区（一大队）	73	-3	-3.95	893100	405900	83.31
迎江区（二大队）	40	13	48.15	383615	303406	378.27
宜秀区（三大队）	23	-23	-50.00	1763900	1209990	218.45
开发区（四大队）	62	10	19.23	175800	-147500	-45.62
迎江区（港口大队）	4	-9	-69.23	37500	8400	28.87
高界高速（高速一大队）	29	3	11.54	520000	-100000	-16.13
高界高速（高速二大队）	4	-9	-69.23	140001	-97999	-41.18
合安高速（高速三大队）	9	-4	-30.77	72000	-39000	-35.14
庐铜高速（高速四大队）	1	-3	-75.00	42000	-88000	-67.69
六潜高速（高速五大队）	6	3	100.00	102000	59000	137.21

20—59 分县（市、区）道路交通事故同期比较情况（含枞阳）（2015年）

地区	次数（次）			死亡人数（人）		
	数量	比上年同期增减	增减百分比(%)	数量	比上年同期增减	增减百分比(%)
全市	**1435**	**-123**	**-7.89**	**275**	**4**	**1.48**
市区	185	6	3.40	51	-2	-3.80
安庆境内高速	26	-10	-27.80	22	6	37.50
桐城市	207	-143	-40.86	39		
怀宁县	310	14	4.73	40	-1	-2.44
枞阳县	52	-2	-3.70	36	-3	-7.69
潜山县	161	-6	-3.59	25	1	4.17
太湖县	235	19	8.80	24	-2	-7.69
宿松县	142	-12	-7.79	15	4	36.36
望江县	36	3	9.09	11	3	37.50
岳西县	81	8	10.96	12	-2	-14.29

地区	受伤人数（次）			直接经济损失（元）		
	数量	比上年同期增减	增减百分比(%)	数量	比上年同期增减	增减百分比(%)
全市	**1814**	**-242**	**-11.77**	**7344261**	**-1225398**	**-14.30**
市区	202	-12	-5.60	3253915	1780196	120.80
安庆境内高速	49	-10	-16.90	876001	-265999	-23.30
桐城市	273	-189	-40.91	602333	-3383717	-84.89
怀宁县	403	17	4.40	1316892	695462	111.91
枞阳县	34	-12	-26.09	116550	-58250	-33.32
潜山县	197	-19	-8.80	197560	21760	12.38
太湖县	316	-3	-0.94	418360	96810	30.11
宿松县	205	-14	-6.39	395350	146090	58.61
望江县	37	-10	-21.28	39600	-187600	-82.57
岳西县	98	10	11.36	127700	-70150	-35.46

20—59 分县（市、区）道路交通事故同期比较情况（2015年）

地　　区	次　　数　（次）			死亡人数　（人）		
	数　　量	比上年同期增减	增减百分比(%)	数　　量	比上年同期增减	增减百分比(%)
全　　市	**1383**	**-121**	**-8.05**	**239**	**7**	**3.02**
市　　区	185	6	3.40	51	-2	-3.80
安庆境内高速	26	-10	-27.80	22	6	37.50
桐 城 市	207	-143	-40.86	39		
怀 宁 县	310	14	4.73	40	-1	-2.44
潜 山 县	161	-6	-3.59	25	1	4.17
太 湖 县	235	19	8.80	24	-2	-7.69
宿 松 县	142	-12	-7.79	15	4	36.36
望 江 县	36	3	9.09	11	3	37.50
岳 西 县	81	8	10.96	12	-2	-14.29

地　　区	受伤人数　（次）			直接经济损失　（元）		
	数　　量	比上年同期增减	增减百分比(%)	数　　量	比上年同期增减	增减百分比(%)
全　　市	**1780**	**-230**	**-11.44**	**7227711**	**-1167148**	**-13.90**
市　　区	202	-12	-5.60	3253915	1780196	120.80
安庆境内高速	49	-10	-16.90	876001	-265999	-23.30
桐 城 市	273	-189	-40.91	602333	-3383717	-84.89
怀 宁 县	403	17	4.40	1316892	695462	111.91
潜 山 县	197	-19	-8.80	197560	21760	12.38
太 湖 县	316	-3	-0.94	418360	96810	30.11
宿 松 县	205	-14	-6.39	395350	146090	58.61
望 江 县	37	-10	-21.28	39600	-187600	-82.57
岳 西 县	98	10	11.36	127700	-70150	-35.46

20—60 主要年份火灾事故情况（含枞阳）

年　份	发生数（起）	死亡人数（人）	受伤人数（人）	直接经济损失（万元）	人口火灾发生率（1/10万人）
2000	194	4	10	293.16	3.23
2005	469	11	12	306.08	7.75
2010	472	1	6	1160.77	7.67
2011	434	5		706.35	7.05
2012	304	2	1	964.27	4.90
2013	539	3	2	4125.00	8.60
2014	326	3	4	1402.00	6.00
2015	234	2	3	1130.00	4.30

20—60 主要年份火灾事故情况

年　份	发生数（起）	死亡人数（人）	受伤人数（人）	直接经济损失（万元）	人口火灾发生率（1/10万人）
2010	406	1	6	1098.00	
2011	342	2		5596.00	
2012	289	2	1	9626.00	
2013	513	8	2	4090.00	11.67
2014	309	3	3	1327.00	6.82
2015	213	1	3	1097.00	4.64

20—61 火灾事故发生情况（含枞阳）（2015年）

指　标	合　计	按事故发生程度分		
		特　大	重　大	一　般
发　生（起）	234			234
死　亡（人）	2			2
受　伤（人）	3			3
损失折款（万元）	1130			1130
平均每起事故损失（元）	48290.6			48290.6

20—61　火灾事故发生情况（2015年）

指　　标		合　计	按事故发生程度分		
			特　大	重　大	一　般
发　生	(起)	213			213
死　亡	(人)	1			1
受　伤	(人)	3			3
损失折款	(万元)	1097			1097
平均每起事故损失	(元)				51502.3

20—62　分县（市、区）火灾事故发生情况（含枞阳）（2015年）

地　区	发生数 (起)	死亡人数 (人)	受伤人数 (人)	直接经济损失 (万元)	人口火灾发生率 (1/10万人)
全　市	**234**	**2**	**3**	**1130.32**	**54.06**
迎江区	33			68.88	12.50
大观区	14	1		10.51	4.84
宜秀区	22			163.43	7.61
开发区	11			10.79	
桐城市	7			249.62	1.03
怀宁县	22			57.01	3.67
枞阳县	21	1		32.35	2.47
潜山县	23		3	46.24	4.53
太湖县	27			66.88	5.16
宿松县	15			250.61	2.49
望江县	18			104.92	3.36
岳西县	21			69.08	6.40

20—62　分县（市、区）火灾事故发生情况（2015年）

地　区	发生数 (起)	死亡人数 (人)	受伤人数 (人)	直接经济损失 (万元)	人口火灾发生率 (1/10万人)
全　市	**213**	**1**	**3**	**1097.97**	**51.59**
迎江区	33			68.88	12.50
大观区	14	1		10.51	4.84
宜秀区	22			163.43	7.61
开发区	11			10.79	
桐城市	7			249.62	1.03
怀宁县	22			57.01	3.67
潜山县	23		3	46.24	4.53
太湖县	27			66.88	5.16
宿松县	15			250.61	2.49
望江县	18			104.92	3.36
岳西县	21			69.08	6.40

主要统计指标解释

文化及相关产业

指为社会公众提供文化、娱乐产业和服务的活动以及与这些活动有关联的活动集合。根据提供文化、娱乐产品和服务活动的属性特点，划分为公益性文化活动和经营性文化活动两大类。

文化及相关产业是第三产业的重要组成部分。是在我国《国民经济行业分类》基础上的派生分类，有文化服务和相关文化服务两大类。

艺术表演团体

指由文化部门主办或实行行业管理（经文化市场行政部门审批或已申报登记并领取相关许可证），专门从事表演艺术等活动的各类专业艺术表演团体，含民间职业剧团。如话剧团、方言话剧团、滑稽剧团、儿童剧团、歌剧团、木偶团、皮影团等以及由若干剧种组成的综合性专业艺术表演团体。不包括群众业余文艺表演团体。

艺术表演场所

指由文化部门主办或实行行业管理（经文化市场行政部门审批或已申报登记并领取相关许可证），有观众席、舞台、灯光设备、公开售票、专供文艺团体演出的文化活动场所。附属于文化部门机构内非独立核算的剧场、排演场、公开营业的也应单独统计。

广播节目综合人口覆盖率

指根据国家广电总局制定的《广播电视人口覆盖率统计技术标准和方法》进行统计调查的，在对象区内采用无线、有线、卫星等技术手段能够收听到包括中央、省、地市、县广播节目其中任意一套的人口数占全省总人口数的百分比。

电视节目综合人口覆盖率

指根据国家广电总局制定的《广播电视人口覆盖率统计技术标准和方法》进行统计调查的，在对象区内采用无线、有线、卫星等技术手段能够收看到包括中央、省、地市、县广播节目其中任意一套的人口数占全省总人口数的百分比。

等级运动员人数

指经考核正式批准授予等级运动员称号的人数。运动员等级分为国际级运动健将、运动健将、一级运动员、二级运动员、三级运动员、少年级运动员。

等级裁判员人数

指经考核正式批准授予等级裁判员称号的人数。裁判员等级分为国际裁判、国家级裁判、一级裁判、二级裁判、三级裁判。

体育场

指有400米跑道（中心含足球场），有固定道牙，跑道6条以上，并有固定看台的室外田径场地。体育场按看台容纳观众人数分为：甲级25000人以上，乙级15000-25000人，丙级5000-15000人，丁级5000人以下。

体育馆

指有固定看台，可供篮球、排球、羽毛球、乒乓球、体操等项目训练比赛活动用的室内运动场地。体育馆按看台容纳观众人数分为：甲级6000人以上，乙级4000-6000人，丙级2000-4000人，丁级2000人以下。

卫生机构

指从卫生行政部门取得《医疗机构执业许可证》，或从民政、工商行政、机构编制管理部门取得法人单位登记证书，为社会提供医疗保健、疾病控制、卫生监督服务或从事医学科研和教育等工作的单位。卫生机构包括医院、疗养院、社区卫生服务中心（站）、卫生院、门诊部、诊所（卫生所、医务室）、急救中心（站）、采供血机构、妇幼保健院（所、站）、专科疾病防治院（所、站）、疾病预防控制中心（防疫站）、卫生监督所、卫生监督监测机构、医学科研机构、医学在职培训机构、健康教育所（站）等其他卫生机构。

医疗机构

指从卫生行政部门取得《医疗机构执业许可证》的机构，包括医院、疗养院、社区卫生服务中心(站)、卫生院、门诊部、诊所（卫生所、医务室）、妇幼保健院（所、站）、专科疾病防治院（所、站）、急救中心(站)和临床检验中心。

社区卫生服务中心（站）

指为本社区居民提供预防、医疗、保健、康复、健康教育、计划生育技术服务等的基层卫生机构。包括社区卫生服务中心和社区卫生服务站。

卫生人员

指在医疗、预防保健、医学科研和在职教育等卫生机构工作的职工，包括卫生技术人员、其他技术人员、管理人员和工勤人员。

卫生技术人员

包括执业（助理）医师、注册护士、药师（士）、检验和影像人员等卫生专业人员。不包括从事管理工作的卫生技术人员。

执业医师

指《医师执业证》“级别”为“执业医师”且实际从事医疗、预防保健工作的人员，不包括实际从事管理工作的执业医师。执业医师类别分为临床、中医、口腔和公共卫生四类。

执业助理医师

指《医师执业证》“级别”为“执业助理医师”且实际从事医疗、预防保健工作的人员，不包括实际从事管理工作的执业助理医师。执业助理医师类别同样分为临床、中医、口腔和公共卫生四类。

每万人口执业（助理）医师

每万人口执业（助理）医师=（执业医师数+执业助理医师数）/人口数×10000。

每万人口医院、卫生院床位数

每万人口医院卫生院床位数=（医院床位数+卫生院床位数）/人口数×10000。

每万人口卫生技术人员

每万人口卫生技术人员=卫生技术人员数/人口数×10000。

参加新农合人数

指根据本地新农合实施方案到年内新农合筹资截止时已缴纳新农合资金的人口数。

新农合当年基金支出

指本年度实际从新农合基金帐户中支出用于新农合补偿的资金。

新农合补偿支出受益人次

指年内新农合参合人员因病就医获得补偿的人次数，包括住院、家庭帐户形式、门诊、特殊病种大额门诊、住院正常分娩、体检和其他补偿人次之和。

新农合本年度筹资总额

指为本年度筹集的、实际进入新农合专用帐户的基金数额。包括本年度中央及地方财政配套资金、农民个人交纳资金（含民政部门及其他相关部门代缴的救助资金）、新农合基金本年度产生的全部利息收入及其他渠道实际筹集到的新农合基金额。筹资数额以进入新农合专用帐户的基金数额为准，不含上年结转额资金。

城市居民最低生活保障人数

指在报告期末家庭平均收入在当地规定的最低生活保障线以下的城镇居民数。包括“三无”对象，失业人员和在职、下岗、退休人员等。

农村居民最低生活保障人数

指报告期末在建立农村最低生活保障制度的地区，得到当地政府或集体给予最低生活保障的农业人口家庭人数。

五保户

指无法定抚养义务人，或者虽有法定抚养义务人，但是抚养人无抚养能力的；无劳动能力的；无生活来源的老年人、残疾人和未成年人。

离婚率

指当年离婚人数占户籍人口的比重，计算公式为：

离婚率＝当年离婚人数/户籍人数×1000‰。

社会福利企业

指以集中安置有一定劳动能力的残疾人员就业为目的（残疾职工占生产人员10%以上）、带有社会福利性质的企业总称。主要包括福利工厂、假肢厂和其他福利企业。

社区服务设施数

指报告期末设立的以非营利为目的，为本社区居民服务，特别是为老年人、残疾人、儿童服务的社区服务中心、活动站、服务站、养老院、老年公寓（托老所），残疾人工疗站、残疾儿童日托所、家务服务站、婚姻介绍所等福利性设施以及职工社会保险管理服务的机构数。几种不同类型的社区服务单位，共用一个场所的，只能统计为一个社区服务设施。成为社区服务设施的条件：（1）是独立核算单位；（2）有固定的从业人员；（3）有一定的服务项目；（4）有一定的场所。

城镇职工基本养老保险

1.（参保）职工人数

指报告期末按照国家法律、法规和有关政策规定参加基本养老保险并在社保经办机构已建立缴费记录档案的职工人数，包括中断缴费但未终止养老保险关系的职工人数，不包括只登记未建立缴费记录档案的人数。

2.（参保）离退休人员人数

指报告期末参加基本养老保险的离休、退休和退职人员的人数。

3.基金收入

指根据国家有关规定，由纳入基本养老保险范围的缴费单位和个人按国家规定的缴费基数和缴费比例缴纳的养老保险基金，以及通过其他方式取得的形成基金来源的收入。包括单位和职工个人缴纳的基本养老保险费、基本养老保险基金利息收入、上级补助收入、下级上解收入、转移收入、财政补贴和其他收入。

4.基金支出

指按照国家政策规定的开支范围和开支标准从养老保险基金中支付给参加基本养老保险的个人的养老金、丧葬抚恤补助，以及由于保险关系转移、上下级之间调剂资金等原因而发生的支出。包括离休金、退休金、退职金、各种补贴、医疗费、死亡丧葬补助费、抚恤救济费、社会保险经办机构管理费、补助下级支出、上解上级支出、转移支出、其他支出等。

5.基金累计结余

指截止报告期末基本养老保险基金收支相抵后的累计余额。

基本医疗保险

1.参保人数

指报告期末按国家有关规定参加相应基本医疗保险的人数。

2.基金收入

指由用人单位和个人按照国家规定的缴费基数、缴费比例或缴费标准缴纳的基本医疗保险基金，财政补助资金以及通过其他方式取得的形成基金来源的款项，包括：单位缴纳收入、个人缴纳收入、财政补助收入（含医疗救助补助个人收入）、财政补贴收入、利息收入和其他收入。

3.基金支出

指按照国家政策规定的开支范围和开支标准，从基本医疗保险基金中支付给参保人员的医疗保险待遇支出，以及其他支出。包括住院医疗费用支出、门急诊医疗费用支出、个人账户基金支出、其他支出。

4.基金累计结余

指截止报告期末基本医疗保险基金累计结余金额。

失业保险

1.参保人数

指报告期末按照国家法律、法规和有关政策规定参加了失业保险的城镇企业、事业单位的职工及地方政府规定参加失业保险的其他人员的人数。

2.基金收入

指报告期内筹集的失业保险基金的总额，包括失业保险费收入、利息收入、财政补贴收入、其他收入、转移收入、上级补助收入、下级上解收入。

3.基金支出

指报告期内为保障失业人员基本生活、促进其再就业等支出的基金总额，包括失业保险金支出、医疗补助金支出、丧葬补助金和抚恤金支出、职业培训和职业介绍补贴支出、农民合同制工人一次性生活补助支出、其他支出、转移支出、上级补助支出、下级上解支出。

4.基金累计结余

指截止报告期末失业保险基金收支相抵后的累计余额。

工伤保险

1.参加保险人数

指报告期末依据国家有关规定参加工伤保险的职工人数和有雇工的个体工商户的雇工数。

2.享受保险待遇人数

指年初至报告期末因工伤或职业病而享受工伤保险待遇的人数。为享受工伤医疗待遇中未评定等级的人数、享受伤残待遇人数以及享受因工死亡待遇人数之和。

3.基金收入

指根据国家有关规定，由参加工伤保险的单位按国家规定的缴费基数和缴费比例缴纳的工伤保险基金，以及通过其他形式取得的形成基金来源的款项。包括：单位缴纳的社会统筹基金收入、财政补贴收入、利息收入、其他收入。

4.基金支出

指按照国家政策规定的开支范围和开支标准从工伤保险基金中支付给参加工伤保险的人员及供养

直系亲属工伤保险待遇支出及其他支出。包括工伤医疗费、伤残补助金、工亡补助金、护理费、丧葬补助费、工伤预防费用、职业康复费用和其他支出。

5.基金累计结余

指截止报告期末工伤保险基金累计结余金额。

律师

指受聘参加法律顾问处工作，担任法律顾问、刑（民）事代理人、刑事辩护人，办理非诉讼事件、解答法律询问，代写法律事务文书等主要从事律师业务的专职法律工作者和兼职律师。

公证人员

指在国家公证机关依法办理公证事务的司法人员，包括公证员、助理公证员和在公证处工作的其他人员。

公证文书

指公证处根据当事人申请，依照事实和法律，按照法定程序制作，具有法律效力的司法证明文书。

调解人员

指在人民调解委员会担负调解民间一般民事纠纷和轻微违法行为引起纠纷的工作人员，包括调解委员会的委员和调解小组的调解员。

调解民间纠纷

指调解委员会依照法律规定，根据自愿原则，用说服教育的方法调解民间发生的有关民事权利和义务的争执，促成当事双方达到协议和谅解，解决纠纷。包括婚姻家庭纠纷，财产权益纠纷等，不包括法院受理调解的民事案件数。

特大火灾

指造成 30 人以上死亡，或者 100 人以上重伤，或者 1 亿元以上直接财产损失的火灾。

重大火灾

指造成 10 人以上 30 人以下死亡，或者 50 人以上 100 人以下重伤，或者 5000 万元以上 1 亿元以下直接财产损失的火灾。

一般火灾

指造成 3 人以下死亡，或者 10 人以下重伤，或者 1000 万元以下直接财产损失的火灾。

人民检察院直接立案侦查案件

指按照管辖的规定，由人民检察院直接立案的贪污贿赂犯罪、渎职犯罪、国家机关工作人员利用职权实施的侵犯公民人身权利和民主权利的犯罪，以及经省级人民检察院决定立案侦查的国家机关工作人员利用职权实施的其他重大犯罪案件。

立案

指检察机关对犯罪线索进行初步调查后，认为存在职务犯罪事实并需要追究刑事责任时，依法决定作为刑事案件进行侦查的诉讼活动，是追究犯罪的开始。

大案

贪污贿赂犯罪案件指贪污、贿赂数额在 5 万元以上，挪用公款案在 10 万元以上，其他案件在 50 万元以上。渎职犯罪大案一般为直接经济损失 5 万元以上，死亡 1 人以上或者重伤 3 人以上的案件；或虽然没有造成经济损失和伤亡，但犯罪情节恶劣或造成严重后果的案件。

要案

指县、处级以上干部的犯罪案件。该指标主要反映职务犯罪案件中县、处级以上干部被人民检察院依法立案侦查的情况。

青少年罪犯

指人民法院在报告期内判决发生法律效力的有罪判决中 14 周岁以上不满 25 周岁的罪犯。其中 14 周岁以上不满 18 周岁的罪犯为未成年罪犯。

行政案件

指公民、法人和其他组织不服行政机关作出的具体行政行为，向人民法院提起行政公诉，人民法院依法审理的案件。

单独赔偿

指单独提起行政赔偿的案件。当事人对行政行为的合法性没有争议，就行政侵权造成的损害赔偿单独提起赔偿诉讼。

受理劳动争议案件数

指劳动争议仲裁委员会根据国家有关规定，对劳动争议当事人的申请予以审查，符合受理条件而正式立案，准备处理的劳动争议案件数。

收案

指人民法院在报告期（月、季、年）内对符合诉讼法规定的立案条件，已决定立案的案件数。

结案

指人民法院在统计报告期内，审理完毕或认为不需要再审理，决定结束审理或者做出实体或程序方面处理的案件数。

第二十一篇

开发区（工业园区）

简要说明

一、本篇主要搜集开发区和工业园的统计资料。

二、本资料由市统计局商贸科整理。

21—1 主要年份全市开发区（工业园区）基本情况（含枞阳）

指　　标		2010	2012	2013	2014	2015
区（园）个数	（个）	17	17	18	18	18
区（园）占地面积	（平方公里）	150.13	160.16	200.43	212.28	259.07
已建成面积		76.69	104.21	113.30	120.49	116.98
总人口	（人）	326061	417936	405790	381997	389986
农业人口		134717	168454	157010	180170	158170
企业个数	（个）	1770	2145	4580	5330	4966
高新技术企业个数		45	73	103	158	145
工业企业个数		1386	1638	1815	2148	2266
出口型企业个数		162	182	228	256	285
全区从业人员	（人）	178635	254645	259782	276184	272868
工业企业从业人员		124356	164415	174765	199252	200311
规模以上工业企业从业人员		109574	131770	148711	173472	177473
具有高、中级职称人员		12091	13133	14366	16996	19565
研究与开发人员		4869	6445	8252	9963	11223
当年科技活动经费支出总额	（万元）	52819	135720	177493	246377	210802
研究与开发经费		30703	90391	128510	141320	150559
全区从业人员劳动报酬	（万元）	468061	785324	920814	1017694	1090004
在岗职工工资总额		432267	749247	876577	961471	1030427

21—1 主要年份全市开发区（工业园区）基本情况

指标		2010	2011	2012	2013	2014	2015
区（园）个数	（个）	16	16	16	17	17	17
区（园）占地面积	（平方公里）	126.63	132.53	136.66	176.93	188.78	236.57
已建成面积		62.49	71.15	89.71	98.30	94.80	101.26
总人口	（人）	312104	329870	401561	388536	364370	371870
农业人口		134717	147453	161842	150367	173433	151038
企业个数	（个）	1677	1868	2022	4444	5184	4808
高新技术企业个数		44	58	72	93	97	129
工业企业个数		1293	1437	1515	1679	2002	2108
出口型企业个数		156	171	170	213	238	265
全区从业人员	（人）	164866	191494	238408	243039	259138	255551
工业企业从业人员		111889	130444	148436	158620	182720	183439
规模以上工业企业从业人员		97107	108220	115791	132566	156940	160601
具有高、中级职称人员		11763	12568	12365	13573	16189	18740
研究与开发人员		4583	5701	5966	7756	9458	10697
当年科技活动经费支出总额	（万元）	49939.0	73513.0	130994.1	170174.7	238654.0	204721.4
研究与开发经费		27823.0	39340.0	85665.1	121191.7	133597.0	145218.1
全区从业人员劳动报酬	（万元）	448090.6	563959.4	757062.4	884619.0	979225.0	1046261.0
在岗职工工资总额		412297.0	532336.0	720985.4	840382.0	923002.0	986684.0

21—2　主要年份全市开发区（工业园区）主要经济指标（含枞阳）

指　　标		2010	2012	2013	2014	2015
全区经营（销售）收入	（万元）	9945766	18728047	21750577	25300471	27386778
规模以上工业销售收入			12503916	15375810	18429258	19847342
区内主导产业销售收入		5523920	11296885	14024687	15970962	16108021
工业总产值（当年价格）	（万元）	7118004	13996618	16780629	19856244	21326388
规模以上工业企业		6542953	12955131	15641951	18755768	20135340
#高新技术产业产值			1986030	2892005	3557292	4085451
固定资产投资总额	（万元）	2451140	3846948	4502777	5018247	5226039
基础设施投资		440436	604036	633231	683888	610757
利用外商直接投资情况						
当年新批进区外商投资企业	（个）	11	9	12	10	8
当年建成投产企业	（个）	4	6	10	8	8
新批外商投资项目投资总额	（万美元）	23755	13654	38502	40635	45445
合同外资	（万美元）	19237	12690	19895	29806	13476
利用内资情况						
当年新批进区省外境内项目	（个）		161	180	198	186
当年建成投产项目	（个）		126	140	134	153
在建省外境内投资项目个数	（个）		260	321	332	326
在建省外境内投资项目总投资额	（万元）		5154628	7684341	9964628	8131491
#亿元以上省外投资项目总投资额			3293049	6688792	8895046	7836509
当年实际利用省外境内资金	（万元）		3034559	3302114	4155083	3793915
#亿元以上项目到位省外资金金额			1476599	2335830	3280456	2969227

21—2　主要年份全市开发区（工业园区）主要经济指标

指　　标		2010	2011	2012	2013	2014	2015
全区经营（销售）收入	（万元）	9464625	12654864	18074271	21017925	24537055	26602732
规模以上工业销售收入		-481141	8638066	11951979	14747262	17777107	19226709
区内主导产业销售收入		5042779	7140745	10778245	13472451	15382889	15499728
工业总产值（当年价格）	（万元）	6636863	9093559	13330629	16034902	19079712	20538095
规模以上工业企业		6061812	1234828	12389139	14993932	18084721	19497047
#高新技术产业产值			9010001	1981421	2799325	3451128	3968522
固定资产投资总额	（万元）	2195231	2841615	3560928	4334644	4808201	5012260
基础设施投资		363249	426255	546029	600821	655089	602877
利用外商直接投资情况							
当年新批进区外商投资企业	（个）	11	14	8	12	9	8
当年建成投产企业	（个）	4	9	6	10	7	8
新批外商投资项目投资总额	（万美元）	23755	32587	13484	38502	40345	45445
合同外资	（万美元）	19237	27269	12520	19895	29516	13476
利用内资情况							
当年新批进区省外境内项目	（个）		163	141	168	183	169
当年建成投产项目	（个）		140	112	130	122	139
在建省外境内投资项目个数	（个）			252	313	322	314
在建省外境内投资项目总投资额	（万元）		1874390	5010198	7524024	9783381	7922856
#亿元以上省外投资项目总投资额				3215229	6544482	8729363	7051509
当年实际利用省外境内资金	（万元）		879997	2920969	3166394	3993149	3615319
#亿元以上项目到位省外资金额				1440199	2205666	3124814	2900230

第二十二篇

市级主要经济指标及位次

简要说明

一、本篇包括全省分市主要经济指标及位次。

二、本资料由市统计局综合科提供。

22—1 全省各市主要经济指标及位次（2015年）

地　区	地区生产总值（GDP）				工　业　投　资			
	绝对数（亿元）	位　次	增　长（%）	位　次	绝对数（亿元）	位　次	增　长（%）	位　次
全　省	**22005.6**		**8.7**		**10568.8**		**14.1**	
合肥市	5660.3	1	10.5	1	1930.1	1	3.5	15
淮北市	760.4	13	4.4	15	564.2	9	12.7	11
亳州市	942.6	11	9.1	8	314.7	15	29.7	2
宿州市	1235.8	8	8.9	9	652.5	6	22.6	4
蚌埠市	1253.1	7	10.2	3	618.6	8	31.9	1
阜阳市	1267.4	6	9.5	6	340.6	13	23.9	3
淮南市	770.6	12	2.8	16	319.9	14	5.8	13
滁州市	1305.7	5	9.9	5	710.1	5	15.0	9
六安市	1143.4	9	7.0	13	455.2	10	5.6	14
马鞍山市	1365.3	4	9.2	7	948.4	3	19.6	6
芜湖市	2457.3	2	10.3	2	1341.5	2	16.3	7
宣城市	971.5	10	8.2	11	619.2	7	14.4	10
铜陵市	721.3	14	10.1	4	413.9	11	20.4	5
池州市	544.7	15	8.5	10	343.0	12	11.2	12
安庆市	**1613.2**	**3**	**7.1**	**12**	**912.4**	**4**	**15.1**	**8**
黄山市	530.9	16	6.1	14	84.5	16	-14.0	16

地　区	规模以上工业增加值				社会消费品零售总额			
	绝对数（亿元）	位　次	增　长（%）	位　次	绝对数（亿元）	位　次	增　长（%）	位　次
全　省	**9817.1**		**8.6**		**8908.0**		**12.0**	
合肥市	2255.7	1	11.3	1	2183.7	1	12.0	11
淮北市	494.5	8	2.2	15	283.4	13	12.1	9
亳州市	249.6	14	10.9	3	436.4	8	12.4	6
宿州市	382.9	12	8.4	10	424.5	9	12.6	3
蚌埠市	679.8	4	10.8	4	570.6	5	12.7	2
阜阳市	503.5	7	10.8	4	674.7	3	12.8	1
淮南市	331.8	13	-0.4	16	381.3	12	9.5	16
滁州市	613.7	5	11.1	2	457.0	7	12.5	5
六安市	429.0	10	4.8	13	562.6	6	10.9	14
马鞍山市	604.0	6	9.5	9	418.6	11	12.1	10
芜湖市	1441.9	2	10.4	7	733.0	2	12.2	8
宣城市	416.7	11	7.7	11	422.5	10	12.6	4
铜陵市	432.4	9	10.4	7	208.8	15	10.5	15
池州市	176.4	15	10.6	6	198.0	16	12.3	7
安庆市	**713.9**	**3**	**5.9**	**12**	**671.9**	**4**	**12.0**	**12**
黄山市	127.1	16	4.1	14	281.1	14	11.0	13

注：安庆、铜陵、淮南、六安四市均为区划调整前口径。

22—1 续表1

地　区	全部财政收入 绝对数(亿元)	位次	增长(%)	位次	地方财政收入 绝对数(亿元)	位次	增长(%)	位次
全　省	**4012.1**		**9.5**		**2454.2**		**10.6**	
合肥市	1000.5	1	13.5	1	571.5	1	14.2	3
淮北市	93.2	15	2.1	15	60.2	16	14.0	4
亳州市	130.1	12	12.4	3	81.4	11	11.9	7
宿州市	125.6	13	9.8	7	86.0	10	11.8	8
蚌埠市	228.4	5	9.6	8	119.7	7	13.6	5
阜阳市	200.0	7	11.0	5	120.0	6	16.0	2
淮南市	131.0	11	4.1	11	77.3	12	2.6	14
滁州市	230.3	4	13.1	2	143.7	3	16.3	1
六安市	150.0	9	5.6	10	103.3	9	8.9	10
马鞍山市	210.0	6	3.6	13	130.8	5	8.1	11
芜湖市	470.0	2	10.3	6	263.5	2	12.8	6
宣城市	188.9	8	8.0	9	131.6	4	9.4	9
铜陵市	135.0	10	2.1	15	66.8	15	0.8	16
池州市	95.8	14	4.0	12	71.3	14	4.2	13
安庆市	**258.8**	**3**	**12.1**	**4**	**106.6**	**8**	**0.9**	**15**
黄山市	92.5	16	2.5	14	71.6	13	5.3	12

地　区	固定资产投资 绝对数(亿元)	位次	增长(%)	位次	房地产开发投资 绝对数(亿元)	位次	增长(%)	位次
全　省	**23965.6**		**12.7**		**4424.9**		**2.0**	
合肥市	5851.9	1	10.4	13	1259.1	1	11.7	3
淮北市	925.3	11	10.0	14	147.8	11	-3.0	9
亳州市	767.3	14	17.9	3	205.2	7	-1.9	8
宿州市	1133.4	8	19.8	2	219.8	6	20.6	2
蚌埠市	1458.0	5	17.2	4	428.6	3	5.3	6
阜阳市	1005.0	10	24.8	1	264.8	5	22.8	1
淮南市	781.9	13	3.5	15	98.1	14	-11.2	12
滁州市	1457.6	6	16.8	5	334.4	4	9.5	5
六安市	1131.3	9	12.7	9	200.0	9	9.7	4
马鞍山市	1859.8	3	11.1	12	201.3	8	-18.0	13
芜湖市	2709.2	2	13.2	7	452.8	2	-5.5	10
宣城市	1283.4	7	12.6	10	184.8	10	-8.4	11
铜陵市	871.0	12	13.5	6	97.3	15	-26.7	16
池州市	600.5	15	11.6	11	82.8	16	-20.5	14
安庆市	**1577.5**	**4**	**13.1**	**8**	**146.6**	**12**	**-0.2**	**7**
黄山市	552.5	16	1.0	16	101.2	13	-26.0	15

22—1 续表2

地 区	城镇常住居民人均可支配收入				农村常住居民人均可支配收入			
	绝对数(元)	位 次	增 长(%)	位 次	绝对数(元)	位 次	增 长(%)	位 次
全 省	**26936**		**8.4**		**10821**		**9.1**	
合肥市	31989	2	9.0	4	15733	4	9.2	8
淮北市	25690	9	8.0	13	9882	11	8.4	14
亳州市	23120	15	9.1	3	9738	13	8.6	12
宿州市	23630	13	7.7	15	9140	14	9.7	3
蚌埠市	26369	7	9.2	2	11552	7	9.9	1
阜阳市	23496	14	8.2	12	9001	16	9.6	4
淮南市	28106	6	7.0	16	11433	9	8.4	14
滁州市	24168	11	9.4	1	10070	10	9.8	2
六安市	35262	1	8.3	11	16331	2	9.1	10
马鞍山市	31748	3	8.6	8	17898	1	9.1	10
芜湖市	29766	4	8.7	7	15964	3	9.3	7
宣城市	28602	5	8.8	6	12309	5	9.4	6
铜陵市	23966	12	8.4	9	9854	12	9.2	8
池州市	24279	10	8.9	5	11511	8	8.3	16
安庆市	**26226**	**8**	**8.4**	**9**	**11872**	**6**	**8.5**	**13**
黄山市	22238	16	7.9	14	9074	15	9.5	5

中国统计出版社最新图书简目

（仅供参考，以实际出版为准）

统计资料

中国统计年鉴　中国统计摘要　中国发展报告
中国经济普查年鉴2013　国际统计年鉴　金砖国家联合统计手册
中国-东盟国家统计手册　中国农村统计年鉴　中国县域统计年鉴
中国城市统计年鉴　中国对外直接投资统计公报　中国地区经济监测报告
中国贸易外经统计年鉴　中国零售和餐饮连锁企业统计年鉴　中国商品交易市场统计年鉴
大中型批发零售和住宿餐饮企业统计年鉴　中国农产品价格调查年鉴　中国住户调查年鉴
中国价格统计年鉴　中国能源统计年鉴　全国农产品成本收益资料汇编
中国环境统计年鉴　中国建筑业统计年鉴　国外资源、能源和环境统计资料汇编
中国工业统计年鉴　中国城乡建设统计年鉴　中国房地产统计年鉴
中国城市建设统计年鉴　中国科技统计年鉴　中国第三产业统计年鉴
中国证券期货统计年鉴　中国劳动统计年鉴　中国高技术产业统计年鉴
工业企业科技活动资料　中国社会统计年鉴　中国人口和就业统计年鉴
中国人才资源统计报告　中国教育经费统计年鉴　中国文化及相关产业统计年鉴
文化及相关产业统计概览　中国民政统计年鉴　中国民族统计年鉴
中国残疾人事业统计年鉴　中国妇女儿童状况统计资料（英）　中国乡镇街道行政区域简册
中国基本单位统计年鉴

省级综合统计年鉴系列

北京 天津 河北 山西 内蒙古 辽宁 吉林 黑龙江 上海 江苏 浙江 安徽 福建 江西 山东 河南 湖北 湖南
广东 广西 海南 重庆 四川 贵州 云南 西藏 陕西 甘肃 青海 宁夏 新疆 新疆生产建设兵团

市（县）级综合统计年鉴系列

天津滨海新区 石家庄 唐山 邯郸 保定 沧州 邢台 廊坊 承德 衡水 秦皇岛 张家口 太原 大同 阳泉 长治 晋城
朔州 晋中 运城 忻州 临汾 呼和浩特 呼和浩特新城区 鄂尔多斯 包头 沈阳 大连 长春 延吉 四平 通化 哈尔滨
齐齐哈尔 黑龙江垦区 上海浦东新区 南京 无锡 徐州 常州 苏州 南通 连云港 淮安 盐城 扬州 镇江 泰州
宿迁 江阴 丹阳 杭州 宁波 温州 嘉兴 湖州 绍兴 金华 衢州 舟山 台州 丽水 合肥 安庆 马鞍山 福州 厦门
宁德 漳州 南昌 九江 上饶 新余 抚州 萍乡 赣州 吉安 景德镇 济南 青岛 潍坊 枣庄 日照 滕州 郑州 洛阳
平顶山 三门峡 商丘 信阳 济源 武汉 十堰 荆州 宜昌 荆门 咸宁 长沙 广州 深圳 惠州 东莞 南宁 柳州 桂林
来宾 海口 三亚 成都 贵阳 昆明 西安 安康 兰州 庆阳 银川 乌鲁木齐 兵团一师 兵团十师

调查年鉴系列

天津 山西 内蒙古 辽宁 吉林 上海　福建 江西 河南 湖北 湖南 广西　重庆 四川 云南 甘肃 宁夏 新疆

统计方法应用/实用手册

实用SAS统计分析教程　马克威统计分析与数据挖掘应用案例
乡镇统计人员岗位知识培训系列教材：辅助调查员岗位基础知识　乡镇统计人员岗位基础知识
县级统计人员岗位知识培训系列教材：Excel在统计工作中的应用　简明统计分析
EXCEL在基层统计工作中的应用　统计公文知识问答

统计通俗读物/统计科普图书

漫话诺贝尔经济学大师与数学情缘　魅力统计　漫话信息时代的统计学　统计使人更聪明
漫游数据王国　探访随机世界　新中国统计工作历史流变1949-1999　无处不在的统计

重点图书

新编英汉汉英统计大词典　中华医学统计百科全书
挑大学选专业2016—考研择校指南　挑大学选专业2016—高考志愿填报指南